Die Begrenzung kriegerischer Konflikte durch das moderne Völkerrecht

SCHRIFTEN ZUM STAATS- UND VÖLKERRECHT

Herausgegeben von Prof. Dr. Dieter Blumenwitz

Band 112

Peter Lang

Frankfurt am Main · Berlin · Bern · Bruxelles · New York · Oxford · Wien

Daniel Volk

Die Begrenzung kriegerischer Konflikte durch das moderne Völkerrecht

Peter Lang
Europäischer Verlag der Wissenschaften

Bibliografische Information Der Deutschen Bibliothek
Die Deutsche Bibliothek verzeichnet diese Publikation in der Deutschen Nationalbibliografie; detaillierte bibliografische Daten sind im Internet über <http://dnb.ddb.de> abrufbar.

Zugl.: Würzburg, Univ., Diss., 2003

D 2
ISSN 0172-7796
ISBN 3-631-52961-9

www.peterlang.de

Die vorliegende Arbeit ist im Rahmen eines von der Hanns-Seidel-Stiftung e.V. geförderten und in der Zusammenarbeit mit dem Lehrstuhl für Völkerrecht, allgemeine Staatslehre, deutsches und bayerisches Staatsrecht und politische Wissenschaften organisierten Promotionskollegs zu „Völkerrechtlichen Fragen der Friedenssicherung“ entstanden.

Ziel des Kollegs war es, verschiedene für die Frage der künftigen Friedenssicherung relevante Themen zu bearbeiten und durch den stetigen Austausch der Teilnehmer die Interdependenz der Einzelthemen zu der übergeordneten Thematik der Friedenssicherung herauszuarbeiten.

Prof. Dr. Dieter Blumenwitz

Vorwort

Die vorliegende Arbeit geht auf meine Dissertation zurück, die der Juristischen Fakultät der Bayerischen Julius-Maximilians-Universität zu Würzburg im Sommersemester 2003 vorgelegen hat. Für die Veröffentlichung wurden die nachfolgenden politischen Entwicklungen sowie die völkerrechtliche Literatur bis März 2004 soweit wie möglich einbezogen.

Mein besonderer Dank und meine Hochachtung gelten meinem verehrten Doktorvater, Herrn Prof. Dr. Dieter Blumenwitz, der meine Dissertation mit viel Engagement und Geduld betreut hat. Seine großzügige Unterstützung, seine Betreuung im Rahmen des Promotionskollegs „Völkerrechtliche Fragen der Friedenssicherung" und die Aufnahme in seine Schriftenreihe haben den Abschluß erst ermöglicht. Die Arbeit wurde durch ein Begabtenstipendium der Hanns-Seidel-Stiftung e.V. aus Mitteln des Bundesministeriums für Bildung und Forschung (BMBF) gefördert.

Herrn Prof. Dr. Eckhard Pache danke ich für die Erstellung des Zweitgutachtens.

Mit Dankbarkeit bin ich all meinen Freunden und Kollegen zugetan, die mich bei der Erarbeitung des Themas unterstützt und ermutigt haben, das Ziel niemals aus den Augen zu verlieren. Insbesondere danke ich Herrn Dr. Andreas Paulus für seinen stets großzügigen fachlichen Rat und Susanne Jungk für die persönliche Unterstützung und den nötigen privaten Rückhalt.

Gewidmet ist diese Arbeit meinem Vater, auf dessen ideelle wie finanzielle Unterstützung ich stets bauen konnte und der so überhaupt erst meine akademische Ausbildung ermöglicht hat.

München, im August 2004 *Daniel Volk*

Inhaltsverzeichnis

Abkürzungsverzeichnis

a. A.	anderer Ansicht
a. E.	am Ende
AdG	Archiv der Gegenwart
Art.	Artikel
Aufl.	Auflage
AYIL	American Yearbook of International Law
Bd.	Band
BGBl.	Bundesgesetzblatt
BVerfGE	Entscheidung des Bundesverfassungsgerichts
BYIL	British Yearbook of International Law
CDU	Christlich-demokratische Union
CSU	Christlich-soziale Union
ders.	derselbe
dt.	deutsch, deutsche
ebd.	ebenda
EG	Europäische Gemeinschaften
EJIL	European Journal of International Law
EMRK	Europäische Menschenrechtskonvention
EU	Europäische Union
EuGRZ	Europäische Grundrechte Zeitschrift
FAZ	Frankfurter Allgemeine Zeitung
FDP	Freie Demokratische Partei
Fn.	Fußnote
GA	General Assembly of the United Nations
GAOR	General Assembly Official Records
GG	Grundgesetz der Bundesrepublik Deutschland
GV	Generalversammlung der Vereinten Nationen
h.L.	herrschende Lehre
HLKO	Haager Landkriegsordnung

Hrsg.	Herausgeber
Hs.	Halbsatz
ICJ	International Court of Justice
IGH	Internationaler Gerichtshof
ILC	International Law Commission
ILM	International Legal Materials
ILR	International Law Reports
Kap.	Kapitel
NATO	North Atlantic Treaty Organization
OSZE	Organisation für Sicherheit und Zusammenarbeit in Europa
Res.	Resolution
Rn.	Randnummer
S.	Seite
SCOR	Security Council Official Recordings
SR	Sicherheitsrat der Vereinten Nationen
UdSSR	Union der sozialistischen Sowjetrepubliken
UN	United Nations
U.N. Doc.	United Nations Documents
UNCh.	United Nations Charter (Charta der Vereinten Nationen)
UNYB	United Nations Yearbook
USA	United States of America
U.S.C.	United States Code
VB	Völkerbund
vgl.	vergleiche
WVRK	Wiener Vertragsrechtskonvention
YILC	Yearbook of the International Law Commission
z.B.	zum Beispiel
Ziff.	Ziffer
zit.	zitiert
ZP	Zusatzprotokoll

Einleitung - Anlaß und Ziel der Untersuchung

Zu Beginn des 21. Jahrhunderts, ein Jahrzehnt nach Ende des „Kalten Krieges“, sieht sich die Weltgemeinschaft weiterhin den Bedrohungen des internationalen Friedens ausgesetzt. Neben den immer heftiger werdenden Bürgerkriegen in allen Regionen der Welt kam zu Beginn des neuen Jahrhunderts eine ganz neue Dimension des internationalen Terrorismus hinzu. Die Anschläge auf die Vereinigten Staaten am 11. September 2001 wurden allgemein als Angriff auf die USA aufgefaßt, welcher vom Ausmaß bislang nur aus zwischenstaatlichen Konflikten gekannt war. Die NATO hat insofern am darauf folgenden Tag den Bündnisfall festgestellt, also einen Angriff gegen eines der Mitglieder, unter dem Vorbehalt, daß der Angriff tatsächlich aus dem Ausland erfolgte.[1] Wie sich später bestätigte, resultierten die Anschläge aus dem Ausland, sind jedoch einer nicht-staatlichen Organisation, dem Terrornetzwerk Al-Qaida zuzurechnen.

Nicht erst hierdurch schwanden die Hoffnungen, daß das Friedenssicherungssystem der Vereinten Nationen nach dem Ende des „Kalten Krieges“ aus seiner Lähmung entlassen sei und die Vereinten Nationen ihrer ursprünglich beabsichtigten Rolle, eine Weltfriedensorganisation zu sein, gerecht werden. Der zweite Golfkrieg 1990/91 nährte zunächst diese Hoffnung, war doch erstmals seit nahezu 40 Jahren der Sicherheitsrat in der Lage, sich eines internationalen Konflikts anzunehmen, ohne durch ein Veto eines der ständigen Mitglieder blockiert zu sein.

Diese anfängliche Euphorie verflog jedoch bald, die Realität holte die internationale Politik wieder ein. Das Scheitern der Vereinten Nationen in Somalia 1992 ließ das Vertrauen in deren Möglichkeiten schwinden. Spätestens seit dem Kosovo-Konflikt mußte der Weltgemeinschaft klar sein, daß zwischenstaatliche Konflikte und Kriege weiterhin nicht durch das Sicherheitssystem der Vereinten Nationen vermieden werden können. Vielmehr führten selbst Staaten, die bislang die treuesten Verfechter der Vereinten Nationen waren, umfangreiche militärische Maßnahmen gegen einen anderen Staat unter bewußter Inkaufnahme des Fehlens eines ausdrücklichen Mandats des Sicherheitsrates der Vereinten Nationen durch.[2]

Der amerikanische Präsident George W. Bush wandte sich nach den Anschlägen vom 11. September 2001 in einer Fernsehansprache an die Bevölkerung

---

[1] North Atlantic Treaty Organization (NATO): Statement by the North Atlantic Council vom 12.09.2001, in: ILM 2001, S. 1267; North Atlantic Treaty Organization (NATO): Statement by NATO Secretary General, Lord Robertson vom 02.10.2001, in: ILM 2001, S. 1268

[2] Vor den Luftschlägen gegen die Bundesrepublik Jugoslawien 1999 seitens der NATO-Staaten wurde bewußt nicht der Sicherheitsrat für ein entsprechendes Mandat angerufen aus Angst vor einem Veto seitens Rußland, vgl. Beschluß des Deutschen Bundestages vom 16.10.1998, Ziff. 3, in: Internationale Politik 1999/5, S. 91

und kündigte einen „Krieg gegen den Terrorismus“ an.[3] Am 07. Oktober 2001 griffen die Streitkräfte der USA Afghanistan an, wo der Aufenthaltsort des Kopfes der Al-Qaida-Organisation, Osama Bin Laden, vermutet wurde. Traf diese Militäraktion zumindest noch auf Dulden der übrigen Staaten, spaltete die zweite Militäraktion, der am 20. März 2003 eröffnete Krieg der USA und weiterer Verbündeter gegen den Irak, die Weltgemeinschaft tief. Aus dem Streit um die Zulässigkeit eines Angriffs auf den Irak wurde bald eine Grundsatzdebatte um die Zukunft des Völkerrechts an sich. Manche verlangten eine Revision des einschlägigen Völkerrechts,[4] andere befürchteten, daß die Völkerrechtsordnung insgesamt in Trümmern liegen werde.[5] Es drängte sich gar die Frage auf: Ist das Völkerrecht tot?[6]

Kriege zwischen Staaten als Fortsetzung der Politik mit anderen Mitteln[7], nämlich als ein Akt der zwischenstaatlichen Gewalt, um den Gegner zur Erfüllung eines Willens zu zwingen[8], waren schon immer Gegenstand völkerrechtlicher Betrachtungen. Das Recht zur Kriegsführung wurde lange Zeit über den Begriff des „gerechten Krieges“ begründet. Im 19. Jahrhundert dann wurde die Freiheit zur Kriegsführung als unabdingbarer Bestandteil der staatlichen Souveränität aufgefaßt. Aus der Erkenntnis, daß sich Waffengewalt seitens der Staaten als Tatsache rechtlich nicht vermeiden läßt, entwickelte sich neben der Begründung der Kriegsführung (ius ad bellum) ein völkerrechtliches Regelwerk hinsichtlich der Art und Weise der Kriegsführung, das Kriegsvölkerrecht (ius in bello). Schon weit vor den ersten kriegsvölkerrechtlichen Abkommen des 19. und 20. Jahrhunderts[9] bestanden gewohnheitsrechtliche Kriegsgebräuche[10] und sogar unilaterale Verträge[11] hinsichtlich des Verhaltens im Kriegsfall.

---

[3] „Die Vereinigten Staaten und ihre Freunde und Bündnispartner stehen gemeinsam mit allen, die Frieden und Sicherheit auf der Welt wollen, und wir stehen zusammen, um den Krieg gegen den Terrorismus zu gewinnen.“, Archiv der Gegenwart 71 (2001), S. 45185

[4] Reisman, Assessing Claims to Revise the Laws of War, S. 83

[5] Murswiek, S. 1015

[6] Frowein, Ist das Völkerrecht tot?, FAZ v. 23. Juli 2003, S. 6

[7] Clausewitz, S. 50

[8] Clausewitz, S. 35; diese Definition ist noch immer aktuell: Die NATO-Staaten haben vor den Luftschlägen gegen Belgrad der jugoslawischen Regierung ein Ultimatum zur Beendigung der Vertreibungen im Kosovo gesetzt. Die Luftschläge dienten anschließend dazu, die jugoslawische Regierung hierzu auf militärischen Wege zu zwingen. Ebenfalls setzten die Vereinigten Staaten der Taliban-Regierung in Afghanistan ein Ultimatum auf Auslieferung des mutmaßlichen Terroristen Osama Bin Laden. Nach Ablauf erfolgte die Militäraktion gegen Afghanistan mit dem Ziel, der in Afghanistan vermuteten Terroristen habhaft zu werden.

[9] als wichtigste seien genannt: die Genfer Rot-Kreuz-Konvention von 1864, die Haager Deklarationen und Konventionen von 1899, die Haager Abkommen III – XIII von 1907, die Genfer Abkommen von 1929 und 1949 sowie das Haager Abkommen von 1954

[10] Berber, Völkerrecht Bd. II S. 20-23, 67-71

Das Kriegsvölkerrecht beinhaltet umfassende und teils sehr spezielle Regelungen über die Grenzen der Kriegsführung. So setzt es dem Krieg zeitliche Schranken (finis belli pax est), räumliche Schranken (Kriegsgebiet vs. Neutralem Gebiet), personelle Schranken (Kombattanten vs. Nichtkombattanten) und hält Regelungen für einzelne Kriegsarten (Land-, Luft- und Seekrieg) bereit. Es umfaßt Bestimmungen über die Behandlung von Kriegsgefangenen, Schadensersatzregelungen sowie Regelungen über die individuelle Verantwortlichkeit.

Erstmals 1919 sah die Völkerbundsatzung[12] eine Einschränkung des Rechts der Staaten zur Kriegsführung vor. Die Satzung war auf die Verhütung des Krieges bedacht, Art. 11, und sah in Art. 12 bis 15 ein obligatorisches Schieds- und Berichtsverfahren zur friedlichen Streitbeilegung vor.[13] Sollten diese Verfahren allerdings erfolglos bleiben, so durften die Parteien erst nach einer Frist von drei Monaten zum Krieg schreiten.
Mit Abschluß des Vertrages über die Ächtung des Krieges vom 27. August 1928,[14] dem sogenannten Briand-Kellogg-Pakt, verurteilten die Vertragsstaaten den Krieg als Mittel für die Lösung internationaler Streitfälle und verzichteten auf diesen als Werkzeug nationaler Politik (Art. I). Jede Signatarmacht ging der Vorteile des Paktes verlustig, wenn sie dennoch zum Krieg schreitet (vgl. Präambel). Der Briand-Kellogg-Pakt war daher kein Kriegsverbot, sondern nur

---

[11] Berber, Völkerrecht Bd. II S. 72 nennt als herausragendes Beispiel für die Idee der Humanität den amerikanisch-preußischen Vertrag von 1785 (Traité d'amitié et de commerce entre la Prusse et les États-Unis d'Amérique du 10 septembre 1785, in: Strupp, Documents, Bd. 1, S. 104), der im Fall eines Kriegsausbruches zwischen den beiden Staaten menschliche Behandlung der Kriegsgefangenen (Art. XXIV), Rücksichtnahme auf Frauen und Kinder vorsieht und bestimmt, daß Gelehrte jeder Fakultät, Landbebauer, Handwerker, Industrielle, Fischer sowie alle anderen, deren Beschäftigung dem gemeinen Unterhalt und Wohl der Menschheit gewidmet ist, die Erlaubnis haben sollen, ihre Beschäftigung fortzusetzen, und nicht belästigt werden sollen (Art. XXIII).

[12] wiedergegeben in: Berber, Dokumentensammlung, Bd. I, S. 1

[13] Nach Art. 12 waren die Parteien eines Streites, der einen Friedensbruch herbeiführen könnte, verpflichtet, die Angelegenheit entweder einem Schiedsverfahren, einem gerichtlichen Verfahren oder dem Völkerbundrat zu unterbreiten. Vor Ablauf einer Frist von drei Monaten nach dem Schiedsspruch, der Entscheidung des Gerichts oder dem Bericht des Völkerbundrates war es den Parteien verboten, zum Kriege zu schreiten, Art. 12 Abs. 1 S. 2.
Nach Art. 13 Abs. 4 waren die Parteien, die sich auf ein Schiedsverfahren oder ein gerichtliches Verfahren geeinigt hatten, zur Ausführung des Schiedsspruchs oder der Gerichtsentscheidung verpflichtet und durften gegen kein Bundesmitglied, das sich dem Schiedsspruch oder der Entscheidung fügt, zum Kriege schreiten.
Sollten die Parteien den Völkerbundrat angerufen haben, so folgte nach Art. 15 ein Schlichtungsverfahren, im Falle des Scheiterns ein Berichtsverfahren. Wurde der Bericht von den übrigen Mitgliedern einstimmig angenommen, so durften die Mitglieder gegen keine Partei, die sich dem Vorschlag fügt, zum Kriege schreiten.

[14] wiedergegeben in: Berber, Dokumentensammlung, Bd. II, S. 1674

ein Verzicht der Vertragsparteien, verbunden mit der Sanktion, als Kriegführender von den anderen Vertragsparteien mit Krieg überzogen werden zu können. Der Pakt schränkte insofern das freie Recht zur Kriegsführung zu einem Recht zur Kriegsbeantwortung ein (ius bellum contra bellum).
Zugleich suchten die Staaten nach Wegen, diese teils sehr weitreichenden rechtlichen Folgen des Krieges zu vermeiden. Die sog. „measures short of war" (Maßnahmen des Noch-Nicht-Krieges) sollten nicht als Krieg im völkerrechtlichen Sinne gelten. Es wurde daher stets die ausnahmsweise Vereinbarkeit von zwischenstaatlicher militärischer Gewalt und Fortdauer des Friedenszustandes zu begründen versucht, etwa mit der Begrenzung der Ziele und der eingesetzten Mittel sowie mit der Zusage der sofortigen Einstellung der militärischen Gewalt bei Zielerreichung.[15] Die Rechtfertigung der Gewaltmaßnahmen wurde besonders betont, ebenso der eigene Friedenswille, um nicht dem Adressaten einen Grund zum militärischen Widerstand oder gar zur Kriegseröffnung zu geben.[16] Letztendlich konnte auch der Ausbruch des Zweiten Weltkrieges nicht verhindert werden.

Aus den negativen Erfahrungen lernend, reiften noch während des Zweiten Weltkrieges die ersten Pläne für eine umfassende Weltsicherheitsordnung, die sich schließlich in der Kodifizierung der Charta der Vereinten Nationen niederschlugen. Um „künftige Geschlechter vor der Geißel des Krieges zu bewahren",[17] sind das allgemeine Gewaltverbot in Art. 2 Ziff. 4 UNCh sowie das damit verbundene System kollektiver Sicherheit als Schlüsselelemente verankert worden. Mit der Charta der Vereinten Nationen suchten die Gründungsstaaten nach Wegen, jegliche militärische Gewalt effektiv aus den internationalen Beziehungen zu verbannen. Das Gewaltverbot des Art. 2 Ziff. 4 der Charta stellt insofern nicht auf die Kriegsführung ab, sondern verbietet jede Gewaltanwendung sowie schon die Drohung mit dieser in den zwischenstaatlichen Beziehungen. Es ist völkergewohnheitsrechtlich anerkannt und stellt eine zwingende Norm des Völkerrechts dar,[18] an das alle Staaten gebunden sind.
Die Charta enthält allerdings zwei Ausnahmen zum Gewaltverbot:[19] Der UN-Sicherheitsrat kann im Rahmen des kollektiven Sicherheitssystems nach Kapitel VII der Charta auch Gewaltmaßnahmen ergreifen bzw. zu diesen ermächtigen, wenn er einen Bruch oder eine Gefährdung des Weltfriedens oder der

[15] Wolff, Kriegserklärung S 41 f.
[16] Grob, Relativity, S. 94, nennt als Beispiel die US-amerikanische Intervention in Mexiko im April 1914
[17] so die Präambel der Charta der Vereinten Nationen im ersten Absatz
[18] dies stellte der Internationale Gerichtshof in seiner *Nicaragua-Entscheidung* fest, ICJ-Reports 1986, S. 92, 100
[19] darüber hinaus gewähren die Feindstaatenklausel des Art. 107 UNCh. und die Übergangsregelung des Art. 106 UNCh. eine Rechtsgrundlage für zwischenstaatliche Gewaltanwendung, die jedoch obsolet geworden sind bzw. keine praktische Relevanz erhielten

internationalen Sicherheit nach Art. 39 UN-Charta feststellt. Zudem gewährt die Charta nach Art. 51 jedem einzelnen Staat das naturgegebene Recht zur Selbstverteidigung, wonach im Falle eines bewaffneten Angriffs der betroffene Staat allein oder zusammen mit anderen Staaten unter Anwendung militärischer Gewalt gegen den Angriff vorgehen darf, bis der Sicherheitsrat die zur Wahrung des Weltfriedens und der internationalen Sicherheit erforderlichen Maßnahmen trifft.

Insbesondere das Selbstverteidigungsrecht wurde unter Geltung der Charta der Vereinten Nationen immer wieder als Begründung für die Eröffnung zwischenstaatlicher Feindseligkeiten bemüht.[20] Auch der Angriff seitens amerikanischer und britischer Streitkräfte auf den Irak wurde mit einem Recht auf Selbstverteidigung zu rechtfertigen versucht.[21] Des weiteren erfolgten auch unter der Geltung der Charta der Vereinten Nationen zwischenstaatliche Konflikte im Ausmaß von klassischen Kriegen, so etwa in Vietnam oder während des ersten Golfkrieges zwischen Irak und Iran.

Der Irak-Krieg im Jahre 2003 reiht sich insofern in eine Reihe von militärischen Auseinandersetzungen ein, die eigentlich durch die Charta der Vereinten Nationen verhindert werden sollten. Es könnte also scheinen, als zeitige der Irak-Krieg vor diesem Hintergrund keinerlei neue Entwicklung. Es stellt sich die Frage, warum ausgerechnet jetzt das Völkerrecht tot sein solle, welche Entwicklungen im Hinblick auf den Irak-Krieg neu seien.

Die Nationale Sicherheitsstrategie der Vereinigten Staaten von 2002 bezeichnet als die aktuelle Bedrohung „Schurkenstaaten und Terroristen", die mit terroristischen Akten und Massenvernichtungswaffen angreifen könnten. Um diesen zuvorzukommen oder diese zu verhindern, würden die Vereinigten Staaten auch präventiv handeln.[22]

---

[20] siehe dazu unten Teil 1, I.3.b.

[21] siehe dazu unten Teil 1, I.3.b.jj.

[22] White House, The National Security Strategie of America, http://www.whitehouse.gov/nsc/nss.pdf, S. 15:
"For centuries, international law recognized that nations need not suffer an attack before they can lawfully take action to defend themselves against forces that present an imminent danger of attack. Legal scholars and international jurists often conditioned the legitimacy of preemption on the existence of an imminent threat—most often a visible mobilization of armies, navies, and air forces preparing to attack.
We must adapt the concept of imminent threat to the capabilities and objectives of today's adversaries. Rogue states and terrorists do not seek to attack us using conventional means. They know such attacks would fail. Instead, they rely on acts of terror and, potentially, the use of weapons of mass destruction—weapons that can be easily concealed, delivered covertly, and used without warning. …
The greater the threat, the greater is the risk of inaction—and the more compelling the case for taking anticipatory action to defend ourselves, even if uncertainty remains as to the time and place of the enemy's attack. To forestall or prevent such hostile acts by our adversaries, the United States will, if necessary, act preemptively."

Neu ist insofern, daß ein Recht auf präventive Selbstverteidigung für einen großangelegten Feldzug ausdrücklich in Anspruch genommen wird.[23] Neu ist auch, daß ein Staat für sich in Anspruch nimmt, die Staatengemeinschaft in gute und „böse“, also „Schurkenstaaten“ einzuteilen.

Letzteres ist schon nicht vereinbar mit dem Grundsatz der souveränen Gleichheit aller Mitglieder der Vereinten Nationen, Art. 2 Ziff. 1 Charta der Vereinten Nationen. Kein Staat darf sich danach als Richter über andere Staaten aufschwingen. Die gegenseitige Achtung als gleichberechtigt ist zudem Grundvoraussetzung für die Geltung des Völkerrechts.[24]

Präventive Selbstverteidigung widerspricht dem Willen der Gründungsmitglieder der Vereinten Nationen, einzelstaatliche Gewalt durch ein System kollektiver Sicherheit weitest möglich zu verhindern. Die Mitgliedsstaaten haben dem Sicherheitsrat die Hauptverantwortung für die Wahrung des Weltfriedens und der internationalen Sicherheit übertragen. Nur ausnahmsweise, „im Falle eines bewaffneten Angriffs“ darf ein Staat selbst militärische Maßnahmen ergreifen, „bis der Sicherheitsrat die zur Wahrung des Weltfriedens und der internationalen Sicherheit erforderlichen Maßnahmen getroffen hat“, Art. 51 UNCh.

Es werden also zwei Grundpfeiler der Völkerrechtsordnung in Frage gestellt, nämlich das Prinzip der souveränen Gleichheit der Staaten, Art. 2 Ziff. 1, sowie das Gewaltverbot, Art. 2 Ziff. 4 UNCh., welche gerade zur Wahrung des Weltfriedens und der internationalen Sicherheit dienen sollen.

In politischen Kreisen auch in Deutschland wird teilweise vorgetragen , den neuen Gefahren für den Weltfrieden, etwa dem internationalen Terrorismus, sei nur durch eine Fortentwicklung, also Veränderung der Grundprinzipien der Völkerrechtsordnung zu begegnen.[25] Eine Veränderung birgt jedoch auch immer die Gefahr, die konfliktbegrenzende Wirkung des hergebrachten Völkerrechts zu verringern.

Im Rahmen einer Abwägung sind daher einerseits die friedenssichernden Wirkungen der hergebrachten Völkerrechtsordnung zu beachten. Andererseits ist die Frage zu klären, ob es tatsächlich einer grundlegenden Veränderung der Völkerrechtsordnung bedarf, um den Weltfrieden im 21. Jahrhundert zu sichern.

Die Dissertation wird sich zunächst der Untersuchung des Rechts zur Kriegsführung, ius ad bellum, wie es sich bis zur Kodifizierung der Charta der Vereinten Nationen herausgebildet hat, widmen. Insbesondere wird die Frage der Weitergeltung und der Vereinbarkeit dieser Regeln mit der Charta der Vereinten Nationen thematisiert werden. Sodann werden die Regeln der Kriegsführung, ius in bello, und das Neutralitätsrecht dargestellt.

---

[23] so etwa die Rechtsberater im amerikanischen Außenministerium, Taft und Buchwald, S. 563

[24] Berber, Völkerrecht Bd. I, S. 27

[25] so der bayerische Ministerpräsident Edmund Stoiber in seiner Rede bei der Tagung des politischen Clubs der evangelischen Akademie Tutzing am 05. Juli 2003

Der zweite Teil wird sich der Frage widmen, unter welchen Umständen unter der Charta der Vereinten Nationen einzelstaatliche Gewaltanwendung in den internationalen Beziehungen völkerrechtlich noch zulässig ist. Die Reaktion der Vereinigten Staaten nach den Terroranschlägen vom 11. September 2001 ließ neue Problemstellungen aufkommen. Im Rahmen des Selbstverteidigungsrechts nach Art. 51 UNCh. wird die Frage der Zulässigkeit präventiver Selbstverteidigung diskutiert. Bei der Bekämpfung des internationalen Terrorismus stellt sich allerdings auch die Frage, gegen wen Selbstverteidigungsmaßnahmen zu richten sind. Nach klassischem Völkerrechtsverständnis können sich diese nur gegen Staaten richten. Wenn der Angriff jedoch durch Privatpersonen erfolgt, ist die Zulässigkeit direkt gegen diese gerichteter Maßnahmen fraglich.

Die Humanitäre Intervention ist im Gegensatz zum Selbstverteidigungsrecht nicht explizit als Ausnahme zum Gewaltverbot in der Charta der Vereinten Nationen verankert, wird aber in der Staatenpraxis als Rechtsgrundlage für zwischenstaatliche Gewaltanwendung in Anspruch genommen, zuletzt im Rahmen des Kosovo-Konflikts 1999 durch die NATO-Staaten. Das militärische Eingreifen in fremden Staaten aus humanitären Gründen verstößt grundsätzlich sowohl gegen das Interventionsverbot des Art. 2 Ziff. 7 als auch gegen das Gewaltverbot des Art. 2 Ziff. 4 UNCh. Es wird daher zu untersuchen sein, ob sich aus der besonderen Zielrichtung, nämlich der Durchsetzung der Menschenrechte, eine Rechtfertigung für die Gewaltanwendung ergeben.
Vielfach wird eingewandt, daß das Recht auf Selbstverteidigung, aber auch das Institut der Humanitären Intervention nur vordergründig als Rechtfertigung für die Anwendung militärischer Gewalt herangezogen wird, die Staaten allerdings diese vielmehr für ganz andere Ziele mißbrauchen würden. Um dieses erhebliche Mißbrauchspotential zu verringern, sind insbesondere auch die Grenzen der Gewaltanwendung aufgrund der Selbstverteidigung und der Humanitären Intervention aufzuzeigen.

Teil 1: Friedens- und Kriegsrecht

I. Die Entwicklung des Rechts zur Kriegsführung (ius ad bellum)

1. Das Recht zur Kriegsführung bis 1945

a. Theoretische Grundlagen

Seit Menschengedenken suchen organisierte Herrschaftsverbände ihre Interessen mit Waffengewalt durchzusetzen. Das Recht zur Ausübung von Waffengewalt, also das ius ad bellum, ist seit ebenso langem Zeitraum von Bedeutung. Die Wurzeln einer theoretischen Ausformung des ius ad bellum reichen zurück bis Cicero.[26] Weitere Autoren wie Augustin[27], Thomas von Aquin[28] und Francisco de Vitoria[29] entwickelten ein theoretisches Modell des ius ad bellum.

aa. Hugo Grotius

Die mittelalterliche Theorie des „gerechten Krieges“ (bellum iustum) erfuhr seine weiteste Ausformung in Hugo Grotius’ „De jure belli ac pacis libri tres“.[30] Nach Grotius gab es nur wenige „gerechte“ Gründe für einen Krieg. Nur wenn ein solcher vorlag, war der Krieg selbst ein gerechter. Diese Gründe waren die Verteidigung gegen eine Rechtsverletzung durch einen anderen Staat, die Wiederherstellung des rechtskonformen Zustands (status ante quo) und die Bestrafung des das Recht verletzenden Staates.[31] Der Krieg wird insofern als ein Phänomen seitens des Rechts akzeptiert, zugleich versucht Grotius aber den ungerechtfertigten und ungezügelten Waffengang auszuschließen, indem er einen gerechten Grund für einen Krieg als notwendig erachtet.

Als Konsequenzen eines „ungerechten Krieges“ nennt Grotius etwa die Unverbindlichkeit eines Allianzvertrages mit einem Staat, der „ungerecht“ Krieg führt.[32] Sogar Individuen sollen nach Grotius verpflichtet sein, den Waffendienst für einen ungerechten Krieg abzulehnen.[33]

Die wohl weitreichendste Konsequenz der Theorie des „gerechten“ Krieges besteht in der Unmöglichkeit absoluter Neutralität unbeteiligter Staaten. Nach Grotius ist die absolute Unparteilichkeit schlicht nicht möglich, er ersetzt sie durch eine Art „qualifizierte Neutralität“: So schreibt er: „It is the duty of those,

---

[26] De re publica, 3/23

[27] Augustin, De civitate Dei, dt. Übersetzung: Thimme, Vom Gottesstaat, 19. Buch, Kap. 7 (S. 545)

[28] Thomas de Aquino, Summa Theologica-Secunda Secundae, Quaestio XL - De bello, dt.-lat. Ausgabe: Albertus Magnus-Akademie

[29] Francisco de Vitoria, S. 125

[30] Hugo Grotius, De jure belli ac pacis libri tres, Lib. II, Cap. 1 § 1

[31] Grotius, De jure belli ac pacis libri tres, Lib. II, Cap. 1 § 2.2.

[32] Grotius, , De jure belli ac pacis libri tres, Lib. II, Cap. 22

[33] Grotius, , De jure belli ac pacis libri tres, Lib. II, Cap. 26 §§ 3., 5.

who keep out of war to do nothing whereby he who supports a wicked cause may be rendered more powerful, or whereby the movements of him who wages a just war may be hampered..."[34] So soll nach Grotius etwa die friedliche Passage dem „ungerecht" Krieg Führenden verweigert werden, während sie dem Staat, der einen gerechten Grund für die Kriegsführung hat, zu gestatten sei.[35]
Mit seinen Ausführungen zu den erlaubten Kriegshandlungen bleibt Grotius allerdings noch weit hinter dem heute allgemein anerkannten humanitären Kriegsvölkerrecht zurück. So hält es Grotius nach internationalem Recht für zulässig, alle in den feindlichen Gebieten aufgefundenen Personen zu töten, überdies alle feindlichen Personen zu töten, alle Gefangenen, selbst diejenigen, die zwar aufgegeben haben, deren Aufgeben allerdings nicht akzeptiert wurde.[36]
Sah Grotius insofern im internationalen Recht keine Verbote in humanitärer Hinsicht, entwickelt er jedoch eine moralisch und vernunftbegründete Empfehlung an die Kriegführenden: die *temperamenta belli.*[37] Im Kern ist dies ein Plädoyer zur Mäßigung etwa im Umgang mit Feinden oder feindlichem Eigentum.
Um die besonderen Rechtswirkungen des Krieges eintreten zu lassen, ist nach Grotius eine vorherige Mitteilung des Entschlusses zur Kriegsführung an den Gegner notwendig.[38]

bb. Thomas Hobbes

Thomas Hobbes teilt im *Leviathan* die Auffassung von Grotius: Krieg ist Zustand der Rechtlosigkeit. „To this war ... this also is consequent; that nothing can be unjust. The notions of Right and Wrong, Justice and Unjustice have there no place. Where there is no common Power, there is no Law..."[39] Der Mensch fiele im Krieg letztlich in seinen Urzustand zurück.[40]

cc. Emer de Vattel

In seinem 1758 herausgegebenen Werk „Le Droit des Gens" widmete Emer de Vattel einen umfangreichen Teil dem Krieg. Zunächst stellt Vattel seine Definition des Krieges voran. Hiernach ist Krieg „...der Zustand der Verfolgung des Rechts durch die Gewalt."[41] Das Recht zur Kriegsführung leitet Vattel aus dem Naturrecht ab, wonach „...die Natur den Menschen das Recht zur Gewaltanwendung dann gibt, wenn dies zu ihrer Verteidigung und zur Wahrung ihrer Rechte notwendig ist."[42] Dieses Recht stehe aber nur der souveränen

---

[34] Grotius, , De jure belli ac pacis libri tres, Lib. III, Cap. 17 § 3.1.
[35] Grotius, , De jure belli ac pacis libri tres, Lib. II, Cap. 2 § 13.1., § 13.4.
[36] Grotius, , De jure belli ac pacis libri tres, Lib. III, Cap. 4 §§ 6-12
[37] Grotius, , De jure belli ac pacis libri tres, Lib. III, Cap. 11-16
[38] Grotius, , De jure belli ac pacis libri tres, Lib. III, Cap. 3 § 5
[39] Hobbes, Leviathan, Part 1, Chap. 13
[40] Hobbes, Leviathan, Part. 1, Chap. 16
[41] Vattel, Buch III, Kap. 1 § 1
[42] Vattel, Buch III, Kap. 1 § 3

Gewalt zu.[43] Aus diesem Recht leitet Vattel ebenfalls den gerechten Krieg[44] ab, der sich durch drei legitime Ziele auszeichne: „Forderung dessen, was uns gehört oder geschuldet ist. Vorsorge für unsere künftige Sicherheit durch Bestrafung des Angreifers oder Rechtsbrechers. Eigene Verteidigung oder Schutz gegen drohendes Unrecht durch Zurückweisung einer ungerechten Gewaltanwendung."[45]
Vattel erkennt aber, daß die Theorie des gerechten Krieges in der Praxis seine Grenzen findet. Zwar könne der Krieg nicht auf beiden Seiten gerecht sein,[46] es könne jedoch der Fall so liegen, daß beide Parteien gutgläubig von einem gerechten Kriegsgrund auf ihrer Seite ausgehen. „Aus der Gleichheit und Unabhängigkeit der Nationen und ihrer mangelnden Urteilsgewalt über andere ergibt sich somit, daß in jeder unklaren Sache die Waffen beider kriegführenden Parteien gleichermaßen ... als legitim zu gelten haben. (Dies) ...steht auch dem nicht im Wege, daß der Urheber eines ungerechten Krieges schuldig ist. Wenn er aber infolge Unkenntnis oder eines unwiderlegbaren Irrtums handelt, kann ihm die Ungerechtigkeit seiner Sache nicht zur Last gelegt werden."[47]
Vattel geht davon aus, daß nach seinerzeitiger Praxis der europäischen Mächte die förmliche Kriegserklärung einem Waffengang stets vorauszugehen habe. Diese sei nötig, um nochmals die Beilegung des Streites ohne Blutvergießen zu versuchen und zugleich mit der Ankündigung dem Feind den Ernst der Lage vor Augen zu führen. In der Erklärung sei der Grund für den Entschluß darzulegen, um den Feind zu einer „gerechteren Beurteilung" der Lage zu veranlassen[48] und ihm das Angebot von Friedensbedingungen zu ermöglichen.[49] Vattel sieht also in der Kriegserklärung die letzte Möglichkeit, den eigentlichen Waffengang noch zu vermeiden. Allein schon deshalb müsse die Kriegserklärung dem Adressaten zugehen. Sie sei aber zudem „notwendig zur Unterrichtung und Lenkung der eigenen Untertanen, zur Festsetzung des Zeitpunktes der ihnen von der Erklärung an zustehenden Rechte...". Nicht zuletzt sei die Bekanntmachung der Erklärung aber notwendig, um „... sich in den Friedensverträgen über die Handlungen zu einigen, die als Kriegswirkungen gelten sollen, und über solche Handlungen, die jede Nation zwecks Wiedergutmachung geltend machen kann." [50] Lediglich im Falle der Verteidigung gegen einen bereits erfolgten Angriff sei die Kriegserklärung ausnahmsweise unnötig, sie könne aber zusätzlich vom Angegriffenen

---

[43] Vattel, Buch III, Kap. 1 § 4
[44] Vattel, Buch III, Kap. 3 § 26
[45] Vattel, Buch III, Kap. 3 § 28
[46] Vattel, Buch III, Kap. 3 § 39
[47] Vattel, Buch III, Kap. 3 § 40
[48] Vattel, Buch III, Kap. 4 § 52
[49] Vattel, Buch III, Kap. 3 § 54
[50] Vattel, Buch III, Kap. 3 § 56

abgegeben werden.[51] Wenn die gegnerische Nation die Kriegserklärung gar nicht entgegennehmen will, genügt die Bekanntmachung im eigenen Staat.[52] Zudem müßten die neutralen Mächte von der Kriegserklärung in Kenntnis gesetzt werden, damit diese „sich in der Folge danach richten können."[53] Insbesondere für den Einzug von Konterbande zum Feind sieht Vattel die Kriegserklärung als Voraussetzung an. Gewöhnlich warnten diese Staaten dann ihre Bürger vor Handel von Konterbande mit den kriegführenden Staaten, zumindest weisen sie darauf hin, daß kein staatlicher Schutz gegen den Einzug von Konterbande gewährt wird. Vattel hielt dies seinerzeit für „feste Gewohnheit" in Europa.[54]

Im Hinblick auf das humanitäre Kriegsvölkerrecht führt Vattel spezielle Regelungen u.a. bezüglich der Behandlung feindlicher Personen, der Kriegsgefangenen und des Eigentums der Feinde auf.[55] Bemerkenswert ist dabei, daß Vattel eine Unterscheidung zwischen den bewaffneten und den unbewaffneten Feindespersonen vornimmt, wonach die Zweiteren zu schonen seien, insbesondere ihnen Leben und Eigentum zu belassen seien.[56] Die Ausführungen Vattels nehmen die heute allgemein anerkannte Unterscheidung zwischen Kombattanten und Nichtkombattanten bereits vorweg.

Anknüpfend an seinen akademischen Lehrer Christian Wolff[57] verweist Vattel die Frage der Gerechtigkeit des Krieges in den Bereich des notwendigen Völkerrechts, die dargestellten Regeln der Kriegsführung allerdings in den Bereich des freiwilligen Völkerrechts („ius voluntarium").[58] Bemerkenswert ist, daß Vattel, ebenso wie bereits Wolff, die inkonsequent anmutende Feststellung trifft: „Der förmliche Krieg muß hinsichtlich seiner Wirkungen (im Bereich des freiwilligen Völkerrechts) als beiderseits gerecht angesehen werden."[59] Hieraus leitet Vattel seine zweite Feststellung ab, wonach alles, was der einen Partei aufgrund des Kriegszustandes erlaubt sei, auch dem anderen gestattet sei.[60]

[51] Vattel, Buch III, Kap. 3 § 57

[52] Vattel, Buch III, Kap. 3 § 58

[53] Vattel, Buch III, Kap. 4 § 64

[54] Vattel, Buch III, Kap. 7 § 113

[55] Vattel, Buch III, Kap. 8 §§ 140 - 173

[56] Vattel, Buch III, Kap. 8 §§ 145, 147

[57] Grewe, Epochen der Völkerrechtsgeschichte, S. 437

[58] Vattel, Buch III, Kap. 12 §§ 188, 189; zu der Unterscheidung von notwendigem Völkerrecht (ius gentium necessarium) und freiwilligem Völkerrecht (ius gentium voluntarium) bei Wolff und Vattel siehe Grewe, S. 418 und 437: Das notwendige Völkerrecht entspringt nach dieser Vorstellung aus der Anwendung des Naturrechts auf die Völker, zu dessen Befolgung die Nationen streng verpflichtet seien. Das freiwillige Völkerrecht entwickelt sich aus dem im Gesellschaftszustand zwischen den Staaten aufgrund positiver Willenseinigung geltenden Recht, welches auf der grundsätzlichen Freiheit, Gleichheit und Unabhängigkeit der Nationen beruhe.

[59] Vattel, Buch III, Kap. 12 § 190; so auch schon Wolff, Ius Gentium Methodo Scientifica Pertractatum, § 889, zit. nach Grewe, Epochen der Völkerrechtsgeschichte, S. 437, 438

[60] Vattel, Buch III, Kap. 12 § 191; diese Annahme ist überhaupt Voraussetzung für die Gegenseitigkeitserwartung, also dem Prinzip der Reziprozität, welche sich entscheidend

b. Das ius ad bellum bis zum Beginn des 20. Jahrhundert

Bereits Vattel zeigte das Kerndilemma der Theorie des gerechten Krieges auf. Liegt zumindest nach Vorstellung der Kriegsbeteiligten auf beiden Seiten ein „gerechter“ Grund zur Kriegsführung vor, verliert die Theorie des „gerechten Krieges“ sowohl ihre kriegsverhütende als auch ihre kriegsbegrenzende Wirkung.[61] Die Theorie des „gerechten Krieges“ war zudem nie eine gültige Norm des Völkerrechts.[62]

Vielmehr herrschte bis zum 20. Jahrhundert in der Völkerrechtsordnung die Auffassung vor, daß das Recht zur Kriegsführung wesentlicher Bestandteil der staatlichen Souveränität sei. Aufgrund der nahezu uneingeschränkten Souveränität war dementsprechend auch das Recht zur Kriegsführung nicht eingeschränkt. „Das heutige Völkerrecht kennt dagegen keine Kriegsursachen, keine Regeln darüber, wann Kriege geführt werden dürfen. Will ein Staat sein eigenes Selbst einsetzen, so darf er jederzeit Krieg beginnen. Die Gewalt ist also im Staatenverkehr unbedingt gestattet...“[63], wie ein Zitat aus dem Jahre 1912 feststellt.

c. Die Satzung des Völkerbundes

Die 1919 normierte Völkerbundsatzung[64] sah erstmals eine Einschränkung des Rechts zur Kriegsführung vor. Die Satzung war auf die Verhütung des Krieges bedacht, Art. 11. Die Einschränkung erfolgte allerdings nach Art. 12 bis 15 nur auf formeller Ebene. Nach Art. 12 waren die Parteien eines Streites, der einen Friedensbruch herbeiführen könnte, verpflichtet, die Angelegenheit entweder einem Schiedsverfahren, einem gerichtlichen Verfahren oder dem Völkerbundrat zu unterbreiten. Vor Ablauf einer Frist von drei Monaten nach dem Schiedsspruch, der Entscheidung des Gerichts oder dem Bericht des Völkerbundrates war es den Parteien verboten, zum Kriege zu schreiten, Art. 12 Abs. 1 S. 2.

Nach Art. 13 Abs. 4 waren die Parteien, die sich auf ein Schiedsverfahren oder ein gerichtliches Verfahren geeinigt hatten, zur Ausführung des Schiedsspruchs oder der Gerichtsentscheidung verpflichtet und durften gegen kein Bundesmitglied, das sich dem Schiedsspruch oder der Entscheidung fügt, zum Kriege schreiten.

Sollten die Parteien den Völkerbundrat angerufen haben, so folgte nach Art. 15 ein Schlichtungsverfahren, im Falle des Scheiterns ein Berichtsverfahren. Wurde der Bericht von den übrigen Mitgliedern einstimmig angenommen, so durften die Mitglieder gegen keine Partei, die sich dem Vorschlag fügt, zum Kriege schreiten.

---

bei der Entstehung gegenseitiger Regeln des Kriegsvölkerrechts ausgewirkt hat, Ipsen, Völkerrecht, § 70 Rn. 2

[61] Simma/Randelzhofer, Charta Art. 2 Ziff. 4, Rn. 3

[62] Wehberg, S. 21

[63] Heilborn, S. 23

[64] wiedergegeben in: Berber, Dokumente Bd. I, S. 1

Sollten diese Verfahren der friedlichen Streitbeilegung allerdings erfolglos bleiben, so durften die Parteien nach drei Monaten zum Krieg schreiten. Ein allgemeines Kriegsverbot enthielt die Völkerbundsatzung demnach nicht.[65] Nach Ablauf der Frist galt somit das ius ad bellum wieder uneingeschränkt.
Wenn allerdings ein Mitglied des Völkerbundes unter Verletzung der Art. 12, 13 und 15 zum Kriege schritt, wurde es so angesehen, als hätte das Mitglied einen Kriegsakt gegen alle Mitglieder des Völkerbundes begangen. Diese waren dann nach Art. 16 zur Verhängung von Sanktionen verpflichtet, die sogar bis zum Ausschluß des satzungswidrig handelnden Mitgliedes hätten führen können, Art. 16 VB-Satzung.

d. Der Briand-Kellog-Pakt

Mit Abschluß des Vertrages über die Ächtung des Krieges vom 27. August 1928,[66] dem sogenannten Briand-Kellogg-Pakt, wurde zum ersten Male der Krieg als Mittel für die Lösung internationaler Streitfälle verurteilt und auf ihn als Werkzeug nationaler Politik in zwischenstaatlichen Beziehungen verzichtet (Art. I). In Art. II vereinbarten die vertragschließenden Parteien, daß die Regelung und Entscheidung aller Streitigkeiten oder Konflikte, die zwischen ihnen entstehen könnten, welcher Art oder welchen Ursprungs sie auch sein mögen, niemals anders als durch friedliche Mittel angestrebt werden soll. Der Briand-Kellog-Pakt schloß damit das ius ad bellum zumindest der Mitgliedsstaaten aus, indem er ein materielles Kriegsverbot normierte. Allerdings stand dieses Kriegsverbot unter dem Vorbehalt des Selbstverteidigungsrechts, welches sich zwar nicht ausdrücklich im Vertragstext findet, aber unzweifelhaft auf einer stillschweigenden Vereinbarung zwischen allen Parteien beruht.[67] In den Jahren nach 1928 wurden fast alle damals existierenden Staaten zu Vertragsparteien.
Nur einige lateinamerikanische Staaten traten nicht bei. Diese banden sich allerdings durch den am 10. Oktober 1933 in Rio de Janeiro unterzeichneten Saveedra-Lamas-Pakt,[68] dessen Art. 1 im Wortlaut mit dem des Kellogg-Briand-Paktes fast gleichlautend ist. Die Verurteilung des Krieges beschränkte sich nicht nur auf die Beziehungen zwischen den Parteien des Saveedra-Lamas-Paktes, sondern erstreckt sich auch auf deren Beziehungen mit anderen Staaten.[69] Die Bestimmungen des Kellogg-Briand-Paktes wurden bald

---

[65] Ipsen, Völkerrecht, S. 932
[66] wiedergegeben in: Berber, Dokumente Bd. II, S. 1674
[67] Simma/Randelzhofer, Charta Art. 2 Ziff. 4 Rn. 10; Thierry/Combacau, S. 512
[68] Projet de Traité Sud-Américain pour prévenir la guerre, in : League of Nations Treaty Series, Vol. 163, S. 393
[69] Brownlie, International Law, S. 95-96; Meyer-Lindenberg, S. 189

Bestandteil des allgemeinen Völkergewohnheitsrechts und sind als solche noch heute gültig.[70]

Bei aller Bedeutung des Paktes hatte dieser jedoch auch Schwächen: Das Kriegsverbot war nicht mit einem Sanktionssystem verknüpft[71] und es fehlten Mechanismen zur friedlichen Streitbeilegung.[72] Die Präambel stellte lediglich fest, daß jeder den Pakt verletzende Staat „der Vorteile, die dieser Vertrag gewährt, verlustig erklärt werden sollte." Hieraus folgt das Recht, gegen ein unter Verletzung des Paktes kriegführendes Mitglied mit Krieg vorgehen zu dürfen.[73] Der Pakt wandelte insofern das ius ad bellum zu einem ius bellum contra bellum.

Der entscheidende Mangel lag aber darin, daß es sich nach seinem Wortlaut nur auf den Krieg bezog und nicht allgemeiner auf die Anwendung von Gewalt. Nicht erfaßt waren daher Gewaltmaßnahmen unterhalb der Schwelle des Krieges, sogenannte „measures short of war". Zudem versuchten einige Staaten mangels eines materiellen Kriegsbegriffs ihre militärischen Unternehmen zu verschleiern, indem sie diese nicht als Krieg erklärten und behaupteten, daß deshalb keine Verstöße gegen den Pakt begangen würden. Das extremste Beispiel dieser Art war das Verhalten von China und Japan 1931 und 1937, als diese in ausgedehnten Militäroperationen im Mandschureikonflikt gegeneinander verwickelt waren mit schweren Verlusten und Zerstörungen. Beide Regierungen beharrten jedoch darauf, daß zwischen ihren Staaten kein Kriegszustand bestünde, da sie ihre diplomatischen Beziehungen weiterhin aufrecht erhielten.[74]

Gleichwohl diese Regularien eine Antwort auf den Positivismus und die Schrecken des Ersten Weltkriegs waren, konnten sie nicht den Ausbruch des Zweiten Weltkriegs verhindern.

2. Die Charta der Vereinten Nationen

Aus den negativen Erfahrungen lernend, reiften noch während des Endes des Zweiten Weltkrieges die ersten Pläne für eine umfassende Weltsicherheitsordnung, die sich schließlich in der Kodifizierung der Charta der Vereinten Nationen niederschlugen. Hinsichtlich des Kriegsrechts sind das allgemeine Gewaltverbot in Art. 2 Ziff. 4 UNCh. sowie das damit verbundene System kollektiver Sicherheit die Schlüsselelemente.

---

[70] Simma/Randelzhofer, Charta Art. 2 Ziff. 4 Rn. 10; Berber, Völkerrecht Bd. II, S. 35; Dahm, Bd. II, S. 353; Thierry/Combacau, S. 513; Brownlie, International Law, S. 110

[71] Wehberg, S. 48

[72] Donner, Begrenzung, S. 172 Fn. 16

[73] Kelsen/Tucker, S. 37

[74] Langer, S. 63,

a. Grundsatz Art. 2 Ziff. 4 UNCh.

Nach Art. 2 Ziff. 4 UNCh. sind die Mitglieder der Vereinten Nationen verpflichtet, in ihren internationalen Beziehungen die Androhung oder Anwendung von Gewalt zu unterlassen. Die vorrangige Bedeutung des Art. 2 Ziff. 4 UNCh. ist von Autoren herausgestellt worden, die ihn den „Grundstein des Friedens in der Charta“[75] oder das „Herz der VN-Charta“[76] genannt haben.
Zweifellos ist die Formulierung des Art. 2 Ziff. 4 UNCh. im Vergleich zu Art. I des Briand-Kellogg-Paktes als Fortschritt zu bezeichnen. Nicht nur Krieg, sondern ganz allgemein Gewalt ist verboten. Weiterhin beschränkt sich das Verbot nicht nur auf die Anwendung von Gewalt, sondern umfaßt auch die Drohung mit dieser.[77]
Obgleich dieser vergleichsweise klaren Regelung gibt der Wortlaut Anlaß zu weitgreifenden Diskussionen über die Ausnahmen dieses Gewaltverbots. Diese Diskussionen entzünden sich zunächst an den von der VN-Charta ausdrücklich vorgesehenen Ausnahmen, nämlich den Gewaltmaßnahmen nach Kap. VII UNCh., dem Selbstverteidigungsrecht nach Art. 51 UNCh.[78] und der Übergangsregelung des Art. 106 UNCh.
Darüber hinaus entzünden sich am Wortlaut der Vorschrift Diskussionen über weiterhin zulässige Gewalt, die sich nicht gegen die territoriale Integrität oder die politische Unabhängigkeit eines Staates richtet.
Zudem werden aus unterschiedlichen Begründungen heraus weitere militärische Maßnahmen als zulässig erachtet. Hierzu zählen vor allem die militärische humanitäre Intervention bzw. die militärische Rettung eigener Staatsangehöriger.

b. Ausnahmen von Art. 2 Ziff. 4 UNCh.

aa. Übergangsregelung Art. 106 UNCh.

Nach Art. 43 UNCh. sind alle Mitglieder verpflichtet, zur Wahrung des Weltfriedens und der internationalen Sicherheit beizutragen, indem sie nach Maßgabe eines oder mehrerer Sonderabkommen dem Sicherheitsrat auf sein Ersuchen Streitkräfte zur Verfügung zu stellen. Grundidee war die Unterstellung nationaler Kontingente unter ein internationales Kommando, über deren Einsatz der Sicherheitsrat hätte verbindlich entscheiden sollen.[79] Der Charakter der Verpflichtung aus Art. 43 ist jedoch lediglich eine Verhandlungspflicht der Mitgliedsstaaten mit dem Sicherheitsrat über die noch zu treffenden Sonderabkommen.[80]

---

[75] Waldock, S. 492
[76] Henkin, S. 544
[77] Simma/Randelzhofer, Charta Art. 2 Ziff. 4, Rn. 13
[78] Schachter, Self-Defense, S. 271
[79] Simma/Frowein, Charta, Art. 43, Rn. 4
[80] Simma/Frowein, Charta Art. 43, Rn. 9

Für die Übergangszeit bis zum Abschluß von Sonderabkommen wurde daher die Übergangsregelung des Art. 106 UNCh. eingefügt. Da bis jetzt keine Sonderabkommen gemäß Art. 43 UNCh. geschlossen wurden, gilt immer noch Art. 106 der Charta.[81]
Hiernach haben die fünf ständigen Sicherheitsratsmitglieder die Kompetenz, im Namen der Vereinten Nationen militärische Zwangsmaßnahmen zu beschließen und durchzuführen.[82] Da dies nach dem Wortlaut der Vorschrift nur einstimmig[83] möglich ist, hat insbesondere der Ost-West-Konflikt die Übergangsregelung ineffektiv bleiben lassen.[84]

Zwar ist seit Bestehen der Vereinten Nationen ein Vorgehen nach Art. 106 UNCh. mehrfach diskutiert worden, so im Palästina-Konflikt 1948, in der Korea-Krise 1950 und in der Kongo-Krise 1961, jedoch haben sich die fünf ständigen Mitglieder nie zu einer gemeinsamen Haltung durchringen können.[85] Im Irak-Kuwait-Konflikt wurde dieses ebenfalls diskutiert, von der den ständigen Mitgliedern des Sicherheitsrates eingeräumten Befugnis haben diese jedoch keinen Gebrauch gemacht.[86]

bb. Feindstaatenklausel Art. 107 UNCh.

Gemäß Art. 107 UNCh. werden „Maßnahmen, welche die hierfür verantwortlichen Regierungen als Folge des Zweiten Weltkriegs in bezug auf einen Staat ergreifen oder genehmigen, der während dieses Krieges Feind eines Unterzeichnerstaats dieser Charta war, ... durch diese Charta weder außer Kraft gesetzt noch untersagt." Diese Bestimmung schließt nach allgemeiner Ansicht auch die Geltung des Art. 2 Ziff. 4 UNCh. in den Beziehungen zwischen einem Unterzeichnerstaat (die sog. Siegerstaaten Vereinigte Staaten, Großbritannien, Rußland (bis 1992 UdSSR), China und Frankreich) und einem ehemaligen Feindstaat aus.[87] Art. 53 Abs. 1 UNCh. erlaubt darüber hinaus auch ohne Genehmigung des Sicherheitsrates Zwangsmaßnahmen aufgrund regionaler Abkommen gegen solche Feindstaaten. Die Bestimmungen sind Ausdruck dafür, daß die Errichtung der Vereinten Nationen nicht nur ein Neubeginn war, sondern ebenso die Fortsetzung des im Zweiten Weltkrieg siegreichen Bündnisses.[88]

---

[81] Cot/Pellet/Ghebali, S. 1406; Simma/Randelzhofer, Charta, Art. 2 Ziff. 4, Rn. 41
[82] Simma/Geiger, Charta Art. 106, Rn. 10
[83] vgl. den Wortlaut des Art. 106: „... konsultieren die Parteien der am 30. Oktober 1943 in Moskau unterzeichneten Viermächte-Erklärung und Frankreich nach Absatz 5 dieser Erklärung einander und gegebenenfalls andere Mitglieder der Vereinten Nationen, um *gemeinsam* alle etwa erforderlichen Maßnahmen ... zu treffen."
[84] Simma/Geiger, Charta Art. 106, Rn. 11; Cot/Pellet/Ghebali, S. 1405, 1406
[85] Fink, S. 473, Fn. 96
[86] Fink, S. 472 f.
[87] Blumenwitz, Feindstaatenklauseln, S. 59; Berber, Völkerrecht Bd. II, S. 52
[88] Berber, Völkerrecht Bd. II, S. 52

Heute sind diese Bestimmungen jedoch überholt, da alle ehemaligen Feindstaaten nunmehr Mitglieder der Vereinten Nationen sind. Ihre formelle Aufhebung scheiterte bisher aber daran, daß jeder Versuch, die Charta der Vereinten Nationen zu ändern, Forderungen nach weiteren Änderungen (z.B. ständige Sitze im Sicherheitsrat oder Beseitigung des Vetorechts) auslösten.[89] Darüber hinaus hielt die Sowjetunion auch nach dem Beitritt der Bundesrepublik Deutschland und der Deutschen Demokratischen Republik am 18.9.1973 an der Weitergeltung dieser Bestimmungen fest.[90] Erst mit seiner Rede vor der Generalversammlung der Vereinten Nationen am 07.12.1988 leitete der damalige Generalsekretär der UdSSR Michail Gorbatschow eine Änderung dieser Haltung ein.[91]

Nach allgemeiner Ansicht können die Art. 107 und 53 Abs. 1 UNCh. gegenüber Mitgliedern der Vereinten Nationen keine Geltung beanspruchen, weil dies mit dem Umstand unvereinbar wäre, daß in die Vereinten Nationen aufzunehmende Staaten als „friedliebend" bezeichnet werden, Art. 4 UNCh.[92] Weiterhin wäre eine Weitergeltung unvereinbar mit dem Grundprinzip der souveränen Gleichheit aller Mitglieder gemäß Art. 2 Ziff. 1 UNCh.[93]

cc. Zwangsmaßnahmen nach Kap. VII UNCh.

Die Charta der Vereinten gibt dem Sicherheitsrat das Recht, Zwangsmaßnahmen nach Kap. VII UNCh. zu ergreifen. Sofern der Sicherheitsrat gemäß Art. 39 UNCh. feststellt, daß eine Bedrohung oder ein Bruch des Friedens oder eine Angriffshandlung vorliegt, kann er über Maßnahmen beschließen, die die Anwendung militärischer Gewalt mit einschließen.[94]

Diese Ausnahme von Art. 2 Ziff. 4 UNCh. hat bis zum heutigen Tage so gut wie keine Bedeutung in der Praxis erlangt. Beschlüsse des Sicherheitsrates nach Art. 39 sind dem Veto der fünf ständigen Mitglieder ausgesetzt. Die Einstimmigkeit der ständigen Mitglieder kommt in der Praxis nur in seltenen Ausnahmefällen zustande.[95]

Nur unter den höchst besonderen Umständen des Rhodesien-Konflikts beschloß der Sicherheitsrat am 09.04.1966, daß die Lage in Rhodesien (heute Zimbabwe) eine Bedrohung des Friedens darstelle, und forderte die Regierung des Vereinten Königreichs auf, Schiffen mit für Rhodesien bestimmter Olladung

[89] Seidl-Hohenveldern, Rnr. 126

[90] Seidl-Hohenveldern, Rnr. 1815; Simma/Randelzhofer, Charta Art. 2 Ziff. 4, Rn. 37; Siegler, Heinrich von, Dokumentation zur Deutschlandfrage in Verbindung mit der Ostpolitik, Hauptband VII (1972), S. 101

[91] Simma/Randelzhofer, The Charter Art. 2 (4), Rn. 38 (Fn. 100)

[92] Verdross/Simma, § 106; Blumenwitz, Feindstaatenklauseln, S. 94-95

[93] Simma/Ress, Charta Art. 53, Rn. 29

[94] Simma/Frowein, Charta Art. 42, Rnr. 16

[95] Simma/Randelzhofer, Charta Art. 2 Ziff. 4, Rn. 40

den Zugang zum Hafen von Beira (Mosambik), nötigenfalls unter Anwendung von Gewalt, zu verwehren.[96]

Im Ersten Golfkrieg 1987 wurde die zustande gekommene Resolution nicht mit Zwangsmaßnahmen verbunden.[97]

Auch als im Koreakrieg militärische Gewalt im Namen der Vereinten Nationen gegen einen Aggressor eingesetzt wurde, geschah dies nicht auf der Grundlage der Art. 39 und 42 der Charta. Am 25.06.1950 kennzeichnete der Sicherheitsrat in Abwesenheit des UdSSR-Vertreters in der Tat die nordkoreanische Invasion in Südkorea als Friedensbruch.[98] Am 27.06. und am 07.07.1950 empfahl der Sicherheitsrat allerdings nur den Mitgliedern, Südkorea Beistand zu leisten.[99] Die UdSSR, die seit dem 01.08.1950 wieder ihren Sitz im Sicherheitsrat eingenommen hatte, legte jedoch gegen weitere Beschlüsse nach Art. 42 UNCh. ihr Veto ein.[100] In der Folge verabschiedete die Generalversammlung am 03.11.1950 die „Uniting for Peace"-Resolution.[101] Im Gegensatz zum Sicherheitsrat kann die Generalversammlung jedoch keine Zwangsmaßnahmen verbindlich anordnen, sondern lediglich Empfehlungen aussprechen.[102]

Im Irak-Kuwait-Konflikt hat der Sicherheitsrat zwar mehrfach den Bruch des internationalen Friedens festgestellt,[103] unter Bezug auf Kap. VII UNCh. den Mitgliedsstaaten jedoch nur empfohlen, die notwendigen Maßnahmen zur Wiederherstellung des internationalen Friedens und Sicherheit gegen Irak zu ergreifen.[104]

Aufgrund dieser nicht eindeutigen Ermächtigungsklausel entstand in der Folge Unsicherheit über die Auslegung der Resolution.[105] Bereits im Rahmen der Befreiung Kuwaits bestand keine Einigkeit, ob diese Resolution über die Zurückdrängung der irakischen Truppen aus Kuwait hinaus auch die Absetzung des Regimes Hussein im Irak umfaßte, wie es teilweise von amerikanischen Stimmen gefordert wurde.[106]

---

[96] SR-Res. 221 v. 09.04.1966,U.N. Doc. S/RES/221 (1966); Simma/Randelzhofer, Charta Art. 2 Ziff. 4, Rn. 99

[97] SR-Res. 598 vom 20.07.1987,U.N. Doc. S/RES/598 (1987), Die Resolution nimmt ausdrücklich Bezug auf Art. 39 und 40 UNCh., stellt einen Friedensbruch im Hinblick auf den Iran-Irak-Konflikt fest und fordert einen sofortigen Waffenstillstand sowie einen Truppenrückzug. Lediglich Ziff. 10 scheint auf zukünftige Zwangsmaßnahmen hinzuweisen, wonach der Sicherheitsrat - wenn nötig - nochmals zusammentreten soll, um weitere Schritte zur Einhaltung dieser Resolution zu beschließen.

[98] Simma/Randelzhofer, Charta Art. 2 Ziff. 4, Rn. 42

[99] SR 1511 v. 27.06.1950 in: UNYB 1950, 222-224; sowie SR 1588 v. 07.07.1950, in: UNYB 1950, 230

[100] Siehe die Dokumentation in UNYB 1950, 230-244

[101] GA res. 377 (V)

[102] Ipsen, Völkerrecht, S. 420

[103] Fink, S. 453 f.

[104] SR-Res. 678 v. 28. November 1990, U.N. Doc. S/RES/678 (1990)

[105] vgl. dazu näher unten Teil 1, I.3.b.gg.

[106] Frowein, Unilateral Interpretation, S. 101

Nachdem im Frühjahr 1991 die kurdische Bevölkerung im Norden sowie die schiitische Bevölkerung im Süden Iraks den Übergriffen irakischer Sicherheitskräfte ausgesetzt waren, stellte der Sicherheitsrat fest, daß die dadurch einsetzenden Flüchtlingsströme über die internationalen Grenzen eine Bedrohung der internationalen Sicherheit darstellten.[107]
Ohne ausdrückliche Ermächtigung verhängten die Alliierten über den nördlichen und südlichen Teil Iraks eine Flugverbotszone, die militärisch durchgesetzt wurde durch Angriffe auf irakische Flugzeuge und auf irakische Luftabwehrstellungen am Boden. Die Alliierten beriefen sich zur Rechtfertigung auf die Nichteinhaltung der Resolutionen durch den Irak.[108]
Eine ähnliche Argumentation wurde im Rahmen des Kosovo-Krieges 1999 von den NATO-Staaten vorgebracht.[109]
Die unilaterale Interpretation von Zwangsmaßnahmen nach Kap. VII UNCh. birgt insofern die Gefahr, daß einzelne Mitgliedsstaaten unter Berufung auf Sicherheitsratsresolutionen militärische Maßnahmen vornehmen, die möglicherweise nicht vom Sicherheitsrat gewollt waren. Da jede Zwangsmaßnahme des Sicherheitsrates eine Einschränkung staatlicher Souveränität bedeutet, muß bei der Interpretation die gewohnheitsrechtliche Regel strikt beachtet werden, wonach die staatliche Souveränität weitest möglich gewahrt werden muß. Hiernach ist davon auszugehen, daß ein Staat im Zweifel seine Souveränitätsrechte nicht aufgegeben hat. Hat insofern ein Mitgliedsstaat mit Beitritt zu den Vereinten Nationen im Zweifel seine Souveränitätsrechte soweit möglich gewahrt, muß dies erst recht für aufgrund der Charta erlassene Zwangsmaßnahmen gelten. Hieraus folgt, daß an die Anordnung oder Empfehlung von Zwangsmaßnahmen durch den Sicherheitsrat höchste Maßstäbe hinsichtlich der Eindeutigkeit zu stellen sind. Im Zweifel ist davon auszugehen, daß Zwangsmaßnahmen, welche nicht eindeutig genannt sind, auch nicht beschlossen sind.[110]

dd. Selbstverteidigungsrecht nach Art. 51 UNCh.

Die Kodifizierung des Selbstverteidigungsrechts in der Charta der Vereinten Nationen ist Folge der Entwicklung des allgemeinen Gewaltverbots im Völkerrecht. Aufgrund des oben bereits dargelegten Rechts jedes einzelnen Staates bis zum Beginn des 20. Jahrhunderts, Krieg zu führen, kam dem Recht auf Selbstverteidigung nur eine bescheidene Rolle zu. Einer Rechtfertigung zur Kriegsführung bedurfte es grundsätzlich nicht.
Im Rahmen der mittelalterlichen Theorie des „gerechten Krieges" war die Ausübung des Selbstverteidigungsrechts die wichtigste politische Begründung eines „gerechten Krieges". Auch später hatte die Berufung eines Staates auf sein

---

[107] SR.-Res v. 5.4.1991, U.N. Doc. S/RES/688 (1991)
[108] Frowein, Unilateral Interpretation, S. 105 f.
[109] Wodarz, S. 108
[110] Frowein, Unilateral Interpretation, S. 112

Recht zur Selbstverteidigung lediglich politische Bedeutung. In rechtlicher Hinsicht hatte das Selbstverteidigungsrecht nur in Friedenszeiten Bedeutung, da die Anwendung von Gewalt außerhalb des Krieges friedensvölkerrechtlichen Schranken unterworfen war. Das galt insbesondere für die sog. „measures short of war“, wie etwa der friedlichen Blockade und der Intervention.[111] Inhalt und Umfang des Selbstverteidigungsrechts waren wenig klar umrissen und reichten weit in den Bereich der Selbsthilfe hinein.[112]
Mit der Einschränkung der Freiheit, Kriege zu führen, gewann das Selbstverteidigungsrecht zu Beginn des 20. Jahrhunderts an Bedeutung. Das in Art. 1 des Kellogg-Briand-Pakts enthaltene allgemeine Kriegsverbot stand nur unter dem Vorbehalt des Selbstverteidigungsrechts.[113] Demnach war nur noch der in Ausübung des Selbstverteidigungsrechts geführte Krieg legal.
Die rechtliche und faktische Entwicklung nach dem Zweiten Weltkrieg hat dazu geführt, daß die Bedeutung des Selbstverteidigungsrechts weiter wuchs. Nachdem die Feindstaatenklauseln, aber auch das kollektive Sicherheitssystem der Charta als Ausnahmen vom Gewaltverbot des Art. 2 Ziff. 4 UNCh. kaum praktische Bedeutung erlangten, blieb es in der völkerrechtlichen Praxis nach 1945 entgegen den Absichten der Schöpfer der Charta bei der Ausübung einzelstaatlicher Gewalt. Insofern enthält die Charta der Vereinten Nationen in Art. 51 eine abschließende Regelung, die den einzelnen Staaten die Drohung mit oder die Anwendung von Gewalt nur noch unter den Voraussetzungen dieser Bestimmung gestattet. Heute wird bei nahezu jeder militärischen Gewaltanwendung das Recht auf individuelle oder kollektive Selbstverteidigung zur Rechtfertigung bemüht. Das Selbstverteidigungsrecht aus Art. 51 UNCh. hat sich deshalb als die einzig praktisch bedeutsame Ausnahme vom Gewaltverbot zu einem juristischen Dreh- und Angelpunkt entwickelt, um den die Diskussion über die Rechtmäßigkeit des Einsatzes von Gewalt in den gegenseitigen Beziehungen der Staaten regelmäßig kreisen.[114]

ee. Gewohnheitsrechtliches Selbstverteidigungsrecht neben Art 51 UNCh.

Nach Art. 51 UNCh. „...beeinträchtigt (diese Charta) im Falle eines bewaffneten Angriffs gegen ein Mitglied der Vereinten Nationen keineswegs das naturgegebene Recht zur individuellen oder kollektiven Selbstverteidigung...“ Die Gründungsmitglieder gingen insofern bei Unterzeichnung der Charta von einem bestehenden gewohnheitsrechtlichen („inherent right“) Selbstverteidigungsrecht aus. Auch der IGH geht in seiner Nicaragua-Entscheidung von der Existenz eines solchen neben Art. 51 UNCh. aus.[115]

---

[111] Bryde, Self-Defence, S. 362
[112] Simma/Randelzhofer, Charta Art. 51, Rn. 1; Zourek, S. 98
[113] Simma/Randelzhofer, Charta Art. 2 Ziff. 4, Rn. 10
[114] Simma/Randelzhofer, Charta Art. 51, Rn. 3
[115] Military and Paramilitary Activities in and against Nicaragua (Nicaragua v. United States), ICJ Reports 1986, S. 14, 102 § 195

Die Voraussetzungen und Grenzen dieses völkergewohnheitsrechtlichen Selbstverteidigungsrecht sind jedoch unklar und umstritten. Nach Auffassung des IGH entsprechen Inhalt und Umfang nahezu vollständig dem Selbstverteidigungsrecht des Art. 51 UNCh., ohne jedoch für diese Auffassung eine nähere Begründung zu liefern.[116] Insbesondere soll das gewohnheitsrechtliche Selbstverteidigungsrecht auch nur im Falle eines bewaffneten Angriffs ausgeübt werden dürfen.[117]

Dem gegenüber wird vertreten, daß das vor Inkrafttreten der UN-Charta überkommene Selbstverteidigungsrecht sehr viel weiter gefaßt war. Von diesem sei auch die militärische Selbsthilfe umfaßt, so daß auch bei Fehlen eines bewaffneten Angriffs sich die Staaten militärischer Gewalt bedienen dürften, ohne gegen das Gewaltverbot zu verstoßen.[118]

Ein neben dem Selbstverteidigungsrecht des Art. 51 UNCh. bestehendes Völkergewohnheitsrecht wird insbesondere im Zusammenhang der präventiven Selbstverteidigung, der militärischen Aktionen zur Rettung eigener Staatsangehöriger im Ausland und der humanitären Intervention diskutiert.

Ob und in welchen Grenzen neben Art. 51 UNCh. aufgrund eines völkergewohnheitsrechtlichen Satzes Gewalt angewendet werden darf, soll unten näher untersucht werden.[119]

3. Der Kriegszustand im Rahmen der Charta der Vereinten Nationen

Bereits kurz nach Inkrafttreten der Charta der Vereinten Nationen gab es Stimmen, die den Kriegszustand im rechtlichen Sinne und die Normen des Kriegsvölkerrechts als nicht vereinbar mit dem Gewaltverbot des Art. 2 Ziff. 4 UNCh. sehen. Die International Law Association befaßte sich 1946 mit Fragen der Neutralität sowie den Haager und Genfer Konventionen. Der britische Delegierte Dehn brachte die Mehrheitsmeinung zum Ausdruck, wonach das Haager und das Genfer Recht auf der Rechtmäßigkeit des Krieges beruhten. Diese Rechtmäßigkeit sei mit Inkrafttreten der UN-Charta aber entfallen, weshalb das internationale Recht sich dem anpassen müsse.[120]

Die International Law Commission sah im Jahre 1949 keine Veranlassung, sich mit dem Kriegsvölkerrecht zu befassen. Die Mehrheit der Kommission befürchtete sogar, daß eine Befassung mit dem Kriegsvölkerrecht als Mißtrauen in die Vorschriften der Charta ausgelegt werden könne.[121]

---

[116] ICJ Reports 1986, S. 102 § 195

[117] ICJ Reports 1986, S. 103 § 195

[118] Schindler, Grenzen des völkerrechtlichen Gewaltverbotes, S. 17; Verdross/Simma, § 470; Schachter, Right of States, S. 1634 f.; Bowett, Self-Defence, S. 29 ff.

[119] siehe Teil 2, I.3.

[120] Dehn, S. 45; der Delegierte Guggenheim sprach sich als einziger für die Beibehaltung des Kriegsrechts aus

[121] Yearbook of International Law Commission 1949, S. 51, 53, para. 67; so z.B. das Mitglied Yepes: "It would certainly create an unfortunate impression on public opinion if the law of war were included in the list of topics for codification.", ebd., para. 64

Im Rahmen des israelisch-arabischen Konflikts berief sich 1951 der israelische Vertreter im UN-Sicherheitsrat auf die Unvereinbarkeit eines Kriegszustandes zwischen Israel und den arabischen Staaten mit dem Gewaltverbot des Art. 2 Ziff. 4 UNCh.[122]

In der Literatur wurde ebenfalls teilweise vertreten, daß die Schaffung des Kriegszustands mit dem Gewaltverbot der UN-Charta nicht vereinbar sei, so daß es Krieg im rechtlichen Sinne mit den damit verbundenen Rechten und Pflichten nicht mehr geben könne.[123]

Diese Auffassung ist allerdings nicht überzeugend. Wie bereits dargestellt, ist das Gewaltverbot des Art. 2 Ziff. 4 UNCh. kein absolutes Verbot, im Gegenteil definiert die UN-Charta selbst die Ausnahmen zum Gewaltverbot. Im Rahmen dieser Ausnahmen ist daher auch weiterhin die Schaffung eines Kriegszustands grundsätzlich möglich.

In der Literatur hat sich die Auffassung einer Unvereinbarkeit des klassischen Kriegsvölkerrechts daher nicht durchgesetzt. Vielmehr sieht die überwiegende Mehrheit in der Literatur die Fortgeltung des Kriegsvölkerrechts unter der Charta der Vereinten Nationen.[124] Insbesondere wird Bezug auf die berühmte Feststellung Sir Hersch Lauterpachts genommen, wonach Krieg als ein Faktum anerkannt wird, das durch internationales Recht zwar reguliert wird, aber als solches nicht durch internationales Recht erschaffen wird.[125] Krieg als gewalttätige Auseinandersetzung zwischen Staaten ist zwar von der internationalen Rechtsordnung nicht gewollt, aber als weiterhin unumgängliche Tatsache weiterhin Regelungsgegenstand des internationalen Rechts, um zumindest die brutalsten und unmenschlichsten Folgen zu verhindern.

Es besteht diesbezüglich jedoch Uneinigkeit über die Frage, wann Kriegszustand, also Krieg im völkerrechtlichen Sinne eintritt, welche völkerrechtliche Regeln auf Krieg im völkerrechtlichen Sinne Anwendung finden und welche Folgen aus einer unrechtmäßigen Kriegserklärung bzw. Kriegseröffnung entstehen. Diese Fragen sind jedoch bei genauerer Betrachtung streng zu trennen: Die Bedingungen für den Eintritt des Kriegszustandes (ius ad bellum) sind streng zu trennen von den rechtlichen Folgen eines Kriegszustandes (ius in bello). Schließlich sind die Folgen einer unrechtmäßigen Kriegserklärung für die Kriegsführung eine Frage des Verhältnisses von ius ad bellum, also dem Recht zur Kriegsführung, und ius in bello, also dem Recht der Kriegsführung.[126]

Zunächst bedarf es jedoch der Bestimmung des Begriffs „Krieg“.

---

[122] SCOR, 549th Meeting, paras. 40, 41

[123] Lauterpacht, Legal Irrelevance, S. 63; Feinberg, S. 42; Wright, Legal Aspects, S. 16

[124] vgl. nur Baxter, S. 71; Berber, Völkerrecht Bd. II, S. 60; Schindler; State of War, S. 17; Schindler, Kriegszustand, S. 573; Kotzsch, S. 274; Oeter, S. 74; Pieper, S. 3

[125] Oppenheim/Lauterpacht, Bd. II, S. 202: „War is a fact recognized, and with regard to many points regulated, but not established by international law."

[126] siehe dazu unten IV.

a. Der Begriff „Krieg"

Umgangssprachlich wird der Begriff „Krieg" vielseitig bis mißverständlich gebraucht. Die allseits bekannte Wendung „Kalter Krieg" diente der Beschreibung des Ost-West-Konflikts zwischen den zwei Großmächten über nahezu fünfzig Jahre. Während dieses Zeitraums gab es jedoch keine einzige direkte Konfrontation der beiden Großmächte, geschweige denn eine militärische Auseinandersetzung. „Kalter Krieg" beschrieb lediglich den teilweise „frostigen" Umgang, verbunden mit dem Prinzip der militärischen Abschreckung.

Für eine Untersuchung bedarf es daher der Eingrenzung des Kriegsbegriffs nach Kategorien. Um Krieg von anderen Formen kollektiven Gewalteinsatzes wie spontanen, unorganisierten Unruhen, Terroraktionen, Massenmorden oder Militärputschen abzugrenzen, sind qualitative Merkmale heranzuziehen. Hiernach ist Krieg ein gewaltsamer Massenkonflikt, in dem zwei oder mehr Streitkräfte an den Kämpfen unmittelbar beteiligt sind, dabei mindestens auf einer Seite reguläre Streitkräfte einer Regierung. Des weiteren muß eine Mindestmaß zentralgelenkter Organisation der Kriegführenden und des Kampfes auf beiden Seiten gegeben sein in Form einer gewissen Kontinuität der bewaffneten Operationen, d.h. daß beide Seiten nach einer planmäßigen Strategie vorgehen.[127]

Ergänzend gibt die klassische Definition von v. Clausewitz eine politisch-funktionale Bestimmung: Krieg ist hiernach ein „Akt der Gewalt, um den Gegner zur Erfüllung unseres Willens zu zwingen."[128] Zwecks Willensdurchsetzung müsse der Feind mittels physischer Gewalt wehrlos gemacht werden. Der Krieg sei insofern nicht Selbstzweck. Vor allem der politische Zustand, der dem Krieg folgen werde, wirke auf die Kriegsentscheidungen zurück, so daß der politische Zweck als ursprüngliches Motiv hervortritt. Insofern sei Krieg „eine bloße Fortsetzung der Politik mit anderen Mitteln."[129] Klarzustellen ist, daß in diese Definition die Form des „Totalen Krieges", des „Vernichtungskrieges" nicht paßt. Krieg ist hiernach nicht die totale Vernichtung des Gegners, sondern die Durchsetzung eines politischen Willens mit Gewaltmitteln.

Von diesen Definitionen muß sich die völkerrechtliche Definition unterscheiden, denn nicht jede außenpolitische Gewalt stellt Krieg im rechtlichen Sinne dar.[130] Die Praxis der „measures short of war"[131] zeigte, daß Staaten nicht jede Gewaltanwendung als Krieg im rechtlichen Sinne sehen.

Grotius definierte Krieg als einen Status zwischen denen, die sich mit Gewalt bekämpfen.[132] Vattel sieht Krieg als Zustand, in dem die Beteiligten ihr Recht

---

[127] Gantzel, S. 327 f.

[128] Clausewitz, S. 35

[129] Clausewitz, S. 50

[130] Berber, Völkerrecht Bd. II, S. 2; Stone, S. 306

[131] siehe hierzu umfangreich Wolff, S. 38 ff.

[132] Grotius, De jure belli ac pacis libri tres, Lib. III, Cap. 1, § 2

mit Gewalt verfolgen.[133] Diese klassischen Definitionen stellen die Gewaltanwendung in den Mittelpunkt. Insofern sind sie durch die Staatenpraxis überholt. Denn es gab militärische Auseinandersetzungen ohne Kriegszustand, wie z.B. im Mandschureikonflikt zwischen China und Japan 1931 und 1937, als trotz ausgedehnter Militäroperationen beide Regierungen darauf beharrten, daß kein Kriegszustand bestünde, da sie ihre diplomatischen Beziehungen weiterhin aufrecht erhielten.[134] Demgegenüber gab es im Ersten und Zweiten Weltkrieg Kriegserklärungen, denen sich jedoch keine einzige Kampfhandlung anschloß.[135]

Die völkerrechtliche Literatur nach dem Zweiten Weltkrieg definiert Krieg im völkerrechtlichen Sinne als den Zustand zwischen zwei oder mehr Staaten, in dem die Geltung des Friedensvölkerrechts suspendiert ist.[136] Krieg ist hierbei als Ausnahmezustand zwischen den Staaten zu betrachten, in dem an die Stelle der suspendierten Vorschriften der normalerweise geltenden Ordnung eine neue normative Ordnung – eine Ausnahmeordnung - tritt.[137] Während im Friedenszustand die Grundform und Grundlage aller zwischenstaatlicher Beziehungen die Willenseinigung, also der Vertrag ist, tritt im Kriegszustand die Durchsetzung des Willens eines Staates durch Gewalt an dessen Stelle. Der Staat muß diese besondere Beziehung wollen, die Gewaltanwendung muß jedoch nicht wirklich durchgeführt werden.[138] Krieg ist hierbei ein Zustand, den das Völkerrecht nicht schafft, sondern vorfindet und sich mit ihm abfinden muß. Das Recht kann lediglich die Tatsache feststellen und an diese Tatsache bestimmte Folgen knüpfen.[139] Verhindern kann es diese Tatsache – das hat die Vergangenheit gezeigt – nicht.

---

[133] Vattel, Buch III, Kap. 1 § 1

[134] Langer, S. 63,

[135] Stone, S. 306, nennt als Beispiele die Kriegserklärungen Chinas, Kubas und Siams gegenüber Deutschland 1917 sowie die Kriegserklärungen der meisten südamerikanischen Staaten im Zweiten Weltkrieg gegenüber Deutschland

[136] Berber, Völkerrecht Bd. II, S. 3: „derjenige Zustand der Beziehungen zwischen zwei Staaten – oder zwischen zwei Staatengruppen, oder zwischen einem Staat und einer Staatengruppe - unter dem die Geltung des normalen Völkerrechts – des sog. allgemeinen Friedensrechts – zwischen ihnen suspendiert ist.“; Verdross, Völkerrecht 5. Aufl., S. 432: „Es kommt daher weniger auf das Ausmaß der Zwangsmaßnahmen, als darauf an, ob sie unter grundsätzlicher Aufrechterhaltung des friedlichen Verkehrs zwischen den Streitteilen oder aber bei gleichzeitigem oder nach vorherigem Abbruch der gegenseitigen friedlichen Beziehungen gesetzt werden.“; Oppenheim/McNair, Arnold, 5. Aufl.: "War is not a condition of anarchy, indifferent or hostile to law, but a condition recognised and ruled by International Law, although it involves a rupture of peaceful relations between the belligerents."

[137] v. d. Heydte, Völkerrecht Bd. II, S. 194

[138] v. d. Heydte, Glossen, S. 74

[139] v. d. Heydte, Glossen, S. 74, 75

b. Krieg in der Staatenpraxis seit 1945

Auch nach Inkrafttreten der Charta der Vereinten Nationen 1948 zeigt die Staatenpraxis, daß Kriegszustand und Kriegserklärung rechtlich sehr wohl noch existent sind. Es wurden mehrfach Konflikte ausgefochten, in denen ein Kriegszustand angenommen wurde. Es wurden zwar teilweise keine Kriegserklärungen abgegeben, dies jedoch aus Gründen, welche aus politischen Erwägungen stammen, die die Konflikte überlagerten.

aa. Arabisch-israelischer Konflikt

Im ersten arabisch-israelischen Konflikt, in dem am Tag nach Ende des britischen Mandates über Palästina und der Proklamation des Staates Israel die Invasion Palästinas durch Ägypten, Jordanien, Syrien, Irak und Libanon am 15. Mai 1948 erfolgte und sich der Bürgerkrieg zwischen jüdischen und arabischen Bevölkerungsgruppen unzweifelhaft zu einer zwischenstaatlichen militärischen Auseinandersetzung entwickelte,[140] ist von beiden Seiten keine formelle Kriegserklärung erfolgt.[141] Die arabischen Staaten vermieden eine solche Kriegserklärung aber nur deshalb, um nicht einmal indirekt den Anschein zu geben, den Staat Israel als solchen anzuerkennen.[142]
Dennoch machten die beteiligten arabischen Staaten deutlich, daß sie sich als im Kriegszustand mit Israel befindlich sahen.[143] Ägypten setzte unmittelbar nach Beginn der Feindseligkeiten Prisenregelungen in Kraft, ordnete die Durchsuchung der den Suezkanal benützenden Schiffe und die Konfiskation der von und nach Israel transportierten Waren an.[144] Am 8. Juli 1948 errichtete Ägypten in Alexandria ein Prisengericht. Dieses Prisengericht ging in seinen Entscheidungen wiederholt von einem Kriegszustand mit Israel mit dem Argument aus, daß die fehlende Anerkennung als Staat angesichts des objektiven Vorliegens aller Elemente der Staatlichkeit nichts daran ändern könne, daß Israel als Kriegführender einzustufen sei.[145]
Auch auf israelischer Seite ging die Rechtssprechung von einem Kriegszustand zwischen Israel und den arabischen Staaten aus.[146]

---

[140] Moore, S. 9

[141] Schindler, Kriegszustand, S. 559, Greenwood, Concept of War, S. 291

[142] Oeter, Neutralität, S. 88; Greenwood, Concept of War, S. 291 unter Verweis auf die Ausführungen des Seminars arabischer Juristen in Algier 1967;

[143] Greenwood, Concept of War, S. 290 f.

[144] Schindler, Kriegszustand, S. 559

[145] so z.B. die Entscheidung v. 4. November 1950 (The Fjeld), ILR 17, S. 345, 348: "The non-recognition by Egypt of Israel as a State cannot prevent Israel from being regarded as a belligerent." sowie die Entscheidung v. 2. Dezember 1950 (The Flying Trader), ILR 17, S. 440, 444: "This conflict presents all the elements of a true war according to public international law."

[146] Greenwood, Concept of War, S. 291 mit Verweis auf Entscheidung Supreme Court of Israel, Diab v. Attorney-General, ILR 19 (1953), S. 550, 553: „The war of the Arab States against Israel was not civil war but war between independent states on both sides." sowie

Als Ägypten auch nach Abschluß eines Waffenstillstandsabkommens Anfang 1949 vom Fortbestand des Kriegszustandes ausging und das Prisenrecht im Suez-Kanal weiterhin zum Zwecke einer Wirtschaftsblockade gegen Israel einsetzte, rief Israel 1951 den Sicherheitsrat der Vereinten Nationen an. Die Hauptargumentation Israels, wonach ein Kriegszustand mit der Charta der Vereinten Nationen nicht vereinbar sei,[147] überzeugte den Sicherheitsrat jedoch nicht. Mit Resolution vom 1. September 1951 stellte der Sicherheitsrat lediglich fest, daß der seit nahezu zweieinhalb Jahren andauernde Waffenstillstand beständig sei und sich deshalb keine Partei mehr auf den Status eines Kriegsführenden berufen oder Selbstverteidigungsrechte geltend machen könne.[148] Der Sicherheitsrat traf keinerlei Feststellungen zur angeblichen Unvereinbarkeit eines Kriegszustandes mit der Charta, obwohl Israel dieses Argument ausdrücklich vortrug. Insofern ist davon auszugehen, daß der Sicherheitsrat einen Kriegszustand zumindest nicht grundsätzlich für unvereinbar hält.[149]
In der Folge verließ Israel allerdings diese rechtliche Position. Im Suez-Konflikt 1956, nachdem Ägypten, ausgehend vom Fortbestand des Kriegszustands mit Israel, den Handelsverkehr mit Israel über das Instrumentarium des Prisenrechts zu unterbinden versuchte,[150] ging am 19. Oktober Israel schließlich militärisch gegen Ägypten vor, um die Öffnung der Straße von Tiran durchzusetzen. Beide Seiten gingen hierbei von einem Kriegszustand aus.[151] Israel bestätigte schließlich in dem 1979 mit Ägypten geschlossenen Friedensvertrag den vorherigen Kriegszustand mit Ägypten.[152]

Entscheidung des Tel Aviv District Court, Yudsin v. Estate of Shanti, ILR 19 (1953), S. 555: "The question whether a state of war exists between two states or not is one of fact, and there is no need to prove the existence of war if the matter is one of common notoriety."

[147] SCOR, 549th Meeting, paras. 40, 41

[148] U.N. Doc. S/RES/2322 (1951): "... since the armistice regime, which has been in existence for nearly two and a half years, is of permanent character, neither party can reasonably assert that it is actively a belligerent or required to exercise the right of visit, search, and seizure for any legitimate purpose of self-defence..."

[149] zurückhaltender insofern Greenwood, Concept of War, S. 288, wonach aus dieser Resolution über diese Frage keinerlei Schlußfolgerungen gezogen werden könnten, allerdings ders. S. 292 Fn. 56, wonach die Resolution nicht dahingehend zu interpretieren sei, daß Kriegszustand nicht mit der Charta vereinbar sei; a.A. Feinberg, S. 41, wonach die Frage durch den Sicherheitsrat offen gelassen wurde

[150] Feinberg, S. 28 f.

[151] Oeter, Neutralität, S. 95; Ottmüller, S. 121 f.

[152] Treaty of Peace between the Arab Republic of Egypt and the State of Israel 1979, in: ILM XVIII (1979), S. 362, Art. 1 (1): "The state of war between the parties will be terminated and peace will be established between them upon the exchange of instruments of ratification of this treaty"; eine ähnliche Klausel enthielt der unterzeichnete, jedoch nicht ratifizierte Friedensvertrag zwischen der israelischen und der libanesischen Regierung von 1983, Agreement between the governments of the State of Israel and the government of the Republic of Lebanon, in: ILM XXII (1983), S. 708, Art. 1 (2): "The Parties confirm

Die Landeoperation eines englisch-französischen Expeditionskorps am Suez-Kanal im November 1956 wurde von den intervenierenden Mächten Großbritannien und Frankreich hingegen nicht als Kriegshandlung betrachtet, sondern als „Polizeiaktion“ dargestellt. Nach Bombardierung ägyptischen Territoriums durch beide Mächte erklärte jedoch der ägyptische Präsident Nasser sowohl Großbritannien als auch Frankreich den Krieg.[153] In dem Verfahren Navios Corporation v. Ulysses, in dem es auch auf die Frage eines Kriegszustandes ankam, bestätigte ein amerikanisches Bundesdistriktsgericht, daß in der Verwendung des Wortes „Krieg“ in der Rede Präsident Nassers an das ägyptische Volk eine ausreichende Kriegserklärung lag.[154]

bb. Korea-Krieg 1950

Die Teilung Koreas nach dem Zweiten Weltkrieg, die auf eine Vereinbarung zwischen den USA und der UdSSR zurückging, wonach nördlich des 38. Breitengrades die sowjetischen und südlich davon die amerikanischen Streitkräfte vorläufig die Herrschaftsgewalt Japans übernehmen sollten, war als Provisorium auf dem Weg zu einer Wiedervereinigung Koreas angelegt. Nachfolgende Bemühungen auch der Vereinten Nationen, einen gesamtkoreanischen Staat zu etablieren, scheiterten jedoch, so daß Südkorea am 15.08.1948 die Republik Korea ausrief, Nordkorea am 09.09.1948 die Gründung der Demokratischen Volksrepublik Korea bekannt gab. Ständige Grenzzwischenfälle und aggressive Propaganda seitens Nordkorea gegen Südkorea waren die Folge.[155]

Der eigentliche Krieg zwischen Nord- und Südkorea begann am 25. Juni 1950 durch die Invasion nordkoreanischer Truppen in den südkoreanischen Teil. Zumindest die Regierung von Nordkorea ging von einem Kriegszustand aus. Kurz nach Beginn der Invasion gab die nordkoreanische Regierung eine ausdrückliche Erklärung über Radio ab, daß sie sich im Krieg befinde.[156] Lediglich die UdSSR und China vertraten aus politischen Gründen die Position, es handle sich um einen reinen Bürgerkrieg zwischen der sozialistischen Regierung und den „Rebellen“ im Süden Koreas.[157] Im Hinblick auf die Feststellung der UN-Generalversammlung vom Dezember 1948, wonach die südkoreanische Regierung als aus freien Wahlen hervorgegangenes Organ die einzig rechtmäßige Regierung Koreas sei,[158] und aufgrund der Etablierung

---

that the state of war between Israel and Lebanon has been terminated and no longer exists."

[153] Ottmüller, S. 118

[154] Schindler, "Kriegszustand", S. 562

[155] Brammer, S. 463

[156] Rees, S. 4

[157] Verplaetse, S. 679; Kotzsch, S. 76; Norton, S. 264; dieser Position schloß sich Nordkorea später an

[158] GA res. 195 (III)

zumindest einer de-facto-Grenze entlang des 38. Breitengrades[159] war diese Position allerdings wenig überzeugend.
Die sodann unter Flagge der Vereinten Nationen gegen die nordkoreanischen Truppen eingreifenden Staaten verneinten ihrerseits einen Kriegszustand mit Nordkorea mit dem Argument, daß sie an einer Polizeiaktion im Rahmen des Systems der kollektiven Sicherheit der Vereinten Nationen teilnähmen.[160] Dem entgegen steht jedoch die Tatsache, daß keine Zwangsmaßnahmen nach Kap. VII UN-Charta vollzogen wurden, sondern die beteiligten Staaten ihre Truppen freiwillig, wenn auch aufgrund einer Empfehlung der Vereinten Nationen, in Korea einsetzten. In rechtlicher Hinsicht ist davon auszugehen, daß nationale Truppen im Wege der kollektiven Selbstverteidigung einem Kriegführenden, dem Opfer einer Aggression, zu Hilfe kamen, womit auch sie in den Status des Kriegszustandes eintraten.[161] Die australische Regierung bezeichnete in einer Stellungnahme vor dem Court of Quarter Sessions in Sydney den Zustand als einen „de-facto-Krieg", ob es auch ein „de-jure-Krieg" sei, hänge von der Auslegung der UN-Charta unter Berücksichtigung des Einzelfalls ab.[162]
Die Mehrheit in der völkerrechtlichen Literatur sieht daher mit Recht den Korea-Konflikt als einen Krieg im rechtlichen Sinne an. Dies folgt bereits aus der Anwendung des Kriegsrechts,[163] der Inanspruchnahme von Rechten als Kriegführende durch die Streitkräfte,[164] der Anwendung des Neutralitätsrechts[165] und der Tatsache, daß die Staaten freiwillig der Empfehlung der Vereinten Nationen gefolgt sind und es daher keine Maßnahmen der UN waren.[166]

cc. Vietnam-Krieg

Der Vietnam-Krieg war von der rechtlichen Ausgangslage her durchaus dem Korea-Krieg vergleichbar: Zwei Regierungen in einem geteilten Land, die eine von westlicher, die andere von östlicher Seite gestützt. Nachdem die Terroraktionen von nordvietnamesischen Boden aus gegen Südvietnam zunahmen, unterstützten die USA Südvietnam zunächst mit Material und Militärberatern

[159] Brammer, S. 463
[160] Verplaetse, S. 682; Kotzsch, S. 78; Norton, S. 264
[161] Oeter, Neutralität, S. 92
[162] „That Australia is at war de facto is clear. Whether or not Australia is at war de jure depends on the interpretation of the Charter as applied in the circumstances.", zitiert nach Green, „War" in Korea, S. 465
[163] Stone, S. 305, 316
[164] Green, Armed Conflict, S. 690 in Bezug auf die Errichtung einer Verteidigungszone um die koreanische Halbinsel durch die US-Seestreitkräfte
[165] Norton, S. 267
[166] Baxter, Constitutional Form, S. 336; Oeter, Neutralität, S. 92; Verplaetz, S. 685; Kotzsch, S. 80; a.A. Schindler, Kriegszustand, wonach unbestritten sei, daß kein Kriegszustand vorläge, sowie E. Lauterpacht, S. 59

und begannen im Februar 1965 mit massiven Bombardements in Nordvietnam.[167] Die USA rechtfertigten ihre militärischen Aktionen mit dem Recht der kollektiven Selbstverteidigung zugunsten Südvietnams.[168] Nordvietnam ging hingegen von einem Bürgerkrieg aus, in dem die rechtmäßige (nord-) vietnamesische Regierung gegen Rebellen kämpfe, so daß eine Einmischung Dritter völkerrechtswidrig und somit die amerikanischen Bombardements Kriegshandlungen seien.[169]
Die Vereinigten Staaten suchten demgegenüber jeden Anschein der Kriegsführung zu vermeiden. Eine formelle Kriegserklärung oder auch nur eine Einstufung als faktischer Kriegszustand war der US-Regierung aus innenpolitischen und verfassungsrechtlichen Gründen äußerst unerwünscht.[170] So wurde in offiziellen Statements die Kriegserklärung als politisch kontraproduktiv dargestellt, weil diese eine Konfliktlösung in weite Ferne rücken würde, ein neues „psychologisches Element“ in den Konflikt bringen würde und die Vereinigten Staaten ihre Flexibilität bei der Konfliktlösungssuche einschränken würden.[171] Zudem wurde betont, daß eine Kriegserklärung nach internationalem Recht nicht erforderlich sei, das Fehlen einer Kriegserklärung die Gewaltanwendung nicht rechtswidrig mache, es vielmehr auf die Rechtmäßigkeit der Gewaltanwendung an sich ankomme. Im übrigen seien die Kriegsführungsregeln auf jeden bewaffneten Konflikt anzuwenden, so daß eine Kriegserklärung den Parteien keine besonderen Obliegenheiten auferlegen würde, an die diese nicht schon anderweitig gebunden seien.[172] Weitere politische Gründe, die die USA von einer formellen Kriegserklärung abhielten, dürften die diplomatischen Schwierigkeiten bezüglich der Anerkennung von Guerilla-Gegnern sowie die unnötige Erweiterung der Kompetenzen des Präsidenten gewesen sein.[173]

---

167 Frowein, Vietnam-Konflikt, S. 3

168 Frowein, Vietnam-Konflikt, S. 10

169 Oeter, Neutralität, S. 98

170 Oeter, Neutralität, S. 99; nach der US-amerikanischen Verfassung, Art. I Section 8, ist die Kriegserklärung dem Kongreß vorbehalten. Nach der Rechtssprechung des Supreme Court kann der Kongreß diese Befugnis auch nicht an den Präsidenten übertragen. Der Präsident als Commander in Chief sieht sich aber regelmäßig befugt, die Streitkräfte einzusetzen. Insofern hat der Präsident innenpolitisch ein fundamentales Interesse, den Anschein von Krieg zu vermeiden. Hiervon zu trennen ist die außenpolitische Seite. Als Repräsentant der Vereinigten Staaten kann er völkerrechtlich verbindliche Aussagen treffen. Der Kongreß hat aus der Erfahrung des Vietnam-Krieges 1973 die War Powers Resolution beschlossen, in der er dem Präsidenten bei Einsatz von Streitkräften aufgibt, innerhalb 48 Stunden dem Kongreß zu berichten sowie innerhalb von 60 Tagen den Einsatz zu beenden, es sei denn, der Kongreß erklärt den Krieg, gewährt eine Verlängerung oder ist faktisch nicht in der Lage, zu tagen, War Powers Resolution of 1973, 50 U.S.C. §§ 1541-1548 (1994)

171 so der US-Außenminister McNamara in einer Stellungsnahme vor dem US-Senat, Committee on Armed Services, am 25. Februar 1966, in: ILM 5 (1966), S. 791, para 1.-3.

172 Stellungnahme McNamara aaO., para 4.-6.

173 Schindler, Kriegszustand, S. 566

Drittstaaten beriefen sich im Rahmen des Vietnam-Krieges praktisch nie auf Neutralitätsrechte.[174] Die japanische Regierung erklärte die Nutzung in Japan befindlicher Militärbasen durch US-Luftwaffe und Marine zur Unterstützung der Kriegführung in Vietnam als nicht neutralitätswidrig, da die beteiligten Staaten die Kampfhandlungen nicht als formellen Krieg behandelten und das Neutralitätsrecht daher nicht anwendbar sei.[175]
Vom Umfang und von der Dauer des militärischen Engagements seitens der Vereinigten Staaten stellt sich der Vietnam-Krieg jedoch als klassischer Krieg dar. Allein die innenpolitischen Hemmnisse einer Kriegserklärung in den Vereinigten Staaten können nicht widerlegen, daß zumindest faktisch ein Krieg geführt wurde.

dd. Indisch-pakistanischer Konflikt

In dem Konflikt um die Region Kaschmir brach nach vorherigen kleineren Konflikten am 6. September 1965 ein großangelegter Konflikt zwischen Indien und Pakistan aus. Die militärische Intervention regulärer pakistanischer Armeeeinheiten in Kaschmir beantwortete Indien mit großangelegten Angriffsoperationen gegen westpakistanisches Territorium. Der pakistanische Präsident erklärte in einer Radio-Botschaft am 6. September „we are at war“. Eine Kriegserklärung seitens Indien erfolgte jedoch nicht, Indien verneinte zunächst die Existenz eines Kriegszustands.[176]
Als jedoch Pakistan am 14. September 1965 eine Prisenordnung erließ und in der Folge Schiffe und Schiffsladungen als Prise beschlagnahmte, setzte Indien ebenfalls das Prisenrecht in Kraft.[177]
In dem Schiedsspruch Dalmia Cement Ltd. v. National Bank of Pakistan verneinte der Richter dennoch einen Kriegszustand mit der Begründung, daß zwischen Indien und Pakistan die diplomatischen Beziehungen aufrecht gehalten wurden und die zwischenstaatlichen Verträge nicht suspendiert wurden.[178]
Drittstaaten hingegen gingen von einem Kriegszustand aus, wie etwa Ceylon, das unter Berufung auf die Pflichten des Neutralitätsrechts die Durchfuhr von Waffen oder Truppen verweigerte.[179]
In dem zwischen Indien und Pakistan im Jahre 1971 ausgebrochenen Konflikt um Bangladesh bedienten sich beide Staaten einer deutlichen Kriegsrhetorik. Die indische Präsidentin erklärte am 3. Dezember 1971 in einer Radiobotschaft: „Today the war in Bangladesh has become war on India…We have no other

---

[174] Norton, S. 270
[175] Oeter, S. 99
[176] Oeter, Neutralität, S. 100
[177] Ottmüller, S. 183 f.
[178] Dalmia Cement Ltd. V. National Bank of Pakistan, in: ILR 67 (1984), S. 623 ff.,insb. paras 52-53 sowie paras 43 ff., 50
[179] Oeter, Neutralität, S. 101

option but to put our country on a war footing." Die pakistanische Regierung antwortete darauf mit der Verkündung des Kriegszustandes gegenüber Indien am 4. Dezember 1971. Beide Seiten betonten jedoch jeweils, daß sie nicht als Erste formell den Krieg erklärt hätten.[180]
Indien machte wiederum von den klassischen kriegsrechtlichen Befugnissen Gebrauch und verhängte eine Seeblockade über Ost- und Westpakistan. Die indische Marine wurde angewiesen, alle Schiffe auf dem Weg von und nach Pakistan anzuhalten und zu durchsuchen, wobei Schiffe aus neutralen Staaten ausdrücklich in diese Anordnung eingeschlossen wurden und das Prisenrecht in Kraft gesetzt wurde.[181]

ee. Falkland-Konflikt

Der Streit zwischen Großbritannien und Argentinien um die seit 1833 als „dependent territory" zu Großbritannien gehörenden Falkland-Inseln eskalierte am 2. April 1982 mit der Besetzung der Inseln durch argentinisches Militär. Mit Wirkung zum 12. April 1982 erklärte die britische Regierung eine 200-Sm-Zone um die Falkland-Inseln zur maritimen Ausschlußzone, in der jedes argentinische Kriegsschiff und Hilfsschiff als feindlich betrachtet werden sollte. Argentinien bestimmte darauf hin seinerseits eine 200-Sm-Zone um die Falkland-Inseln sowie entlang der argentinischen Südatlantik-Küste zum Operationsgebiet. Zum 30. April 1982 erklärte Großbritannien die Ausschlußzone zur totalen Ausschlußzone für Schiffe und Flugzeuge aller Art, die zur Unterstützung der rechtswidrigen Besetzung der Falkland-Inseln operieren.[182]
Im übrigen behielt sich Großbritannien weiterreichende Maßnahmen vor, soweit diese zur Selbstverteidigung erforderlich würden. Mit Hinweis auf diesen Vorbehalt rechtfertigte Großbritannien die Versenkung des argentinischen Kreuzers „General Belgrano" durch das britische Unterseeboot „HMS Conqueror". Die „General Belgrano" befand sich 35 Sm südlich der britischen Ausschlußzone, jedoch – nach britischen Angaben – auf direktem Kurs zu dieser.[183] Am selben Tag wurde der britische Zerstörer „Sheffield" durch eine Rakete versenkt.[184] Großbritannien weitete seine Ausschlußzone am 7. Mai 1982 auf alle Gebiete seewärts der 12-Sm-Linie vor der argentinischen Küste aus, Argentinien erklärte am 11. Mai 1982 den gesamten Südatlantik zum Kriegsgebiet, in dem jedes britische Schiff angegriffen würde.[185]

[180] Archiv der Gegenwart 1971, S. 16787
[181] Ottmüller, S. 272 ff.
[182] Heintschel von Heinegg, S. 448 f.; Schröder, S. 334 f.
[183] Heintschel von Heinegg, S. 449
[184] Schröder, S. 335
[185] Heintschel von Heinegg, S. 450

In den folgenden Wochen gelang es den britischen Streitkräften, die Falkland-Inseln zurückzuerobern. Am 14. Juni 1982 ergab sich der Befehlshaber der argentinischen Truppen auf den Falkland-Inseln dem britischen Befehlshaber.[186] Beide Seiten vermieden und bestritten das Bestehen eines Kriegszustandes im Rechtssinne, doch ging Großbritannien wohl von der Möglichkeit eines Kriegszustandes auch unter Geltung der UN-Charta aus.[187] Sämtliche Maßnahmen seitens Großbritannien wurden nicht mit kriegsrechtlichen Instrumenten gerechtfertigt, sondern als Selbstverteidigungsmaßnahmen nach Art. 51 UNCh. dargestellt. Dritte Staaten gingen durchweg davon aus, daß ein Kriegszustand nicht vorlag.[188]

Dem äußeren Gepräge nach entsprach der Konflikt jedoch einem konventionellen Krieg, wenn auch auf die streitige Inselgruppe und die sie umgebenden Seegebiete begrenzt, zwischen zwei technisch hochgerüsteten, modernen Armeen.[189]

ff. Erster Golfkrieg zwischen Iran und Irak

Als mit dem Vormarsch irakischer Truppen über den Schatt el-Arab auf iranisches Territorium am 23. September 1980 der erste Golfkrieg ausbrach, waren bereits langjährige Grenzstreitigkeiten und in den Vormonaten zahlreiche Grenzscharmützel vorausgegangen. Als Grund für den Vormarsch auf iranisches Gebiet nannte der Irak die seitens des Iran am selben Tag verhängten Maßnahmen für die zivile Schiffahrt am Golf. Der Iran hatte den Schatt el-Arab für den zivilen Schiffsverkehr gesperrt und damit den einzigen Schiffahrtsweg zu den irakischen Seehäfen gesperrt. Zudem sollten alle Handelsschiffe im Persischen Golf und im Golf von Oman ihre Nationalflagge führen und die Anfragen iranischer Marineeinheiten korrekt beantworten.[190]

Nachdem der irakische Vormarsch nach wenigen Wochen gestoppt war, machte der Irak im Juni 1982 dem Iran ein Waffenstillstandsangebot, in dem der Irak auch einen Truppenrückzug hinter seine Grenzen anbot. Die Gegenforderungen des Iran, die u. a. die Absetzung der irakischen Regierung, die Anerkennung des irakischen Vormarsches als völkerrechtswidrigen Angriff und die Zahlung von Reparationen beinhalteten, ließen einen Waffenstillstand jedoch scheitern.[191]

Nachdem der Krieg zu Lande sich zu einem Stellungskrieg entwickelte, eskalierte der Seekrieg, als sowohl der Iran als auch der Irak seinen Gegner

---

[186] Schröder, S. 335

[187] Greenwood, Concept of War, S. 293, unter Verweis auf die Stellungnahme des Lord President of the Council gegenüber einer parlamentarischen Anfrage: „...we do not consider that there exists a state of war between this country and Argentina. However, should Argentina formally declare war against the United Kingdom, an immediate statement would be made to Parliament."

[188] Oeter, S. 111

[189] Oeter, S. 110 f.

[190] Lagoni, S. 1851

[191] Lagoni, S. 1851

durch Beeinträchtigung des Erdölhandels zu schwächen suchte. Seit 1984 eskalierte die Konfrontation zum sog. „Tankerkrieg“, als der Irak die auf den Seeweg aus dem Golf angewiesenen iranischen Ölausfuhren durch militärische Gewalt zu verhindern versuchte. Der Iran reagierte darauf mit Angriffen auf Handelsschiffe, die Kuwait und andere Häfen am Westufer des Golfs anlaufen wollten.[192]

Im Juli 1987 faßte der UN-Sicherheitsrat die Resolution 598, in der er die beiden Kriegsparteien zu einer Beilegung des Krieges und der Beendigung sämtlicher militärischer Maßnahmen aufforderte.[193] In der Folge konnte unter Vermittlung des UN-Generalsekretärs am 20. August 1988 zumindest ein Waffenstillstand erreicht werden. Am 25. August 1988 nahmen die Außenminister des Iran und des Irak Verhandlungen über die endgültige Beilegung der kriegerischen Auseinandersetzungen auf.[194] Eine endgültige Friedensregelung konnte jedoch nicht erreicht werden.

Zweifelsohne bestand zwischen Iran und Irak während des Ersten Golfkrieges Kriegszustand.[195] Dies belegt allein schon die Aussage des irakischen Botschafters in Großbritannien, wonach „... actual a state of war does exist even though diplomatic representation continues between the two countries.“[196] Der Iran ging ebenfalls vom Abbruch der friedlichen Beziehungen aus.[197] Durch die Ausdehnung des Krieges auf den Persischen Golf durch den „Tankerkrieg“ hat er die typischen Züge eines gegen den Seehandel des Gegners gerichteten Wirtschaftskireges angenommen.[198]

gg. Zweiter Golf-Krieg zwischen Irak und Kuwait

Am 2. August 1990 marschierten irakische Truppen unter Berufung auf ein angebliches Hilfeersuchen „junger kuwaitischer Revolutionäre“ in Kuwait ein und besetzten die Hauptstadt. Vorausgegangen waren jahrelange Grenzstreitigkeiten, welche auch die Schürfrechte an einem im Grenzgebiet gelegenen Ölfeld umfaßten.

Die Regierung Kuwaits floh nach dem Einmarsch nach Saudi-Arabien, der Irak setzte eine von ihm kontrollierte Regierung ein. Wenige Tage später verleibte sich der Irak das Staatsgebiet Kuwaits ein und ernannte den provisorischen Regierungschef zum stellvertretenden Ministerpräsidenten des Irak.[199] Am 27. August 1990 wurde per Dekret der nördliche Teil Kuwaits der irakischen Provinz Basra angegliedert und der südliche Teil zu einer neuen Provinz des

---

[192] Oeter, S. 113
[193] SR-Res. 598 v. 20.07.1987, U.N. Doc. S/RES/598 (1987)
[194] Eibach, S. 447
[195] Oeter, S. 112
[196] zitiert nach Greenwood, Concept of War, S. 294
[197] David, S. 160
[198] Lagoni, S. 1866
[199] Archiv der Gegenwart 1990, S. 34833

Irak erklärt.[200] Die im Kuwait noch geöffneten Botschaften wurden blockiert und die sich im Irak und in Kuwait aufhaltenden Ausländer festgesetzt und an militärstrategische und besonders gefährdete Orte verbracht.[201]
Am selben Tag des irakischen Einmarsches stellte der Sicherheitsrat einen Bruch des internationalen Friedens fest und verlangte den sofortigen Rückzug aller irakischen Truppen aus Kuwait.[202] In einer zweiten Resolution beschloß der Sicherheitsrat einen umfangreichen Katalog wirtschaftlicher Boykottmaßnahmen gegen den Irak.[203] Am 9. August 1990 erklärte der Sicherheitsrat die Einverleibung des kuwaitischen Staatgebietes für nichtig und forderte alle Staaten auf, diese nicht anzuerkennen.[204] Am 25. August 1990 ersuchte der Sicherheitsrat die sich zwischenzeitlich im persischen Golf formierte multinationale Streitmacht, geeignete Maßnahmen zur Durchsetzung der Wirtschaftsblockade bis hin zur Durchsuchung ein- und auslaufender Schiffe zu ergreifen.[205] In weiteren Resolutionen verurteilte der Sicherheitsrat die Blockade der im Kuwait befindlichen Botschaften und die Verschleppung von Ausländern[206] und beschloß am 25. September eine Ausweitung der Wirtschaftblockade auf die Luftwege nach Irak und Kuwait.[207]
Nachdem ein Abzug aus Kuwait angesichts der sich immer mehr verstärkenden irakischen Truppenpräsenz in weite Ferne gerückt war, beschloß der Sicherheitsrat am 29. November 1990, dem Irak ein Ultimatum bis zum 15. Januar 1991 zu setzen. Sollten bis zu diesem Zeitpunkt nicht alle irakischen Truppen abgezogen sein, würden die mit der kuwaitischen Regierung zusammenarbeitenden Staaten ermächtigt, alle notwendigen Maßnahmen zu ergreifen, um Kuwait zu befreien und den Frieden und die Sicherheit in der Region wieder herzustellen.[208]
Nachdem der Irak bis Ablauf des Ultimatums weder seine Truppen zurückzog noch sich kompromißbereit zeigte, begannen die Alliierten am 16. Januar 1991 mit militärischen Aktionen zunächst aus der Luft gegen den Irak. Am 28. Februar 1991 eröffneten sie sodann die Bodenoffensive in Kuwait, die wenige Tage später zur Niederlage der irakischen Armee und ihrem Rückzug aus Kuwait führte.[209]
Der Sicherheitsrat beschloß daraufhin Maßnahmen zur Regelung der Folgen des Konfliktes. Hierbei wurden dem Irak neben der Verpflichtung zur Abrüstung insbesondere die Haftung dem Grunde nach für alle aufgrund der Invasion

---

[200] Archiv der Gegenwart 1990, S. 34949
[201] Fink, S. 454
[202] SR-Res. v. 2.8.1990, U.N. Doc. S/RES/660 (1990)
[203] SR-Res. v. 6.8.1990, U.N. Doc. S/RES/661 (1990)
[204] SR-Res. v. 9.8.1990, U.N. Doc. S/RES/662 (1990)
[205] SR-Res. v. 25.8.1990, U.N. Doc. S/RES/665 (1990)
[206] SR-Res. v. 18.8.1990, U.N. Doc. S/RES/664 (1990); SR-Res. v. 13.9.1990, U.N. Doc. S/RES/666 (1990); SR-Res. v. 16.9.1990, U.N. Doc. S/RES/667 (1990)
[207] SR-Res. v. 25.9.1990, U.N. Doc. S/RES/670 (1990)
[208] SR-Res. v. 29.11.1990, U.N. Doc. S/RES/678 (1990)
[209] Fink, S. 455

entstandenen Schäden auferlegt. Der Sicherheitsrat beschloß ferner die Weitergeltung seiner übrigen Resolutionen bis zu einer endgültigen Friedensregelung.[210] Eine solche Friedensregelung ist aufgrund der weiteren Konflikte, so etwa der Kurdenverfolgung und des Streits um die Waffeninspektionen, bis zum heutigen Tage nicht zustande gekommen.

Die militärischen Maßnahmen der Alliierten zur Befreiung Kuwaits wurden rechtlich teilweise als Zwangsmaßnahmen der Vereinten Nationen nach Art. 42 UNCh. gewertet.[211] Diese Ansicht wird im Wesentlichen damit begründet, daß mit Resolution des Sicherheitsrates vom 28. November 1990,[212] auf deren Grundlage die militärischen Maßnahmen getroffen wurden, die vorangegangene Resolution vom 2. November 1990[213] durchgesetzt und der Weltfrieden und die internationale Sicherheit in der Region wiederhergestellt werden sollte. Dieses Mandat gehe über das Mandat einer Selbstverteidigung hinaus. Zudem sei die Selbstverteidigung nach Art. 51 S. 2 UNCh. ein Residualrecht der Staaten, das den notwendigen Maßnahmen des Sicherheitsrates weiche. Es sei daher systemwidrig, eine Resolution des Sicherheitsrates als eine Autorisierung zur Selbstverteidigung zu begreifen, für die es ohnehin keiner Autorisierung bedarf.[214]
In Teilen der amerikanischen Literatur wird zudem aus verfassungsrechtlichen Gründen eine Zwangsmaßnahme nach Art. 42 UNCh. angenommen. Der US-Präsident sei von Verfassung wegen gehalten, den Anforderungen des internationalen Rechts zu folgen. Er sei somit geradezu aufgefordert, die Vereinten Nationen bei der Umsetzung von Zwangsmaßnahmen zu unterstützen. Auch wenn der amerikanische Kongreß im War Powers Act auf seine Zuständigkeit zur Kriegseröffnung dränge und dem Präsidenten Pflichten bei einem Militäreinsatz im Ausland auferlege, könne er jedenfalls nicht den Präsidenten von der Unterstützung der Vereinten Nationen abhalten.[215]
Demgegenüber sprechen der Wortlaut der Resolution 678 des Sicherheitsrates vom 28. November 1990 sowie die konkreten Fallumstände für eine militärische Maßnahme der Alliierten im Rahmen kollektiver Selbstverteidigung nach Art. 51 UNCh.
Die Resolution 678 „ermächtigt die Mitgliedsstaaten, die mit der Regierung Kuwaits kooperieren, ... alle erforderlichen Mittel einzusetzen, um der

---

[210] SR-Res. v. 8.4.1991, U.N. Doc. S/RES/687 (1991)
[211] Heinz/Philipp/Wolfrum, S. 126; Green, The Gulf „War“, S. 388; nicht ganz eindeutig Franck/Patel, S. 74
[212] SR-Res. v. 28.11.1990, U.N. Doc. S/RES/678 (1990)
[213] SR-Res. v. 2.8.1990, U.N. Doc. S/RES/660 (1990)
[214] Heinz/Philipp/Wolfrum, S. 126
[215] Franck/Patel, S. 72; a.A. Glennon, S. 88; es spricht jedoch einiges für eine Interpretation der US-Verfassung in eine dem internationalen Recht freundlich gesonnenen Richtung, wie sie hier dargestellt ist; die amerikanische Exekutive hält im übrigen den War Powers Act für verfassungswidrig, vgl. Klein, S. 430

Resolution 660 (1990) ... Geltung zu verschaffen...".[216] Die Entscheidung darüber, ob militärische Maßnahmen ergriffen werden, wurde insofern aus den Vereinten Nationen heraus verlagert und den mit der Regierung Kuwaits kooperierenden Staaten übertragen. Letztlich war mit dieser Formulierung ein Eingreifen abhängig vom Willen der kuwaitischen Regierung, zur Selbstverteidigung einen Krieg auf eigenem Territorium zu führen.[217] Eine Pflicht der Mitgliedsstaaten zum Einsatz der Streitkräfte wurde insofern nicht begründet,[218] ebensowenig eine Pflicht aller Staaten zur Unterstützung dieser Maßnahmen.[219] Überdies gab der Verlauf der militärischen Maßnahmen keinerlei Hinweis auf einen steuernden Einfluß des Sicherheitsrates im Sinne des Art. 48 UNCh. Die tatsächliche Aufnahme und Durchführung der militärischen Maßnahmen beruhten daher nicht auf einer verpflichtenden Entscheidung des Sicherheitsrates zur Durchführung von Zwangsmaßnahmen nach Art. 42 UNCh.[220]

Die Exekutive der Vereinigten Staaten ging ebenfalls nur von einer Autorisierung zu militärischen Maßnahmen aus. Außenminister Baker erklärte: "The United Nations Council resolution authorizing the use of all necessary means does just that; it authorizes it, but it certainly does not require it."[221] Im Hinblick auf die bereits eben dargestellte verfassungsrechtliche Seite bekommt diese Auffassung eine umso stärkere Aussagekraft, da die amerikanische Regierung den Kongreß um eine Zustimmung ersucht hat, obwohl sie hätte argumentieren können, daß es sich um eine Zwangsmaßnahme bzw. eine internationale Polizeiaktion der Vereinten Nationen[222] handele, zu der die Zustimmung des Kongresses nicht erforderlich wäre.[223]

Das grundsätzlich zutreffende Argument gegen eine Autorisierung, wonach es einer solchen durch den Sicherheitsrat für Maßnahmen im Rahmen kollektiver Selbstverteidigung überhaupt nicht bedürfe, ist im konkreten Fall nicht überzeugend. Im Hinblick auf Art. 51 S. 1 2. Halbsatz UNCh., wonach die individuelle und kollektive Selbstverteidigung zulässig ist, bis der Sicherheitsrat die zur Wahrung des Weltfriedens und der internationalen Sicherheit erforderlichen Maßnahmen getroffen hat, könnte nämlich die vorangegangene Resolution 660 vom 2. August 1990 dahingehend gewertet werden, daß der Sicherheitsrat diese Maßnahmen mit der Verhängung eines Wirtschaftembargos bereits ergriffen hat, so daß das Selbstverteidigungsrecht suspendiert wäre. Insofern ist Resolution 678 vom 29. November 1990 als eine Klarstellung durch

---

[216] S/RES/678 (1990), lit. 2

[217] Klein, S. 430

[218] Glennon, S. 75

[219] in S/RES/678 (1990), lit. 4 heißt es lediglich, daß alle Staaten zur Unterstützung „ersucht" werden

[220] Klein, S. 429

[221] zitiert nach Glennon, S. 88

[222] Franck/Patel, S. 74, bezeichnen den Einsatz der amerikanischen Streitkräfte in Kuwait als eine internationale Polizeimaßnahme im Auftrag der Vereinten Nationen

[223] auf diesen Zusammenhang weist Klein, S. 430, zu Recht hin

den Sicherheitsrat anzusehen, daß das Recht auf Selbstverteidigung trotz vorangegangener Maßnahmen gegeben ist.[224]
Der Zweite Golfkrieg ist daher als eine zwischenstaatliche militärische Auseinandersetzung auf der Grundlage des kollektiven Selbstverteidigungsrechts zu sehen.[225]

hh. Kosovo-Krieg 1999

Die im Zusammenhang mit dem Zerfall des ehemaligen Jugoslawiens entstandene Kosovo-Krise zeichnet sich bereits früh ab. Schon im Dezember 1991 wandte sich der damalige Vertreter der Kosovaren, Präsident Rugova, an die Jugoslawienkonferenz mit dem Antrag, die Autonome Provinz Kosovo als unabhängigen Staat anzuerkennen. Auf der Grundlage der EG-Anerkennungsrichtlinien[226] wurde dieser Antrag jedoch nicht berücksichtigt, da das Kosovo keine Teilrepublik im Sinne der Richtlinien war, sondern „nur" eine autonome Provinz.[227] Die gegenüber der Bevölkerung gerichteten Menschenrechtsverletzungen waren für die Anerkennungspraxis der EG-Mitgliedsstaaten nicht ausschlaggebend.[228]
In der Folge wurde der Kosovo-Konflikt durch die blutigen Auseinandersetzungen in Bosnien-Herzegowina sowohl in der öffentlichen als auch in der politischen Wahrnehmung überlagert. Im Dayton-Abkommen von 1995 zur Lösung des Konflikts in Bosnien-Herzegowina wurde daher das Kosovo-Problem bewußt ausgeklammert, einerseits als Zugeständnis an Milosevic, andererseits in der Hoffnung der internationalen Gemeinschaft, daß sich aufgrund des friedlichen Widerstandes der Kosovo-Albaner kein weiterer akuter Brennpunkt entwickeln werde.[229]
Aus Enttäuschung über die Ergebnisse des Dayton-Abkommens erklärte die kosovo-albanische Befreiungsarmee UCK die friedliche Politik für gescheitert und versuchte, die Unabhängigkeit mit Waffengewalt zu erzwingen. Die gewalttätigen Auseinandersetzungen erreichten ab Frühjahr 1998 ihren Höhepunkt, bei denen es auch zu zahlreichen Übergriffen gegen die albanische Zivilbevölkerung und demgemäß massiven Flüchtlingsströmen kam. Die Menschenrechtsverletzungen und ethnisch motivierten Übergriffe auf die

---

[224] Klein, S. 431, der insofern noch zwischen einer deklaratorischen Vereinbarkeitsfeststellung und einer konstitutiven Wiederfreigabe des Selbstverteidigungsrechts unterscheidet, eine entsprechende Einordnung der Resolution 678 jedoch nicht vornimmt. Im Ergebnis kann dies hier dahinstehen.
[225] ebenso Klein, S. 433
[226] Richtlinien für die Anerkennung neuer Staaten in Osteuropa und in der Sowjetunion v. 16. Dezember 1991, in: Bulletin der Bundesregierung vom 19.12.1991, Nr. 144, S. 1173
[227] die Änderung der serbischen Republikverfassung im Jahre 1989 führte sogar zu einer faktischen Aufhebung der Autonomierechte der Provinzen Kosovo und Vojvodina, vgl. Wodarz, S. 43
[228] Wodarz, S. 217
[229] Wodarz, S. 51

Zivilbevölkerung veranlaßten die internationale Staatengemeinschaft, sich ab 1998 mit dem Kosovo-Problem intensiv zu befassen.[230]
Mit der am 31. März 1998 verabschiedeten Resolution forderte der Sicherheitsrat die Konfliktparteien zum Gewaltverzicht auf und verhängte ein umfassendes Waffenembargo gegen Jugoslawien einschließlich des Kosovo.[231] In der Folge bemühten sich die Balkan-Kontaktgruppe, OSZE und Vereinte Nationen um Vermittlung, die jedoch an der Ablehnung internationaler Vermittlung durch Jugoslawien scheiterte.[232] Am 13. Oktober 1998 verpflichtete sich Jugoslawien gegenüber der Kontaktgruppe zu einem Teilrückzug der serbisch-jugoslawischen Kräfte und zur Zulassung von Überwachern der OSZE. Die NATO sollte gemäß einem weiteren Abkommen durch Luftüberwachung die Durchführung beobachten.[233] Der Sicherheitsrat begrüßte das Abkommen und die Entsendung der Überwachungsmissionen durch OSZE und NATO.[234]
Die NATO hatte sich bereits zuvor im Juni 1998 parallel zu den internationalen Organisationen in den Kosovo-Konflikt eingeschaltet, nachdem sich abzeichnete, daß die Haltung Moskaus die Vereinten Nationen von ernst zu nehmenden Maßnahmen abhalten würde.[235] Am 24. September 1998 drohte die NATO erstmals mit einem militärischen Eingreifen und begann mit den entsprechenden Vorbereitungen. Im Februar 1999 machte die NATO dann unmißverständlich deutlich, daß im Falle des Scheiterns der angesetzten Konferenzen von Paris und Rambouillet sie unverzüglich mit Luftoperationen gegen Jugoslawien beginnen werde.[236] Nachdem die Belgrader Regierung die Unterzeichnung weiterer Abkommen verweigerte,[237] begann die Nato am 24. März 1999 die Luftangriffe gegen Jugoslawien mit dem Ziel, die Menschenrechtsverletzungen im Kosovo zu beenden sowie die Belgrader Regierung zur Unterzeichnung des in Rambouillet ausgehandelten Abkommens zu zwingen. Die Luftschläge der NATO dauerten insgesamt 11 Wochen, konnten jedoch die Vertreibung der Albaner aus dem Kosovo nicht verhindern. Die Flüchtlingsströme weiteten sich während der Militärschläge der NATO noch weiter aus.[238]
Erst auf Initiative der russischen Regierung mit dem Sonderbeauftragten der EU konnte die Belgrader Regierung Anfang Juni 1999 zu einer friedlichen Lösung des Kosovo-Konflikts bewegt werden, wonach die jugoslawischen und

---

[230] Wodarz, S. 49 f.
[231] SR-Res. v. 31.3.1998, U.N. Doc. S/RES/1160 (1998)
[232] vgl. zu den einzelnen Maßnahmen der internationalen Gemeinschaft Wodarz, S. 52-54
[233] Wodarz, S. 55
[234] SR-Res. v. 24.10.1998, U.N. Doc. S/RES/1203 (1998)
[235] Wodarz, S. 55
[236] Wodarz, S. 57
[237] zu den Verhandlungen von Paris und Rambuillet Wodarz, S. 57-59
[238] Wodarz, S. 135 unter Verweis auf Angaben des UNHCR, wonach bis Februar 1999 bereits etwa 460.000 Menschen aus dem Kosovo geflohen sind, in der ersten Woche nach Beginn der NATO-Luftschläge allein weitere 90.000 Flüchtlinge hinzukamen, nach Angaben der NATO sogar 120.000. Insgesamt sind 770.000 Menschen aus dem Kosovo geflohen, weitere 500.000 innerhalb des Kosovo geflohen.

serbischen Truppen vollständig abgezogen werden und das Kosovo einer internationalen Verwaltung unterstellt werden sollte.[239] Der Sicherheitsrat legte am 10. Juni 1999 mit Resolution 1244 die Grundlagen für die Nachkriegsordnung im Kosovo mit einer Ermächtigungsgrundlage zum Aufbau der zivilen Verwaltung (UNMIK) und der militärischen Präsenz der NATO (KFOR).[240]
Die NATO-Staaten stellten ihren Einsatz als eine durch eine besondere Notlage gerechtfertigte Gewaltanwendung dar. Der Sicherheitsrat hätte eine ernsthafte Friedensbedrohung festgestellt, ohne daß jedoch weitere Resolutionen, mit denen Zwangsmaßnahmen verbunden seien, abzusehen gewesen seien. Der NATO-Generalsekretär äußerte zudem, daß die Intervention kein Krieg im klassischen Sinne sei, da die NATO kein Land besetzen wolle. Es handele sich um einen gerechten Krieg, da die NATO mit ihrem Einsatz die politischen Forderungen der internationalen Gemeinschaft durchsetzen wolle.[241]
Die beteiligten NATO-Mitgliedsstaaten[242] schlossen sich dieser Argumentation an. Unter Berufung auf die Notsituation wurde jedenfalls der Militäreinsatz als humanitäre Intervention dargestellt, welche kein Krieg sei.[243] Diese Position ist jedoch höchst zweifelhaft, lagen doch die Merkmale zumindest eines Krieges im materiellen Sinne vor: Vorheriges Ultimatum gegenüber Jugoslawien, mit dem eine friedliche Lösung erzwungen werden sollte, sowie Militärschläge mit dem letztendlich erreichten Ziel, die jugoslawische Regierung zur Unterzeichnung eines entsprechenden Abkommens zu bringen.
Eine inzidente Ermächtigung des Sicherheitsrates zu militärischen Maßnahmen durch vorausgegangene Resolutionen war jedenfalls nicht gegeben. Zwar hat der Sicherheitsrat eine Friedensbedrohung zuvor festgestellt, jedoch fehlte es an einer Ermächtigungsklausel.[244] Zudem machte das vetoberechtigte Sicherheitsratsmitglied Rußland deutlich, daß es mit den Resolutionen dann nicht

---

[239] Wodarz, S. 60

[240] SR-Res. v. 10.6.1999, U.N. Doc. S/RES/1244 (1999)

[241] Wodarz, S. 83

[242] dies waren die USA, Deutschland, Belgien, Frankreich, Großbritannien, Italien, Kanada, die Niederlande, Portugal und Spanien

[243] so z.B. die Argumentation von Bundesaußenminister Kinkel am 16. Oktober 1998 vor dem Deutschen Bundestag: „...Aber im Kosovo liegt eine akute humanitäre Notsituation großen Umfangs vor, die sofortiges Handeln erfordert. Die Verhandlungsmöglichkeiten sind erschöpft, der Einsatz von Gewalt ist ultima ratio.“, zit. nach Bothe/Martenczuk, S. 131; vgl. ausführlich zu den Stellungnahmen der NATO-Staaten Wodarz, S. 82-87

[244] SR-Res. v. 31.3.1998, U.N. Doc. S/RES/1160 (1998) sowie die angesichts der sich abzeichnenden humanitären Katastrophe im Kosovo am 23.9.1998 verabschiedete Resolution U.N. Doc. S/RES/1199 (1998) betonten sogar, daß der Sicherheitsrat sich mit der Angelegenheit weiter befassen werde und weitere Schritte und zusätzliche Maßnahmen zur Erhaltung oder Wiederherstellung prüfen werde, falls die geforderten friedlichen Maßnahmen nicht getroffen werden. SR-Res. v. 24.10.1998, U.N. Doc. S/RES/1203 (1998) billigte und unterstützte lediglich das zwischen der NATO und OSZE sowie Jugoslawien abgeschlossene Abkommen, ohne die vorangegangene Drohung der NATO anzusprechen.

einverstanden sei, wenn damit der Einsatz bewaffneter Kräfte gegen Jugoslawien verbunden wäre.[245]
Auch die in der Literatur vertretene Ansicht,[246] wonach der Sicherheitsrat zumindest ex post die NATO-Militäraktion durch die Errichtung eines Treuhandregimes über das Kosovo implizit gebilligt habe, ist nicht überzeugend. Zunächst weisen weder die Umstände der Beschlußfassung noch der Inhalt der Resolution 1244 vom 10. Juni 1999 darauf hin.[247] Bei der Beratung und Verabschiedung der Resolution wiederholten einige Staaten ihre gegenüber dem NATO-Einsatz geltend gemachten rechtlichen Vorbehalte.[248]
Es kann auch nicht Inhalt der Tätigkeit des Sicherheitsrates sein, rückwirkend einzelstaatliches Handeln zu genehmigen. Aufgabe des Sicherheitsrates nach Art. 24 Abs. 1 UNCh. ist die Wahrung des Weltfriedens und der internationalen Sicherheit. Die nachträgliche Feststellung der Rechtmäßigkeit staatlichen Handelns ist hiervon nicht umfaßt, sondern obliegt ausschließlich dem Internationalen Gerichtshof.[249] Die Möglichkeit einer nachträglichen Genehmigung, also einer rückwirkenden Ermächtigung zur Gewaltanwendung zugunsten der Mitgliedsstaaten, würde das kollektive Sicherheitssystem der Charta vollständig aus den Angeln heben. Es ist gerade Sinn und Zweck des Gewaltverbots in Verbindung mit dem kollektiven Sicherheitssystem, daß einzelstaatliche Gewalt dadurch verhindert wird, daß der Sicherheitsrat zuvor die Maßnahmen nach Kap. VII der Charta ergreift.[250]
Der Kosovo-Krieg war somit eine zwischenstaatliche militärische Auseinandersetzung ohne Ermächtigung der Vereinten Nationen, welche materiell die Züge eines klassischen Krieges trug.

ii. Afghanistan

Afghanistan war nach der Machtübernahme durch das islamistische Taliban-Regime 1996 ein mutmaßlicher Unterschlupf für international agierende Terroristen. Das Al-Quaida-Netzwerk unter Führung von Osama bin Laden wurde von den USA für die Bombenanschläge auf das World-Trade-Center 1993, auf einen Militärstützpunkt in Dhahran, Saudi-Arabien 1996, auf die amerikanischen Botschaften in Tansania und Kenia 1998 sowie auf das amerikanische Kriegsschiff USS Cole im Hafen von Aden im Jemen verantwortlich gemacht.[251] Noch am 2. August 2001 verlangte eine Vertreterin

[245] Simma, NATO, S. 11
[246] so unter Verweis auf SR-Res. v. 10.6.1999, U.N. Doc. S/RES/1244 (1999) Dupuy/Tomuschat, FAZ v. 31.07.2002; Pellet, S. 389 ; Wedgwood, NATO's Campaign, S. 833
[247] Uerpmann, S. 4
[248] Wodarz, S. 110
[249] Simma, NATO, S. 11
[250] vgl. nur Simma/Frowein, Charta Art. 39Rn. 5
[251] Contemporary Practice of the United States, American Journal of International Law 96 (2001), S. 239

des amerikanischen Außenministeriums in einem Gespräch mit dem Taliban-Botschafter in Pakistan die Auslieferung Osama bin Ladens sowie die Schließung der in Afghanistan vermuteten Ausbildungscamps für islamistische Terroristen.[252]
Nach den verheerenden Terroranschlägen auf das World-Trade-Center in New York und das Pentagon in Washington wandte sich der US-Präsident George W. Bush in einer Fernsehansprache an die Bevölkerung. Erstmals sprach er von „Krieg gegen den Terrorimus".[253] Am 17. September erhob Bush schwere Vorwürfe gegen bin Laden und betonte, daß eine „kriegerische Handlung" gegen Amerika begangen wurde. Er forderte das Taliban-Regime auf, alle führenden Mitglieder von Al-Quaida an die USA auszuliefern und alle Terroristenlager in Afghanistan zu schließen. „Über diese Forderungen kann nicht verhandelt werden...Sie werden die Terroristen aushändigen, oder sie wird das gleiche Schicksal wie die Terroristen ereilen."[254] Am 24. September erließ Bush umfangreiche Maßnahmen zur Blockierung der Finanzquellen des internationalen Terrorismus, wobei u.a. Bankkonten von 27 Einzelpersonen, Gruppen und Gesellschaften gesperrt wurden.[255] Am 27. September erscheint ein Zeitungsartikel von Verteidigungsminister Rumsfeld, in dem er mehrfach den Begriff „Krieg" verwendet.[256]
Der NATO-Rat stellte am 12. September 2001 gemäß Art. 5 des Nordatlantikpaktes den Bündnisfall unter der Bedingung fest, daß die Anschläge vom Ausland aus durchgeführt wurden. Der UN-Sicherheitsrat verabschiedete am 12. September und am 28. September 2001 Resolutionen, in denen ausdrücklich auf das naturgegebene Recht zur individuellen und kollektiven Selbstverteidigung Bezug genommen wird.[257]
Nachdem die Taliban die amerikanische Forderung nach Auslieferung Osama bin Ladens und der Mitglieder seines Terrornetzwerks zurückwiesen, begann am 7. Oktober 2001 die amerikanische Militäroperation „Enduring Freedom" mit der Bombardierung von Lagern der Al-Quaida und Taliban-Stellungen sowie der Gewährung von Luftunterstützung zugunsten der Nordallianz. Ab dem 19. Oktober suchten amerikanische Bodentruppen in Afghanistan nach Terroristen. Am 13. November 2001 übernahm die Nordallianz die Kontrolle über die Hauptstadt Kabul. Am 7. Dezember fiel die letzte Taliban-Bastion Kandahar an die Taliban-Gegner. Die US-Luftwaffe bombardierte weiterhin die

---

252 Archiv der Gegenwart 71 (2001), S. 45141

253 „Die Vereinigten Staaten und ihre Freunde und Bündnispartner stehen gemeinsam mit allen, die Frieden und Sicherheit auf der Welt wollen, und wir stehen zusammen, um den Krieg gegen den Terrorismus zu gewinnen.", Archiv der Gegenwart 71 (2001), S. 45185

254 Archiv der Gegenwart 71 (2001), S. 45191 f.

255 Archiv der Gegenwart 71 (2001), S. 45196

256 Archiv der Gegenwart 71 (2001), S. 45202

257 SR.-Res. v. 12.9.2001, U.N. Doc. S/RES/1368 (2001) sowie SR.-Res. v. 28.9.2001, U.N. Doc. S/RES/1373 (2001)

unterirdische Festung Tora-Bora bei Jalalabad, in der sie bin Laden und führende Al-Quaida-Mitglieder vermuteten.[258]
Parallel zum militärischen Vorgehen der Amerikaner bemühten sich die Vereinten Nationen um die politische Gestaltung des künftigen Afghanistan. Unter ihrer Ägide wurde die Petersberger Konferenz afghanischer Taliban-Gegner einberufen, die am 5. Dezember mit einem Abkommen endete, wonach für eine zweieinhalbjährige Übergangsphase bis zu freien Wahlen das Land von einer Interimsregierung unter dem Paschtunen Hamid Karzai regiert werden sollte. Am 22. Dezember 2001 nahm die Regierung die Amtsgeschäfte auf.[259] Die amerikanischen Bodentruppen suchen auch danach weiter nach mutmaßlichen Al-Quaida-Terroristen in Afghanistan.
Der amerikanische Kongreß verabschiedete am 18. September 2001 eine gemeinsame Erklärung, in der der Präsident unter Bezug auf den War Powers Act[260] ermächtigt wird, alle notwendigen und geeigneten Kräfte gegen die an den Anschlägen beteiligten Nationen, Organisationen und Personen zu nutzen, ebenso gegen diejenigen, die solche Personen beheimaten, um zukünftige Anschläge des internationalen Terrorismus vorzubeugen.[261]
Der Präsident verfügte am 13. November 2001 per military order[262] die Unterstellung mutmaßlicher Al-Qaida- und anderer internationaler Terroristen unter die amerikanische Militärgerichtsbarkeit sowie deren Unterbringung an einem vom Verteidigungsminister zu bestimmenden Ort innerhalb oder außerhalb der Vereinigten Staaten. In der Folge wurden mutmaßliche Mitglieder der Al-Qaida sowie der Taliban aus Afghanistan auf die US-amerikanische Militärbasis nach Guantanamo auf Kuba verbracht, um sie dort festzuhalten und zu verhören.

Der Verlauf der Militäroperation der Vereinigten Staaten gegen Afghanistan stellt sich als klassische Form des Krieges dar. Die Vereinigten Staaten setzten zunächst ein Ultimatum zur Auslieferung mutmaßlicher Terroristen. Als dieses ergebnislos verstrich, wurde mit massiven Militärschlägen versucht, die Auslieferung zu erzwingen, und letztlich durch eine militärisch erreichte Absetzung der Taliban-Regierung und Einsetzung einer neuen Regierung, welche den amerikanischen Anforderungen nachkam, erreicht, daß amerikanische Streitkräfte auf afghanischem Boden die mutmaßlichen Terroristen verfolgen konnten.
Die Rhetorik des US-Präsidenten läßt auch auf einen Krieg im formellen Sinne schließen. Zwar sprach der Präsident von „Krieg gegen Terror“, so daß kein

---

[258] Archiv der Gegenwart 71 (2001), S. 45398 ff.

[259] Archiv der Gegenwart 71 (2001), S. 45395

[260] siehe dazu oben 3.b.cc.

[261] Authorization for Use of Military Force, Pub. L. No. 107-40, 115 Stat. 224 (2001), auszugsweise wiedergegeben in: American Journal of International Law 96 (2002), S. 242

[262] in Auszügen wiedergegeben in: American Journal of International Law 96 (2002), S. 253 ff.

konkreter Staat als Kriegsgegner genannt wurde. Die Gesamtschau zeigt jedoch, daß jedenfalls Afghanistan Adressat dieses Krieges war. Insofern kann von einer formalen Kriegserklärung gegen Afghanistan in Form eines Ultimatums ausgegangen werden.
Die weiteren Instrumente, die der US-Präsident anwendete, insbesondere die Blockierung von Vermögensgegenständen in den USA sowie die Unterstellung mutmaßlicher Terroristen unter die Militärgerichtsbarkeit, sprechen eindeutig für eine Kriegsführung. Die Beschlagnahme von Vermögensgegenständen ist ein klassisches Instrument der Wirtschaftskriegführung.

jj. Dritter Golfkrieg zwischen US-Alliierten und Irak

Nachdem der irakische Regierungschef Saddam Hussein das Ende des Zweiten Golfkrieges im Frühjahr 1991 und die vernichtende militärische Niederlage wider Erwarten politisch überlebt hatte, stand der Irak unter fortlaufender Beobachtung sowohl durch die Vereinten Nationen als auch durch die Mitglieder der Golfkriegskoalition. Im Jahre 2003, zwölf Jahre nach Ende des zweiten Golfkrieges, griff eine „Koalition der Willigen" unter Führung der Vereinigten Staaten und Großbritannien wiederum den Irak an, um schließlich Saddam Hussein zu stürzen.

(1) Die Entwicklung bis zum Krieg

Nach der vollständigen Befreiung Kuwaits verabschiedete der Sicherheitsrat am 3. April 1991 Resolution 687,[263] welche unter Berufung auf Kapitel VII der UN-Charta die Voraussetzungen für einen formalen Waffenstillstand beinhaltete. Der Irak mußte sich zur bedingungslosen Abrüstung aller atomarer, biologischer und chemischer Massenvernichtungswaffen sowie zur Entfernung aller ballistischer Raketen mit einer Reichweite von über 150 Kilometern verpflichten. Zudem mußte die Entsendung von Inspekteuren einer UN-Sonderkommission (UNSCOM) und der Internationalen Atom-Energie-Behörde (IAEA), um die Abrüstungsverpflichtungen und die Rüstungsaktivitäten unter internationale Aufsicht zu stellen. Nachdem der Irak die damit gesetzten Bedingungen annahm, trat der Waffenstillstand am 11. April 1991 in Kraft. Der Sicherheitsrat beschloß ferner die Weitergeltung seiner übrigen Resolutionen, insbesondere der umfangreichen Wirtschaftssanktionen[264] vom August 1990 bis zu einer endgültigen Friedensregelung.[265] Eine solche Friedensregelung ist aufgrund der weiteren Konflikte, so etwa der Kurdenverfolgung im Irak und des Streits um die Waffeninspektionen, nicht zustande gekommen.
Die kurdische Bevölkerung im Norden, aber auch die schiitische Bevölkerung im Süden des Irak sah sich bereits im Frühjahr 1991 massiven Übergriffen durch irakische Sicherheitskräfte ausgesetzt. Als Reaktion darauf faßte der

---

[263] SR-Res. v. 3.4.1991, U.N. Doc. S/RES/687 (1991)
[264] SR-Res. v. 6.8.1990, U.N. Doc. S/RES/661 (1990)
[265] SR-Res. v. 8.4.1991, U.N. Doc. S/RES/687 (1991)

Sicherheitsrat am 5. April 1991die Resolution 688,[266] in der er seine Sorge über die Unterdrückung irakischer Zivilbevölkerung äußerte, die zu massiven Flüchtlingsströmen zu und über die internationalen Grenzen und damit zu einer Bedrohung des Weltfriedens und der internationalen Sicherheit führten. Obwohl der Wortlaut darauf hindeutet, wurde diese Resolution nicht auf der Grundlage von Kapitel VII UN-Charta beschlossen, also nicht in Richtung von möglichen Zwangsmaßnahmen durch die Vereinten Nationen. Während die Vereinten Nationen noch mit der irakischen Regierung über die Entsendung einer humanitären Hilfstruppe der UN in die dortigen Regionen verhandelten, besetzten während der „Operation Provide Comfort" amerikanische, britische und französische Truppen unter Mithilfe weiterer Staaten am 17. April 1991 ein fast 10000 qkm großes Gebiet im Nordirak und richteten eine Zufluchtszone für die kurdische Bevölkerung ein. Zugleich verhängten die Alliierten über dem Irak nördlich des 36. Breitengrades eine Flugverbotszone, die militärisch durchgesetzt wurde durch Angriffe auf irakische Flugzeuge und auf irakische Luftabwehrstellungen am Boden. Im August 1992 folgte die Errichtung einer Flugverbotszone im Süden des Irak durch die USA, Großbritannien, Frankreich und Rußland. Die Alliierten beriefen sich zur Rechtfertigung dieser Aktion auf die Nichteinhaltung der Resolutionen durch den Irak.[267]

Entgegen seinen Verpflichtungen aus der Waffenstillstandsresolution verweigerte der Irak in den folgenden Jahren zunehmend die Zusammenarbeit mit den UN-Waffeninspekteuren und erschwerte die Kontrollen durch gezielte Behinderungen und irreführende Informationen. Im November 1997 stellte der Sicherheitsrat mit Blick auf das Verhalten der irakischen Regierung nach Art. 39 UN-Charta fest, daß die Situation eine Bedrohung des Weltfriedens und der internationalen Sicherheit darstelle, und verhängte weitere Sanktionen gegen den Irak.[268] Ungeachtet dessen verweigerte die irakische Regierung im Oktober 1998 die weitere Zusammenarbeit mit den Waffeninspekteuren offiziell. Auch die Vermittlungsbemühungen des UN-Generalsekretärs konnten nicht verhindern, daß schließlich im Dezember 1998 sowohl die Vereinten Nationen als auch die Internationale Atomenergie-Organisation ihr Personal aus dem Irak abzogen.

Die Vereinigten Staaten und Großbritannien reagierten hierauf mit der „Operation Desert Fox" im Dezember 1998, als ihre Streitkräfte gemeinsam viertägige Bombenangriffe gegen angebliche Waffenarsenale im Irak verübten. Nachfolgend griffen amerikanische und britische Kampfflugzeuge immer wieder Ziele im Irak an. Die offizielle Begründung der Vereinigten Staaten und Großbritanniens für diese Aktionen reichten von einer Berufung auf Sicherheitsrats-Resolution 678 vom 29.11.1990 über das

---

[266] SR-Res. v. 5.4.1991, U.N. Doc. S/RES/688 (1991)

[267] Frowein, Unilateral Interpretation a.a.O., S. 105 f.; Großbritannien berief sich zudem auf humanitäre Erfordernisse.

[268] SR-Res. v. 12.11.1997, U.N. Doc. S/RES/1137 (1997)

Selbstverteidigungsrecht aus Art. 51 UNCh. bis zu einem Recht auf Humanitäre Intervention.[269]
Nach den Anschlägen vom 11. September 2001 und der Ausrufung des „Krieges gegen den Terrorismus" erhöhten die Vereinigten Staaten den Druck auf den Irak massiv. In seiner Rede zur Lage der Nation vom 29. Januar 2002 bezeichnete der amerikanische Präsident George W. Bush Nordkorea, Iran und Irak als „Achse des Bösen", als Schurkenstaaten, die nach Massenvernichtungswaffen strebten und damit eine wachsende Gefahr darstellten, indem sie diese Waffen selbst einsetzen würden oder an Terroristen weitergeben könnten.[270] Die nationale Sicherheitsstrategie vom 20. September 2002[271] drehte sich im wesentlichen um die Frage präventiver Militärschläge gegen „Schurkenstaaten" und der Bekämpfung der Verbreitung von Massenvernichtungswaffen. Einerseits wird hierzu das Bemühen um die Zusammenarbeit der Staatengemeinschaft herausgestellt, andererseits allerdings darauf verwiesen, daß die USA notfalls auch allein vorbeugend militärische Gewalt in Anwendung des Selbstverteidigungsrechts anwenden werden.
Der somit sowohl auf den Irak als auch auf die Vereinten Nationen ausgeübte Druck führte einerseits dazu, daß der Irak im September 2002 die Rückkehr der Waffeninspekteure bedingungslos akzeptierte,[272] andererseits der UN-Sicherheitsrat sich auf Anrufung der USA mit der Problematik der Massenvernichtungswaffen im Irak befaßte. Nach langen und schwierigen Verhandlungen beschloß der Sicherheitsrat schließlich am 8. November 2002 die Resolution 1441, mit der der Sicherheitsrat dem Irak eine letzte Chance gab, seinen Abrüstungsverpflichtungen nach den bisherigen Resolutionen nachzukommen.[273] Die USA und Großbritannien konnten sich mit ihrem ursprünglichen Vorschlag jedoch nicht durchsetzen, wonach bereits diese Resolution einen Automatismus einer Ermächtigung zur Gewaltanwendung enthalten sollte. Insbesondere Frankreich setzte Änderungen dahingehend durch, daß der Sicherheitsrat im Fall eines irakischen Verstoßes gegen die Resolution ein zweites Mal befaßt werden müsse, um gegebenenfalls militärische Maßnahmen zu beschließen, es also keinen Automatismus gebe.[274] Während der amerikanische UN-Botschafter Negroponte das Fehlen dieses Automatismus' in seiner Erklärung vor dem Sicherheitsrat bestätigte, formulierte der US-Präsident Bush: „Die USA haben zugestimmt, daß jeglicher Verstoß mit dem Sicherheitsrat beraten wird, allerdings ohne dabei unsere Handlungsfreiheit zur Verteidigung unseres Landes zu gefährden."[275] China, Frankreich und Rußland veröffent-

[269] Graf von Einsiedel/Chesterman, S. 48; Gray, From Unity to Polarization, S. 5
[270] George W. Bush, The President's State State of the Union Address, 29.01.2002, http://www.whitehouse.gov
[271] The National Security Strategy of the United States of America, http://www.whitehouse.gov/nsc/nss.pdf
[272] Graf von Einsiedel/Chesterman, S. 47
[273] SR-Res. v. 8.11.2002, U.N. Doc. S/RES/1441 (2002), para 2
[274] SR-Res. v. 8.11.2002, U.N. Doc. S/RES/1441 (2002), para 12
[275] Graf von Einsiedel/ Chesterman, S. 50

lichten nach der Abstimmung im Sicherheitsrat eine gemeinsame Stellungnahme, in der sie darauf hinwiesen, daß nach ihrer Interpretation die Resolution 1441 keinen Automatismus zur Gewaltanwendung beinhalte.[276]
Nachdem am 13. November 2002 der Irak sein Einverständnis mit der Wiederaufnahme der Inspektionen erklärte, nahmen am 27. November die Waffeninspekteure unter der Führung von Hans Blix ihre Arbeit wieder auf. Eine vom Irak am 7. Dezember vorgelegte umfassende Erklärung zu seinen verbotenen Waffenprogrammen wiesen die Vereinigten Staaten wenige Tage später als unvollständig zurück und erklärten am 19. Dezember, daß sich der Irak in „erheblicher Verletzung" von Resolution 1441 befinde.[277]
Am 5. Februar 2003 gab US-Außenminister Powell im Sicherheitsrat eine Präsentation von angeblichen Beweisen für ein weiterhin bestehendes irakisches Programm zum Bau von Massenvernichtungswaffen. UN-Chef-Waffeninspektor Blix sowie der IAEA-Generalsekretär El-Baradei zweifelten das Beweismaterial jedoch offen an. Als sich wenig später herausstellte, daß ein von der britischen Regierung erstelltes Geheimdossier zu irakischen Waffenprogrammen aus öffentlichen Quellen zusammengestellt worden war und ein von der US-Regierung angeführtes Dokument über angebliche Versuche des Irak zum Erwerb waffenfähigen Urans in Niger eine plumpe Fälschung war, wuchsen die Zweifel an der Existenz von Massenvernichtungswaffen im Irak. Ende Februar erklärte die US-Regierung schließlich, daß es zur Abwendung eines Krieges nicht nur der Entwaffnung des Irak, sondern auch eines Regimewechsels bedürfe.[278]
Eine zweite Resolution des Sicherheitsrates, die eine klare Ermächtigung zur Gewaltanwendung gegen den Irak hätte beinhalten können, wurde von den USA und Großbritannien nicht mehr angestrebt, vermutlich aus Furcht vor einer Niederlage, welche die Argumentation einer Ermächtigung bereits aus Resolution 1441 und vorherigen Resolutionen endgültig entkräftet hätte.[279]

(2) Der Angriff auf den Irak

Am Abend des 17. März 2003 setzte der amerikanische Präsident Bush in einer Fernsehansprache dem irakischen Regierungschef Saddam Hussein sowie seinen Söhnen ein Ultimatum von 48 Stunden, um die Macht abzugeben und das Land zu verlassen, da ansonsten ein militärisches Vorgehen gegen den Irak unausweichlich sei.[280]
Mit einem als „Enthauptungsschlag" bezeichneten militärischen Angriff und dem Versuch, Saddam Hussein zu töten, begann am 20. März 2003 der Waffengang der Alliierten unter der Führung der Vereinigten Staaten und Großbritannien mit untergeordneter Beteiligung Spaniens und Australiens

---

[276] S/2002/1236 v. 8.11.2002
[277] Graf von Einsiedel/ Chesterman, S. 51
[278] Graf von Einsiedel/ Chesterman, S. 52
[279] Graf von Einsiedel/ Chesterman, S. 54
[280] Archiv der Gegenwart 73 (2003), S. 46182

gegen den Irak. Es wurden zunächst Regierungspaläste aus der Luft bombardiert, in denen der Aufenthalt Saddams vermutet wurde.[281] Am 21. März begann die Großoffensive der Alliierten zu Lande und zu Luft. Die Militärs gaben ihrer Strategie den Namen „shock and awe", es wurden vor allem Regierungsgebäude in Bagdad bombardiert. Am 24. März 2003 berichteten die Alliierten, daß sie bereits 100 km an Bagdad vorgerückt seien, einen Tag später geriet der Vormarsch jedoch in heftigen Sandstürmen ins Stocken.[282]
Am 2. April durchbrachen die amerikanischen Truppen den Verteidigungsring um Bagdad. Da der Widerstand der irakischen Streitkräfte weitaus geringer als erwartet war, konnten alliierte Militäreinheiten am 05. April in das Stadtzentrum von Bagdad vordringen.[283]
Nachdem am 7. April die südirakische Stadt Basra von britischen Streitkräften eingenommen wurde, endete am 9. April 2003 mit dem Fall Bagdads die Phase der intensiven Kampfhandlungen in dem Krieg und faktisch auch die Herrschaft von Saddam Hussein.[284]
Der amerikanische Präsident Bush erklärt am 2. Mai 2003 die weitgehende Beendigung der „Schlacht um den Irak", erklärte jedoch die Fortsetzung des Krieges gegen den Terror, der nicht vorbei, aber auch nicht endlos sei.[285] Am 6. Mai wurde unter dem US-Diplomaten Paul Bremer eine zivile Übergangsverwaltung (Office for Reconstruction and Humanitarian Aid, ORHA) für den Irak eingerichtet.[286]
Am 22. Mai verabschiedete der UN-Sicherheitsrat Resolution 1483, mit der eine umfassende Übergangsregelung für den Irak getroffen wurde. Die 1991 verhängten Wirtschaftssanktionen wurden - mit Ausnahme des Waffenembargos - mit sofortiger Wirkung aufgehoben.[287] Die Vereinten Nationen sollten zwar mit einem Sonderbeauftragten für den Irak die Konfliktnachsorge koordinieren.[288] Die Vereinigten Staaten und Großbritannien wurden aber, zunächst für zwölf Monate, als die verantwortlichen Besatzungsmächte anerkannt,[289] womit Kritikern zufolge der Irak-Krieg und die mit militärischer Gewalt geschaffene Situation faktisch nachträglich von der Weltorganisation anerkannt worden sei.[290]

---

281 Archiv der Gegenwart 73 (2003), S. 46179
282 Archiv der Gegenwart 73 (2003), S. 46189
283 Archiv der Gegenwart 73 (2003), S. 46219
284 Archiv der Gegenwart 73 (2003), S. 46221; für die Weltöffentlichkeit vollzog sich der Regimesturz äußerst symbolisch mit dem Sturz einer bronzenen Statue Saddam Husseins in Bagdad mit Hilfe eines amerikanischen Bergungspanzers unter dem Jubel irakischer Bürger
285 Archiv der Gegenwart 73 (2003), S. 46284
286 Archiv der Gegenwart 73 (2003), S. 46286
287 SR-Res. v. 22.5.2003, U.N. Doc. S/RES/1483 (2003), para. 10
288 SR-Res. v. 22.5.2003, U.N. Doc. S/RES/1483 (2003), para. 8
289 SR-Res. v. 22.5.2003, U.N. Doc. S/RES/1483 (2003), Präambel, Abs. 14
290 Archiv der Gegenwart 73 (2003), S. 46288

(3) Der Irak-Krieg als unilaterale Gewaltanwendung

Eine nachträgliche Legitimierung durch die Vereinten Nationen ist jedoch ebensowenig anzunehmen wie eine Gewaltanwendung im mutmaßlichen Willen des Sicherheitsrates[291] oder gar eine vorherige Ermächtigung durch den Sicherheitsrat. Der Irak-Krieg stellt vielmehr eine zwischenstaatliche Gewaltanwendung dar.

Der amerikanische Präsident George W. Bush verwies zwar in seiner Rede vor der Generalversammlung der Vereinten Nationen am 12.09.2002 auf die Notwendigkeit, bestehende Resolutionen des Sicherheitsrates gegenüber dem Irak durchzusetzen, da sich dieser in den vorangegangenen zwölf Jahren dem Willen des Sicherheitsrates konstant widersetzt habe.[292] Zutreffend ist insofern, daß mit Sicherheitsrats-Resolution 678 den Mitgliedsstaaten aufgegeben wurde, den Weltfrieden und die internationale Sicherheit in der Region wiederherzustellen. Aus dieser Formulierung wurde schon während des Irak-Kuwait-Konfliktes teilweise die Auffassung vertreten, daß die Mitgliedsstaaten ermächtigt seien, bis nach Bagdad vorzurücken und die irakische Regierung gewaltsam abzusetzen.[293] Teilweise wird auch davon ausgegangen, daß der Sicherheitsrat den einzelnen Mitgliedsstaaten die Entscheidungsbefugnis übertragen habe, wann der Weltfrieden und die internationale Sicherheit in der Region wiederhergestellt sind.[294] Aus dieser Auffassung könnte sich die Überlegung ergeben, daß der Angriff auf den Irak im Jahre 2003 nur die Vollendung des ursprünglichen Mandates von 1990 darstelle, also durch die Resolution 678 von 1990 gedeckt gewesen sei.

Hiergegen spricht aber schon die völkerrechtliche Einordnung der Befreiung Kuwaits als durch die Vereinten Nationen legitimierte Maßnahme kollektiver Selbstverteidigung.[295] Denn die Befreiung war jedenfalls beendet mit der vollständigen Zurückdrängung der irakischen Truppen aus Kuwait. Eine über die Befreiung Kuwaits hinausgehende Maßnahme läßt sich mit Selbstverteidigung jedenfalls nicht rechtfertigen.

Eine Übertragung der Feststellung eines Friedensbruches gar auf einzelne Mitgliedsstaaten widerspricht bereits der UN-Charta. Im Rahmen des kollektiven Sicherheitssystems der UN-Charta ist die Entscheidung des Sicherheitsrats nach Art. 39, ob eine Bedrohung des Weltfriedens oder der internationalen Sicherheit vorliegt, Grundlage für die Ergreifung jeglicher Zwangsmaßnahmen. Allein der Sicherheitsrat kann also über den Einsatz militärischer Gewalt

---

291 so aber die Ausführungen des britischen Attorney General Lord Goldsmith in seiner Stellungnahme Iraq: Legal Basis for the Use of Force vom 17. März 2003, erhältlich unter: www.fco.gov.uk

292 Schaller, S. 642

293 Greenwood, New World Order or Old? S. 167; dagegen spricht aber schon der Verlauf der Beratungen über die Resolution 678, während derer von keinem der im Sicherheitsrat vertretenen Mitglieder ein zwangsweiser Regimewechsel erwähnt oder gar in Betracht gezogen wurde, vgl. UN Doc. S/PV.2963

294 Sarooshi, S. 179

295 siehe dazu schon oben gg.

entscheiden.[296] Im Lichte des Gewaltverbots aus Art. 2 Ziff. 4 UN-Charta ist diese Befugnis als nicht übertragbare Kernkompetenz des Sicherheitsrates zu betrachten. Es ist gerade Sinn und Zweck des kollektiven Sicherheitssystems der UN-Charta, den einzelnen Mitgliedsstaaten die Entscheidungsbefugnis über die Anwendung von Gewalt in den internationalen Beziehungen zu nehmen und auf die kollektive Ebene zu ziehen.

Eine Übertragung der Entscheidungskompetenz vom Sicherheitsrat auf einzelne Mitgliedsstaaten hätte zudem das Veto-Recht der ständigen Sicherheitsratsmitglieder nach Art. 27 UN-Charta ausgehebelt. Da es wenig wahrscheinlich ist, daß die vetoberechtigten Staaten auf dieses Recht verzichten, ist eine Interpretation einer Sicherheitsratsresolution in diesem Sinne, gar als eine Art Blanko-Ermächtigung, nicht möglich.[297]

Letztendlich ist ein Rückgriff auf Resolution 678 vom November 1990 für ein militärisches Vorgehen gegen den Irak im Jahre 2003 durch die „Waffenstillstandsresolution" 687 vom 3. April 1991[298] ausgeschlossen worden. In para 33 ordnete der Sicherheitsrat ausdrücklich die Einstellung der Kampfhandlungen an. Zwar bekräftigte er zugleich die vorherigen Resolutionen, jedoch mit Ausnahme der zur Erreichung des Waffenstillstands ausdrücklich geänderten Regelungen. Spätestens im Zeitpunkt der Annahme der Waffenstillstandsbedingungen durch den Irak hat der Sicherheitsrat damit klargestellt, daß weitere Gewaltanwendungen gegen den Irak im Zuge der Befreiung Kuwaits nicht vorzunehmen sind.[299]

Im Hinblick auf die Verstöße des Irak gegen die Bedingungen der Waffenstillstandsresolution, insbesondere der Bedingungen zur Rüstungskontrolle, wird jedoch vor allem von Seiten der Vereinigten Staaten und Großbritannien im Rahmen der sog. „Material Breach" Doktrin[300] argumentiert, daß das Mandat der Resolution 678 vom 29. November 1990 wieder aufgelebt sei. Da der Sicherheitsrat das irakische Verhalten wiederholt als schwerwiegenden Bruch seiner Verpflichtungen verurteilt und ernsthafte Konsequenzen angedroht habe, habe er die Staaten zumindest implizit zur Anwendung militärischer Gewalt gegen den Irak autorisiert.[301]

---

[296] selbst im Rahmen der „Uniting for Peace"-Resolution, GA Res. 377 (V) vom 03. November 1950, mit der sich die Generalversammlung für den Fall der fehlenden Einstimmigkeit der ständigen Mitglieder des Sicherheitsrats dessen Kompetenzen zur Aufrechterhaltung des internationalen Friedens übertrug, wird allgemein davon ausgegangen, daß im Gegensatz zum Sicherheitsrat die Generalversammlung keine Zwangsmaßnahmen verbindlich anordnen kann, sondern lediglich rechtlich unverbindliche Empfehlungen geben kann, Ipsen, Völkerrecht § 32 Rn. 37

[297] Frowein, Unilateral Interpretation, S. 101

[298] SR-Res. v. 3.4.1991, U.N. Doc. S/RES/687 (1991)

[299] Gray, After the Ceasefire, S. 143; Schaller, S. 650

[300] siehe hierzu Byers, The Shifting Foundations of International Law, S. 23 ff. m.w.N.

[301] S.D. Murphy, Contemporary Practice of the United States Relating to International Law, AYIL 93 (1999), S. 470, 471 ff. m.w.N.; G. Marston, United Kingdom Materials on International Law 1998, BYIL 69 (1998), S. 433, 586 ff.; diese Argumentation wurde auch

Die Argumentation des Auflebens des ursprünglichen Mandates wegen Verstoßes gegen den Waffenstillstand kann jedoch nicht überzeugen. Zwar ist ein Waffenstillstand in völkerrechtlicher Sicht nur eine vorübergehende Beendigung der Kampfhandlungen, zumeist zur Vorbereitung eines endgültigen Friedensschlusses,[302] so daß bei Verletzung des Waffenstillstandes mangels eines endgültigen Friedensschlusses die Kampfhandlungen wieder aufgenommen werden können.[303] Es ist auch zutreffend, daß der Sicherheitsrat das Verhalten des Irak mehrfach als Verletzungen seiner Verpflichtungen aus der Waffenstillstandsresolution verurteilte.[304]
Doch im Falle des Irak wurde der Waffenstillstand von den Vereinten Nationen ausgehandelt und vom Sicherheitsrat als friedensschaffende Maßnahme beschlossen, so daß allein der Sicherheitsrat als Konsequenz eines Verstoßes die Wiederaufnahme der Kampfhandlungen hätte anordnen können. Dies stellte der Sicherheitsrat in der „Waffenstillstandsresolution“ dahingehend klar, daß er die weiteren Schritte zur Durchsetzung des Waffenstillstandes treffen werde.[305] Damit steht fest, daß jedenfalls nicht einzelne Mitgliedsstaaten darüber befinden durften, ob der Waffenstillstand weiterhin Bestand hat, sondern nur der Sicherheitsrat. Zudem hat der Sicherheitsrat in mehreren der „Waffenstillstandsresolution“ folgenden Resolutionen immer wieder die Verpflichtung der Mitgliedsstaaten zur Achtung der Souveränität und der territorialen Integrität, also insbesondere die Unverletzlichkeit der Grenzen des Irak bekräftigt.[306]
Die von den USA und Großbritannien verfolgte „Material-Breach-Doktrin“ konnte, jedenfalls soweit sie sich auf die schwerwiegenden Verletzungen der Waffenstillstandsresolution durch den Irak bezog, nicht als Rechtfertigung einzelstaatlicher Gewaltanwendung gegen den Irak nach der Befreiung Kuwaits dienen.[307]
Die Vereinigten Staaten und Großbritannien erwarteten insofern von einer neuerlichen Resolution des Sicherheitsrates ein UN-Mandat zur Kriegsführung gegen den Irak.[308] Die Resolution bezeichnet falsche Angaben oder Unterlassungen in den Aussagen des Irak sowie Verfehlungen des Irak bei der Befolgung der Resolution und der Zusammenarbeit bei deren Umsetzung als weiteren

---

schon zur Begründung der "Operation Provide Comfort" im April 1991 und der "Operation Desert Fox" im Dezember 1998 herangezogen

302 so sollte nach dem Willen des Sicherheitsrates nach der Befreiung Kuwaits auch verfahren werden, vgl. SR-Res. v. 3.4.1991, U.N. Doc. S/RES/687 (1991)

303 Seidl-Hohenveldern, Völkerrecht, S. 427

304 z.B. SR-Res. v. 12.6.1996, U.N. Doc. S/RES/1060 (1996); SR-Res. v. 21.6.1997, U.N. Doc. S/RES/1115 (1997); SR-Res. v. 9.9.1998, U.N. Doc. S/RES/1194 (1998); SR-Res. v. 5.11.1998, U.N. Doc. S/RES/1205 (1998)

305 SR-Res. v. 3.4.1991, U.N. Doc. S/RES/687 (1991), para. 34

306 Frowein, Unilateral Interpretation, S. 108

307 Schaller, S. 654 ff.; Gray, S. 155

308 Blumenwitz, Die völkerrechtlichen Aspekte des Irak-Konflikts, S. 306 f.

schweren Bruch („further material breach“).[309] Die Resolution verweist darauf, daß der Sicherheitsrat wiederholt den Irak gewarnt hat, daß er sich ernsten Konsequenzen ausgesetzt sehen wird als Resultat seiner wiederholten Verstöße gegen seine Verpflichtungen.[310] Auch wenn die Resolution den seitens der Vereinigten Staaten und Großbritannien geprägten Begriff des „material breach“ verwendet, stellt sie jedoch klar, daß allein die Waffeninspektoren über weitere Verfehlungen des Irak dem Sicherheitsrat zu berichten haben[311] und der Sicherheitsrat allein über das weitere Vorgehen nach Vorliegen dieser Berichte zu entscheiden habe.[312]

Die Resolution wurde zwar unter Kapitel VII der UN-Charta gefaßt, also in dem Bereich der militärischen Zwangsmaßnahmen. Nach dem Wortlaut der Resolution 1441 ist aber keine Ermächtigung durch den Sicherheitsrat zur Gewaltanwendung gegen den Irak gegeben. In Paragraph 13 der Resolution wird dem Irak allenfalls mit ernsten Konsequenzen gedroht, sollte er wiederum gegen die Bedingungen der Resolution verstoßen. Doch ein solcher „material breach“ gemäß Paragraph 4 hätte vom Sicherheitsrat nach dem Bericht der Waffeninspekteure erst noch festgestellt werden müssen. Diese sind vom Sicherheitsrat jedoch nicht beschlossen worden.[313] Der Bericht des UN-Chefwaffeninspektors Blix gegenüber dem Sicherheitsrat konnte im übrigen einen solchen „material breach“ i.S.d. Paragraphen 4 der Resolution nicht bestätigen.[314] Eine automatische Ermächtigung zur Gewaltanwendung für einzelne Staaten enthielt Resolution 1441 jedenfalls nicht.[315]

Die anderslautende Interpretation insbesondere seitens der US-Administration ist insofern nicht überzeugend. Die gemeinsame Erklärung der drei ständigen

---

309 SR-Res. v. 8.11.2002, U.N. Doc. S/RES/1441 (2002), para 4: “Decides that false statements or omissions in the declarations submitted by Iraq pursuant to this resolution and failure by Iraq at any time to comply with, and cooperate fully in the implementation of, this resolution shall constitute a further material breach of Iraq's obligations and will be reported to the Council for assessment in accordance with paragraphs 11 and 12 below;”

310 SR-Res. v. 8.11.2002, U.N. Doc. S/RES/1441 (2002), para 13: “Recalls, in that context, that the council has repeatedly warned Iraq that it will face serious consequences as a result of its continued violations of its obligations;”

311 SR-Res. v. 8.11.2002, U.N. Doc. S/RES/1441 (2002), para 11: “Directs the Executive Chairman of UNMOVIC and the Director-General of the IAEA to report immediately to the Council any interference by Iraq with inspection activities, as well as any failure by Iraq to comply with its disarmament obligations, including its obligations regarding inspections under this resolution;”

312 SR-Res. v. 8.11.2002, U.N. Doc. S/RES/1441 (2002), para 12: “Decides to convene immediately upon receipt of a report in accordance with paragraphs 4 or 11 above, in order to consider the situation and the need for full compliance with all of the relevant Council resolutions in order to secure international peace and security;”

313 Murswiek, S. 1015; Blumenwitz, Die völkerrechtlichen Aspekte des Irak-Konflikts, S. 307

314 UN-Doc. S/PV.4707 (2003)

315 Blumenwitz, Die völkerrechtlichen Aspekte des Irak-Konflikts, S. 307; Kurth, S. 197; Murswiek, S. 1016

Sicherheitsratsmitglieder Rußland, China und Frankreich zu Resolution 1441[316] stellte klar, daß sie mit ihrer Zustimmung jedenfalls einen Automatismus zur Gewaltanwendung nicht unterstützt haben. Eine anderslautende unilaterale Interpretation der Sicherheitsratsresolution hätte somit die Gefahr verwirklicht, daß einzelne Mitgliedsstaaten unter Berufung auf Sicherheitsratsresolutionen militärische Maßnahmen vornehmen, die nicht vom Sicherheitsrat in seiner Gänze gewollt waren.

Da jede Zwangsmaßnahme des Sicherheitsrates eine Einschränkung staatlicher Souveränität bedeutet, muß bei der Interpretation die gewohnheitsrechtliche Regel strikt beachtet werden, wonach die staatliche Souveränität weitest möglich zu wahren ist. Hiernach ist davon auszugehen, daß ein Staat im Zweifel seine Souveränitätsrechte nicht aufgegeben hat. Hat insofern ein Mitgliedsstaat mit Beitritt zu den Vereinten Nationen im Zweifel seine Souveränitätsrechte soweit möglich gewahrt, muß dies erst recht für aufgrund der Charta erlassene Zwangsmaßnahmen gelten. Hieraus folgt, daß an die Anordnung oder Empfehlung von Zwangsmaßnahmen durch den Sicherheitsrat höchste Maßstäbe hinsichtlich der Eindeutigkeit zu stellen sind. Im Zweifel ist davon auszugehen, daß Zwangsmaßnahmen, welche nicht eindeutig genannt sind, auch nicht beschlossen sind.[317]

Der Irak-Krieg stellt sich daher als eine zwischenstaatliche Gewaltanwendung dar, die nicht auf einer Ermächtigung zur Gewaltanwendung durch die Vereinten Nationen beruhte.[318]

kk. Zusammenfassung

Die Staatenpraxis seit 1945 belegt, daß sowohl Kriege im formellen völkerrechtlichen als auch im materiellen Sinne unter Geltung der Charta der Vereinten Nationen weiterhin geführt werden. Sowohl die israelisch-arabischen als auch die indisch-pakistanischen Auseinandersetzungen sowie der Erste Golfkrieg zwischen Irak und Iran wurden als Kriege im formellen Sinne unter Anwendung der klassischen kriegsrechtlichen Instrumente geführt.

Der Kosovo-Krieg und der Krieg der USA gegen Afghanistan zeigen demgegenüber, daß Krieg im materiellen Sinne weiterhin als ein Instrument der internationalen Politik eingesetzt wird. In beiden Fällen diente der Waffeneinsatz der Durchsetzung eines politischen Willens gegenüber einem anderen Staat: Im Kosovo sollte die Regierung Milosevic zur Beendigung der Menschenrechtsverletzungen gegenüber der albanischen Bevölkerung und zur Unterzeichnung des Abkommens zur friedlichen Lösung des Kosovo-Problems gezwungen werden. In Afghanistan sollte die herrschende Taliban-Miliz zur Auslieferung mutmaßlicher Terroristen gezwungen werden, was letztlich zu

---

[316] S/2002/1236 v. 8.11.2002

[317] Frowein, Unilateral Interpretation, S. 112

[318] eine Rechtfertigung kann sich auch nicht aus einem Recht zu präventiver Selbstverteidigung ergeben, siehe dazu unten Teil 2, I.4.

einer Absetzung der Taliban und Einsetzung einer diesem Ansinnen entsprechenden Regierung führte.
Andererseits zeigen die militärischen Auseinandersetzungen um die Falkland-Inseln und um Kuwait, daß streng auf die Rückeroberung eines Territoriums gerichtete Gewaltanwendung von der Staatengemeinschaft als Selbstverteidigungsmaßnahmen akzeptiert werden, mit denen weder ein Krieg im materiellen noch im formalen Sinne verbunden ist.
Es ist insofern festzuhalten, daß entgegen der Absicht der Gründungsmitglieder der Vereinten Nationen das Gewaltverbot der UN-Charta das Faktum Krieg als Mittel der internationalen Politik nicht auslöschen konnte.

c. *Tatbestandsvoraussetzungen des Kriegszustands*

Wie bereits dargelegt, ist zwischen Krieg im tatsächlichen Sinne und dem rechtlichen Kriegszustand zu unterscheiden. Insofern bedarf es der Klärung der Frage, wann überhaupt Kriegszustand im Rechtssinne eintritt, welches also die Voraussetzungen für den Kriegszustand sind.
Auf der Haager Friedenskonferenz von 1907 wurde im III. Abkommen festgelegt, daß Feindseligkeiten unter den Vertragsstaaten nicht beginnen dürfen, ohne eine vorausgehende unzweideutige Benachrichtigung, die entweder die Form einer mit Gründen versehenen Kriegserklärung oder die eines Ultimatums mit bedingter Kriegserklärung haben muß.[319] Vorausgegangen war eine entsprechende Resolution des Institut de Droit International von 1906.[320] Das Erfordernis einer formellen Kriegserklärung wurde mit dem III. Haager Abkommen von den damaligen Unterzeichnerstaaten anerkannt.[321]
Die Kriegserklärung ist eine einseitige, empfangsbedürftige Willenserklärung, die auch formlos erfolgen kann.[322] Da von der Abgabe der Erklärung abhängt, welche Rechtsordnung – Friedens- oder Kriegsvölkerrecht – zwischen den Parteien herrscht, ist sie als rechtsgestaltende Willenserklärung zu begreifen.
Trotz der völkerrechtlichen Selbstverpflichtung der Signatarstaaten des III. Haager Abkommens wird in der Literatur überwiegend davon ausgegangen, daß aufgrund der vorherigen Staatenpraxis einerseits, der nachfolgenden

---

[319] Art. 1 Convention (III) relative à l'ouverture des hostilités v. 12. Oktober 1907, wiedergegeben in : Schindler/Toman, S. 59

[320] Annuaire de L'Institut de Droit International XXI (1906), S. 292-293

[321] Das Abkommen wurde von insgesamt 33 Staaten ratifiziert: Südafrika, Deutschland, Österreich, Belgien, Bolivien, Brasilien, China, Dänemark, El Salvador, Spanien, USA, Äthiopien, Fidschi-Inseln, Finnland, Frankreich, Großbritannien, Guatemala, Haiti, Japan, Liberia, Luxemburg, Mexiko, Nicaragua, Norwegen, Panama, Niederlande, Polen, Portugal, Rumänien, Rußland (später auch die UdSSR), Siam, Schweden, Schweiz; vgl. Schindler/Toman, S. 63-64

[322] Berber, Völkerrecht Bd. II, S. 89

Staatenpraxis andererseits weder Völkergewohnheitsrecht formuliert, noch eine völkerrechtliche Übung begründet worden sei.[323]

aa. Kriterien für den Kriegszustand

Daher wurde in der Literatur nach Alternativen gesucht, unabhängig von einer formalen Kriegserklärung den Friedens- vom Kriegszustand abzugrenzen. Hierbei haben sich zwei gegenüberstehende Ansätze – einerseits rein subjektiv auf den Willen der Kriegführenden abstellend, andererseits rein objektiv von äußerlichen Kriterien der Kriegsführung ausgehend – entwickelt, zwischen denen sich noch ein vermittelnder Ansatz gebildet hat.

Die rein subjektive Betrachtung[324] stellt ausschließlich auf den sog. animus belligerendi ab, der sich in der Absicht der Überwältigung des Gegners äußern soll. Im Ergebnis führt dieser Ansatz zur Entscheidungsfreiheit der Parteien, ob Kriegszustand herrschen soll oder Friedensvölkerrecht weiterhin anwendbar sein soll.[325]

Nach Gründung des Völkerbundes strebte ein Teil der Literatur eine „Objektivierung" des Kriegsbegriffes an. Letztendlich war dies eine Reaktion auf die Schwächen des Briand-Kellog-Paktes, dessen Kriegsverbot auf den traditionellen subjektiven Kriegsbegriff bezogen wurde. Deutlich wurde diese Schwäche im Rahmen des chinesisch-japanischen „Konflikts" 1931, als beide Seiten aus Opportunitätsgründen das Bestehen eines Kriegszustandes leugneten, obwohl die militärischen Auseinandersetzungen durchaus die Form eines Krieges annahmen.[326] Die Feststellung des Kriegszustands sollte vollständig vom erklärten Willen der Parteien losgelöst und ausschließlich nach objektiven äußerlichen Kriterien getroffen werden. Hierbei soll etwa auf die Intensität oder die Form der Gewaltanwendung abgestellt werden.[327]

---

[323] Grob, Relativity S. 287; Mosler, S. 328; Schwarzenberger, S. 248; Glahn, S. 628; a.A. Baxter, The Definition of War, S. 3

[324] Wright, Changes In the Conception of War, S. 758 f.: "War begins when any state of the world manifests its intention to make war...The existence of war is not dependent upon the type of operations undertaken by the belligerents.";McNair, Legal Meaning of War, S. 45; vgl. Kotzsch, S. 45 sowie Wolff, S. 55 f.; und McDougal/Feliciano, S. 98 Fn. 2 mit weiteren Nachweisen; der Generalsekretär des Völkerbundes folgte ebenfalls der subjektiven Auffassung, wie sich aus einem Bericht des Generalsekretärs von 1927 ergibt: "...from the legal point of view, the existence of a state of war between two States depends upon their intention and not upon the nature of their acts.", zitiert nach Brownlie, International Law, S. 38

[325] vgl. Brownlie, International Law, S. 39

[326] aus Anlaß des chinesisch-japanischen Konflikts befaßte sich z.B. Hersch Lauterpacht mit dem Kriegsbegriff, ders., „Resort to War", S. 46 f.

[327] Borchard, "War" and "Peace", S. 115; Kelsen, S. 29: "War must be considered as an employment of force directed by one state against another without regard to the counteraction of the latter..."; Hersch Lauterpacht, „Resort to War", S. 49; vgl. McDougal/Feliciano, S. 99 Fn. 3 mit weiteren Nachweisen

Zwischen diesen beiden Ansätzen wurde versucht, den Kriegsführungswillen anhand objektiver Kriterien festzustellen, also eine Kombination aus objektivem und subjektivem Ansatz. Hierbei soll anhand objektiver Kriterien feststellbar sein, ob die Kriegsparteien trotz ihrer militärischen Auseinandersetzung weiterhin den zwischenstaatlichen Verkehr wie in Friedenszeiten pflegen oder unter Abbruch dieser Beziehungen ausschließlich militärische Machtmittel zur Anwendung kommen lassen wollen. Indizien für einen objektivierten Kriegsführungswillen seien insofern der Abbruch der diplomatischen Beziehungen, die Anwendung des Kriegsvölkerrechts oder die Suspendierung der zwischenstaatlichen Verträge.[328] Das Ausmaß der Gewaltanwendungen wurde ebenfalls als Kriterium herangezogen.[329] Darüber hinaus wurde vorgeschlagen, das Vorliegen des Kriegszustandes von der Entscheidung durch Drittstaaten oder Völkerbundsorgane abhängig zu machen.[330]
Der Versuch, Krieg im völkerrechtlichen Sinne nach objektiven Kriterien zu definieren, führte jedoch nicht zu der beabsichtigten Rechtssicherheit. Vielmehr entsprang den vielfachen Versuchen einer Kriegsdefinition unter Heranziehung sämtlicher objektiver Kriterien die Situation, daß es beinahe ebenso viele Kriegsdefinitionen gab wie Autoren, die sich um eine solche bemühten.[331]
Der rein objektive Ansatz widerspricht zudem der rechtsgestaltenden Wirkung einer Auslösung des Kriegszustands. Aufgrund der Tatsache, daß letztendlich eine Willenserklärung fingiert werden soll, kann das Fehlen eines Kriegführungswillens nicht ignoriert werden. Fehlt ein solcher Wille, kann dieser nicht unterstellt werden, da dieses unzulässigerweise in die Souveränität der Staaten eingreifen würde.
Der Versuch des vermittelnden Ansatzes, anhand objektiver Kriterien auf einen Kriegführungswillen zu schließen, stellt einen Zirkelschluß dar. Es soll insofern von den Rechtsfolgen der Auslösung eines Kriegszustands auf das Vorliegen desselben geschlossen werden. Rechtssystematisch ist das jedoch nicht nachvollziehbar. Die Parteien haben es selbst in der Hand, ob sie sich des kriegsrechtlichen Instrumentariums bedienen wollen oder nicht. Tun sie dies, bestreiten sie aber im übrigen einen Kriegszustand, kann nach dieser Auffassung dennoch kein Kriegszustand vorliegen, da die Indizwirkung der objektiven Umstände aufgehoben wird.
Der rein subjektive Ansatz ist im Interesse der Rechtssicherheit weiterhin vorzuziehen. Es obliegt letztendlich den Kriegsparteien, den militärischen Konflikt unter der Geltung des Friedensvölkerrechts oder unter der des Kriegs-

---

[328] Verdross, Völkerrecht, S. 193 f.; für den indisch-pakistanischen Krieg 1965 wertete der Schiedsrichter in dem Schiedsspruch Dalmia Cement Ltd. v. National Bank of Pakistan (International Chamber of Commerce (ICC), in: International Law Reports 67 (1984), S. 611, 615 ff.) den fehlenden Abbruch der diplomatischen Beziehungen und den Nichtgebrauch der Befugnis zur Suspension von Verträgen zwischen den Parteien als Zeichen dafür, daß kein Kriegsführungswille vorgelegen habe.

[329] Wright, When does War exist?, S. 366

[330] Wright, When does War exist?, S. 367; Hersch Lauterpacht, „Resort to War“, S. 52 ff.

[331] Grob, S. 174

völkerrechts zu führen. Für die Parteien hat diese Unterscheidung erhebliche Auswirkungen im Hinblick auf die völkerrechtliche Verantwortlichkeit.[332] Im übrigen ist die Herbeiführung des Kriegszustandes unter der Geltung der Charta der Vereinten Nationen nur noch ausnahmsweise zulässig.[333]

Da der subjektive Ansatz den Kriegszustand von der Feststellung eines Kriegsführungswillens abhängig macht, läuft dieser Ansatz letztendlich darauf hinaus, daß nur bei Vorliegen einer eindeutigen Kriegserklärung Kriegszustand gewollt sein kann. Nur in diesem Fall ist der Kriegsführungswille eindeutig. In Zweifelsfällen muß ob des Ausnahmecharakters des Kriegszustands sowie der damit verbundenen erheblichen Rechtsfolgen von einem Friedenswillen der Parteien ausgegangen werden.

bb. Kriegserklärung

Die Kriegserklärung im Sinne der Ankündigung des Beginns von Feindseligkeiten wurde nicht erst mit Abschluß des bereits genannten III. Haager Abkommens von 1907 „erfunden". Berber verweist darauf, daß es schon in Urzeiten als heimtückisch galt, einen Angriff auf einen Stamm, mit dem vorher friedliche Beziehungen gepflegt wurden, ohne vorherige Ankündigung zu beginnen.[334] Im Römischen Reich und in der Folge auch im Mittelalter galt das Unterlassen einer solchen Ankündigung als Rechtsverletzung.[335]

Bestand insofern eine entsprechende Übung, ist der überwiegenden Literatur[336] dennoch zuzustimmen, daß jedenfalls bindendes Völkergewohnheitsrecht vor Abschluß des III. Haager Abkommens von 1907 nicht bestand.[337]

Soweit in der Literatur auf die Untersuchung eines britischen Board of Trade von 1883[338] Bezug genommen, wonach in insgesamt 117 belegten zwischenstaatlichen Konflikten nur in zehn Fällen eine vorherige Kriegserklärung festzustellen gewesen sei,[339] kann eine solche quantitative Betrachtung indes nicht eine entsprechende Übung widerlegen.

---

332 siehe dazu unten Teil 1, I.3.e.

333 die Ausrufung des völkerrechtlichen Kriegszustandes ist nur noch unter den Voraussetzungen des Art. 51 UNCh., also als Selbstverteidigungsmaßnahme, zulässig, siehe dazu unten

334 Berber, Völkerrecht Bd. II, S. 87 f.

335 Berber, Völkerrecht Bd. II, S. 87 f., verweist auf die Feststellung Ciceros: „Nullum bellum justum habetur nisi denuntiatum, nisi indictum...", welche für das gesamte Mittelalter Bedeutung gehabt habe

336 Grob, Relativity S. 287; Mosler, S. 328; Schwarzenberger, S. 248; Glahn, S. 628

337 aus einer völkerrechtlichen Übung kann nicht ohne weiteres schon auf Völkergewohnheitsrecht geschlossen werden, da zu der Übung eine allgemeine Rechtsüberzeugung (opinio iuris) hinzukommen muß

338 Great Britain War Office, Intelligence Division, veröffentlicht in: Maurice, Hostilities without Declaration of War

339 Greenwood, Concept of War, S. 285; Oeter, Neutralität, S. 75; Eagleton, S. 19

Wie bereits oben dargestellt, kann nicht jede Gewaltanwendung mit dem völkerrechtlichen Kriegsbegriff gleichgestellt werden. Die sog. „measures short of war" waren gerade geprägt durch den Willen der handelnden Staaten, den völkerrechtlichen Kriegszustand und die damit verbundenen wirtschaftlichen und politischen Folgen zu vermeiden.[340] Sie wurden vom Krieg anhand ihrer faktischen Begrenzung nach Ziel, Mittel, Eingriffsgut und Eingriffsdauer abgegrenzt. Die Rechtmäßigkeit des eigenen Handelns wurde besonders betont, da gerade im Friedenszustand die Gewaltanwendung nur ausnahmsweise zulässig ist. Hierzu wurde gerade die Begrenztheit und „Friedlichkeit" der Mittel und Ziele hervorgehoben[341] sowie die sofortige Einstellung der Gewaltmaßnahmen bei Zielerreichung.[342] Letztlich hatten die Betonung der Rechtmäßigkeit und die Bekräftigung des eigenen Friedenswillens das Ziel, dem Gewaltadressaten keinen Grund für militärische Gegenmaßnahmen oder gar der Kriegseröffnung zu geben.[343]

Aus dieser Feststellung folgt zweierlei: Zunächst bestätigt sie, daß viele zwischenstaatliche militärische Auseinandersetzungen, die unter den Begriff „Konflikt" ohne Zweifel fallen, gerade in der Absicht geführt wurden, daß kein Kriegszustand eintritt. Insofern kommt einer quantitativen Untersuchung wenig Aussagekraft zu.

Zudem zeigt sich aus dem Verhalten der Staaten, daß der völkerrechtliche Kriegszustand gefürchtet wurde und insofern die Existenz dieses Rechtsinstituts und seine rechtlichen Konsequenzen zwar anerkannt wurden, nur eben unter allen Umständen vermieden werden sollten. So ist zu erklären, daß in nur wenigen militärischen Auseinandersetzungen zwischen 1700 und 1870 eine ausdrückliche Kriegserklärung vor Eröffnung der Feindseligkeiten abgegeben wurde.

Die Praxis nach 1870 zeigt zudem, daß Kriegserklärungen abgegeben wurden, wie etwa im deutsch-französischen Krieg 1870/71,[344] dem Ersten Weltkrieg[345] und dem Zweiten Weltkrieg.[346]

Soweit sich die Vertragsparteien des III. Haager Abkommens von 1907 zu einer vorherigen formellen Kriegserklärung verpflichtet haben, besteht diese Verpflichtung weiterhin fort. Das Abkommen wurde weder gekündigt noch durch desuetudo aufgehoben.

---

[340] Wolff, S. 39

[341] Wolff, S. 41; Grob, S. 26 nennt als ein Beispiel die von Frankreich gegen Argentinien 1838-40 verhängte Blockade

[342] Wolff, S. 42, Fn. 56 verweist auf die Erklärung des russischen Außenministers Lamsdorff anläßlich des Boxer-Feldzugs 1900: „Der beste Beweis, daß sich Rußland mit China nicht im Krieg befinde, sei der, daß der Zar bestimmt erkläre, das chinesische Territorium zu räumen, sobald geordnete Verhältnisse hergestellt sein würden."

[343] Wolff, S. 42

[344] Grob, S. 291 unter Verweis auf die französische Erklärung v. 19. Juli 1870

[345] Opet, S. 443 ff.

[346] Grob, S. 290

Ein Vertrag kann zwar außer Kraft treten, weil sich gewohnheitsrechtlich seine Nichtbeachtung durchgesetzt hat, sog. desuetudo. Dazu genügt aber, wie bei aller Entstehung von Gewohnheitsrecht, nicht die bloß faktische Nichtmehrbeachtung des Vertrages durch die Vertragsparteien, sondern es muß zu dieser faktischen, lange Zeit geübten Haltung auch die Rechtsüberzeugung hinzutreten, zur Beachtung des Vertrages nicht mehr verpflichtet zu sein.[347] Die Wiener Vertragsrechtskonvention hat eine solche Außerkraftsetzung nicht ausdrücklich geregelt, da die International Law Commission in dem Entwurf davon ausging, daß es eine Form der Vertragsaufhebung kraft Einvernehmen aller Vertragsstaaten i.S.d. Art. 54 lit. b) WVRK sei.[348] Im Ergebnis sind diese Auffassungen jedoch übereinstimmend.

Eine entgegenstehende neue Norm des Völkergewohnheitsrechts, welche die Verpflichtung zur Kriegserklärung außer Kraft gesetzt hätte, ist jedoch nicht festzustellen. Wie bereits die Untersuchung des Krieges in der Staatenpraxis nach 1945[349] gezeigt hat, wurden immer wieder Kriegserklärungen zumindest konkludent abgegeben. Die relativ geringe Zahl derjenigen militärischen Auseinandersetzungen, in denen der Kriegszustand nicht ausgelöst oder gar geleugnet wurde, kann eine dementsprechende Übung jedenfalls nicht belegen. Es fehlt jedenfalls an einer einheitlichen Rechtsüberzeugung. In den Fällen, in denen eine Kriegserklärung nicht abgegeben wurde bzw. der Kriegszustand geleugnet wurde, ging es den Staaten ja gerade darum, die rechtlichen (und politischen) Folgen des Kriegszustandes zu vermeiden. Dies war der eigentliche Grund für die Unterlassung einer Kriegserklärung. Im Gegenschluß ist daher zu folgern, daß die Parteien die rechtlichen Folgen einer Kriegserklärung weiterhin anerkannten, sie auch als notwendig für eine Kriegsführung im völkerrechtlichen Sinne betrachteten, aber in den konkreten Fällen eben nicht eine Kriegsführung im völkerrechtlichen Sinne beabsichtigten und daher keine entsprechende Erklärung abgaben.

Die Vertragsparteien des III. Haager Abkommens von 1907[350] sind daher weiterhin verpflichtet, Krieg im völkerrechtlichen Sinne mit einer Kriegserklärung zu eröffnen. Die Kriegserklärung kann formlos erfolgen, Art. 1 III. Haager Abkommen, und zwar unbedingt oder bedingt in Form eines Ultimatums.[351]

Inwieweit andere als die Vertragsstaaten kraft Völkergewohnheitsrecht einer entsprechenden Verpflichtung unterliegen, ist zweifelhaft. Insofern ist eine völkergewohnheitsrechtliche Bindung eher zu verneinen. Wie aber noch zu

---

[347] Berber, Völkerrecht Bd. I, S. 492

[348] vgl. Ipsen, Völkerrecht, S. 179, § 15 Rn. 112

[349] siehe oben 3.b.

[350] Vertragsparteien sind Südafrika, Deutschland, Österreich, Belgien, Bolivien, Brasilien, China, Dänemark, El Salvador, Spanien, USA, Äthiopien, Fidschi-Inseln, Finnland, Frankreich, Großbritannien, Guatemala, Haiti, Japan, Liberia, Luxemburg, Mexiko, Nicaragua, Norwegen, Panama, Niederlande, Polen, Portugal, Rumänien, Rußland (später auch die UdSSR), Siam, Schweden, Schweiz; vgl. Schindler/Toman, S. 63-64

[351] Berber, Völkerrecht Bd. II, S. 89

zeigen sein wird, ist dies von untergeordneter Bedeutung, da jedenfalls die Rechtsfolgen eines Kriegszustandes nur durch ausdrückliche entsprechende Erklärungen herbeigeführt werden können. [352]

d. Rechtsfolgen des Kriegszustands

Durch die Kriegserklärung werden die beteiligten Staaten zu Kriegführenden. Ihre friedlichen Beziehungen werden beendet.353 Die einzelnen rechtlichen Folgen sind jedoch differenziert zu betrachten.

aa. Grundsatz: Suspendierung des Friedensvölkerrechts

Grundsätzlich wird das Friedensvölkerrecht im Kriegszustand außer Kraft gesetzt und durch die Regeln des Kriegsvölkerrechts ersetzt. Während das Friedensvölkerrecht auf dem Prinzip der gegenseitigen Achtung, des Rechts auf Selbstgestaltung und auf dem daraus folgenden Interventionsverbot beruht, sind die Kriegführenden unter Geltung des Kriegsvölkerrechts nicht mehr an die Schranken des Friedensvölkerrecht gebunden und dürfen mit allen nicht durch das Kriegsrecht verbotenen Mitteln der Gewalt in den Bereich der freien Selbstgestaltung des gegnerischen Staates eingreifen.[354] Die Grenzen der Kriegsführung ergeben sich insofern primär aus dem Recht der Kriegsführung, insbesondere dem humanitären Kriegsvölkerrecht.[355]
Weitere Grenzen der Kriegsführung ergiben sich aus dem Recht der Verträge der Kriegführenden zueinander bzw. multilateraler Verträge, soweit diese während des Kriegszustandes nicht suspendiert sind.

bb. Der Einfluß des Kriegszustandes auf die Staatenverträge

Die Wirkung des Kriegszustandes auf die Verträge der Kriegsparteien zueinander und mit Dritten war seit jeher umstritten. In der Literatur werden zwei gegenüberstehende Theorien vertreten: Die Vernichtungstheorie geht vom Untergang sämtlicher Verträge zwischen den Parteien aus, soweit sie nicht ganz oder in einzelnen ihrer Bestimmungen gerade für den Fall des Krieges geschlossen worden sind. Multilaterale Abkommen blieben hingegen bestehen, jedoch würden sie im Verhältnis der Kriegführenden zueinander suspendiert.[356] Demgegenüber geht die Erhaltungstheorie davon aus, daß die Vertragsverhältnisse zwischen den Staaten, welche Krieg führen, nicht notwendig durch die Kriegseröffnung aufgelöst oder suspendiert werden. Die Wirksamkeit der

---

[352] siehe dazu gleich d.bb. und cc.
[353] Berber, Völkerrecht Bd. II, S. 91
[354] Berber, Völkerrecht Bd. II, S. 91
[355] vgl. dazu unten II.
[356] Liszt/Fleischmann, S. 266

Verträge werde während des Krieges nur insoweit gehemmt, als die Kriegsführung mit derselben unvereinbar ist.[357]

Das moderne Völkerrecht ist von der These der automatischen Vernichtung der Verträge abgegangen und bietet einen differenzierten Ansatz, wobei die Fälle von Verträgen, die mit Kriegszustand beendet werden, die absolute Ausnahme sind, hingegen das Bestehenbleiben der Regelfall ist.[358] Im Einzelnen ist zu differenzieren: Verträge im Hinblick auf die Regeln der Kriegsführung, insbesondere also die des Kriegsvölkerrechts, bleiben vom Kriegszustand unberührt. Des weiteren bleiben multilaterale Verträge, insbesondere zur Errichtung internationaler Organisationen, ebenfalls unberührt. Privatrechtliche Verträge bleiben ebenso unberührt wie Verträge im Verhältnis zwischen kriegführender und neutraler Partei.[359]

Die Charta der Vereinten Nationen etwa gilt danach im Verhältnis der Kriegführenden zueinander weiter fort, auch deshalb, weil die Charta gerade auch für den Fall des Krieges bzw. der Gewaltanwendung zwischen Mitgliedern geschlossen wurde, wie sich aus Art. 39 UNCh. ergibt. Einzelne Bestimmungen der Charta werden während des Kriegszustandes zwischen den Kriegführenden jedoch suspendiert, soweit sie aufgrund des Kriegszustandes nicht erfüllt werden können. Hierzu gehören insbesondere das Gewaltverbot des Art. 2 Ziff. 4 sowie das zwischenstaatliche Interventionsverbot gemäß Art 2 Ziff. 7 i.V.m. Art. 2 Ziff. 1. Aus der vorübergehenden Aufhebung folgt jedoch die Definition der erlaubten Kriegsziele. Grundsätzlich ist Ziel des Krieges die Wiederherstellung des Friedens (finum belli pax est), so daß die suspendierten Grundsätze der Charta nach Ende des Krieges wieder uneingeschränkt zur Geltung zu bringen sind. Hieraus folgt, daß aufgrund der staatlichen Souveränität und territorialen Unabhängigkeit Ziel des Krieges nicht die Auslöschung oder teilweise Wegnahme des Territoriums einer der Kriegführenden nach Kriegsende sein darf.

Bestimmte Verträge werden zwar durch den Kriegszustand berührt, jedoch nicht vernichtet. Ihre Durchführung wird nur soweit zwischen den Kriegsparteien suspendiert, als diese durch die Kriegsführung faktisch unmöglich ist. Letztendlich ist dies eine Auslegung jedes einzelnen Vertrages unter Berücksichtigung der konkreten Kriegsführung.[360]

Hierbei muß jedoch berücksichtigt werden, daß der Grundsatz pacta sunt servanda, auf dem das gesamte Völkerrecht beruht, im Zweifel für das Fortdauern der vertraglichen Verpflichtungen spricht. Insofern muß ein Staat, der als Kriegführender einen Vertrag suspendieren oder beenden will, eindeutig dies zum Ausdruck bringen. Hierzu gehört notwendigerweise auch die eindeutige Erklärung, daß er sich als kriegführend sieht, also eine Kriegserklärung. Wird diese nicht abgegeben, muß es bei den allgemeinen Regeln des

---

[357] Bluntschli, S. 301

[358] Delbrück, War, Effects on Treaties, S. 1372

[359] Delbrück, War, Effects on Treaties, S. 1370

[360] Delbrück, War, Effects on Treaties, S. 1371

Vertragsrechts, wie sie in der Wiener Vertragsrechtskonvention niedergelegt sind, verbleiben. Hiernach können völkerrechtliche Verträge zunächst aufgrund der vertraglichen Möglichkeit der Kündigung oder des Einvernehmens aller Vertragsparteien beendet oder suspendiert werden, Art. 54 und 57 WVRK. Besteht eine solche vertragliche Regelung nicht, ist grundsätzlich eine Beendigung nicht möglich, Art. 56, es sei denn, eine solche Möglichkeit ergibt sich mittelbar aus dem Vertragstext oder der Absicht der Parteien bei Vertragsschluß. Ansonsten ist eine Vertragsbeendigung nur durch neuen Vertrag, Art. 59, Kündigung wegen Vertragsverletzung, Art. 60, wegen Unmöglichkeit, Art. 61, oder wegen Wegfalls der Geschäftsgrundlage, Art. 61, möglich. Voraussetzung hierfür ist jedoch ebenfalls die Geltendmachung der Gründe des Wegfalls der Geschäftsgrundlage. Ein kriegführender Staat muß also ebenfalls seine Stellung als Kriegführender zunächst erklären, bevor er sich von Verträgen lösen kann.

Moderne völkerrechtliche Verträge beinhalten sog. Notstandsklauseln, wie etwa die Europäische Menschenrechtskonvention in Art. 15 Abs. 1: „Wird das Leben der Nation durch Krieg oder einen anderen öffentlichen Notstand bedroht, so kann jede Hohe Vertragspartei Maßnahmen treffen, die von den in dieser Konvention vorgesehenen Verpflichtungen abweichen, jedoch nur, soweit es die Lage unbedingt erfordert und wenn die Maßnahmen nicht im Widerspruch zu den sonstigen völkerrechtlichen Verpflichtungen der Vertragspartei stehen." Eine ähnliche Notstandsklausel findet sich in Art. 4 des Internationalen Paktes über die bürgerlichen und politischen Rechte.[361]

Hieraus ist zu folgern, daß diese Verträge nicht automatisch suspendiert werden, sondern erst dann, wenn die Vertragspartei die entsprechenden Maßnahmen ergreift. In ihrem Bericht zu der Staatenbeschwerde Zypern v. Türkei hat die Europäische Menschenrechtskommission verlangt, daß die Notstandsmaßnahmen in irgendeiner Weise durch einen Akt deutlich gegenüber der betroffenen Bevölkerung als solche Maßnahmen in Erscheinung treten müssen.[362] Auch hierfür muß also ein Kriegführender deutlich zum Ausdruck bringen, daß er sich im Kriege befindet und deshalb einschränkende Maßnahmen erläßt.

Nur im Hinblick auf rein politische Verträge wird davon ausgegangen, daß diese mit Kriegszustand beendet werden.[363]

Zusammenfassend läßt sich festhalten, daß völkerrechtliche Verträge nicht bloß politischer Natur regelmäßig auch im Kriegszustand fortbestehen und die Parteien grundsätzlich an deren Verpflichtungen gebunden sind. Wollen sich die Kriegführenden von diesen Verpflichtungen lösen, müssen sie zunächst ihre Stellung als Kriegführende deutlich erklären, um die Verträge dann suspendieren bzw. die Verpflichtungen modifizieren zu können.

---

[361] Internationaler Pakt über die bürgerlichen und politischen Rechte v. 19.12.1966, BGBl. 1973 II, S. 1533

[362] Frowein/Peukert, S. 483, Art. 15 Rn. 8 mit weiteren Nachweisen

[363] Delbrück, War, Effects on Treaties, S. 1371

cc. Neutralität

Nach ganz herrschender Auffassung ist die Geltung des Neutralitätsrechts und der daraus entspringenden Rechte und Pflichten[364] im Verhältnis der Kriegsparteien zu Drittstaaten vom Bestehen des Kriegszustandes abhängig.[365] Ist ein zwischenstaatlicher militärischer Konflikt nicht Krieg im völkerrechtlichen Sinne, steht es den nicht am Konflikt beteiligten Staaten zwar frei, eine neutrale Haltung einzunehmen, eine entsprechende Rechtspflicht aus dem Neutralitätsrecht ist jedoch zu verneinen und darf von den Konfliktparteien auch nicht mit gewaltsamen Mitteln durchgesetzt werden, wie dies bei Anwendung des Neutralitätsrechts möglich wäre.[366] Die gewöhnliche Neutralität wird in einem Krieg dadurch begründet, daß ein Drittstaat vom Kriegszustand zwischen Staaten Kenntnis erlangt und sich an diesem Krieg nicht beteiligt.[367] Unter diesen Voraussetzungen tritt die Neutralität automatisch ein. Es ist keine ausdrückliche Neutralitätserklärung erforderlich.[368] Aufgabe der Kriegführenden ist jedoch, Drittstaaten vom Eintritt des Kriegszustandes in Kenntnis zu setzen. Das Neutralitätsrecht beschränkt nämlich die Freiheit der Neutralen im Interesse der Kriegführenden.[369] Diesem Grundsatz trägt Art. 2 III. Haager Abkommen Rechnung, nach dem der Kriegszustand den neutralen Staaten unverzüglich anzuzeigen ist und für sie erst nach Eingang wirksam wird, wenn nicht unzweifelhaft feststeht, daß sie den Kriegszustand tatsächlich gekannt haben.

Für die Anwendung des Neutralitätsrechtes und dessen immense kriegsbegrenzende Wirkung ist demnach die Kriegserklärung Voraussetzung.

e. Kriegsbeendigung

Der Kriegszustand wird grundsätzlich mit der Wiedereinführung des Friedenszustandes beendet (finum belli pax est). Dies erfolgt entweder durch beiderseitige Einstellung der Feindseligkeiten und Wiederaufnahme der friedlichen Beziehungen zwischen den Kriegsparteien oder durch einen Friedensvertrag erfolgen. Daneben kann der Kriegszustand auch in tatsächlicher Hinsicht durch *debellatio* beendet werden, also durch totale Unterwerfung und Beseitigung der staatlichen Existenz des Gegners.[370]

Folge ist, daß das Friedensvölkerrecht zwischen den Kriegsparteien wieder Anwendung findet, suspendierte völkerrechtliche Verträge wieder aufleben und

---

[364] vgl. zum Inhalt des Neutralitätsrechts unten Teil 1, III.

[365] Bindschedler, S. 549; Pieper, S. 12; Dinstein, War, Aggression and Self-Defence, S. 17, 26; Kotzsch, S. 141; Schindler, State of War, S. 10; Castren, S. 34, 423; Skubiszewski, Use of Force, S. 808; Greenwood, Concept of War, S. 305; Oeter, Neutralität und Waffenhandel, S. 85, 141

[366] Castren, S. 423; Schindler, State of War, S. 15; Greenwood, Concept of War, S. 300

[367] Pieper, S. 12 f.

[368] Bindschedler, Neutrality, S. 549

[369] Zemanek, Neutralität und Außenhandel, S. 771

[370] Berber, Völkerrecht Bd. II, S. 99

im Verhältnis zu Drittstaaten das Neutralitätsrecht keine Anwendung mehr findet.

f. Krieg ohne Kriegserklärung

Nach hier vertretener Auffassung können nur durch eine Kriegserklärung und eine darauf gründende Erklärung der Kriegführenden, das Vertragrecht vorübergehend nicht oder nur modifiziert anzuwenden, die Bindungen des Friedensvölkerrechts für den Zeitraum des Kriegszustandes suspendiert werden. Liegt eine solche Erklärung nicht vor, ist dies Ausdruck der beteiligten Staaten, das Friedensvölkerrecht zwischen sich gelten zu lassen und dessen Verpflichtungen erfüllen zu wollen. Hierzu gehören insbesondere die Grundsätze der Charta der Vereinten Nationen. Es darf insofern in den zwischenstaatlichen Beziehungen nicht Gewalt angewendet werden, um damit die souveräne Willensbildung eines Staates zu beeinflussen, Art. 2 Ziff. 7 i.V.m. Art. 2 Ziff. 4 UNCh.. Gewalt darf nur in den Grenzen der Ausnahmen zum Gewaltverbot angewendet werden, also insbesondere zur Selbstverteidigung gemäß Art. 51 UNCh..

Die International Law Commission hat in ihrem Entwurf zur Staatenverantwortlichkeit festgelegt, daß Schäden aus völkerrechtswidrigen Akten, die nicht durch Selbstverteidigung oder Notstand gerechtfertigt sind, durch den Schädiger zu ersetzen sind, Art. 28 und 31 des Entwurfs.[371] Diese Schäden sind vorrangig durch Restitution zu ersetzen, Art. 35.[372] Ein Staat, der unter Geltung des Friedensrechts in Anwendung nicht gerechtfertigter Gewalt Schäden verursacht, ist insofern zum Schadensersatz verpflichtet. Eine solche Schadensersatzpflicht sprach bereits der Internationale Gerichtshof in seiner Entscheidung vom 9. April 1949[373] Großbritannien gegen Albanien aufgrund der Vorfälle im Korfu-Kanal zu.

Daneben tritt unter Umständen auch eine Haftung der Staaten gegenüber den Individuen ein. Die Staaten müssen ihren Verpflichtungen aus den Menschenrechten zu Friedenszeiten gerecht werden. Die Mitgliedsstaaten der Europäischen Menschenrechtskonvention sowie des Zusatzprotokolls[374] vom 20. März 1952 sind gemäß Art. 1 des ZP verpflichtet, das Eigentum jeder natürlichen und juristischen Person zu achten. So hat der Europäische Gerichtshof für Menschenrechte in seinem Urteil vom 18. Dezember 1996[375] der Beschwerdeführerin, einer Zypriotin, deren Eigentum im Gebiet Nordzyperns sich befindet und der der Zugang zu ihrem Eigentum verwehrt wurde aufgrund der türkischen Besetzung Nord-Zyperns, den begehrten

---

[371] Crawford, S. 192, 201

[372] Crawford, S. 213

[373] Corfu-Channel-Case, Great Britain v. Albania, ICJ-Reports 1949, 5, 48

[374] Zusatzprotokoll zur Konvention zum Schutze der Menschenrechte und Grundfreiheiten vom 20. März 1952, BGBl. 1957 II, S. 226

[375] „Loizidou-Entscheidung", Titina Loizidou gegen Tükei, in: EuGRZ 1997, S. 555

Anspruch auf Entschädigung gegen die Türkei gemäß Art. 50 EMRK zugesprochen, nachdem die Beschwerdegegnerin, die Türkei, sich weder durch Bezug auf einen Notstand noch durch besondere Rechtfertigungsgründe verteidigen konnte.[376]
In seiner Entscheidung vom 12. Dezember 2001[377] lehnte der Europäische Gerichtshof für Menschenrechte einen entsprechenden Antrag mehrerer jugoslawischer Bürger aus Belgrad gegen die NATO-Staaten anläßlich der im Zuge der Luftangriffe auf Belgrad entstandenen Schäden allein aufgrund der Annahme ab, die Beschwerdeführer unterständen nicht der Herrschaftsgewalt der Beschwerdegegner im Sinne der Anwendungsvoraussetzung des Art. 1 EMRK.[378] Der Gerichtshof stellt klar, daß nicht jede staatliche Handlung außerhalb der Territorialherrschaft zu einem individuellen Schadensersatzanspruch führen kann. In der Loizidou-Entscheidung hingegen war diese Voraussetzung durch die türkische Besetzung Nord-Zyperns gegeben. Insofern wich der Gerichtshof nicht von einer grundsätzlichen Pflicht der Mitgliedsstaaten zur Einhaltung der Rechte aus der EMRK und gegebenenfalls der Schadensersatzpflicht ab, er schränkte lediglich die territoriale Anwendung der EMRK auf das Staatsgebiet der Mitgliedsstaaten und durch sie besetzte Gebiete ein.
Im Verhältnis zu unbeteiligten Drittstaaten sind die Konfliktparteien nicht berechtigt, in deren Rechtsgüter einzugreifen. Zwar können sich Drittstaaten freiwillig als neutral erklären, eine rechtliche Verpflichtung besteht hierzu jedoch nicht, so daß ohne Kriegszustand keine Neutralitätspflichten der unbeteiligten Staaten entstehen.[379] Für Schäden, die Drittstaaten unter Geltung des Friedensvölkerrechts erleiden, ist daher der Schädiger ebenfalls zur Leistung von Schadensersatz verpflichtet.

---

[376] EuGRZ 1997, S. 561 f.

[377] Bankovic gegen Belgien und andere 16 NATO-Staaten, in: EuGRZ 2002, S. 133

[378] EuGRZ 2002, S. 139 ff.

[379] Schwarzenberger, Jus pacis ac belli?, S. 469; ders., The frontiers of International Law, S 246; neuerdings auch Pieper, S. 10, wenden hierfür den „status mixtus" an. Der Ansatz des „status mixtus" geht davon aus, daß wenn Staaten in Kampfhandlungen verwickelt sind, jedoch keine Kriegserklärung abgegeben haben oder den Kriegszustand leugnen, Kriegszustand nicht eingetreten ist, aber zumindest zugunsten der Drittstaaten der status mixtus Wirkung entfaltet im Hinblick auf die freiwillige Neutralitätserklärung. Genauer betrachtet ist der „status mixtus" kein neuer völkerrechtlicher Tatbestand, sondern nur die Beschreibung eines Krieges im materiellen Sinne ohne Kriegszustand im völkerrechtlichen Sinne, also ohne die spezifischen völkerrechtlichen Rechte und Pflichten des Kriegszustandes.

II. Die Entwicklung des Rechts der Kriegsführung (ius in bello)

Die Ursprünge von Regeln über das Verhalten im Kriege reichen bis weit in die Geschichte zurück. So bestanden bereits zu Zeiten vor Christi Geburt im indischen Kulturraum human und religiös begründete Sittenregeln.[380] Auch das Kriegsführungsrecht des arabischen Islam kannte gewisse Schranken.[381]

In der Antike, insbesondere auch bei Griechen und Römern, war die Kriegsführung grundsätzlich schrankenlos. Zwar gab es Versuche, die unbeschränkte Kriegführung aus Gründen der Humanität oder aus politischer Klugheit einzuschränken,[382] Regeln eines allgemeinen Kriegsführungsrechts haben sich daraus jedoch nicht entwickelt. Wie bei den Griechen konnte auch bei den Römern der Krieg bis zur politischen und physischen Vernichtung des gegnerischen Gemeinwesens gehen. Kriegsbeute war im Grunde die ganze feindliche Bevölkerung, all ihre Habe, alles eroberte Land.[383]

Der Höhepunkt der Brutalität der Kriegsführung fand sich in den religiös motivierten Kriegen des Mittelalters, allen voran den Kreuzzügen. Bei der Eroberung Jerusalems durch die Christen wurden Tausende Einwohner abgeschlachtet.[384]

Erst in der Epoche der Aufklärung erfolgt eine Wende des Rechts zur Kriegsführung hin zur Humanität. Rousseau erkannte im 18. Jahrhundert, daß Krieg nicht eine Beziehung von Mensch zu Mensch, sondern von Staat zu Staat ist, wo die einzelnen Menschen nur aus Zufall Feinde sind, weil sie Soldaten und Verteidiger ihres Vaterlandes sind.[385] Rousseau schließt daraus, daß Soldaten nur solange bekämpft werden dürften, solange sie selber kämpfen. Haben sie ihre Waffen niedergelegt, sind sie wieder normale Menschen, über deren Leben man kein Recht habe.[386]

---

[380] Berber, Völkerrecht Bd. II, S. 21

[381] Berber, Völkerrecht Bd. II, S. 22, wonach die Tötung von Frauen, Kindern und Friedensvermittlern, die Vergiftung von Brunnen und die unnötige Verlängerung des Krieges verboten waren.

[382] Ziegler, S.31, nennt hierfür als Beispiele den Schwur der delphischen Amphyktionien, sowie (S. 37) Platons Politeia

[383] Ziegler, Völkerrechtsgeschichte, S. 51

[384] Ziegler, Völkerrechtsgeschichte, S. 104, nennt als weiteres Beispiel die Albigenserkriege, in denen ein päpstlicher Legat auf die Frage, wie die Ketzer von den Rechtgläubigen unterschieden werden könnten, antwortete: „Schlagt nur tot, Gott wird die Seinen schon kennen."

[385] Rousseau, Du Contrat Social, Livre I Chapitre IV : « La guerre n'est donc point une relation d'homme à homme, mais une relation d'État à État, dans laquelle les particuliers ne sont ennemis qu'accidentellement, non point comme hommes, ni meme comme citoyens, mais comme soldats ; non point comme membres de la patrie, mais comme ses défenseurs. »

[386] Rousseau, Du Contrat Social, Livre I Chapitre IV : « …on a droit d'en tuer les défenseurs tant qu'ils ont les armes à la main ; mais sitot qu'ils les posent et se rendent, cessant d'etre ennemis ou instrument de l'ennemi, ils redeviennent simplement hommes, et l'on n'a plus de droit sur leur vie. »

Vattel nahm darüber hinaus die Unterscheidung zwischen den bewaffneten und den unbewaffneten Feindespersonen vor,[387] womit er der bis heute bedeutenden Unterscheidung zwischen Kombattanten und Nichtkombattanten den Grundstein legte.
Daneben traten Militärreglements für die einzelnen Armeen, welche zwar zuerst der Aufrechterhaltung der soldatischen Disziplin dienen sollten, jedoch auch den Schutz der Individuen im Kriegsfall bewirkten.[388]
Auch bilaterale Verträge zum Schutz der Individuen wurden geschlossen, wie etwa der amerikanisch-preußische Vertrag von 1785, der im Kriegsfalle zwischen den beiden Staaten u.a. zu menschlicher Behandlung der Kriegsgefangenen und zu Rücksichtnahme auf Frauen und Kinder verpflichtete. Zudem sollten alle, deren Beschäftigung dem gemeinen Unterhalt und Wohl der Menschheit gewidmet ist, diese ungestört fortsetzen können.[389]
Im 19. Jahrhundert war die Unterscheidung zwischen Kombattanten und Nichtkombattanten bereits Bestandteil des europäischen Völkergewohnheitsrechts.[390]
Vor diesem geschichtlichen Hintergrund sind die Bemühungen um ein niedergeschriebenes universales ius in bello im 19. Jahrhundert zu sehen. Hierbei sind grob zwei unterschiedliche Entwicklungen zu unterscheiden, die sich jeweils auf einen Namen zurückführen lassen: Zum einen die Kodifikationen der rechtlichen Schranken der Kriegsführung, welche auf Francis Lieber zurückgehen. Diese begründeten das Recht der Kriegsführung. Zum anderen die Kodifikationen zum rechtlichen Schutz der Kriegsopfer, welche auf Henri Dunant, dem Begründer des Roten Kreuzes, zurückzuführen sind. Hieraus entwickelte sich das eigentliche humanitäre Kriegsvölkerrecht.

1. Das Recht der Kriegsführung

a. Die Pariser Seerechtsdeklaration 1856

Die ersten Schritte zu einem positiven Recht der Kriegsführung entwickelten sich im 19.Jahrhundert. Die erste generelle völkerrechtliche Kriegsvereinbarung kam für die Seekriegsführung 1856 mit der Pariser Seerechtsdeklaration[391] zustande. Gegenstand waren die Abschaffung der Kaperei, Regelung der

---

[387] Vattel, Buch III, Kap. 8 §§ 145,147

[388] Berber, Völkerrecht Bd. II, S. 69, nennt hier z.B. die „Statutes, ordinances and customs to be observed by the army" des englischen Königs Richard II. von 1385, wonach die Plünderung von Kirchen, die Gefangennahme und Tötung von Frauen und Priestern sowie die Vergewaltigung von Frauen verboten waren; sowie die Heeresverordnung Heinrichs V. von 1415 zum Schutz von Wöchnerinnen und Landarbeitern bei der Feldarbeit und dem Verbot der Zerstörung von Weinbergen und Obstbäumen

[389] Traité d'amitié et de commerce entre la Prusse et les États-Unis d'Amérique du 10 septembre 1785, Art. XXXIII und XXIV, in: Strupp, Documents, Bd. 1, S. 104

[390] Coursier, S. 966

[391] Déclaration réglant divers points de droit maritime v. 16. April 1856, wiedergegeben in: Schindler/Toman, S. 1095

Neutralität und Konterbande sowie die Notwendigkeit der Effektivität der Seeblockade, damit diese bindend ist. Der Pariser Deklaration traten fast alle Staaten[392] bei.

b. Der „Lieber-Code“ von 1863

Die positive Kodifikation der Regeln des Landkrieges gehen entscheidend auf den Namen Francis Lieber zurück. Im Rahmen des amerikanischen Sezessionskriegs beauftragte der damalige Präsident Abraham Lincoln den Juristen Lieber, einige Regeln über die Kampfführung für die kämpfenden Truppen zusammenzustellen. 1863 führte die Arbeit Liebers zum Erlaß der *Instructions for the Government of Armies of the United States in the Field*[393], heute allgemein als "Lieber Code“ bekannt.

Inhalt des Lieber-Codes waren konkrete und umfassende Zuständigkeits- und Verhaltensregeln für die Angehörigen der Streitkräfte. Sie umfassen die Regelung über das Verhalten der Soldaten in besetzten Gebieten, der dortigen Verwaltungshoheit und Jurisdiktion, der Definition der militärischen Notwendigkeiten und der daraus entstehenden Grenzen (Section I), die unterschiedliche Behandlung öffentlichen und privaten Eigentums sowie den Schutz der Zivilbevölkerung (Section II), Regelungen über die Behandlung von Kriegsgefangenen sowie striktem Verbot des Gifteinsatzes (Section III), der Behandlung von Partisanen, Rebellen und Saboteuren (Section IV), sowie von Gesandten (Section V), dem Austausch von Kriegsgefangenen (Section VI), deren Freilassung auf Ehrerklärung (Section VII) sowie der Rechtsnatur von Waffenstillstand und Kapitulation (Section VIII). Nach dem Lieber-Code ist Mord auch unter Kriegsrecht grundsätzlich verboten (Section IX). Ein weiteres Kapitel widmet sich der Behandlung von Aufstand, Rebellion und Bürgerkrieg (Section X).

Regelwerke für das Verhalten der eigenen Armeen waren zu diesem Zeitpunkt zwar nicht neu, der Lieber Code wurde jedoch Vorbild für eine Reihe weiterer Militärhandbücher[394] und wurde zudem als umfassende Sammlung der bislang gewohnheitsrechtlich bestehenden Kriegsführungsregeln aufgefaßt.[395]

Vor allem aber diente der Lieber-Code als Vorbild der nachfolgenden positivrechtlichen Ausformung des Kriegsführungsrechts.[396] Nachdem für den Seekrieg bereits im Jahre 1856 durch die *Pariser Seerechtsdeklaration*[397] Regelungen über die Kriegsführung insbesondere im Bereich der Neutralität

---

[392] Berber, Völkerrecht Bd. II, S. 185; die USA traten der Deklaration deshalb nicht bei, weil sie nicht weitgehend genug war

[393] General Orders No. 100, wiedergegeben in: Schindler/Toman, S. 3 ff.

[394] Gasser, S. 14

[395] Bluntschli, S. 6, Ipsen, Völkerrecht, S. 35

[396] Root, S. 458

[397] Déclaration réglant divers point de droit maritime v. 16. April 1856, wiedergegeben in: Schindler/Toman, S. 1095

und der Behandlung von Privateigentum niedergelegt wurden, gab es mehrere Initiativen zur Kodifizierung eines allgemeinen Kriegsführungsrecht. 1868 wurde die *Erklärung von St. Petersburg*[398] verabschiedet, die die Verwendung von weniger als 400 Gramm schweren Explosivgeschossen verbietet. Bedeutender ist jedoch die Feststellung in der Präambel, daß „das einzige rechtmäßige Ziel, daß die Staaten im Krieg verfolgen sollen, die Schwächung der feindlichen Streitkräfte ist."[399] Die Erklärung schließt hiermit den „totalen Krieg" aus und bekräftigt den zentralen Grundsatz des Kriegsrechts, wonach der Einsatz von Gewalt auf das für die Erreichung eines (erlaubten) Kriegszieles unerläßliche Maß beschränkt sein muß.[400]

1874 kam wiederum auf Initiative des russischen Zar Alexander II. in Brüssel eine Konferenz zum Entwurf einer „Konvention betreffend die Gesetze und Gebräuche des Krieges" zusammen.[401] Der mit der Abschlußerklärung verabschiedete Entwurf einer Konvention entsprach weitestgehend dem „Lieber-Code".[402] Obwohl die Konvention mangels Ratifikation nicht in Kraft trat, war sie Grundlage eines Handbuchs über die Gesetze des Landkrieges des Institut de Droit International 1880[403] und schließlich Gegenstand der ersten Haager Friedenskonferenz von 1899.[404]

c. Die Haager Konventionen

Am 18. Mai 1899 trafen sich in der niederländischen Hauptstadt Den Haag über einhundert Delegierte aus 26 Staaten zur ersten Haager Friedenskonferenz.[405] Die Initiative ging auf den russischen Zaren Nikolaus II. und dessen Außenminister Graf Muraview zurück, der in einem Rundschreiben vom Jahre 1898 (sog. Zaren-Manifest) eine eben solche Konferenz vorschlug, um „die wirksamsten Mittel zu suchen, um allen Völkern die Wohltaten wahren und dauernden Friedens zu sichern und vor allem der fortschreitenden Entwicklung der gegenwärtigen Rüstungen ein Ziel zu setzen."[406] Das ursprüngliche Ziel der Abrüstung wurde zwar nicht erreicht, neben einem Abkommen zur friedlichen

---

398 Déclaration à l'effet d'interdire l'usage de certains projectiles en temps de guerre v. 29. November/11. Dezember 1868, wiedergegeben in : Schindler/Toman, S. 101

399 « Que le seul but légitime que les États doivent se proposer, durant la guerre, est l'affaiblissement des forces militaires de l'ennemi »

400 Gasser, S. 15

401 Sallet, S 285

402 Projet d'une Déclaration internationale concernant les lois et coutumes de la guerre, wiedergegeben in : Schindler/Toman, S. 25

403 Manuel des lois de la guerre sur terre, wiedergegeben in : Schindler/Toman, S. 33; siehe hierzu auch v.d. Heydte, Auswirkungen, S. 31 ff.

404 Sallet, S. 285, wonach Gegenstand der Konferenz u.a. auch eine „revision of the declaration concerning the laws and customs of war elaborated in 1874, and not yet ratified" war.

405 Dülffer, S. 69

406 Ziegler, S. 229

Beilegung internationaler Streitfälle wurden allerdings das *Abkommen betreffend die Gesetze und Gebräuche des Landkrieges*[407] und das *Abkommen betreffend die Anwendung der Grundsätze des Genfer Abkommens auf den Seekrieg*[408] geschlossen. Darüber hinaus wurden Deklarationen über das Verbot des Abwerfens von Geschossen und Sprengstoffen aus Luftschiffen,[409] über das Verbot der Verwendung von Geschossen mit erstickenden oder giftigen Gasen[410] und über das Verbot von sog. „Dum-Dum-Geschossen"[411] unterzeichnet. Eine Vielzahl von Bestimmungen aus dem „Lieber-Code" wurden hierbei in die Haager Konvention über den Landkrieg aufgenommen.[412]

Eine umfassende Kodifikation des Kriegsrechts erfolgte jedoch erst auf der zweiten Haager Friedenskonferenz von 1907, welche auf Initiative des amerikanischen Präsidenten Theodore Roosevelt zustande kam.[413] Die Ergebnisse der Konferenz wurden in insgesamt 14 Einzelabkommen[414] niedergelegt, wobei die zwei Abkommen der Haager Konferenz von 1899 sowie die Deklaration über das Verbot des Abwerfens von Geschossen und Sprengstoffen aus Luftschiffen Gegenstand der Revision waren.

Das ius in bello betrafen hierbei das *Abkommen betreffend die Gesetze und Gebräuche des Landkrieges (Haager Landkriegsordnung)*,[415] das *Abkommen betreffend die Rechte und Pflichten der neutralen Mächte und Personen im Falle eines Landkrieges*,[416] das *Abkommen über die Behandlung der feindlichen Kauffahrteischiffe beim Ausbruch der Feindseligkeiten*,[417] das *Abkommen über*

---

407 Convention concernant les lois et coutumes de la guerre sur terre v. 29. Juli 1899, wiedergegeben in: Schindler/Toman, S. 65

408 Convention pour l'adaptation à la guerre maritime des principes de la Convention de Genève du 22 aout 1864, wiedergegeben in: Schindler/Toman, S. 353

409 Déclaration, pour une durée de cinq ans, de l'interdiction de lancer des projectiles et des explosifs du haut de ballon ou par d'autres modes analogues nouveaux v. 29. Juli 1899, wiedergegeben in: Schindler/Toman, S. 277

410 Déclaration concernant l'interdiction de l'emploi de projectiles qui ont pour but unique de répandre des gaz asphyxiants ou délétères v. 29. Juli 1899, wiedergegeben in: Schindler/Toman, S. 279

411 Déclaration concernant l'interdiction de l'emploi de balles qui s'épanouissent ou s'aplatissent facilement dans le corps humain, telles que les balles à enveloppe dure dont l'enveloppe ne couvrirait pas entièrement le noyau ou serait pourvue d'incisions v. 29. Juli 1899, wiedergegeben in: Schindler/Toman, S. 109

412 vgl. die umfassende Gegenüberstellung bei Davis, S. 466

413 Ziegler, S. 229

414 siehe die Aufzählung in der Abschlußerklärung Acte final de la Deuxième Conférence internationale de la Paix v. 18. Oktober 1907, wiedergegeben in: Schindler/Toman, S. 53

415 Convention (IV) concernant les lois et coutumes de la guerre sur terre v. 18. Oktober 1907, wiedergegeben in: Schindler/Toman, S. 65

416 Convention (V) concernant les droits et les devoirs des puissances et des personnes neutres en cas de guerre sur terre v. 18. Oktober 1907, wiedergegeben in: Schindler/Toman, S. 1353

417 Convention (VI) relative au régime des navires de commerce ennemis au début des hostilités v. 18. Oktober 1907, wiedergegeben in: Schindler/Toman, S. 1101

die Umwandlung von Kauffahrteischiffen in Kriegsschiffe,[418] das *Abkommen über die Legung von unterseeischen selbsttätigen Kontaktminen,*[419] das *Abkommen betreffend die Beschießung durch Seestreitkräfte in Kriegszeiten,*[420] das *Abkommen betreffend die Anwendung der Grundsätze des Genfer Abkommens auf den Seekrieg,*[421] das *Abkommen über gewisse Beschränkungen in der Ausübung des Beuterechts im Seekrieg,*[422] das *Abkommen über die Einrichtung eines internationalen Prisengerichtes,*[423] das *Abkommen betreffend die Rechte und Pflichten der Neutralen im Falle eines Seekriegs*[424] und die *Deklaration über das Verbot des Abwerfens von Geschossen und Sprengstoffen aus Luftschiffen.*[425]

Darüber hinaus wurden im Bereich des friedensrechtlichen ius ad bellum das Abkommen über die friedliche Regelung internationaler Streitigkeiten,[426] das Abkommen betreffend die Beschränkung der Anwendung von Gewalt bei Eintreibung von Staatsschulden[427] und das Abkommen über den Beginn der Feindseligkeiten[428] geschlossen.

Die als Anlage zum IV. Haager Abkommen beschlossene *Ordnung der Gesetze und Gebräuche des Landkriegs*, die sogenannte Haager Landkriegsordnung, legt zunächst den personellen Anwendungsbereich fest. Hiernach sind geschützte Personen die Angehörigen des Heeres sowie Milizen und Freiwilligen-Korps, die unter einer verantwortlichen Spitze stehen, ein erkennbares Abzeichen tragen, die Waffen offen tragen und die Gesetze und Gebräuche des Krieges ihrerseits beobachten, Art. 1 HLKO. Nach Art. 2 genießt auch die Bevölkerung eines unbesetzten Gebietes den Schutz, die

---

[418] Convention (VII) relative à la transformation des navires de commerce en batiments de guerre v. 18. Oktober 1907, wiedergegeben in: Schindler/Toman, S. 1109

[419] Convention (VIII) relative à la pose de mines sous-marines automatiques de contact v. 18. Oktober 1907, wiedergegeben in: Schindler/Toman, S. 1115

[420] Convention (IX) concernant le bombardement par des forces navales en temps de guerre v. 18. Oktober 1907, wiedergegeben in: Schindler/Toman, S. 1123

[421] Convention (X) pour l'adaptation à la guerre maritime des principes de la Convention de Genève v. 18. Oktober 1907, wiedergegeben in: Schindler/Toman, S. 381

[422] Convention (XI) relative à certaines retrictions à l'exercice du droit de capture dans la guerre maritime v. 18. Oktober 1907, wiedergegeben in: Schindler/Toman, S. 1133

[423] Convention (XII) relative à l'établissement d'une Cour internationale des prises v. 18. Oktober 1907, wiedergegeben in: Schindler/Toman, S. 1141

[424] Convention (XIII) concernant les droits et les devoirs des puissances neutres en cas de guerre maritime v. 18. Oktober 1907, wiedergegeben in: Schindler/Toman, S. 1365

[425] Déclaration (XIV) relative à l'interdiction de lancer des projectiles et des explosifs du haut de ballons v. 12. Oktober 1907, wiedergegeben in: Schindler/Toman, S. 277

[426] Convention (I) pour le règlement pacifique des conflits internationaux v. 12. Oktober 1907, wiedergegeben in: Berber, Dokumente Bd. II, S. 1683

[427] Convention (II) concernant la limitation de l'emploi de la force pour le recouvrement de dettes contractuelles v. 12. Oktober 1907, wiedergegeben in: Berber, Dokumente Bd. II, S. 1659

[428] Convention (III) relative à l'ouverture des hostilités v. 12. Oktober 1907, wiedergegeben in: Schindler/Toman, S. 59

herannahende Truppen bekämpft, die Waffen offen trägt und die Kriegsgesetze beachtet.
Art. 3 setzt die Unterscheidung zwischen Kombattanten und Nichtkombattanten voraus, wonach sowohl Kombattanten als auch Nichtkombattanten, die zur bewaffneten Macht der Kriegsparteien gehören, im Falle der Gefangennahme den Anspruch auf Behandlung als Kriegsgefangene haben. Art. 13 stellt diesen Anspruch für das Heeresgefolge klar.
Art. 4 bis 20 HLKO regeln teils sehr detailliert die Rechte der Kriegsgefangenen. Art. 4 stellt zunächst klar, daß Kriegsgefangene der feindlichen Regierung unterstehen, so daß dieser auch die Verantwortung für die Einhaltung der Bestimmungen der HLKO obliegt. Kriegsgefangene sollen mit Menschlichkeit behandelt werden, persönliches Eigentum ist ihnen zu belassen mit Ausnahme militärisch relevanter Gegenstände, Art. 4 Abs. 3. Art. 5 und 7 regeln die Unterbringung und Versorgung, wonach Kriegsgefangene in Lagern unterzubringen sind und ihre Versorgung nach dem für die Truppen der feindlichen Regierung geltenden Standard zu erfolgen hat. Nur ausnahmsweise dürfen Kriegsgefangene im Rahmen einer Maßregel eingesperrt werden. Mit Ausnahme der Offiziere dürfen Kriegsgefangene zu Arbeiten herangezogen werden, die ihren Fähigkeiten entsprechen, nicht übermäßig sind und in keiner Beziehungen zu den Kriegshandlungen stehen, Art. 6.
Entwichene Kriegsgefangene dürfen nur dann bestraft werden, wenn sie vor Erreichen ihres Heeres aufgegriffen werden; ein erneut in Gefangenschaft Geratener darf für eine frühere Flucht nicht bestraft werden, Art. 8. An eine Freilassung gegen Ehrenwort sind sowohl die feindliche als auch die eigene Regierung des Kriegsgefangenen gebunden, Art. 10 und 11. Art. 14 bis 16 enthalten detaillierte Regeln über die Auskunftstellen, die in jedem der kriegführenden Staaten bei Ausbruch der Feindseligkeiten zu errichten sind, über deren Privilegien sowie über Gefangenenhilfsgesellschaften. Art. 18 garantiert die Freiheit der Religionsausübung der Kriegsgefangenen.
Kriegsgefangene schließlich sollen nach Friedensschluß binnen kürzester Frist in ihre Heimat entlassen werden, Art. 20.
Für die Behandlung von Kranken und Verwundeten bestimmt die Landkriegsordnung die Anwendung des Genfer Abkommens vom 22. August 1864,[429] Art. 21.
Der zweite Abschnitt, Art. 22 bis 41, befaßt sich mit den eigentlichen Kriegshandlungen. Art. 22 stellt zunächst den Grundsatz auf, daß die Kriegführenden kein unbegrenztes Recht in der Wahl der Mittel zur Schädigung des Feindes haben. Art. 23 konkretisiert diesen Grundsatz, wonach die Verwendung von Gift oder vergifteten Waffen, die meuchlerische Tötung oder Verwundung, die Tötung oder Verwundung eines sich Ergebenden, die Erklärung, daß kein Pardon gegeben werde, der Gebrauch von Waffen, Geschossen oder Stoffen, die unnötige Leiden verursachen können sowie der

[429] Convention pour l'amélioration du sort des militaires blessés dans les armées en campagne v. 22. August 1864, wiedergegeben in: Schindler/Toman, S. 341

Mißbrauch von Flaggen oder Abzeichen verboten sind. Ebenfalls ist die Zerstörung oder Wegnahme feindlichen Eigentums nur insoweit zulässig, als sie durch die Erfordernisse des Krieges notwendig sind. Die Aufhebung oder vorübergehende Außerkraftsetzung der Rechte und Forderungen der Angehörigen der Gegenpartei nebst Ausschließung der Einklagbarkeit sind hingegen unbedingt verboten, Art. 23 Abs. 1 lit. h.
Art. 24 erlaubt ausdrücklich die Kriegslist. Unverteidigte Stätten dürfen unter keinen Umständen angegriffen werden, Art. 25. Beschießungen sind grundsätzlich vorher anzukündigen, religiöse, kulturelle und wohltätige Objekte sind hierbei weitest möglich zu schonen, Art. 26 und 27. Plünderungen sind verboten, Art. 28.
Art. 29 bis 34 stellen Schutznormen zugunsten von Spionen und anderen Kundschaftern sowie von Unterhändlern, sog. Parlamentären, auf.
Art. 36 bis 41 setzen Rahmenbedingungen für den Waffenstillstand, wobei nach Art. 40 nur eine schwere Verletzung des Waffenstillstandes die Kündigung rechtfertigt, nach Art. 41 die Verletzung des Waffenstillstandes durch Privatpersonen nur das Recht auf Bestrafung der Person und Schadensersatz gibt, nicht jedoch auf Wiederaufnahme der Feindseligkeiten.
Der dritte Abschnitt, Art. 42 bis 56, stellt Regeln für die militärische Besetzung feindlichen Gebiets auf. In den Gebieten, die in der tatsächlichen Gewalt des feindlichen Heeres befinden, ist die öffentliche Ordnung wiederherzustellen und aufrechtzuerhalten, Art. 43. Die Bevölkerung darf weder zur Auskunft über militärische Einzelheiten noch zum Treueid gezwungen werden, Art. 44 und 45. Leben und Privateigentum der Zivilbevölkerung sind zu schützen, religiöse Überzeugungen und deren Ausübung zu achten, Art. 46, Plünderung ist verboten, Art. 47. Privateigentum darf nicht eingezogen werden, mit Ausnahme von Kriegsvorräten, Art. 46 Abs. 2, Art. 53 Abs. 2. Abgaben und andere Auflagen in Geld sowie Naturalleistungen dürfen nur soweit erhoben werden, als sie für die Verwaltung des besetzten Gebietes und der Bedürfnisse des Heeres notwendig sind, Art. 48 bis 52. Kollektivstrafen für die Handlungen einzelner dürfen nicht verhängt werden, Art. 50. Der Beschlagnahme unterliegen nur bestimmte Gegenstände des staatlichen Eigentums, Art. 53. Die Besetzungsmacht hat an öffentlichen Gebäuden nur ein Nutzungsrecht und muß diese unterhalten, Art. 55. Gemeindeeigentum sowie religiöse und kulturelle Einrichtungen sind als Privateigentum zu behandeln, ihre Zerstörung ist strikt untersagt, Art. 56.

Zusammenfassend läßt sich feststellen, daß die Haager Landkriegsordnung das Verbot des Einsatzes von Mitteln und Methoden der Kriegsführung, die übermäßige Schädigung oder unnötiges Leiden verursachen, enthält. Das enthaltene Prinzip des Schutzes der Zivilbevölkerung beinhaltet immanent die Pflicht der Kriegführenden, zwischen Kombattanten und Nichtkombattanten ebenso wie zwischen zivilen und militärischen Objekten zu unterscheiden. Die Zivilbevölkerung und die zivilen Objekte dürfen nicht Angriffsziele sein, im

Verlauf der militärischen Operationen sind sie zu schonen. In jedem Falle sind unverhältnismäßige Verletzungen oder Beschädigungen zu vermeiden.[430] Rechtssystematisch folgt hieraus, daß grundsätzlich Freiheit der Kriegführenden im Kriegsfall besteht, soweit dieser Freiheit nicht im Einzelfall rechtliche Schranken aus dem Kriegsführungsrecht entgegen stehen.[431] Grundsätzlich ist erlaubt, was nicht ausnahmsweise verboten ist.

Die Präambel des Vierten Haager Abkommens verdeutlicht diese Rechtssystematik und zeigt zugleich, daß die Vertragsparteien sich der Konsequenzen bewußt waren: „Es war indessen nicht möglich, sich schon jetzt über Bestimmungen zu einigen, die sich auf alle in der Praxis vorkommenden Fälle erstrecken.“[432] Um aber die Lücken des positiven Rechts nicht der willkürlichen Beurteilung zu überlassen, vereinbarten die Vertragsparteien: „Solange, bis ein vollständigeres Kriegsgesetzbuch festgestellt werden kann, halten es die hohen vertragsschließenden Teile für zweckmäßig, festzusetzen, daß in den Fällen, die in den Bestimmungen der von ihnen angenommenen Ordnung nicht einbegriffen sind, die Bevölkerung und die Kriegführenden unter dem Schutze und der Herrschaft der Grundsätze des Völkerrechts bleiben, wie sie sich ergeben aus den unter gesitteten Völkern feststehenden Gebräuchen, aus den Gesetzen der Menschlichkeit und aus den Forderungen des öffentlichen Gewissens.“[433] Diese nach dem russischen Delegierten Friedrich von Martens benannte Martens'sche Klausel stellt klar, daß nicht ausdrücklich verbotene Schädigungshandlungen zwar erlaubt, aber nicht in einen rechtsfreien Bereich fallen.[434]

Im Gegensatz zum Landkriegsrecht, wo eine umfassende Kriegsordnung gelang, konnte im Bereich des Seekriegsrechts auch auf der zweiten Konferenz 1907 keine allgemeine Einigung erzielt werden. Vielmehr wurden in mehreren Konventionen nur Einzelfragen behandelt, eine umfassende „Seekriegsordnung“ sollte auf einer nachfolgenden Konferenz erarbeitet werden.[435]

Die Haager Friedenskonferenzen verfehlten darüber hinaus ihr ursprüngliches Ziel der Rüstungsbegrenzung und Abrüstung. Die Abkommen beinhalteten ausschließlich Anwendungsverbote bestimmter Waffenarten. Diese Verbote waren aber genau genommen keine Regeln der Abrüstung, erlaubten sie doch Produktion und Besitz solcher Waffen. Es handelt sich daher ausschließlich um Kriegsführungsrecht und ist daher Bestandteil des Kriegsvölkerrecht.[436]

---

[430] Karlshoven, S. 1377 f.

[431] Berber, Völkerrecht Bd. II, S. 63

[432] IV. Haager Abkommen, Präambel, in: Berber, Dokumente, S. 1893

[433] IV. Haager Abkommen, Präambel, Abs. 8, a.a.O.

[434] Ipsen, Völkerrecht, S. 1080; Strebel, S. 327

[435] Act final de la Deuxième Conférence de la Paix, Ziff. 4, wiedergegeben in: Schindler/Toman, S. 53, 55

[436] Mössner, S. 673

Das *Genfer Protokoll betreffend das Verbot der Anwendung von Giftgasen und bakteriologischen Mitteln*[437] von 1925 ist insofern ebenfalls Kriegsführungsrecht und Bestandteil des Kriegsvölkerrechts.

d. Die Londoner Seerechtsdeklaration

Das XII. Haager Abkommen von 1907 zur Errichtung eines internationalen Prisengerichtshofs sah in Art. 7 vor, daß der Gerichtshof die Regeln des internationalen Rechts bezüglich der Prisennahme anwendet, die allgemein anerkannt sind. Da über diese Regeln allerdings unterschiedliche Auffassungen bestanden, regte die britische Regierung eine Konferenz zur Erarbeitung solcher Regeln an, die durch den Prisengerichtshof angewendet werden sollten. Im Jahre 1908 trat in London diese Konferenz zusammen, an der alle wichtigen Seemächte teilnahmen. Die durch sie verabschiedete Deklaration bezüglich des Rechts des Seekrieges[438] von 1909 basierte sowohl auf der Pariser Seerechtsdeklaration von 1856 als auch auf den Einzelentscheidungen nationaler Prisengerichte des 18. und 19. Jahrhunderts, namentlich des English Court of Admiralty während des Napoleonischen Krieges als auch des United States Supreme Court während des amerikanischen Bürgerkrieges.[439] Die insgesamt 71 Artikel der Deklaration umfaßten Regelungen zur Seeblockade im Kriegsfall (Art. 1-21), zur Konterbande (Art. 22-44), zum Umgang mit neutralen Schiffen, die feindlichen Unterstützung leisten (Art. 45-47), zu den Voraussetzungen der Zerstörung neutraler Prisen (Art. 48-54) sowie Voraussetzungen und Regeln des Umgangs mit neutralen Schiffen (Art. 55-64). Die Seekriegsrechtsdeklaration wurde zwar von allen damaligen Seemächten unterzeichnet, jedoch entgegen Art. 67 der Deklaration von keinem der Signatarstaaten ratifiziert, nachdem bereits der Gastgeber Großbritannien aufgrund des Widerstandes im britischen Oberhaus die Ratifizierung nicht vornehmen konnte.[440] Selbiges Schicksal ereilte das XII. Haager Abkommen von 1907 zur Errichtung eines Internationalen Prisengerichtshofes, weshalb ein solcher nie eingerichtet wurde.[441] Selbst wenn aber die Deklaration nicht in Kraft getreten ist, ist zumindest davon auszugehen, daß sie bis zum Ersten Weltkrieg die damals bestehende Rechtslage weitestgehend darstellte,[442] in der Folgezeit jedoch kaum beachtet wurde und daher wohl nicht mehr als Völkergewohnheitsrecht anzusehen ist.[443]

---

[437] Protocole concernant la prohibition d'emploi à la guerre de gaz asphyxiants, toxiques ou similaires et de moyens bactériologiques v. 17. Juni 1925, wiedergegeben in: Schindler/Toman, S. 115

[438] Déclaration relative au droit de la guerre v. 26. Februar 1909, wiedergegeben in: Schindler/Toman, S. 1165

[439] Zayas, S. 260

[440] Zayas, S. 260

[441] Schindler/Toman, S. 1141

[442] Heintschel von Heinegg, Seekriegsrecht, S. 570

[443] Heintschel von Heinegg, Seekriegsrecht, S. 572

Zur Vorbereitung eines umfassenden Seekriegsrechtsabkommens, wie es auf der Zweiten Haager Friedenskonferenz für eine Dritte Konferenz 1915 vorgesehen war,[444] setzte das Institut de Droit International 1910 eine Kommission ein. Diese beschloß, ein umfassendes Regelwerk über die Gesetze und Gebräuche des Seekrieges zu entwerfen, ähnlich dem Handbuch über die Gesetze des Landkrieges des Instituts von 1880.[445] Im August 1913 nahm das Institut de Droit International einstimmig den Entwurf an, der Regelungen zum Seekriegsgebiet, zu den Mitteln der Seekriegsführung, der Rechte und Pflichten gegenüber den feindlichen Personen und dem feindlichen Eigentum sowie den besetzten Gebieten, zu Abkommen zwischen den Streitkräften sowie zur Prisennahme enthielt.[446] Die beabsichtigte Dritte Friedenskonferenz 1915 trat aber aus weltpolitischen Gründen nicht mehr zusammen, so daß das Handbuch im Entwurfstadium verblieb.

2. Das humanitäre Kriegsvölkerrecht

a. Die 1. Genfer Konvention von 1864

1862 zeigte Henry Dunant in seinem Buch „Un souvenir de Solferino“, in dem er zunächst seine traumatischen Erlebnisse von der Schlacht von Solferino im Jahre 1859 zwischen französisch-italienischen und österreichischen Truppen niederschrieb, seine Vision von humaner Hilfe für die Opfer von Kampfhandlungen auf.[447] Dies stellte den Anstoß für die 1. Genfer Konvention von 1864 dar, welche von damals allen unabhängigen Staaten angenommen wurde. Die *Konvention betreffend die Linderung des Loses der im Felddienste verwundeten Militärpersonen*[448] stellte die rechtlichen Voraussetzungen auf, daß militärische Sanitätsdienste als Neutrale zu behandeln sind und so im Kriegsgeschehen ungehindert tätig sein konnten. Es wurde klargestellt, daß humanitäre Hilfeleistung für Gefallene und Verwundete auch durch die Landesbewohner immer mit dem Kriegsrecht vereinbar ist. Schließlich wurde das Kennzeichen des weißen Kreuzes auf rotem Grund eingeführt.[449]

---

[444] Act final de la Deuxième Conférence de la Paix, Ziff. 4, wiedergegeben in: Schindler/Toman, S. 53, 55

[445] Schindler/Toman, S. 1179

[446] Manuel des Lois de la guerre maritime dans les Rapports entre Belligérants (Manuel d'Oxford de la guerre maritime) v. 9. August 1913, wiedergegeben in: Schindler/Toman, S. 1179

[447] Dunant, S. 110 ff.

[448] Convention pour l'amélioration du sort des militaires blessés dans les armées en campagne v. 22. August 1864, wiedergegeben in: Schindler/Toman, S. 341

[449] Haug, S. 33

Im Jahre 1906 wurde die Genfer Konvention erstmals revidiert,[450] im Jahre 1929 zum zweiten male überarbeitet[451] und durch das *Genfer Abkommen über die Behandlung der Kriegsgefangenen*[452] ergänzt.[453]
Zudem wurden durch das III. Haager Abkommen vom 29.07.1899[454] bzw. das X. Haager Abkommen vom 18.10.1907 die Opfer des Seekrieges in den Schutz des Genfer Abkommens miteinbezogen.[455]

b. Die vier Genfer Konventionen von 1949

Bereits bei Abschluß der zwei Genfer Abkommen im Jahre 1929 zeigten sich ungelöste Probleme, die auf einer nachfolgenden Konferenz beraten werden sollten. Hierbei handelte es sich um die notwendige Revision des X. Haager Abkommens von 1907 bezüglich der Anwendung der Grundsätze des Genfer Abkommens auf den Seekrieg, um die Regelung von medizinischen Luftfahrzeugen sowie um den Schutz der zivilen Bevölkerung.[456]
Das Internationale Komitee des Roten Kreuzes erstellte insofern einen Entwurf für ein Abkommen zum Schutz feindlicher Zivilisten im Gebiet eines Kriegsführenden oder von diesem besetzten Gebiet.[457] Dieser Entwurf wurde zwar noch auf der XV. Rotkreuzkonferenz in Tokyo 1934 durch die Delegierten verabschiedet, zum Abschluß eines entsprechenden Abkommens auf der für 1940 durch die Schweizer Bundesregierung eingeladenen Diplomatischen Konferenz in Genf kam es jedoch durch den Ausbruch des Zweiten Weltkrieges nicht mehr.[458]

---

[450] Haug, S. 54; Convention pour l'amélioration du sort des blessés et malades dans les armées en campagne v. 6. Juli 1906, wiedergegeben in: Schindler/Toman, S. 367

[451] Convention pour l'amélioration du sort des blessés et des malades dans les armées en campagne v. 27. Juli 1929, wiedergegeben in: Schindler/Toman, S. 397

[452] Convention relative au traitement des prisonniers de guerre v. 27. Juli 1929, wiedergegeben in: Schindler/Toman, S. 397

[453] Haug, S. 58

[454] Convention pour l'adaptation à la guerre maritime des principes de la Convention de Genève du 22 aout 1864 v. 29. Juli 1899, wiedergegeben in: Schindler/Toman, S. 353

[455] X. Haager Abkommen betreffend die Anwendung der Grundsätze des Genfer Abkommens auf den Seekrieg, wiedergegeben in: Berber, Dokumente, S. 1928

[456] Act finale de la conférence diplomatique de 1929 v. 27. Juli 1929, voeux III., IV., VI., wiedergegeben in: Schindler/Toman, S. 393, 394

[457] Projet de Convention internationale concernant la condition et la protection des civils de nationalité ennemie qui se trouvent sur le territoire d'un belligérant ou sur un territoire occupé par lui, wiedergegeben in: Schindler/Toman, S. 449

[458] Schlögel, S. 534 ; das IKRK versuchte noch, die Staaten zur Anwendung der entworfenen Regeln auf Gegenseitigkeitsbasis zu bewegen, was aber fehlschlug. Die bis dahin in Kraft getretenen Konventionen waren zwar anzuwenden, jedoch waren weder Japan noch die Sowjetunion Parteien des Abkommens über die Kriegsgefangenen von 1929, im übrigen war die Zivilbevölkerung praktisch ohne jeden internationalrechtlichen Schutz im Zweiten Weltkrieg gestellt, vgl. Schlögel ebd.

Nach Ende des Zweiten Weltkrieges bereitete das IKRK die Revision der zwei Genfer Konventionen von 1929 sowie des X. Haager Abkommens von 1907 bezüglich der Anwendung der Grundsätze des Genfer Abkommens auf den Seekrieg wiederum vor. Zudem wurde ein neues Projekt zur Unterzeichnung einer Konvention zum Schutze der Zivilpersonen erarbeitet. Am 21. April 1949 trafen sich sodann Repräsentanten von 63 Regierungen zur diplomatischen Konferenz in Genf, bei deren Abschluß am 12. August 1949 die vier Genfer Abkommen zur Verbesserung des Loses der Verwundeten und Kranken der Streitkräfte im Felde (I.),[459] zur Verbesserung des Loses der Verwundeten, Kranken und Schiffbrüchigen der Streitkräfte zur See (II.),[460] über die Behandlung der Kriegsgefangenen (III.)[461] und zum Schutze von Zivilpersonen im Krieg (IV.)[462] geschlossen wurden.

Alle vier Abkommen von 1949 enthalten einen allgemeinen Teil, der bei den ersten drei Abkommen 11 Artikel, beim vierten 12 Artikel umfaßt. Inhaltlich ist dieser Teil bei allen vier Abkommen weitgehend identisch. Er regelt den Anwendungsbereich der Abkommen, die Tätigkeit der Schutzmächte und humanitären Organisationen und die allgemeinen Fragen der Durchsetzung. Im vierten Abkommen ist der allgemeine Teil um einen Artikel länger, weil neben der Definition des geschützten Personenkreises (Art. 4) noch eine Bestimmung über Ausnahmen hiervon (Art. 5) in das Abkommen aufgenommen wurde.

Der Anwendungsbereich wird in Art. 2 Abs. 1 aller vier Abkommen identisch geregelt: „Außer den Bestimmungen, die bereits zu Friedenszeiten durchzuführen sind, findet das vorliegende Abkommen Anwendung in allen Fällen eines erklärten Krieges oder eines anderen bewaffneten Konflikts, der zwischen zwei oder mehreren der Hohen Vertragsparteien entsteht, auch wenn der Kriegszustand von einer dieser Parteien nicht anerkannt wird."

Die Konventionen enthalten jedoch keine Definition des Begriffs „bewaffneter Konflikt". Aus dem Wortlaut folgt jedenfalls, daß Krieg im völkerrechtlichen Sinne nur ein Unterfall des „bewaffneten Konflikts" i.S.d. Konventionen sein soll. Zudem folgt aus dem Zusatz „zwischen zwei oder mehreren der Hohen Vertragsparteien", daß es sich um einen Konflikt zwischen Staaten, also um einen internationalen handeln muß. Die Literatur hat in der Folge weitere Merkmale zu entwickeln versucht: So wird angenommen, daß neben dem Krieg im völkerrechtlichen Sinne auch die Gewaltanwendung in „kriegsähnlicher" Weise zwischen Staaten und jede Form der sog. „measures short of war",

---

[459] Convention (I) de Genève pour l'amélioration du sort des blessés et des malades dans les forces armées en campagne v. 12. August 1949, wiedergegeben in: Schindler/Toman, S. 463

[460] Convention (II) de Genève pour l'amélioration du sort des blessés, des malades et des naufragés des forces armées sur mer v. 12. August 1949, wiedergegeben in: Schindler/Toman, S. 491

[461] Convention (III) de Genève relative au traitement des prisonniers de guerre v. 12. August 1949, wiedergegeben in: Schindler/Toman, S. 515

[462] Convention (IV) de Genève relative à la protection des personnes civiles en temps de guerre v. 12. August 1949, wiedergegeben in: Schindler/Toman, S. 587

unabhängig von ihrer Vereinbarkeit mit Art. 2 Ziff. 4 UNCh. in den Anwendungsbereich der Genfer Konventionen fallen.[463] Ein bewaffneter Konflikt soll somit vorliegen, wenn eine Konfliktpartei Waffengewalt gegen den völkerrechtlich geschützten Bereich des Konfliktgegners einsetzt und dieser Waffeneinsatz ihr als Völkerrechtssubjekt zurechenbar ist.[464]

Krieg im völkerrechtlichen Sinne wurde in den Genfer Konventionen durch den generellen Begriff „bewaffneter Konflikt" ersetzt, weil die humanitären Schutzrechte unabhängig von der Frage der Kriegserklärung zugunsten der Individuen greifen sollten. In jeder militärischen Gewaltanwendung zwischen zwei Staaten sollen die Genfer Konventionen beachtet werden, unabhängig von Dauer und Umfang des Konflikts, da das Schutzbedürfnis nicht von quantitativen Überlegungen abhängt.[465]

Der Anwendungsbereich der vier Genfer Abkommen wurde somit im Vergleich zu den vorherigen Abkommen des humanitären Kriegsvölkerrechts entscheidend erweitert, da bislang auch das humanitäre Recht nur auf den Rechtszustand des Krieges anwendbar war.

Darüber hinaus sind die vier Abkommen bei vollständiger oder teilweiser Besetzung fremden Gebiets auch dann anzuwenden, wenn die Besetzung auf keinen bewaffneten Widerstand stößt, Art. 1 Abs. 3 der vier Konventionen. Für den nicht-internationalen bewaffneten Konflikt sehen die Genfer Konventionen die Einhaltung zumindest von Mindeststandards vor, Art. 3.

Geschützter Personenkreis der Konventionen sind die Angehörigen der Streitkräfte sowie anderer Milizen, die militärisch organisiert sind (Art. 12 der I. und II. Konvention), auch wenn sie in Gefangenschaft geraten sind (Kriegsgefangene i.S.d. Art. 4 der III. Konvention) sowie alle Personen, die sich im Machtbereich einer am Konflikt beteiligten Partei oder einer Besatzungsmacht befinden, deren Angehörige sie nicht sind (Art. 4 der IV. Konvention).

Allen vier Konventionen gemeinsam ist das absolute Verbot von Mord, Verstümmelung, biologischer Experimente, grausame Behandlung, Folter, Geiselnahme, Angriff auf die persönliche Würde sowie Verurteilungen und Hinrichtungen ohne vorhergehendes Urteil eines ordentlich bestellten Gerichtes zu Lasten der geschützten Personen (Art. 3 der I. bis IV. Konvention, Art. 12 der I. und II. Konvention, Art. 13 der III. sowie Art. 32, 34 der IV. Konvention).

Die I. und II. Konvention regeln den Schutz der Verwundeten und Kranken zu Land und zur See weitestgehend gleichläufig. In beiden Konventionen stellt Art. 12 den Grundsatz dar, wonach alle Verwundeten und Kranke zu schonen und zu schützen sind und mit Menschlichkeit behandelt und gepflegt werden sollen. Beide Konventionen stellen sodann Spezialnormen zum Schutz der

---

[463] Partsch, Armed Conflict, S. 251

[464] Ipsen, Völkerrecht, S. 1063

[465] Pictet, La Convention, Bd. I S. 34

Sanitätseinrichtungen,[466] des Sanitätspersonals[467] und der Sanitätstransporte[468] auf. Es werden zudem die Funktionen der Schutzzeichen bekräftigt.[469]
Die III. Konvention über die Behandlung von Kriegsgefangenen gleicht weitestgehend dem vorangegangenen *Abkommen über die Behandlung von Kriegsgefangenen* von 1929.[470] Der Regelungsgehalt umfaßt die Aufzählung der geschützten Personen,[471] die Rechte und Pflichten der Kriegsgefangenen,[472] die Umstände der Gefangenschaft[473] und die Rückführung der Kriegsgefangenen.[474] Hinsichtlich der Rückführung gibt es einen entscheidenden Unterschied zum Abkommen von 1929: Während die Schwerverletzten und -kranken noch während des Konflikts zurückzuführen sind (Art. 110), sind alle anderen Kriegsgefangenen nach Beendigung der aktiven Feindseligkeiten ohne Verzug freizulassen und heim zu schaffen, Art. 118 der III. Konvention. Nach dem Abkommen von 1929 war eine solche Rückführung erst nach Friedensschluß verpflichtend, Art. 75 des Abkommens von 1929.[475]

Die IV. Genfer Konvention setzt umfassende neue Regelungen zum Schutze von Zivilpersonen fest. Sie soll alle Personen schützen, die nicht Angehörige der Streitkräfte sind (Art. 4 Abs. 4) und sich im Falle eines Konflikts oder einer Besetzung im Machtbereich einer am Konflikt beteiligten Partei oder einer Besatzungsmacht befinden, deren Angehörige sie nicht sind (Art. 4 Abs. 1). Grundprinzip der Konvention ist die Verpflichtung, Zivilisten nicht anzugreifen, sie zu respektieren, zu schützen und human zu behandeln, Art. 27.
Art. 13 bis 26 der Konvention schützen darüber hinaus die Gesamtheit der Bevölkerung von Ländern, die in einen Konflikt verwickelt sind. Hierbei sind zwingend das Verbot des Angriffs auf zivile Krankenhäuser, Art. 18, sowie der Schutz des Krankenhauspersonals und der Sanitätsfahrzeuge zu Lande, Wasser und in der Luft, Art. 20 bis 22. Medizinischen Gütern und religiösen Gegenständen sowie Kleidung und Nahrungsmitteln für Kinder und Schwangere sind grundsätzlich freier Durchlaß zu gewähren, Art. 23. Nach Art. 16 und 24 genießen Verwundete, Kranke, Schwangere und Kinder unter 15 Jahren besonderen Schutz.
Als fakultative Maßnahmen sieht die IV. Konvention insbesondere die Evakuierung von Verwundeten, Kranken, Gebrechlichen, Greisen, Kindern und

---

466 Art. 19-23, 33, 34 I. Konvention; Art. 22-35 II. Konvention
467 Art. 24-32 I. Konvention; Art. 36, 37 II. Konvention
468 Art. 35-37 I. Konvention; Art. 38-40 II. Konvention
469 Art. 38-44 I. Konvention; Art. 41-45 II. Konvention
470 Convention relative au traitement des prisonniers de guerre v. 27. Juli 1929, wiedergegeben in: Schindler/Toman, S. 397
471 Art. 4 III. Konvention
472 Art. 12, 17, 39, 49-57, 82-88 III. Konvention
473 Art. 13-16, 18-48, 58-82, 89-108 III. Konvention
474 Art. 109-121 III. Konvention
475 Convention relative au traitement des prisonniers de guerre v. 27. Juli 1929, wiedergegeben in: Schindler/Toman, S. 397

Wöchnerinnen aus belagerten oder eingeschlossenen Zonen (Art. 17) sowie die Einrichtung von Sicherheitszonen für die Zivilbevölkerung (Art. 14) und neutralisierter Zonen für Zivilisten und verwundeten Kombattanten (Art. 15) vor.
Sowohl die Zivilpersonen im feindlichen Territorium als auch die in besetzten Gebieten sind menschlich zu behandeln, dürfen weder körperlichen noch seelischen Zwang ausgesetzt werden und nicht mit Kollektivstrafen überzogen werden (Art. 27, 31 bis 33). Die Geiselnahme ist unbedingt verboten (Art. 34). Zivilisten im feindlichen Territorium dürfen dieses verlassen, soweit ihre Ausreise nicht den nationalen Interessen des Staates zuwiderläuft (Art. 35). Soweit sie das Territorium nicht verlassen, findet auf sie grundsätzlich das zu Friedenszeiten geltende Ausländerrecht Anwendung (Art. 38). Sie erhalten jedenfalls Hilfssendungen, medizinische und religiöse Unterstützung (Art. 38) und die Möglichkeit, ihrem Broterwerb nachzugehen (Art. 39). Zu Zwangsarbeit dürfen sie nur insoweit herangezogen werden , wie auch die Angehörigen der Konfliktpartei zu dieser verpflichtet werden (Art. 40). Internierung ist nur soweit erlaubt, als es die Sicherheit der Staatsmacht erfordert (Art. 41, 42). Die Internierten haben Anrecht auf gerichtliche Überprüfung der Internierungsentscheidung (Art. 42).
In besetzten Gebieten dürfen Zivilisten das Land verlassen, individuelle oder Massenverschleppungen oder -deportationen sind jedoch strikt verboten (Art. 48, 49). Die Versorgung mit Lebensmitten und medizinischer Hilfe ist durch die Besatzungsmacht zu gewährleisten (Art. 55, 56), Hilfsaktionen zugunsten der Bevölkerung sind zu ermöglichen (Art. 59 bis 63). Zivilisten dürfen nicht zum Dienst in den Streitkräften gezwungen werden (Art. 51), besondere Verantwortung trägt die Besatzungsmacht für Kinder und Jugendliche unter 18 Jahren (Art. 50, 51). Zerstörungen sind in den besetzten Gebieten nur erlaubt, wenn die Kampfhandlungen diese unbedingt erforderlich machen (Art. 53). Strafrechtliche Verurteilungen dürfen nur durch die zuständigen Gerichte vorgenommen werden, es ist ein ordentliches Verfahren zu gewährleisten, grundsätzlich bleibt das Strafrecht des besetzten Gebietes in Kraft (Art. 64 bis 77). Die Vorschriften über die Behandlung von Internierten (Art. 79 bis 135) sind annähernd gleich denen über die Behandlung von Kriegsgefangenen gemäß der III. Konvention. Internierte Personen sind freizulassen, sobald die Gründe der Internierung weggefallen sind (Art. 132), spätestens jedoch mit Beendigung der Feindseligkeiten bzw. dem Ende der Besetzung (Art. 134).

Allen vier Konvention ist gemeinsam, daß sich die Vertragsparteien verpflichten, alle notwendigen gesetzgeberischen Maßnahmen zur Festsetzung von angemessenen Strafbestimmungen gegen solche Personen zu treffen, die schwere Verletzungen der Abkommen selbst begehen oder dazu Befehl erteilen,

und diese Personen zu ermitteln und vor ein eigenes Gericht oder eines einer anderen Vertragspartei zu stellen.[476]
Als schwere Verletzungen gelten nach den Konventionen vorsätzliche Tötung, Folterung oder unmenschliche Behandlung, einschließlich biologischer Versuche, vorsätzliche Verursachung großer Leiden oder schwere Beeinträchtigung der körperlichen Unversehrtheit oder der Gesundheit, sowie Zerstörung und Aneignung von Eigentum, die durch militärische Erfordernisse nicht gerechtfertigt sind und in großem Ausmaß rechtswidrig und willkürlich gegen geschützte Personen vorgenommen werden.[477] Zulasten der Kriegsgefangenen und der Zivilisten gilt darüber hinaus auch die Nötigung eines Kriegsgefangenen zur Dienstleistung in den Streitkräften der feindlichen Macht und der Entzug des Anrechts auf ein ordentliches und unparteiisches Gerichtsverfahren als schwere Verletzung.[478] Hinsichtlich der Zivilpersonen gilt die rechtswidrige Verschleppung, Verschickung oder Gefangenhaltung sowie das Festnehmen von Geiseln als schwere Verletzung der IV. Konvention.[479] Keine Vertragspartei kann sich oder eine andere Partei von den Verantwortlichkeiten aus schweren Verletzungen der Abkommen befreien.[480]
Alle anderen Verletzungen der Abkommen sind durch notwendige Maßnahmen seitens der Vertragsparteien zu unterbinden.[481]
Mit dem Römischen Statut des Internationalen Strafgerichtshofs[482] vom 17. Juli 1998, Art. 8, unterfallen schwere Verletzungen der vier Genfer Abkommen nunmehr der Gerichtsbarkeit des Internationalen Strafgerichtshofs.

c. Die Genfer Zusatzprotokolle von 1977

Bereits kurz nach Inkrafttreten der vier Genfer Konventionen im Jahre 1951 begannen neue Anstrengungen, das humanitäre Völkerrecht fortzuentwickeln. Ausgangspunkt war der als notwendig gesehene Schutz vor unterschiedslosen Angriffen, bedingt durch die Fortentwicklung der Nuklearwaffentechnologie. Des weiteren erschien die strikte Trennung zwischen dem Recht der Kriegsführung einerseits und dem humanitären Kriegsvölkerrecht andererseits Schwierigkeiten aufzuwerfen.[483] Ein Entwurf der Rotkreuz-Konferenz 1957 in Neu Delhi fand zwar keine ausreichende Unterstützung, die UN-

---

[476] Art. 49 I. Konvention; Art. 50 II. Konvention; Art. 129 III. Konvention; Art. 146 IV. Konvention
[477] Art. 50 I. Konvention; Art. 51 II. Konvention; Art. 130 III. Konvention; Art. 147 IV. Konvention
[478] Art. 130 III. Konvention; Art. 147 IV. Konvention
[479] Art. 147 IV. Konvention
[480] Art. 51 I. Konvention; Art. 52 II. Konvention; Art. 131 III. Konvention; Art. 148 IV. Konvention
[481] Art. 49 Abs. 3 I. Konvention; Art. 50 Abs. 3 II. Konvention; Art. 129 Abs. 3 III. Konvention; Art. 146 Abs. 3 IV. Konvention
[482] BGBl. 2000 II, S. 1394
[483] Schlögel, S. 534

Generalversammlung nahm sich allerdings in Resolution 2444 (XXIII) über den „Respekt für Menschenrechte in bewaffneten Konflikten“ vom 19. Dezember 1968,[484] Resolution 2675 (XXV) über die „Grundlegenden Prinzipien betreffend den Schutz der Zivilbevölkerung in Zeiten bewaffneter Konflikte“ vom 9. Dezember 1970[485] sowie Resolution 3318 (XXIX) über den „Schutz von Frauen und Kindern in Zeiten des bewaffneten Konflikts“ vom 14. Dezember 1974[486] dem humanitären Völkerrecht an.[487]

Auf Einladung der Schweizer Regierung trat schließlich 1974 in Genf eine Diplomatische Konferenz zur Bekräftigung und Fortentwicklung des humanitären Rechts in bewaffneten Konflikten zusammen, die bis Juni 1977 andauerte.[488] Mit der Abschlußerklärung[489] wurden zwei ergänzende Protokolle (Additional Protocols) zu den vier Genfer Konventionen von 1949 betreffend den Schutz der Opfer internationaler bewaffneter Konflikte[490] und betreffend den Schutz der Opfer nicht-internationaler bewaffneter Konflikte[491] verabschiedet.

Das zweite Protokoll sollte die bisher einzig bestehende Regelung der Konflikte ohne internationalen Charakter erweitern. Der gemeinsame Art. 3 der vier Genfer Konventionen von 1949 sah für nicht-internationale Konflikte lediglich die Einhaltung von Mindeststandards vor, wonach von vornherein bzw. durch Verwundung, Gefangennahme oder Aufgabe nicht an den Feindseligkeiten teilnehmende Personen mit Menschlichkeit zu behandeln sind, der Angriff auf diese, die Geiselnahme und Hinrichtung ohne vorherige Verurteilung verboten sind. Angesichts der Tatsache, daß ca. 80 % der Opfer aller Konflikte seit 1945 Opfer von nicht-internationalen Konflikten waren, die nicht-internationalen Konflikte weit blutiger waren als die internationalen, erschien diese Regelung als zu kurz und zu generell.[492]

Der Erweiterung der Schutznormen im Zweiten Protokoll steht allerdings im Vergleich zum gemeinsamen Art. 3 der vier Genfer Abkommen eine Einschrän-

---

[484] General Assembly Official Records: Twenty-Third Session, Supplement No. 18 (A/7218), S. 50

[485] General Assembly Official Records: Twenty-Fifth Session, Supplement No. 28 (A/8028), S. 83

[486] General Assembly Official Records: Twenty-Nineth Session, Supplement No. 31 (A/9631), S. 152

[487] Fischer, S. 69

[488] Schlögel, S. 534

[489] Résolution de la Conférence Diplomatique sur la réaffirmation et le développement du droit international humanitaire applicable dans les conflits armés vom 7./8. Juni 1977, wiedergegeben in: Schindler/Toman, S. 881

[490] Protocole additionel aux conventions de Genève du 12 aout 1949 relatif à la protection des victimes de conflits armés internationaux (Protocole I) vom 8. Juni 1977, wiedergegeben in: Schindler/Toman, S. 755

[491] Protocole additionel aux conventions de Genève du 12 aout 1949 relatif à la protection des victimes de conflits armés non internationaux (Protocole II) vom 8. Juni 1977, wiedergegeben in: Schindler/Toman, S. 755

[492] Schindler/Toman, S. 829

kung der Anwendbarkeit gegenüber: Art. 3 der Genfer Abkommen ist auf alle bewaffneten Konflikte, die keinen internationalen Charakter haben und auf dem Gebiet einer Vertragspartei entstehen, anzuwenden, während das Zweite Protokoll nach dessen Art. 1 nur auf den nicht-internationalen Konflikt anzuwenden ist, der auf dem Gebiet einer Vertragspartei zwischen deren Streitkräften und anderen Streitkräften oder organisierten Gruppen stattfinden, die unter einer verantwortlichen Führung Kontrolle über einen Teil des Hoheitsgebiets ausüben, anhaltende koordinierte Kampfhandlungen durchführen und das Protokoll anwenden können. Art. 3 der vier Genfer Abkommen von 1949 ist insofern auf weit mehr interne Konflikte anwendbar als das Zweite Protokoll von 1977.[493]

Das im Zusammenhang der vorliegenden Untersuchung einschlägige Erste Protokoll hinsichtlich internationaler bewaffneter Konflikte ist gemäß Art. 1 Abs. 4 hingegen auch auf die nicht-internationalen Konflikte anzuwenden, in denen Völker gegen Kolonialherrschaft und fremde Besetzung sowie gegen rassistische Regime in Ausübung ihres Rechts auf Selbstbestimmung kämpfen. Aufgrund des Verweises in Art. 1 Abs. 3 und 4 auf den gemeinsamen Art. 2 der Vier Genfer Abkommen von 1949 sind diese Konflikte ebenfalls als internationale Konflikte zu behandeln.[494]

Die Art. 8 bis 34 umfassen eine Fortentwicklung der im Ersten und Zweiten Genfer Abkommen von 1949 enthaltenen Schutznormen zugunsten der Verwundeten, Kranken und Schiffbrüchigen. Der Kreis der geschützten Personen wurde hierbei dahingehend erweitert, daß „Verwundete“ und „Kranke“ sowohl Militär- als auch Zivilpersonen sind, die medizinischer Hilfe bedürfen und jede feindselige Handlung unterlassen. Hierzu gehören auch Wöchnerinnen, Neugeborene und andere Personen, die sofortiger medizinischer Hilfe oder Pflege bedürfen, wie etwa Gebrechliche und Schwangere, Art. 8 lit. a. I. Protokoll. Der geschützte Personenkreis des Zusatzprotokolls geht damit über den des Ersten Genfer Abkommens hinaus, welches gem. Art. 13 I. Abkommen nur Mitglieder der Streitkräfte und Milizen sowie das zivile Gefolge und Zivilisten, die gegen eindringende Truppen die Waffen erheben, schützt.

Eine entsprechende Erweiterung des geschützten Personenkreises nimmt das Zusatzprotokoll hinsichtlich der Schiffbrüchigen vor, wonach über die Mitglieder der Streitkräfte und deren Gefolge (Art. 13 II. Genfer Abkommen) hinaus nach Art. 8 lit. b. auch die Zivilpersonen geschützt sind, die sich auf See oder in einem anderen Gewässer infolge eines Unglücks in Gefahr befinden und jede feindselige Handlung unterlassen.

Des weiteren wird der Schutz auf das zivile Sanitätspersonal sowie die zivilen Sanitätseinrichtungen, -einheiten und -transportmittel ausgeweitet, Art. 8 lit. c. bis m., 9, 12 I. Zusatzprotokoll.

---

[493] Schindler/Toman, S. 829

[494] Schindler/Toman, S. 755

Die Art. 35 bis 60 des I. Zusatzprotokolls umfassen Regeln der Kriegsführung, welche teilweise schon in den Haager Konventionen sowie im Völkergewohnheitsrecht verankert sind.[495] Allerdings ist der Regelungsumfang teilweise geringer als in der Haager Landkriegsordnung von 1907. So sind die Verbote der Kriegsführung, namentlich die Waffenverbote, in Art. 35 und 36 des I. Zusatzprotokolls lediglich allgemein gehalten, hingegen enthält Art. 23 Abs. 1 lit. a)-h), Abs. 2 der HLKO konkrete Verbote der Kriegsführung. Art. 37 bis 41 I. Zusatzprotokoll sind ebenfalls bereits Gegenstand der HLKO, Art. 42 des Protokolls bezieht Insassen von Luftfahrzeugen in Not in den Schutzbereich ein.

Art. 43 und 44 des Protokolls enthalten Definitionen der Kombattanten und der bewaffneten Kräfte. Hiernach bestehen die Streitkräfte aus der Gesamtheit der organisierten bewaffneten Verbände, Gruppen und Einheiten, die einer Führung unterstehen, welche für das Verhalten ihrer Untergebenen verantwortlich ist, Art. 43 Abs. 1. Die Angehörigen dieser Streitkräfte sind Kombattanten, Art. 43 Abs. 2. Die Aufnahme paramilitärischer oder bewaffneter Vollzugsorgane in die Streitkräfte ist den anderen Konfliktparteien anzuzeigen, Art. 43 Abs. 3.

Alle Kombattanten haben Anspruch auf Behandlung als Kriegsgefangene, Art. 44 Abs. 1, selbst wenn diese die Regeln des in bewaffneten Konflikten anwendbaren Völkerrechts ihrerseits verletzt haben, Art. 44 Abs. 2, es sei denn, sie unterscheiden sich während der Beteiligung an Angriffen nicht von der Zivilbevölkerung und tragen während eines militärischen Einsatzes ihre Waffen nicht offen, Art. 44 Abs. 3. Ist hiernach ein Kombattant zwar nicht als Kriegsgefangener zu behandeln, so genießt er dennoch zumindest den Schutz aus dem III. Genfer Abkommen von 1949 und des I. Protokolls, Art. 44 Abs. 4. Söldner haben keinen Anspruch auf den Status eines Kombattanten oder eines Kriegsgefangenen, Art. 47.

Art. 50 und 51 dienen dem Schutz der Zivilbevölkerung, wonach diese sowie einzelne Zivilpersonen unter keinen Umständen Ziel von Angriffen sein dürfen, Art. 51 Abs. 2, auch nicht als Repressalie, Art. 51 Abs. 6. Insbesondere sind auch unterschiedslose Angriffe, welche sowohl militärische als auch zivile Personen und Objekte treffen können, unter allen Umständen verboten, Art. 51 Abs. 4 und 5. Zivilbevölkerung und einzelne Zivilpersonen dürfen im Gegenzug nicht benutzt werden, um militärische Ziele vor Angriffen abzuschirmen oder Kriegshandlungen zu decken, Art. 51 Abs. 7.

Nach Art. 52 sind Angriffe streng auf militärische Ziele zu beschränken. Nach der Definition des Art. 52 Abs. 2 gelten Objekte nur dann als militärische Ziele, wenn sie auf Grund ihrer Beschaffenheit, ihres Standortes, ihrer Zweckbestimmung oder ihrer Verwendung wirksam zu militärischen Handlungen beitragen und deren gänzliche oder teilweise Zerstörung, deren Inbesitznahme oder Neutralisierung einen eindeutigen militärischen Vorteil darstellt.

Art. 53 konkretisiert den Kulturgüterschutz der Haager Konvention von 1954, Art. 54, 55 und 56 schützen die für die Zivilbevölkerung lebensnotwendigen

---

[495] Schindler/Toman, S. 755

Objekte, die natürliche Umwelt sowie Anlagen und Einrichtungen, die gefährliche Kräfte enthalten.
Art. 57 und 58 schreiben gewisse Vorsichtsmaßnahmen beim Angriff sowie Vorsichtsmaßnahmen gegen die Wirkungen von Angriffen vor. So sind bereits bei der Planung oder Beschließung eines Angriffes darauf zu achten, daß zivile Objekte und Zivilbevölkerung nicht Ziele sein werden, Art. 57 Abs. 2 lit. a). Ein Angriff ist einzustellen, wenn sich das Ziel als nicht-militärischer Art erweist, Art. 57 Abs. 2 lit. b). Nach Art. 57 Abs. 2 lit. c) muß Angriffen, durch welche die Zivilbevölkerung in Mitleidenschaft gezogen werden kann, eine wirksame Warnung vorausgehen, es sei denn, die gegebenen Umstände erlauben dies nicht. Unverteidigte Orte dürfen nicht angegriffen werden, Art. 59, und auf durch eine ausdrückliche Vereinbarung zwischen den Konfliktparteien als entmilitarisierte Zonen festgelegten Gebiete dürfen Kriegshandlungen nicht ausgedehnt werden, Art. 60. Erstmals wird durch das I. Zusatzprotokoll ausdrücklich der Schutz von Zivilschutzorganisationen und ihres Personals geregelt, Art. 61 bis 67.
Zugunsten der Zivilbevölkerung in besetzten Gebieten enthält das I. Zusatzprotokoll in Art. 68 bis 71 Schutzbestimmungen sowie für sämtliche Zivilpersonen, die sich in der Gewalt einer am Konflikt beteiligten Partei befinden, in Art. 72 bis 75. Besonderen Schutz genießen Frauen, Art. 76, und Kinder, Art. 77, 78.
Gemäß der Art. 80 bis 91 verbleibt es bei der Durchführung und der Ahndung der Verletzungen der vier Genfer Abkommen sowie des I. Zusatzprotokolls durch die am Konflikt beteiligten Parteien, wobei allerdings gemäß Art. 90 eine internationale Ermittlungskommission eingerichtet wurde.[496]
Gemäß Art. 85 und 11 gelten als schwere Verletzungen z.B. vorsätzliche Angriffe gegen die Zivilbevölkerung oder einzelne Zivilpersonen, das vorsätzliche Führen unterschiedsloser Angriffe sowie von Angriffen gegen Kernkraftwerke, Staudämme oder Deiche, die unverhältnismäßig hohe Verluste an Menschenleben oder Schäden an zivilen Objekten zur Folge haben, oder den heimtückischen Mißbrauch von anerkannten Schutzzeichen. Ebenfalls gelten Angriffe gegen unverteidigte Orte oder entmilitarisierte Zonen als schwere Verletzungen. Auch vorsätzliche Verschleppung oder Bevölkerungstransfer, ungerechtfertigte Verzögerung bei der Heimschaffung von Kriegsgefangenen oder Zivilinternierten, Praktiken der Apartheid und andere auf Rassendiskriminierung beruhende unmenschliche und erniedrigende Praktiken sowie weitgehende Zerstörung verursachende Angriffe gegen geschützte Kulturgüter gelten als schwere Verletzungen des I. Zusatzprotokolls. Alle schweren Verletzungen gelten gemäß Art. 85 Abs. 5 des I. Zusatzprotokolls zugleich als Kriegsverbrechen.

[496] Die Internationale Humanitäre Ermittlungskommission wurde im Juni 1991 gebildet und nahm im Juli 1992 ihre Geschäftsordnung gem. Art. 90 Abs. 6 des I. ZP an, Bek. v. 18.11.1992, BGBl. 1994 II, S. 244

III. Das Neutralitätsrecht

Dem Kriegsvölkerrecht verwandtes, aber dennoch von diesem zu unterscheidendes Rechtsgebiet ist das Neutralitätsrecht, das als modifiziertes Friedensvölkerrecht die Beziehungen zwischen den Kriegführenden und den als Neutrale nicht teilnehmenden Staaten regelt.[497] Diese gewöhnliche Neutralität ist von der dauernden bzw. ständigen oder immerwährenden Neutralität zu unterscheiden, die ein besonderer völkerrechtlicher Status bestimmter Staaten zur Wahrung ihrer Unabhängigkeit ist und schon zu Friedenszeiten Rechte und Pflichten begründet.[498]

1. Grundlagen des Neutralitätsrechts

Das Neutralitätsrecht beruht zum Großteil auf Völkergewohnheitsrecht. Seine Wurzeln reichen bis in die Seekriege des 14. und 15. Jahrhunderts[499] und die im 16. Jahrhundert zwischen Kriegführenden und unbeteiligten Staaten geschlossenen Garantieverträge zurück.[500] Im 17. und 18. Jahrhundert bildete sich vorwiegend in der Seekriegspraxis die Neutralität und ihre Einschränkungen wie Blockade und Konterbande heraus.[501] Das Neutralitätsrecht erfuhr seine positivrechtliche Ausformung in der Pariser Seerechtsdeklaration von 1856,[502] im *V. Haager Abkommen betreffend die Rechte und Pflichten der neutralen Mächte und Personen im Falle eines Landkrieges* von 1907[503] und im *XIII. Haager Abkommen betreffend die Rechte und Pflichten der neutralen Mächte im Falle eines Seekrieges.*[504]

Den Neutralen obliegen grundsätzlich zwei Grundpflichten, wonach das eigene Hoheitsgebiet den Konfliktparteien nicht für deren Militäraktionen zur Verfügung gestellt werden darf und die Unverletzlichkeit des eigenen Gebietes zu Land, zur See und im Luftraum zu erhalten ist sowie den Konfliktparteien keine militärische Unterstützung gewährt werden darf und alle Kriegsparteien

---

497 Desch, S. 250

498 Ipsen, Völkerrecht, S. 64

499 Pieper, S. 127

500 Oeter, Ursprünge, S. 450

501 Heintschel v. Heinegg, Seekriegsrecht, S. 567 ff.; Pieper, Neutralität, S. 155 ff., beschreibt den Zwiespalt der Vereinigten Staaten von Amerika in dem 1792 ausgebrochenen Erste Koalitionskrieg in Europa einerseits gegenüber Großbritannien, andererseits gegenüber Frankreich und der daraus gefolgten strikten Unparteilichkeit der USA als „richtungsweisend für die Entwicklung der Neutralität im Sinne strikter Unparteilichkeit", ebd. S. 160

502 Déclaration réglant divers points de droit maritime v. 16. April 1856, wiedergegeben in: Schindler/Toman, S. 1095

503 Convention (V) concernant les droits et les devoirs des puissances et des personnes neutres en cas de guerre sur terre v. 18. Oktober 1907, wiedergegeben in: Schindler/Toman, S. 1353

504 Convention (XIII) concernant les droits et les devoirs des puissances neutres en cas de guerre maritime v. 18. Oktober 1907, wiedergegeben in: Schindler/Toman, S. 1365

gleich behandelt werden müssen.[505] Dem gegenüber korrespondieren konkrete Verpflichtungen der Kriegsführenden.

a. Neutralität im Landkrieg

Art. 1 V. Haager Abkommen stellt den Grundsatz des Neutralitätsrechts auf: „Das Gebiet der neutralen Mächte ist unverletzlich." Im Territorialkrieg sind Kriegshandlungen auf neutralem Gebiet einschließlich des Überfliegens untersagt. Das Durchführen von Truppen-, Verpflegungs- und Munitionskolonnen, die Errichtung von militärischen Operationsbasen und Truppenwerbestellen sowie die Bildung von Streitkräften sind auf neutralem Gebiet ebenfalls untersagt (Art. 2 bis 4 V. Haager Abkommen). Der neutrale Staat ist nach Art. 5 V. Haager Abkommen verpflichtet, Verletzungen seiner Neutralität nicht zu dulden und muß diese notfalls mit Gewalt zurückweisen. Dies ist dann nicht als feindliche Handlung anzusehen, Art. 10 V. Haager Abkommen.
Für den Grenzübertritt durch einzelne Personen, um in den Dienst eines Kriegführenden zu treten, ist der neutrale Staat hingegen nicht verantwortlich, Art. 6 V. Haager Abkommen. Ebenso ist der neutrale Staat nicht verpflichtet, die für Rechnung eines Kriegführenden durch Privatpersonen erfolgende Aus- und Durchfuhr von Waffen und Munition zu verhindern oder die Nutzung von Fernmeldeanlagen zu untersagen, Art. 8. Erläßt der Staat dennoch Beschränkungen oder Verbote, sind diese auf die Kriegsparteien jedenfalls gleich anzuwenden, Art. 9. Die Privatperson, die als Staatsbürger eines neutralen Staates Handlungen gegen oder zugunsten eines Kriegführenden begeht, verliert die mit seiner Staatsbürgerschaft verbundenen Vorteile, Art. 17.
Treten kriegführende Truppen mit Genehmigung des neutralen Staates auf dessen Staatsgebiet über, so sind diese möglichst weit vom Kriegsschauplatz zu internieren und ihnen Nahrung, Kleidung und die durch die Menschlichkeit gebotenen Hilfsmittel zu gewähren, Art. 11 und 12. Entwichene Kriegsgefangene auf neutralem Gebiet sind in Freiheit zu belassen, Art. 13. Auf Verwundete oder Kranke, die auf oder durch neutrales Gebiet geführt werden, findet die 1. Genfer Konvention von 1864 betreffend die Linderung des Loses der im Felddienste verwundeten Militärpersonen Anwendung, Art. 14 und 15 V. Haager Abkommen.

b. Neutralität im Seekrieg

Für den Seekrieg wendet das XIII. Haager Abkommen diese Grundsätze entsprechend an: „Die Kriegführenden sind verpflichtet, die Hoheitsrechte der neutralen Mächte zu achten und sich in deren Gebiet und Gewässern jeder Handlung zu enthalten, welche auf Seiten der Mächte, die sie dulden, eine Verletzung ihrer Neutralität darstellen würden.", Art. 1. Es regelt die für den Seekrieg besonderen Tatbestände. Nach Art. 2 sind innerhalb der Küsten-

---

[505] Ipsen, Völkerrecht, S. 1115; Verosta/Hafner, Neutralität, S. 293

gewässer eines neutralen Staates von Kriegsschiffen eines Kriegführenden begangene Feindseligkeiten als Neutralitätsverletzung unbedingt untersagt. Eine innerhalb des neutralen Küstengewässers genommene Prise ist von der neutralen Macht zu befreien, solange es sich noch in deren Küstengewässer befindet, anderenfalls die Freigabe durch die Prisenmacht zu verlangen, Art. 3. Kriegführende dürfen keine Stützpunkte in neutralen Häfen oder Gewässern errichten. Art. 4 und 5.

Die Ausrüstung oder Bewaffnung und das Auslaufen eines zur Teilnahme an Feindseligkeiten bestimmten Schiffes aus neutralem Hoheitsbereich ist durch den neutralen Staat zu verhindern, Art. 8. Er ist jedoch nicht verpflichtet, die für Rechnung eines Kriegführenden durch Privatpersonen erfolgende Aus- und Durchfuhr von Waffen und Munition zu verhindern, Art. 7.

Die bloße Durchfahrt von Kriegsschiffen und Prisen durch die neutralen Gewässer beeinträchtigt die Neutralität nicht, Art. 10. Kriegsschiffe der Kriegsführenden dürfen sich in neutralen Gewässern und Häfen höchstens 24 Stunden aufhalten, es sei denn, sie sind wegen Beschädigung oder Zustand der See am Auslaufen gehindert, Art. 13 und 14. Innerhalb neutraler Häfen dürfen Kriegsschiffe nur im für ihre Sicherheit unerläßlichen Maß ausgebessert werden, Vorräte dürfen nur auf den regelmäßigen Friedensbestand ergänzt werden, Art. 17 bis 19.

Die International Law Association bestätigte 1998 auf ihrer Konferenz in Taipeh weitestgehend diese Grundsätze.[506] Für die Kriegsführung auf Hoher See formulierte die ILA vor dem Hintergrund der Neugestaltung des Seerechts und der Entwicklungen im Krieg zwischen Iran und Irak Prinzipien zur Neutralität. Die Kriegführenden sollen hiernach die Freiheit der neutralen Staaten auf Hoher See achten. Sie darf zwar wie nachfolgend eingeschränkt, nicht aber ausgeschlossen werden. Die Kriegführenden sollen zum Schutz der neutralen Seefahrt die Gebiete, in denen Seegefechte stattfinden, bezeichnen und Warnhinweise geben, Ziff. 3. Die Kriegführenden sollen auch die Souveränität der neutralen Staaten über ihre exklusiven Wirtschaftszonen, Fischereizonen und dem Festlandsockel achten, Ziff. 4. Neutrale Schiffe in Häfen der Kriegführenden sollen denselben Schutz genießen wie zivile Objekte, neutrale Kriegsschiffe in Häfen der Kriegführenden behalten ihr Recht auf Selbstverteidigung, Ziff. 5.1. Neutrale Handelsschiffe sollen dem Recht auf Anhalten und Durchsuchen durch die Kriegführenden unterliegen, die Prisennahme ohne eine Entscheidung eines Prisengerichts soll aber verboten sein, Ziff. 5.2. Die Kriegführenden sollen neutralen Handelsschiffen die Möglichkeit bieten, Unbedenklichkeitsbescheinigungen (sog. Navicerts) auszustellen, um im Falle der Anhaltung nachweisen zu können, daß das Schiff keine Konterbande transportiert, Ziff. 5.2.6. Eine Blockade zur See soll ein legitimes Mittel der Seekriegsführung sein, aber nur dann gültig sein, wenn sie gegenüber den

---

[506] International Law Association, Taipei Conference 1998, Committee on Maritime Neutrality, Final Report, in: International Law Association, Report of the sixty-eighth conference 1998, S. 496

Kriegführenden und den Neutralen angezeigt, effektiv und für Schiffe aller Staaten gleichermaßen gilt, Ziff. 5.2.10. Die Blockade soll aber nicht die Lieferung humanitärer Hilfsgüter verhindern dürfen, Ziff. 5.3.

c. Neutralität im Luftkrieg

Für die Neutralität im Luftkrieg bestehen keine vertraglichen Regeln. Zwar hat 1923 eine internationale Juristenkommission einen Entwurf zur Fassung von Regeln über den Luftkrieg,[507] die sogenannten Haager Luftkriegsregeln, erarbeitet, die jedoch weder Vertragsrecht noch in ihrer Gesamtheit gewohnheitsrechtlich verbindlich geworden sind. Die Grundregeln entsprechen jedoch weitgehend allgemeiner Rechtsauffassung.[508] Ferner sind die Regelungen der Neutralität für den Land- und Seekrieg sinngemäß anzuwenden.[509]
Grundlegende Regeln für die Neutralität im Luftkrieg sind die Unverletzlichkeit des neutralen Luftraums, Art. 40 Haager Luftkriegsregeln, sowie die Verpflichtung des neutralen Staates, Verletzungen seines Luftraumes durch Kriegführende zu verhindern, Art. 42. Hierbei bestehen jedoch Schwierigkeiten der Grenzziehung des Luftraums des neutralen Staates. Hinsichtlich der Höhe herrscht Unklarheit der Grenze zwischen Luftraum und Weltraum.[510] Hinsichtlich des Luftraums über der ausschließlichen Wirtschaftszone und dem Festlandsockel können die Grundsätze der Seekriegsneutralität entsprechend angewendet werden.
Die Errichtung von Basen zur Luftkriegsführung ist auf neutralem Gebiet untersagt, Art. 46. Die Regeln über das Aufbringen, Durchsuchen und Beschlagnahme von privaten Luftfahrzeugen, wie sie in Art. 49 bis 60 der Luftkriegsregeln dargestellt, entsprechen weitestgehend den parallelen Regeln des Seekriegsrechts.

2. Neutralität in der Staatenpraxis seit 1945

Sowohl im Ersten als auch im Zweiten Weltkrieg fanden weder die vorhandenen positivrechtlichen Neutralitätsregelungen noch das gewohnheitsrechtlich anerkannte Neutralitätsrecht Anwendung hinsichtlich der Konfliktregulierung.[511] Zwar hatten sich zu Beginn des Ersten Weltkriegs die nichtbeteiligten Staaten noch bemüht, der Verwicklung in den Krieg durch die Mittel des Neutralitätsrechts zu entgehen, die von rechtlichen Erwägungen weitgehend

---

[507] Règles de la Haye concernant le contrôle de la radiotélégraphie en temps de guerre et la guerre aérienne v. 17. Februar 1923, wiedergegeben in: Schindler/Toman, S. 283
[508] Köpfer, S. 113
[509] Verosta/Hafner, S. 294
[510] Pieper, S. 65; teilweise wird eine Höhe von 83 km angenommen, teilweise die Höhe der tiefstmöglichen Umlaufbahn, die ein Satellit ohne Absturz nutzen kann.
[511] das V. und das XIII. Haager Abkommen waren wegen der Allbeteiligungsklauseln des Art. 20 V. Abkommen bzw. Art. 28 XIII. Abkommen, deren Voraussetzungen nicht vorlagen, nicht anwendbar.

freie Kriegsführung der beteiligten Mächte hielt sich jedoch nicht an die vom Neutralitätsrecht gezogenen Grenzen und bezog auch die neutralen Staaten in die Austragung des Krieges mit ein.[512] Im Zweiten Weltkrieg fand das Neutralitätsrecht auf beiden Seiten keine Beachtung mehr, nachdem die europäischen Neutralen wie Belgien, Dänemark und Norwegen Opfer der deutschen Großraumpolitik wurden und die übrigen Neutralen der Tendenz zum „Totalen Krieg" kaum etwas entgegen setzen konnten.[513] Einige Staaten haben für sich allerdings versucht, den Status der „Nichtkriegsführung" bzw. „non-belligerency" in Anspruch zu nehmen. Dies war aber nichts anderes als der Versuch, unter Abkehr der strikten Unparteilichkeit sich den – nicht zutreffenden - Anschein der Neutralität zu verleihen.[514]

Wenn also das Neutralitätsrecht in den zwei Weltkriegen kaum Beachtung gefunden hat, zeigt dennoch die Staatenpraxis nach 1945, daß das Neutralitätsrecht weiterhin sehr wohl Bedeutung hat und von Staaten in Anspruch genommen wird.

Zunächst ist festzustellen, daß in multilateralen Abkommen nach 1945 das Neutralitätsrecht als bestehend vorausgesetzt und bekräftigt wird.[515] Darüber hinaus wurde es in zwischenstaatlichen Konflikten durchaus in Anspruch genommen.

Im Korea-Konflikt 1950 beriefen sich sowohl China als auch die UdSSR auf ihre Stellung als Neutrale. Die seitens der Vereinten Nationen beauftragten Streitkräfte unterließen es daher, gegnerische Flugzeuge in den Luftraum Chinas und der UdSSR zu verfolgen, unter Hinweis, daß es kein Verfolgungsrecht auf neutrales Territorium gebe.[516] Daneben erklärte Indonesien seine Neutralität und verbot Kriegsschiffen der am Krieg beteiligten Staaten das Anlaufen indonesischer Häfen.[517] Ägypten erklärte ebenfalls seine Neutralität und kündigte an, die Durchfuhr von Truppen, Waffen und militärischer Ausrüstung für Korea als Verletzung seiner Neutralität nicht zu erlauben.[518]

Während des 1965 erneut aufgeflammten Kaschmir-Konflikts zwischen Indien und Pakistan erklärte sich zwar nur Ceylon ausdrücklich als neutral und verweigerte zudem das Ankern von Schiffen und das Landen von Flugzeugen, welche für Indien oder Pakistan bestimmte Waffen oder Truppen

---

[512] Oeter, Neutralität und Waffenhandel, S. 48

[513] Oeter, Neutralität und Waffenhandel, S. 67

[514] dies war insbesondere bei den USA der Fall, bevor sie im September bzw. Dezember 1941 offiziell in den Zweiten Weltkrieg eintraten, vgl. Pieper, S. 224

[515] vgl. z.B. Art. 4, 27 des I. Genfer Abkommens v. 1949; Art. 5, 21 des II. Genfer Abkommens v. 1949; Art. 19 des I. Zusatzprotokolls zu den vier Genfer Abkommen v. 1977

[516] Norton, S. 266; auch der amerikanische Oberkommandierende stufte die Sowjetunion als neutral ein, obwohl bekannt war, daß Nordkorea durch Lieferung von Kriegsmaterial seitens der Sowjetunion massiv unterstützt wurde, Oeter, S. 94

[517] Schindler, Neutralité, S. 291

[518] Oeter, S. 95

transportierte.[519] Großbritannien und die USA enthielten sich zwar rechtlicher Stellungnahmen, verhängten als Hauptlieferanten militärischer Ausrüstung jedoch sofort ein Embargo über jegliche Lieferungen von Waffen und Kriegsmaterial für Indien und Pakistan und nahmen damit zumindest de facto eine neutrale Position ein.[520]

Im israelisch-arabischen Krieg 1967, dem Sechs-Tage-Krieg, berief sich Frankreich ausdrücklich auf das Neutralitätsrecht, die USA nahmen zumindest bezug auf die Neutralitätsrechte.[521] Nahezu alle Industriestaaten, die vorher Waffen an die Kriegführenden geliefert hatten, zogen sich auf den Status eines Neutralen zurück. Die USA, Großbritannien und Frankreich verhängten am Tag des Kriegsausbruchs ein Waffenembargo. Die deutsche Bundesregierung erklärte sich zu einer Politik der „Nichteinmischung“ und der Nichtlieferung von Waffen an einen der Kriegführenden entschlossen.[522]

Im erneuten israelisch-arabischen Konflikt, dem Yom-Kippur-Krieg von 1973 beharrte die deutsche Bundesregierung auf die Stellung als neutraler Staat sogar zum Preis einer ernsthaften Krise des westatlantischen Bündnisses. Die deutsche Bundesregierung betonte auch gegenüber dem Bündnispartner USA, daß Waffenlieferungen von deutschem Boden aus – auch durch die amerikanischen Bündnispartner - mit der strikten Neutralität der Bundesrepublik nicht vereinbar seien. Die USA zweifelten daraufhin die Bündniskonformität des Verhaltens der Bundesrepublik an. Als weitere Staaten der NATO jedoch die deutsche Auffassung unterstützten und ebenso handelten, trat das Zerwürfnis der Bündnispartner offen zu Tage.[523]

Der Erste Golfkrieg zwischen Iran und Irak ab 1980 zeitigte eine umfassende Inanspruchnahme der Neutralitätsrechte der nichtbeteiligten Staaten. Sowohl der Iran als auch der Irak suchten eine Schwächung des Gegners auf dem Gebiet des neutralen Handels mit Erdöl. Im September 1980 verhängte der Iran eine Seeblockade über die irakischen Häfen. Der Irak erklärte 1982 den gesamten Nordteil des Golfes zum Sperrgebiet und behinderte massiv den iranischen Ölexport mittels seiner Luftwaffe.[524]

Bei Ausbruch des Golfkrieges hatten sich zahlreiche Staaten für strikt neutral erklärt, unter ihnen die USA, Großbritannien, die Bundesrepublik Deutschland und die UdSSR.[525]

Als der Iran ab 1984 durch Luft- und Seeangriffe gegen die „neutrale“ Schiffahrt mit den Golfstaaten reagierte, eskalierte der sog. „Tankerkrieg“.[526] Zwar wendeten sich die betroffenen Drittstaaten nicht gegen die Anhaltung und

---

519 Schindler, Neutralité, S. 292

520 Norton, S. 262

521 Oeter, S. 102, 103

522 Scheuner, S. 49

523 Norton, S. 295

524 Lagoni, S. 1852

525 Oeter, S. 114

526 Lagoni, S. 1855

Durchsuchung neutraler Schiffe auf Hoher See durch die iranische Marine. Auf die bewaffneten Übergriffe beider Kriegführender auf die neutrale Schiffahrt reagierten jedoch vor allem die USA, Großbritannien und Frankreich zunächst mit der Entsendung von Flottenverbänden zum Schutz der Handelswege in den Persischen Golf, welche zusehends zum militärischen Geleitschutz der Handelsschiffahrt eingesetzt wurden. Im Mai 1988 dehnten die USA diesen Schutz auch auf die Schiffe neutraler Drittstaaten aus. Dieser Schutz führte auch zu kleineren Gefechten amerikanischer Marineeinheiten mit iranischen Streitkräften und schließlich in begrenzte militärische Schläge auf iranische Ziele als Sanktion für iranische Übergriffe. Die USA praktizierten damit die bewaffnete Neutralität, die bereits aus älterer Kriegsrechtspraxis bekannt war.[527]

IV. Das Verhältnis von ius ad bellum und ius in bello

Das klassische Völkerrecht geht von einer strengen Unterscheidung des Friedens- und des Kriegsvölkerrechts aus, die sich gegenseitig in der Anwendung ausschließen, sog. Dichotomie des Völkerrechts. So wird das Verhältnis dieser beiden Rechtsgebiete, des ius ad bellum einerseits, des ius in bello andererseits, auch bildlich als zwei hintereinander liegende Dämme dargestellt, von denen der zweite, das Kriegsvölkerrecht, erst dann Wirkung entfaltet, wenn der erste, das Friedensvölkerrecht, „gebrochen" ist.[528]
Demgegenüber wird in der neueren völkerrechtlichen Literatur diskutiert, ob das Friedensvölkerrecht nicht auch im Verlauf eines militärischen Konfliktes neben dem ius in bello Anwendung findet und diesen sogar begrenzen kann.

1. Die ausschließliche Geltung des ius in bello im kriegerischen Konflikt

Die klassische Dichotomie zwischen ius ad bellum und ius in bello findet in der Literatur noch immer die Unterstützung der überwiegenden Mehrheit der Völkerrechtler.[529] Hiernach beschränkt sich die Anwendbarkeit des ius ad bellum grundsätzlich auf die Beurteilung der rechtlichen Zulässigkeit der Erstanwendung bewaffneter Gewalt, das Verhalten der Parteien im Verlauf eines Konflikts ist hingegen ausschließlich nach Maßgabe des ius in bello zu beurteilen. Sinn und Zweck der UN-Charta seien die Wahrung des Weltfriedens und der internationalen Sicherheit, kulminiert in Art. 2 Ziff. 4 UNCh., mithin die Verhinderung bewaffneter Auseinandersetzungen. Habe das Friedenssicherungsrecht versagt, verdränge das ius in bello als lex specialis das ius ad bellum als lex generalis. Das ius in bello finde hierbei unabhängig von der rechtlichen Beurteilung der kriegerischen Auseinandersetzung gemäß dem ius ad bellum uneingeschränkt auf alle Konfliktparteien Anwendung.

---

[527] Oeter, S. 113 f.
[528] Schindler, Abgrenzungsfragen, S. 5
[529] Berber, Völkerrecht Bd. II, S. 57 ff.; Brownlie, International Law, S. 406 mit umfangreichen Nachweisen in Fn. 3; Kotzsch, Concept Of War, S. 116; Russo, S. 159

Folge dieser strengen Dichotomie und der ausschließlichen Anwendbarkeit im Verlaufe eines Konflikts ist, daß die Rechtmäßigkeit militärischer Maßnahmen sich ausschließlich nach dem Kriegsrecht, also dem ius in bello, messen lassen muß. Die Grundsätze des Friedensvölkerrechts über die Gewaltanwendung, wie eben Art. 2 Ziff. 4 UNCh. und deren Ausnahmen, finden im Krieg, ist er erst einmal ausgebrochen, keine Anwendung mehr. Das Kriegsrecht mit seiner Vielzahl von gewaltregulierenden Normen tritt an dessen Stelle.
Das ius ad bellum als Teil des Friedensvölkerrechts findet erst dann wieder Anwendung, wenn der Kriegszustand durch den Friedenszustand abgelöst wurde (finum belli pax est).

2. Die parallele Geltung von ius ad bellum und ius in bello in einem kriegerischen Konflikt

In der neueren Literatur wird die parallele Anwendung sowohl des ius ad bellum als auch des ius in bello auch im Verlauf eines Konflikts diskutiert. Grundsätzlich sollen für die Parteien eines kriegerischen Konflikts demnach nicht nur die Regeln des Kriegsrechts gelten, sondern zusätzlich auch die Grundsätze des Friedensvölkerrechts, hier also des ius ad bellum, insbesondere das grundsätzliche Gewaltverbot des Art. 2 Ziff. 4 UNCh. und die Grundsätze der Verhältnismäßigkeit, Anwendung finden. Die Einzelheiten sind allerdings noch unklar, insbesondere hinsichtlich der Reichweite der Geltung des ius ad bellum im Verlauf eines Konflikts.
Eine Auffassung entwickelt aus dem Grundsatz *ex iniuria ius non oritur* den Standpunkt, daß die unrechtmäßig kriegsauslösende Partei, also der Aggressor, sich des kriegsvölkerrechtlichen Instrumentariums nicht bedienen dürfe.[530] Es sei ein gewisses Maß an Absurdität, wenn ein Rechtssystem, welches das Recht zur Gewaltanwendung ausgeschlossen habe, dem Rechtsbrecher zugestehe, aus seinem Rechtsbruch heraus die Rechte eines Kriegsführenden zu ziehen.[531] Aufgrund des vorangegangenen Rechtsverstoßes sei der Aggressor auch nicht berechtigt, kriegsvölkerrechtliche Schädigungshandlungen durchzuführen. Tue er dies doch, so sei er nach den Grundsätzen der friedensvölkerrechtlichen Verantwortlichkeit zur Wiedergutmachung der völkerrechtswidrigen Handlungen einschließlich sämtlicher militärischer Kampfmaßnahmen verpflichtet.[532]
Der Angegriffene dürfe gegenüber dem Aggressor hingegen sämtliche kriegsvölkerrechtliche Maßnahmen ergreifen.[533] Für diesen gelte ausschließlich das ius in bello, allerdings nur, solange die kriegsvölkerrechtlichen Maßnahmen zur Erreichung des legitimen Zwecks der Selbstverteidigung erforderlich und verhältnismäßig sind.[534]

---

[530] Wright, The Outlawry of War, S. 370, 371.; Lauterpacht, E., S. 62 ff.
[531] Lauterpacht, E., S. 63
[532] Wright, The Outlawry of War, S. 372
[533] Wright, The Outlawry of War, S. 371; Lauterpacht, E., S. 64; Gardam, S. 412
[534] Wright, The Outlawry of War, S. 371

Diese Regelung gelte aber nicht für die spezifisch dem Opferschutz dienenden Normen des humanitären Kriegsvölkerrechts. Diese müßten alle Parteien unabhängig von der Rechtmäßigkeit des Kriegsbeginns beachten. Ein Staat könne Individuen, selbst seine eigenen Staatsangehörigen, nicht ihrer eigenen Schutzrechte, die sie unter der Geltung des internationalen Rechts genießen, berauben. Soweit also das Kriegsvölkerrecht Soldaten und Zivilisten als Individuen Rechte zugestehe, so bleiben sie unter deren Schutz, selbst wenn sie im Auftrag des ansonsten rechtswidrig agierenden Staates handeln.[535]

Ein neuerer Ansatz in der Literatur geht davon aus, daß in der Staatenpraxis nach 1945 keine Kriege im völkerrechtlichen Sinne mehr geführt worden seien, es daher des Kriegsvölkerrechts und der Unterscheidung zum Friedensvölkerrecht nicht mehr bedürfe.[536] Die begriffliche Unschärfe des völkerrechtlichen Kriegsbegriffs öffne jeder mißbräuchlichen Anwendung Tür und Tor und werde auf diese Weise zu einem Instrument für die willkürliche und rechtswidrige Durchsetzung machtpolitischer Interessen[537] bis hin zur politischen und sogar rechtlichen Beseitigung des Gegners.[538]
Das Konzept des internationalen bewaffneten Konflikts schließe den Kriegsbegriff mit ein und sei daher ausreichend für die Anwendung des humanitären Völkerrechts. Kriegsrechtliche Instrumente wie innerstaatliche Handels- und Zahlungsverbote oder die Internierung von Ausländern bedürften jedenfalls nicht mehr des Kriegszustandes, da die Charta der Vereinten Nationen und die IV. Genfer Konvention schon während eines bewaffneten Konflikts ausreichende Rechtsgrundlagen für diese Maßnahmen zur Verfügung stellten.[539] Das Neutralitätsrecht sei zumindest in der Staatenpraxis auch nicht mehr vom Kriegszustand abhängig. So sei die Prisennahme von neutralen Handelsschiffen jedenfalls dann rechtmäßig, wenn sie durch das Selbstverteidigungsrecht des Art. 51 UNCh. gerechtfertigt seien.[540]

3. Wertung

Zwischen den Meinungen unstreitig ist jedenfalls die diskriminierungslose Anwendung des ius in bello in Form des humanitären Kriegsvölkerrechts zu Lasten und zu Gunsten aller Konfliktparteien, unabhängig von der Frage der Rechtmäßigkeit der Konfliktentstehung.[541]
Die Anhänger der parallelen Anwendung folgern daraus allerdings, daß der Aggressor nicht von den sonstigen kriegsvölkerrechtlichen Bestimmungen

---

[535] Wright, The Outlawry of War, S. 373; Lauterpacht, E., S. 63
[536] Donner, Begrenzung bewaffneter Konflikte, S. 191
[537] Donner, Begrenzung bewaffneter Konflikte, S. 188
[538] Donner, Begrenzung bewaffneter Konflikte, S. 183
[539] Donner, Begrenzung bewaffneter Konflikte, S. 188
[540] Donner, Begrenzung bewaffneter Konflikte, S. 191
[541] Heintschel von Heinegg, Seekriegsrecht, S. 54 m.w.N.

Gebrauch machen darf, ohne daß sein Verstoß gegen eine der Grundnormen des modernen Völkerrechtssystems rechtliche Folgen zeitige. Würde eine Verbotsnorm gegenüber einem ihrer Adressaten allein aus dem Grunde keine Rechtswirkung mehr entfalten, weil dieser sie verletzt hat, wäre die Rechtsqualität des Gewaltverbots zur Disposition gestellt. Die ganz überwiegende Mehrheit der Staaten sei aber nicht mehr bereit, eine solche Aufweichung des Gewaltverbots anzuerkennen.[542]

Diese Argumentation verkennt jedoch, daß das ius ad bellum weiterhin für den Konflikt entscheidend ist, jedoch nur nicht für dessen Verlauf. Regelmäßig ist die Frage der Rechtmäßigkeit einer kriegerischen Auseinandersetzung durch einen Staat erst nach Beendigung derselben von entscheidender Bedeutung, z.B. wenn es um Schadensersatzansprüche oder Regreßforderungen durch Staaten oder Zivilpersonen geht. Durch den Verstoß gegen Art. 2 Ziff. 4 UNCh. befreit sich ein Staat nicht von dessen Wirkung, die Anwendbarkeit des ius ad bellum wird lediglich suspendiert. Die Unrechtmäßigkeit der erstmaligen Gewaltanwendung bleibt von der alleinigen Anwendung des ius in bello im Verlauf des Konflikts unberührt.

Im Gegenzug bleibt die Rechtswidrigkeit des Kriegsbeginns bei der rechtlichen Beurteilung der militärischen Maßnahmen außer Betracht. In den Kriegsverbrecherprozessen nach dem Zweiten Weltkrieg wurde nach diesem Grundsatz ebenfalls verfahren.[543]

Grundlage dieser klassischen Dichotomie ist die traditionelle Vorstellung des Rechts eines jeden Staates, Krieg zu führen. Insofern ist das klassische Völkerrecht davon ausgegangen, daß die beteiligten Konfliktparteien keinen rechtswidrigen Krieg führen können. Mit der Herausbildung des humanitären Kriegsvölkerrechts wurden bestimmte Kriegshandlungen im Verlauf des Krieges für rechtswidrig erklärt.

Von den Befürwortern einer Anwendung des ius ad bellum auf den Kriegsverlauf wird argumentiert, daß Krieg bzw. Gewaltanwendung nunmehr durch Art. 2 Ziff. 4 UNCh. verboten sei, daher sehr wohl zumindest eine Kriegspartei rechtswidrig handele. Diese Argumentation verkennt allerdings, daß Gewaltanwendung nicht absolut verboten ist, sondern diese durch Rechtfertigungsgründe - wenn auch ausnahmsweise - erlaubt sein kann. Die Konfliktparteien können sich auf diese Rechtsfertigungsgründe berufen, wobei durchaus auch die Situation denkbar ist, daß zu Gunsten einer jeden Konfliktpartei ein Rechtsfertigungsgrund objektiv greift (z.B. ein Staat beruft sich auf Selbstverteidigungsrecht, weil er sich durch die humanitäre Intervention eines anderen Staates in seiner territorialen Integrität verletzt fühlt).

Tatsächlich haben sich bei sämtlichen zwischenstaatlichen gewaltsamen Auseinandersetzungen seit Inkrafttreten der Charta der Vereinten Nationen alle Beteiligten auf eine Rechtfertigung ihrer militärischen Maßnahmen berufen. Es

---

[542] Heintschel von Heinegg, Seekriegsrecht, S. 51 f.

[543] Friedman, S. 1204 f.

ist also auch unter der Charta der Vereinten Nationen so, daß kriegführende Staaten sich jeweils im Recht sehen. Ein Bewußtseinswandel im Vergleich zu Zeiten vor 1919 ist insoweit nur eingetreten, als daß die Staaten das Recht zur Kriegsführung nicht bereits aus ihrer Souveränität ziehen, sondern hierfür vielmehr einen Rechtfertigungsgrund bemühen. Für die Anwendbarkeit des ius ad bellum muß dies allerdings bedeuten, daß wohl erst nach einem Konflikt in Anwendung des ius ad bellum die Rechtmäßigkeit festgestellt werden kann.

Soweit entgegnet wird, es gebe die autorisierten Institutionen im Rahmen der Vereinten Nationen, welche bereits im Verlauf eines Konflikts den Aggressor, sprich den rechtswidrig Gewalt Anwenden, feststellen können, so ist dies nach Völkerrecht theoretisch zutreffend: Der Sicherheitsrat *kann* nach Art. 39 UNCh. feststellen, ob eine Angriffshandlung vorliegt. Daneben ist der Internationale Gerichtshof das Hauptrechtsprechungsorgan der Vereinten Nationen, hat also als solcher die Befugnis, über die Rechtmäßigkeit staatlichen Handelns im internationalen Verkehr zu entscheiden.

In der Praxis ist jedoch festzustellen, daß der IGH Anträge zur Entscheidung über die Rechtmäßigkeit zwischenstaatlicher Gewaltanwendung nicht bereits im Verlauf des streitgegenständlichen Konflikts entscheidet.[544] Es ist auch nicht die Aufgabe des IGH, während eines Konfliktes die Rechtmäßigkeit von Gewaltanwendung festzustellen.[545]

So sind es in der Praxis der Vereinten Nationen am ehesten der Sicherheitsrat und die Generalversammlung, die durch ihre Resolutionen während zwischenstaatlicher Streitigkeiten und Gewaltanwendungen entscheiden.[546] Selbst wenn hierbei eine rechtliche Terminologie benutzt wird, spricht dies noch lange nicht für eine Entscheidung über die Rechtmäßigkeit zwischenstaatlicher Gewaltanwendung, kleiden doch die Mitglieder des Sicherheitsrats und der Generalversammlung ihre politischen Entscheidungen häufig in rechtliche Worte.[547]

Resolutionen mit ausdrücklichen Urteilen über die Vereinbarkeit von Gewaltanwendung mit internationalem Recht sind selten. Grund hierfür ist der Aufgabenbereich der genannten Organe: Der Sicherheitsrat hat zwar gemäß Art. 39 Hs. 1 UNCh. die Befugnis, festzustellen, ob eine Bedrohung oder ein Bruch des Friedens oder eine Angriffshandlung vorliegt. Nach Art. 39 Hs. 2 UNCh.

---

[544] der Antrag der BR Jugoslawien gegen die NATO-Staaten aus Anlaß des Kosovo-Konflikts 1999 (Legality of the Use of Force) harrt noch immer der endgültigen Entscheidung

[545] Baxter, S. 70, bezweifelt anläßlich der relativ geringen Zahl von Anträgen zum IGH über die Rechtmäßigkeit zwischenstaatlicher Gewaltanwendung sogar, daß sich der IGH in der Staatenpraxis als das für diese Entscheidungen anerkannte Forum etabliert hat

[546] so etwa SR-Res. 248 v. 24.03.1968, in der der Sicherheitsrat eine israelische Militäraktion auf jordanischem Territorium mit den Worten verurteilt: „the military action launched by Israel in flagrant violation of the United Nations Charter and the cease-fire resolutions.", U.N. Doc. S/RES/248 (1968); Die Generalversammlung formulierte in ihrer Resolution vom 09. November 1956 als Reaktion auf die sowjetische Ungarn-Intervention: „the repression undertaken by the Soviet forces in Hungary constitutes a violation of the Charter or the United Nations", GV-Resolution 1105 (1956)

[547] Baxter, S. 70

gibt er jedoch Empfehlungen ab oder beschließt, welche Maßnahmen auf Grund der Art. 41 und 42 zu treffen sind, um den Weltfrieden und die internationale Sicherheit zu wahren oder wiederherzustellen. Ziel der Resolutionen ist also nicht die Feststellung der Vereinbarkeit von Gewaltanwendung mit internationalem Recht, sondern vielmehr die Beendigung von Feindseligkeiten und die Wiederherstellung des Friedens. Dieses vorrangig politische Ziel läßt eine Benennung des unrechtmäßigen Aggressors in der überwiegenden Anzahl von Fällen als nicht opportun erscheinen, vielmehr ist die diskriminierungslose Aufforderung an alle Konfliktparteien, die Feindseligkeiten einzustellen und einen Waffenstillstand anzustreben, rein faktisch erfolgversprechender für die Wiederherstellung der friedlichen Beziehungen zwischen den Parteien.
Die Generalversammlung hat nach Art 14 UNCh. subsidiär die Befugnis, Maßnahmen zur friedlichen Bereinigung jeder Situation zu empfehlen. Auch hierin liegt die politische Aufgabe der Streitbeilegung. Die Generalversammlung hat nach diesem Wortlaut nicht die Befugnis, festzustellen, ob eine Angriffshandlung vorliegt. Lediglich nach den Grundsätzen der „Uniting-For-Peace"-Resolution[548] wäre eine solche Feststellung denkbar, denn die Resolution, deren Rechtmäßigkeit kaum mehr angezweifelt wird[549], setzt für ihre Anwendbarkeit eine offenbare Bedrohung des Friedens, einen Friedensbruch oder eine Angriffshandlung voraus.[550] Will also die Generalversammlung aufgrund „Uniting-For-Peace" tätig werden, so muß es die Befugnis haben, das Vorliegen deren Voraussetzungen festzustellen.
Allerdings liegt das Ziel der Tätigkeit der Generalversammlung wie im Fall des Sicherheitsrats in der Aufrechterhaltung oder Wiederherstellung des internationalen Friedens und der internationalen Sicherheit, also nicht in der Feststellung der Rechtmäßigkeit von Gewaltanwendung.[551]
Entscheidend ist jedoch, daß es zur Eröffnung der Befugnisse des Sicherheitsrates bzw. der Generalversammlung nicht notwendig ist, eine Angriffshandlung, also einen Verstoß gegen das Gewaltverbot, festzustellen. Bereits aufgrund der Feststellung einer Friedensbedrohung ist die Anwendbarkeit von Kap. VII UNCh. eröffnet. Die Feststellung einer Angriffshandlung, gar die Benennung

---

[548] GA res. 377 (V) v. 3.11.1950, Text in: UNYB 1950, 193-195; dt. Text in Berber, Dokumente Bd. I, 1967, 63-67

[549] Nolte, S. 955

[550] der Beschluß heißt in der entscheidenden Passage: „(Die Generalversammlung) beschließt, daß, falls der Sicherheitsrat mangels Einstimmigkeit seiner ständigen Mitglieder es in einem Fall einer offenbaren Bedrohung des Friedens, eines Friedensbruchs oder einer Angriffshandlung unterläßt, seine erstgegebene Verantwortung für die Aufrechterhaltung des internationalen Friedens und der Sicherheit auszuüben, die Generalversammlung unverzüglich die Angelegenheit beraten soll, um den Mitgliedern geeignete Empfehlungen für Kollektivmaßnahmen zu geben, im Falle des Friedensbruchs oder einer Angriffshandlung auch für den Gebrauch bewaffneter Kräfte, wenn das nötig ist, um den internationalen Frieden und die internationale Sicherheit aufrechtzuerhalten oder wiederherzustellen." Zitiert aus Berber, Dokumente, S. 64

[551] GA res. 377 (V), 3.11.1950

des rechtswidrigen Aggressors, provoziert die Ausübung des Vetos mindestens eines der ständigen Mitglieder im Sicherheitsrat. Es besteht insofern überhaupt kein Interesse seitens des Sicherheitsrates, die Rechtmäßigkeit zwischenstaatlicher Gewaltanwendung festzustellen.[552]
Die für beide bzw. alle Konfliktparteien verbindliche Feststellung der Rechtmäßigkeit zwischenstaatlicher Gewaltanwendung ist während des Verlaufs eines Konflikts durch kein hierfür legitimiertes Organ zu erwarten. Die Konfliktparteien sind daher Richter in eigener Sache und werden in einer bewundernswerten Konsequenz an der Rechtmäßigkeit ihres eigenen Verhaltens festhalten.[553]
Die Gefahr, daß sich die Kriegsparteien jeweils im Recht wähnen und deshalb die militärische Auseinandersetzung mit vermeintlich „gerechter" Härte führen, war Grund für die klare Trennung von Kriegs- und Friedensvölkerrecht. Insofern kann die Begründung, daß die Dichotomie des Völkerrechts überflüssig sei und jegliche Form der militärischen Auseinandersetzung mit dem Konzept des „bewaffneten Konflikts" geregelt werden könne, ebenfalls nicht überzeugen.
Der Begriff „bewaffneter Konflikt" wurde durch die vier Genfer Abkommen von 1949 eingeführt, um dem humanitären Völkerrecht unabhängig vom Vorliegen des völkerrechtlichen Kriegszustandes in jeder Form der bewaffneten Auseinandersetzung Geltung zu verschaffen. Zielrichtung des humanitären Völkerrechts war von je her der Schutz der Opfer bewaffneter Auseinandersetzungen. Es verpflichtet Staaten zum Einhalten eines Mindestmaßes von Menschlichkeit im Krieg und ähnlichen Auseinandersetzungen. Keineswegs stellt es eine Rechtsgrundlage für ein staatliches Verhalten dar, es stellt nur die Grenzen desselben auf. Es soll Staaten insbesondere nicht zur Gewalt-

---

[552] Die Praxis des Sicherheitsrats bestätigt diese Annahme: Im Zeitraum zwischen 1946 und 1996 beschloß der Sicherheitsrat insgesamt 129 Resolutionen, die zumindest Bezug auf Kap. VII UNCh. nahmen, davon lediglich 22 zwischen 1946 und 1989, immerhin jedoch 107 zwischen 1990 und 1996, vgl. Bailey/Daws, S. 272 (Tafel 13). Bei einer genaueren Untersuchung dieser insgesamt 129 Resolutionen ist festzustellen, daß lediglich vier Resolutionen über die allgemeine Feststellung der Bedrohung oder des Bruchs des Weltfriedens hinausgehen:
Im Rahmen des Korea-Konflikts die Resolutionen SR-Res. 1501 vom 25.06.1950, U.N. Doc. S/RES/1501 (1950): „Noting with grave concern the *armed attack* on the Republic of Korea by forces from North Korea...", SR-Res. 1511 vom 27.06.1950, U.N. Doc. S/RES/1511 (1950) sowie SR-Res. 1588 vom 07.07.1950, U.N. Doc. S/RES/1588 (1950): "Having determined that the *armed attack* upon the Republic of Korea by forces from North Korea constitutes a breach of the peace...". Diese Resolutionen konnten nur deshalb in diesem Wortlaut zustande kommen, da die UdSSR zum Zeitpunkt der Beschlußfassung den Sicherheitsrat boykottierte, vgl. Brammer, S. 466.
Im Rahmen des Rhodesien-Konflikts die Resolution SR-Res. 386 vom 17.03.1976, U.N. Doc. S/RES/386 (1976): „Gravely concerned at the situation created by the provocative and aggressive acts committed by the illegal minority regime in Southern Rhodesia against the security and territorial integrity of the People's Republic of Mozambique,..."

[553] Baxter, S. 71

anwendung als Rechtsgrundlage dienen, wie sich aus Abs. 4 der Präambel des Ersten Zusatzprotokolls zu den Genfer Abkommen von 1977 ergibt, wonach weder das Zusatzprotokoll noch die vier Genfer Abkommen so ausgelegt werden dürften, als rechtfertigten oder erlaubten sie eine Angriffshandlung oder sonstige mit der Charta der Vereinten Nationen unvereinbare Anwendung von Gewalt.

Nach dem Friedensrecht sind die Staaten daher verpflichtet, sich jeder zwischenstaatlichen Gewaltanwendung zu enthalten. Sie sind unter Geltung des Friedensrechts verpflichtet, den Verpflichtungen aus den völkerrechtlichen Verträgen nachzukommen, insbesondere die Menschenrechte zu wahren und schützen, zu denen sie sich vertraglich verpflichtet haben. Nur ausnahmsweise können sie sich von diesen Verpflichtungen befreien bzw. diese modifizieren, wenn sie sich im Kriegszustand oder im Notstand befinden.

Selbst im Falle der Ausübung legitimer Selbstverteidigung haben Staaten kein Recht, gegenüber unbeteiligten Drittstaaten, die keinen bewaffneten Angriff verüben, militärisch vorzugehen. Das Neutralitätsrecht ist Ausdruck dieses Grundsatzes. Zu Recht geht die weit überwiegende Meinung davon aus, daß die Anwendung des Neutralitätsrechts den Kriegszustand zwischen den Kriegführenden voraussetzt. Schließlich ist es ein Gebot der Rechtssicherheit, daß unbeteiligte Drittstaaten eindeutige Kenntnis von der Anwendung des Neutralitätsrechts haben, um ihren daraus erwachsenden Pflichten nachkommen zu können. Aufgrund der teils erheblichen Einschränkungen und Risiken, die sich aus der Anwendung des Neutralitätsrechts für Drittstaaten ergeben, bedarf es der eindeutigen Unterscheidung zwischen Friedens- und Kriegszustand, um dem Neutralitätsrecht eindeutige Geltung zu verschaffen.

Das Konzept des bewaffneten Konflikts kann dieser notwendigen Rechtsklarheit nicht gerecht werden. Der bewaffnete Konflikt wird als Faktum für die Anwendung des humanitären Völkerrechts vorausgesetzt. Der völkerrechtliche Kriegsbegriff setzt aber demgegenüber eine völkerrechtlich erhebliche Willenserklärung voraus, welche die Friedensordnung außer Kraft setzt und an deren Stelle das Kriegsvölkerrecht und das Neutralitätsrecht in Kraft setzt. Das Konzept des bewaffneten Konflikts richtet einen Appell an die Staaten, das Mindestmaß an Menschlichkeit einzuhalten. Der völkerrechtliche Kriegszustand dient den Kriegführenden und den Drittstaaten, sich auf einen bestimmten Rechtszustand einzurichten.

V. Zusammenfassung

Das traditionelle Kriegsvölkerrecht sowie das Humanitäre Völkerrecht beinhalten deutliche Grenzen der Kriegsführung. Hervorzuheben sind die zeitlichen Grenzen (finum belli pax est), die personellen Grenzen, wonach nur Kombattanten Ziele der militärischen Maßnahmen sein dürfen, sowie die räumlichen Grenzen, die sich insbesondere aus dem Neutralitätsrecht ergeben. Kriegshandlungen dürfen grundsätzlich nicht auf neutralem Staatsgebiet erfolgen.

Um diesen Grenzen Geltung zu verschaffen, ist das Kriegsvölkerrecht und das Humanitäre Völkerrecht unabhängig von der Rechtmäßigkeit der Kriegseröffnung für alle Kriegsparteien diskriminierungslos anzuwenden. Inwiefern also ein Staat unter der Geltung der Charta der Vereinten Nationen noch zwischenstaatliche militärische Gewalt anwenden darf, was Gegenstand des zweiten Teils der Untersuchung sein wird, ist für die Anwendung des ius in bello nicht relevant.

Teil 2: Grundlagen und Grenzen der Verbotsausnahmen

Das Gewaltverbot des Art. 2 Ziff. 4 UNCh. verbietet zwar die Gewaltanwendung in den zwischenstaatlichen Beziehungen. Die Charta gewährt aber als Ausnahme das Selbstverteidigungsrecht nach Art. 51 UNCh. Als weitere ungeschriebene Ausnahme wird zudem ein Recht auf Humanitäre Intervention diskutiert. Im Folgenden sollen diese beiden praktisch relevanten Ausnahmen sowohl nach ihren Voraussetzungen als auch nach den immanenten Grenzen untersucht werden.

I. Selbstverteidigungsrecht Art. 51 UNCh.

1. Voraussetzungen

Nach Art. 51 UNCh. beeinträchtigt die Charta „im Falle eines bewaffneten Angriffs gegen ein Mitglied der Vereinten Nationen keineswegs das naturgegebene Recht zur individuellen oder kollektiven Selbstverteidigung, bis der Sicherheitsrat die zur Wahrung des Weltfriedens und der internationalen Sicherheit erforderlichen Maßnahmen getroffen hat."
Die Voraussetzungen der Selbstverteidigung sind anhand des Wortlautes wie folgt zusammenzufassen: Es muß ein bewaffneter Angriff vorliegen, dieser muß in einer bestimmten Intensität erfolgen, muß sich gegen ein taugliches Angriffsobjekt richten und von einem tauglichen Angreifer geführt werden. Darüber hinaus muß eine gewisse Unmittelbarkeit zwischen Angriffs- und Selbstverteidigungshandlung liegen.

a. Bewaffneter Angriff

Bereits an dem Tatbestandsmerkmal „bewaffneter Angriff" („armed attack", „aggression armée") entzündet sich Streit. Eine einheitliche Definition des Begriffs ist bislang nicht möglich gewesen. Eine nähere Erläuterung dieses Tatbestandsmerkmals erfolgt in der Literatur vielmehr durch eine kasuistische Negativdefinition.
Die h.L. vertritt die Auffassung, daß der „bewaffnete Angriff" aus Art. 51 UNCh. nicht inhaltsgleich mit der „Drohung mit oder Anwendung von Gewalt" i.S.d. Art. 2 Ziff. 4 UNCh. ist. Die Konsequenz daraus ist, daß nicht gegenüber jeder durch Art. 2 Ziff. 4 UNCh. verbotenen bewaffneten Gewaltanwendung und erst Recht nicht deren Androhung die bewaffnete Selbstverteidigung ausgeübt werden darf. Wie aus dem verschiedenen Wortlaut hervorgeht, ist - bei aller Unbestimmtheit im einzelnen - „bewaffneter Angriff" i.S.d. Art 51 UNCh. gegenüber „Anwendung von und Drohung mit Gewalt" i.S.d. Art. 2 Ziff. 4

UNCh. der engere Begriff.[554] Diese „Lücke“ zwischen dem Gewaltverbot und dem Selbstverteidigungsrecht entspricht der Konzeption der Charta: Hiernach ist ein Rechtsbruch den Staaten eher zuzumuten, als daß die dagegen gerichtete Gewaltanwendung die Gefahr der Eskalation in den zwischenstaatlichen Beziehungen heraufbeschwört.[555] Die Konsequenz daraus ist, daß jeder Staat die verbotene Gewaltanwendung durch einen anderen Staat, soweit diese unterhalb der Schwelle des bewaffneten Angriffs bleibt, zwar nicht direkt dulden muß, aber ihr doch nur mit Mitteln begegnen darf, die selbst keine Gewaltanwendung oder auch nur die Drohung damit darstellen dürfen, auch wenn diese zumeist ineffektiv sein werden. Einzelstaatliche Gewalt soll im höchstmöglichen Maß ausgeschaltet werden. Bis hin zum bewaffneten Angriff wird es den Staaten zugemutet, auf bewaffnete Selbstverteidigung zu verzichten. Der überragenden Stellung, die in dem von der Charta entworfenen System der kollektiven Sicherheit der Sicherheitsrat einnimmt, entspricht es, daß der betroffene Staat sich in einer solchen Situation an den Sicherheitsrat wenden kann, welcher die Verstöße gegen Art. 2 Ziff. 4 UNCh. als Bruch des Friedens qualifizieren und Maßnahmen nach den Art. 41 und 42 UNCh. beschließen kann.[556]

Doch genau dort setzt die Kritik der Befürworter einer Ausweitung des Selbstverteidigungsrechts an, die allerdings in der Minderheit in der völkerrechtlichen Literatur sind.[557] Hiernach setze die Einschränkung des Selbstverteidigungsrechts gerade voraus, daß das kollektive Sicherheitssystem der Charta funktionstauglich ist und in der Praxis den einzelnen Staat vor Verstößen gegen das Gewaltverbot durch andere Staaten schützt. Da sich allerdings dieses System in seiner bislang mehr als fünfzigjährigen Geschichte kaum in der Lage gezeigt habe, diesen Schutz zu garantieren, müsse den einzelnen Staaten das Recht auf Reaktion auch auf Gewaltanwendungen unterhalb des bewaffneten Angriffs ermöglicht bzw. zurückgegeben werden. Im übrigen habe es auch unter Geltung der Charta unilaterale Zwangsmaßnahmen gegeben, welche nicht vom Selbstverteidigungsrecht gedeckt gewesen seien.[558] Das Gewaltverbot des Art. Ziff. 4 müsse aus dem Geist der Charta und der Notwendigkeit einer Gemeinschaftsordnung heraus interpretiert werden, nicht nach den Buchstaben einer einzelnen Vorschrift.[559]

---

[554] Dahm, Völkerrecht Bd. II, S. 413,414; Skubiszewski, Use of Force, S. 777 f.; Randelzhofer, Use of Force, S. 1253; Schindler, Grenzen des völkerrechtlichen Gewaltverbots, S. 16; Zanardi, Legittima difesa, S. 229; Wengler, Völkerrecht Bd. 2, S. 1057; Bothe, Gewaltverbot im allgmeinen, S. 16; Zourek, S. 113; Ronzitti, S. 11; Hakenberg, S. 225 Fn. 794; Blumenwitz, Das universelle Gewaltanwendungsverbot, S. 739

[555] Blumenwitz, Das universelle Gewaltanwendungsverbot, S. 739

[556] Simma/Randelzhofer, Charta Art. 51, Rn. 4

[557] Reisman, Coercion, S. 643; Reisman, Article 2(4,) S. 77

[558] Reisman, Article 2(4), S. 84

[559] Reisman, Coercion, S. 645

Dem ist allerdings entgegenzuhalten, daß das System der Charta in der Praxis zwar nicht die Staaten vor sämtlichen gewalttätigen Übergriffen unterhalb des bewaffneten Angriffs schützen konnte, jedoch während des über fünfzigjährigen Bestehens den Ausbruch großangelegter Konflikte bzw. die Eskalation kleiner Konflikte zu solchen verhindern konnte, gerade weil die Staaten in der Reaktion auf Verstöße gegen das Gewaltverbot Zurückhaltung zeigen mußten.
Festzuhalten bleibt demnach, daß im Rahmen der Charta nicht schon jede Verletzung des Gewaltverbots nach Art. 2 Ziff. 4 UNCh. einen bewaffneten Angriff i.S.d. Art. 51 UNCh. darstellt.
Nachdem die Charta der Vereinten Nationen den Begriff des „Angriffs" neben Art. 51 auch in den Art. 1 Ziff. 1, 39 und 53 verwendet, ohne diese jedoch zu präzisieren, haben sich seit 1950 die Vereinten Nationen zunächst durch die International Law Commission (ILC), später durch vier Sonderausschüsse der Generalversammlung um eine Definition des „Angriffs" bzw. der „Aggression" bemüht.[560] Diesen Bemühungen war zunächst kein Erfolg beschieden, so daß die Vollversammlung zwischenzeitlich erwog, das Problem der Aggressionsdefinition nicht weiter zu behandeln.[561] Die schließlich verabschiedete Resolution 3314 (XXIX) der Generalversammlung der Vereinten Nationen zur Definition des Begriffs der Aggression vom 14.12.1972[562] ist das Ergebnis der Arbeit des 1967 von der Vollversammlung eingesetzten dritten Sonderausschusses. Diesem hatten seit 1969 drei Definitionsentwürfe[563] vorgelegen, die erstmalig Einigungsmöglichkeit erkennen ließen. Während ursprünglich insbesondere die Sowjetunion die Verabschiedung einer die einzelnen Aggressionsakte enumerativ aufzählenden Definition anstrebte, sprachen sich die westlichen Staaten für eine Definition abstrakt-generellen Inhalts aus.[564] Die 1969 vorgelegten Definitionsentwürfe trugen erstmals beiden Positionen Rechnung und vermengten diese zu einer beide Ansätze verbindenden Mischform, durch die auch die letztlich verabschiedete Aggressionsdefinition gekennzeichnet ist. Damit war zwar eine Einigung auf einen Definitionstext erfolgt. Gerade der Kompromißcharakter, den die Aggressionsdefinition mithin aufweist, mußte aber fast erwartungsgemäß zu kontroversen Auffassungen über ihren Inhalt führen.[565] Abgesehen von diesen inhaltlichen Kontroversen wird ihr Wert auch in rechtlicher Hinsicht dadurch gemindert, daß sie nicht bindend ist, was sich aus ihrer Form einer Resolution der Generalversammlung ergibt, die nur empfehlenden Charakter hat.

---

[560] Bruha, S. 54; vgl. auch, Kersting, S 131
[561] Doc. A/PV 724
[562] GA-Res. 3314 (XXIX) v. 14. Dezember 1974 (im folgenden: Agressionsdefinition)
[563] Vorschlag der UdSSR, Doc. A/AC. 134/L. 12; Dreizehnmächtevorschlag von 1969, Doc. A/AC. 134/L. 16; Vorschlag der USA und ihrer Verbündeten (sog. Sechsmächtevorschlag), Doc. A/AC. 134/L. 17
[564] Randelzhofer, Aggressionsdefinition, S. 623; Kersting, S. 131
[565] Kersting, S. 131; Cassin/Debevoise/Kailes/Thompson, S. 592; Randelzhofer, Aggressionsdefinition, S. 623

Entscheidend ist im Zusammenhang mit Art. 51 UNCh., daß die Agressionsdefinition zur Konkretisierung des Begriffs der „Angriffshandlung" (act of aggression, acte d'aggression) im Sinne des Art. 39 UNCh. ergangen ist, nicht jedoch zur Definition des „bewaffneten Angriffs" i.S.d. Art. 51 UNCh. Dies ergibt sich sowohl aus Ziff. 2 und 4 der Präambel wie auch aus Art. 6, wonach die Definition keine Regelung des Selbstverteidigungsrechts gegen bewaffnete Angriffe enthält.[566] Darüber hinaus belegt die Entstehungsgeschichte der Resolution, daß eine Definition des bewaffneten Angriffs nicht beabsichtigt war.[567] Die Vereinigten Staaten wie auch andere westliche Staaten haben sich mit Nachdruck Tendenzen widersetzt, den „bewaffneten Angriff" in die Definition einzubeziehen.[568] Ebenso wie die Sowjetunion haben sie die Auffassung vertreten, daß die Begriffe „act of aggression" und „armed attack" nicht identisch seien.[569]

Dieser Auffassung schließt sich der weitaus überwiegende Teil des Schrifttums an. Nur vereinzelt, vor allem von französischsprachigen Autoren, wird vertreten, daß die zwei Begriffe zugleich und übereinstimmend geregelt wurden.[570]

Demgegenüber beschreibt die vorherrschende Literatur das Verhältnis der beiden Begriffe dahingehend, daß der Begriff „bewaffneter Angriff" gegenüber dem der „Angriffshandlung" der engere ist.[571]

Auch der IGH hat in seiner bisherigen Rechtsprechung keine Definition des Begriffs „bewaffneter Angriff" entwickelt. Selbst in seinem Nicaragua-Urteil[572], welches aus prozessualen Gründen[573] sich zwar ausschließlich auf Völkergewohnheitsrecht bezog, das nach Auffassung des IGH aber mit dem positiven Recht der UN-Charta korrespondiert, ist keine allgemeine Begriffsbestimmung

---

[566] Art. 6: „Nothing in this Definition shall be construed as in any way enlarging or diminishing the scope of the Charter, including its provisions concerning cases in which the use of force is lawful."

[567] Bruha, S. 111

[568] Stellungnahme des US-Vertreters, Doc. A/AC.134/SR. 113, insb. A/AC.134/SR.105, S. 17; A/AC.134/SR.108, S. 43; Stellungnahme der Vertreter Japans, Doc. A/AC.134/SR.112; Stellungnahme des Vertreters des Vereinigten Königreichs, Doc A/AC.134/SR.113

[569] Stellungnahme des Vertreters der UdSSR, Doc. A/AC.134/SR.105, S. 16; Stellungnahme des US-Vertreters, Doc. A/AC.134/SR.105, S. 17; ähnlich auch der Abs. 2 des von 13 „blockfreien" Staaten vorgelegte Entwurfs einer Aggressionsdefinition: „...that armed attack (armed aggression) is the most serious and dangerous form of agression..."

[570] Chaumont, S. 128; Rambaud, S. 878

[571] Bowett, Self-Defence, S. 192; Dahm, Völkerrecht Bd. II, S. 390; Blumenwitz, Das universelle Gewaltanwendungsverbot, S. 739; Bothe, Das Gewaltverbot im allgemeinen, S. 16; Meier, S. 16; Bothe, Definition der Aggression, S. 137, Anm. 27; Klein, S. 186; Rifaat, S. 125; Wengler, Das völkerrechtliche Gewaltverbot, S. 7

[572] Military and Paramilitary Activities in and against Nicaragua (Nicaragua v. United States of America), ICJ Reports 1986, 14

[573] die beklagten USA haben einen Vorbehalt bezüglich der Anwendung des Art. 51 UNCh. angebracht

ersichtlich. Eine solche scheint der IGH zwar vorauszusetzen, wenn er feststellt: „There appears now to be general agreement on the nature of the acts which can be treated as constituting armed attacks".[574] Allerdings beläßt er es bei dieser Feststellung und gibt statt einer generellen Definition vielmehr ein Beispiel für einen „bewaffneten Angriff", wie er in Art. 3 (g) der Aggressionsdefinition beschrieben wird.[575]
Das Römische Statut des Internationalen Strafgerichtshofs[576] vom 17. Juli 1998 erklärt in Art. 5 Abs. 1 lit. d) das Verbrechen der Aggression zur Zuständigkeit des Internationalen Strafgerichtshofs. Eine Definition dieses Verbrechens ist jedoch erst zu einem späteren Zeitpunkt beabsichtigt, Art. 5 Abs. 2.

Festzuhalten bleibt, daß gegenwärtig trotz vielfältiger Bemühungen keine allgemeine Begriffsbestimmung für den „bewaffneten Angriff" i.S.d. Art. 51 UNCh. existiert. Es ist daher vielmehr im Einzelfall zu prüfen, ob ein bewaffneter Angriff vorliegt, wobei die Heranziehung der Aggressionsdefinition, wie es auch der IGH im Nicaragua-Urteil getan hat, wertvolle Hinweise geben kann.[577]

b. Einzelne Fälle des „bewaffneten Angriffs"

Die Aggressionsdefinition der Generalversammlung nennt in Art. 3 sieben Beispiele für eine Aggression, wobei in Art. 4 klargestellt wird, daß diese Aufzählung nicht abschließend und daß daneben andere Handlungen ebenfalls eine Agression nach den Bestimmungen der Charta darstellen können.

aa. Invasion

Als erstes Beispiel nennt die Aggressionsdefinition die Invasion: „The invasion or attack by the armed forces of a State of the territory of another State, or any military occupation, however temporary, resulting from such invasion or attack, or any annexation by the use of force of the territory of another State or part thereof".
Die einer Invasion oder einem Angriff durch die Streitkräfte folgende militärische Besetzung des Gebiets eines anderen Staates stellt als Handlung dann einen bewaffneten Angriff dar, wenn die zugrundeliegende Invasion oder der Angriff selbst einen solchen darstellt. Der Zustand der Besetzung ohne

---

[574] ICJ Reports 1986, 103, § 195
[575] „In the view of the Court, this is to be understood as meaning not merely action by regular armed forces across an internatinal border, but also the sending by a State of armed bands on to the territory of another State, if such an operation, because of its scale and effects, would have been classified as an armed attack had it been carried out by regular armed forces. The Court quotes the definition of aggression annexed to General Assembly resolution 3314 (XXIX) as expressing customary law in this respect."
[576] BGBl. 2000 II, S. 1394
[577] Blumenwitz, Das universelle Gewaltanwendungsverbot, S. 739

bewaffnete Auseinandersetzungen hingegen gibt allein kein Recht zur Selbstverteidigung.[578] Das gilt erst recht dann, wenn sich eine Grenze zwischen den Staaten dauerhaft verfestigt hat oder ein nicht nur vorübergehender Waffenstillstand besteht. Eine Wiederaufnahme der Feindseligkeiten im Wege der Selbstverteidigung ist unzulässig.[579] Auch wenn bei Beendigung der Feindseligkeiten ein rechtswidriger Zustand herrscht, etwa durch rechtswidrige Besetzung fremden Gebietes, ist ein Recht auf Selbstverteidigung ausgeschlossen.[580] Art. 51 UNCh. ist nur auf den Fall des bewaffneten Angriffs beschränkt. Eine Gewaltanwendung zur Durchsetzung eines bestehenden Rechts oder zu dem Zweck, einen anderen Staat von einem völkerrechtswidrigen Verhalten abzubringen, ist durch Art. 51 UNCh. nicht zu rechtfertigen.[581]

bb. Bombardierung und Beschuß fremden Territoriums

Als zweites Beispiel einer Aggression wird in Art. 3 b) der Resolution aufgezählt: „Bombardment by the armed forces of a State against the territory of another State or the use of any weapons by a State against the territory of another State".

Hierbei ist zunächst festzuhalten, daß sich Art. 3 b) - nicht zuletzt in Abgrenzung zu Art. 3 d) der Definition - sich auf die Bombardierung und Anwendung von territorial wirkender Waffengewalt beschränkt.[582] Insofern ist dies wie Art. 3 a) ein klassischer Fall der gewalttätigen Konfrontation zweier Staaten.

cc. Blockade

Die in Art. 3 c) genannte Variante der Blockade bezieht sich nach dem Wortlaut ausschließlich auf den Zugang zu den Küsten und Häfen eines Staates[583]: „The blockade of the ports or coasts of a State by the armed forces of another State". Den landumschlossenen Staaten gelang es nicht, die Aufnahme eines entsprechenden Tatbestandes, der die Unterbrechung des Transits über fremdes Territorium zur offenen See erfaßt, in die Aggressionsdefinition aufzunehmen.[584] Die Mehrzahl der Staaten waren offensichtlich nicht gewillt, die Sperrung des Durchgangsverkehrs zur offenen See über Land als „Aggression"

---

[578] Simma/Randelzhofer, Charta Art. 51, Rn. 21; Bruha, S. 246

[579] Schulze, S. 758 Rn. 24; Greenwood, Self-Defence, S. 275

[580] Schindler, Grenzen des völkerrechtlichen Gewaltverbots, S. 30

[581] Simma/Randelzhofer, Charta Art. 51, Rn. 14; Verdross/Simma, § 470; Randelzhofer, Use of Force, S. 1253; Bryde, S. 379; Hailbronner, S. 73-75; Wengler, Das völkerrechtliche Gewaltverbot, S. 15; Higgins, R., The Development of International Law through the Political Organs of the United Nations (1963), S. 200-201

[582] Kersting, S. 137

[583] Simma/Randelzhofer, Charta Art. 51, Rn. 22

[584] Bruha, S. 251-254

und demnach erst recht nicht als „bewaffneten Angriff“ zu werten.[585] Immerhin wurde als Kompromiß ein Statement des befaßten Sonderausschusses abgegeben, wonach „The Sixth Committee agreed that nothing in the definition, and in paticular Article 3 (c), shall be construed as a justification for States to block, contrary to international law, the routes of free access of a land-locked country to and from the sea.“[586], welches jedoch nicht Inhalt des Resolutionstextes wurde. Die Bedeutung dieses Statements wurde äußerst unterschiedlich - von der Einbeziehung einer Landblockade in die Definition bis zur rechtlichen Bedeutungslosigkeit des Statements - gewertet, so daß zumindest mangels Konsenses diese Form der Blockade nicht mit den aufgezählten Aggressionen gleichgesetzt werden kann.[587]
Es erscheint darüber hinaus sehr fraglich, ob bereits eine bloße Seeblockade, auch mit militärischen Mitteln, als „bewaffneter Angriff“ i.S.d. Art. 51 UNCh. einzustufen ist mit der Konsequenz, daß hiergegen gewaltsame Selbstverteidigung erlaubt wäre. Durch die Einengung des politischen Handlungsspielraumes des Staates mag zwar eine Verletzung dessen territorialer Integrität vorliegen,[588] welche eine Verletzung sowohl des Interventionsverbots als auch des allgemeinen Gewaltverbots darstellen wird. Allerdings löst ein Verstoß gegen das Gewaltverbot des Art. 2 Ziff. 4 UNCh. allein noch nicht das Selbstverteidigungsrecht des Art. 51 UNCh. aus, sondern erst ein „bewaffneter Angriff“. Ein solcher wird bei einer bloßen Seeblockade aber erst dann anzunehmen sein, wenn in deren Rahmen bewaffnete Truppen das Territorium des zu blockierenden Staates in nicht unerheblichem Umfang angreifen bzw. betreten. Aber dann ist nicht mehr von einer Seeblockade auszugehen, sondern vielmehr von der Verwirklichung der Tatbestände des Art. 3 a) und b) der Definition. Eine Seeblockade allein kann nicht einen „bewaffneten Angriff“ i.S.d. Art. 51 UNCh. darstellen.[589] Im Hinblick auf den konfliktbegrenzenden Charakter des Art. 51 UNCh. ist eine gewaltsame Selbstverteidigung gegen eine bloße Seeblockade nicht wünschenswert, da die Selbstverteidigung zwangsläufig grenzüberschreitend und damit konflikteskalierend wäre.
Über die Definition hinaus stellt sich allerdings die Frage, inwiefern andere Blockaden einen „bewaffneten Angriff“ darstellen können. Im Hinblick auf den Beispielscharakter des Art. 3 der Definition (vgl. Art. 4) kommen als weitere Blockadeformen die Land-Seeblockade, also das Abschneiden des Landzugangs zum offenen Meer, als auch die einfache Land- und Luftblockade, die nicht unbedingt den Zugang zum Meer versperren muß, in Betracht. In Extremfällen kann eine Totalblockade aller Versorgungswege eines Staates zu See, Land und Luft zu einer der militärischen Invasion gleichstehenden Beeinträchtigung

585 Simma/Randelzhofer, Charta Art. 51, Rn. 22
586 Report of the Sixth Committee, Doc. A/9890, paras. 8 f.
587 Bruha, S. 253
588 so Kersting, S. 137
589 a.A. Simma/Randelzhofer, Charta Art. 51, Rn. 22; Kersting, S. 137; Hailbronner, Die Grenzen des völkerrechtlichen Gewaltsverbots S. 76; Wengler, S. 10, 11

führen.[590] Ob hierin ein bewaffneter Angriff zu sehen ist, ist zweifelhaft. Jedenfalls ist an eine solche einem Angriff nahekommenden Maßnahme ein sehr hoher Maßstab hinsichtlich der Intensität[591] zu stellen, um nicht die Konturen des Art. 51 UNCh. zu verwischen.

dd. Angriff auf Land-, See- und Luftstreitkräfte sowie die zivile See- oder Luftflotte

Als viertes Beispiel einer Aggression nennt die Resolution: „An attack by the armed forces of a State on the land, sea or air forces, or marine and air fleets of another State". Im Gegenschluß zu Art. 3 a) und b) der Resolution handelt es sich hierbei um Angriffe auf Außenpositionen, also außerhalb des Heimatstaates der Angriffsobjekte, da der Angriff innerhalb des Territoriums des Heimatstaates bereits die vorherigen Beispiele verwirklichen würde. Art. 3 d) stellt klar, daß nur der Angriff auf Streitkräfte und auf die zivile See- oder Luftflotte eine Aggression nach der Definition darstellt. Nicht zu diesen Außenpositionen werden demnach diplomatische Vertretungen oder einzelne Staatsangehörige gezählt, die als Ziel eines Angriffs ebenfalls in Frage kommen können. Es fehlt dennoch in der Literatur nicht an Versuchen, bei Angriffen auf solche ebenfalls ein Selbstverteidigungsrecht zu begründen.[592]
Hinsichtlich des Angriffs auf Land-, See- und Luftstreitkräfte liegt bei Vorliegen einer gewissen Intensität zweifellos ein bewaffneter Angriff i.S.d. Art. 51 UNCh. vor. Schwieriger ist die Beurteilung jedoch, wenn nur einzelne Kriegsschiffe bzw. militärische Luftfahrzeuge angegriffen werden. Nach einer Auffassung dürfen Kriegsschiffe, die auf Hoher See angegriffen werden, sich mit Waffengewalt zur Wehr setzen, ohne daß dabei auf eine Bestimmung der UN-Charta über Gewaltanwendung und Selbstverteidigung zurückgegriffen werden muß.[593] Nach anderer Ansicht ist dies auch ein „bewaffneter Angriff" i.S.d. Art. 51 UNCh., so daß sich Gegenwehr aus Art. 51 UNCh rechtfertigt.[594]
Der zweiten Auffassung ist der Vorzug zu geben. Nach beiden Meinungen ist Gegenwehr möglich, doch wendet die zweite Auffassung konsequent die UN-Charta an. Jede einzelstaatliche Gewalt ist grundsätzlich verboten, es sei denn sie ist gerechtfertigt. Nur bei strikter Anwendung der Charta können die Grenzen der Selbstverteidigung gezogen werden, insbesondere das ungeschriebene Erfordernis der Angriffsintensität des Art. 51 UNCh. ist insofern konfliktbegrenzend einzuhalten.
Anders liegt jedoch der Fall, wenn ein Kriegsschiff oder ein militärisches Luftfahrzeug innerhalb des Hoheitsgebietes eines anderen Staates von diesem

590 so Simma/Randelzhofer, Charta Art. 51, Rn. 22
591 siehe dazu unten b. cc.
592 siehe dazu unten
593 Schindler, Grenzen des völkerrechtlichen Gewaltverbots, S. 15, Skubiszewski, Use of Force, S. 772; Dahm, Verbot der Gewaltanwendung, S. 57
594 Simma/Randelzhofer, Charta Art. 51, Rn. 23

angegriffen wird. Ein Recht auf Selbstverteidigung ist hier nicht gegeben, da der Hoheitsstaat im Zweifel seine Hoheitsrechte wahrnimmt, im übrigen Schiffe oder Luftfahrzeuge im Hoheitsgebiet eines anderen Staates nicht mehr als Außenposten des Entsendestaates angesehen werden können.[595] Im Hoheitsgebiet eines anderen Staates besteht insofern kein Selbstverteidigungsrecht nach Art. 51 UNCh. Anderenfalls würde das Selbstverteidigungsrecht zugunsten eines unbegrenzten „self-help"-Anspruchs seine Begrenzungsfunktion einbüßen.

Während der Definitionsberatungen drangen die westlichen Staaten auf die Einbeziehung der zivilen See- und Luftflotte in den Schutzbereich der Definition, um so den ihrer Auffassung nach lebensnotwendigen zivilen See- und Luftverkehr aufrechtzuerhalten.[596]
Inwiefern ein Angriff auf die zivile See- oder Luftflotte ein Selbstverteidigungsrecht nach Art. 51 UNCh. begründet, ist umstritten. So sollen nach einer Ansicht militärische Zwangsmaßnahmen gegen einzelne zivile Schiffe oder Flugzeuge außerhalb des Hoheitsgebietes ihres Heimatstaates keine „bewaffneten Angriffe" sein, da solche Maßnahmen nicht mit Angriffen auf diesen Staat gleichgesetzt werden könnten.[597] Im Unterschied dazu soll ein Angriff auf die gesamte zivile See- oder Luftflotte (oder auch Raumflotte[598]), wie er in Art. 3 d) der Definition gemeint sei,[599] den betroffenen Staat insgesamt in Gefahr bringen und sei deshalb im Einzelfall als „bewaffneter Angriff" einzustufen.[600]
Für eine solche Unterscheidung gibt der Wortlaut des Art. 3 d) allerdings nichts her. Hier werden die zivile und die militärische Flotte gleichberechtigt genannt. Auch ein Rückgriff auf Art. 2 Ziff. 4 UNCh. kann eine solche Unterscheidung nicht begründen. Wie oben bereits gezeigt, liegt ein Verstoß gegen das Gewaltverbot nicht erst dann vor, wenn der betroffene Staat in seiner Gesamtheit, also politischen Unabhängigkeit gefährdet ist. Vielmehr ist jede zwischenstaatliche Gewalt verboten, wenn sie nicht ausnahmsweise gerechtfertigt ist. Insofern stellt jeder Angriff auf die zivile oder militärische See- und Luftflotte eine Aggression im Sinne der Definition dar. Eine solche Aggression stellt zudem dann einen „bewaffneten Angriff" i.S.d. Art. 51 UNCh. dar, wenn die notwendige Angriffsintensität vorliegt.
Wiederum ist jedoch nur ein Angriff auf Hoher See in der Lage, das Selbstverteidigungsrecht auszulösen. Im isländischen Fischereistreit haben sowohl

---

[595] so zutreffend Hailbronner, Grenzen des völkerrechtlichen Gewaltverbots, S. 69
[596] Bruha, S. 255
[597] Verdross/Simma, §§ 472, 473; Schindler, Grenzen des völkerrechtlichen Gewaltverbots, S. 15
[598] Harndt, S. 82
[599] Lagoni, S. 1842; so wohl auch Bothe, Definition der Aggression, S. 134
[600] Lagoni, S. 1842; Kersting, 137-138; offen insoweit Bothe, Definition der Aggression, S. 137

Großbritanniens als auch Island zugunsten ihrer zivilen Fischfangschiffe militärische Schutzmaßnahmen ergriffen, ohne daß dies von der Staatengemeinschaft und der internationalen Rechtssprechung als prinzipiell unzulässige Gewaltanwendung angesehen wurde.[601] Innerhalb eines staatlichen Hoheitsgebiets kann das Selbstverteidigungsrecht entsprechend der Rechtslage bei Kriegsschiffen jedoch nicht in Anspruch genommen werden.[602]

ee. Verletzung von Stationierungsabkommen

Nach Art. 3 e) der Aggressionsdefinition stellt der Einsatz von Streitkräften eines Staates, die sich im Hoheitsgebiet eines anderen Staates mit dessen Zustimmung befinden, unter Verstoß gegen die in der Zustimmung vorgesehenen Bedingungen, oder jede Verlängerung ihrer Anwesenheit in diesem Gebiet über das Ende der Zustimmung hinaus eine Aggression dar. Aus der Entstehungsgeschichte heraus ist erkennbar, daß es sich bei diesem Tatbestand um ein Zugeständnis vorwiegend der Großmächte an kleinere Staaten handelt.[603]

Inwiefern die Verwirklichung dieses Tatbestandes auch einen „bewaffneten Angriff" i.S.d. Art. 51 UNCh. darstellen kann, ist differenziert zu betrachten. Allein aus der militärischen Bewaffnung von Streitkräften auf fremden Boden läßt sich noch kein bewaffneter Angriff im Falle der Verletzung von Stationierungsabkommen herleiten. Auch hier muß gelten, daß ein völkerrechtswidriger Zustand allein kein Selbstverteidigungsrecht nach Art. 51 UNCh. gibt.[604]

Es muß vielmehr die Anwendung bewaffneter Gewalt vorliegen, die einer Invasion gleichkommt[605], da sich Invasion und bewaffnete Gewalt bereits auf fremden Territorium stationierter Streitkräfte lediglich dadurch unterscheiden, daß die Invasion von außerhalb erfolgt.[606]

---

[601] Hailbronner, Grenzen des völkerrechtlichen Gewaltverbots, S. 71, wobei die Schwierigkeit bestand, daß Island einseitig Fischereizonen beanspruchte, die jedoch von Großbritannien nicht anerkannt wurden. Jedoch ist der Status quo, vergleichbar der Rechtslage bei der gewaltsamen Durchsetzung territorialer Gebietsansprüche, als durch das völkerrechtliche Gewaltverbot geschützt anzusehen, mit der Folge, daß ein bewaffneter Angriff gegen diesen Status Quo das Selbstverteidigungsrecht des Art. 51 UNCh. auslöst.

[602] Hailbronner, Grenzen des völkerrechtlichen Gewaltverbots, S. 68

[603] Randelzhofer, Aggressionsdefinition, S. 626

[604] Wengler, Das völkerrechtliche Gewaltverbot, 1967, S. 9; a.A. Meier, AVR 16, S 382 und Kersting, S 138, die jede Verletzung eines Truppenstationierungsvertrags als „bewaffneten Angriff" sehen

[605] Simma/Randelzhofer, Charta Art. 51, Rn. 27; Bruha, S. 248-249; Bothe, Definition der Aggression, S. 135

[606] Kersting, S. 138

ff. Angriffe auf diplomatische Vertretungen

Die Agressionsdefinition enthält in Art. 3 d) als Beispiel eines Angriffs auf Außenposten lediglich den Angriff auf Land-, See- oder Luftstreitkräfte bzw. auf die See- und Luftflotte eines anderen Staates. Da allerdings nach Art. 4 der Definition die Beispiele nicht abschließend sind, werden Vergleiche zu den in der Agressionsdefinition genannten Außenpositionen eines Staates mit anderen Außenposten teilweise vorgenommen. Hierher gehören insbesondere Angriffe auf diplomatische Missionsgebäude. So haben die USA den Überfall auf ihre Botschaft in Teheran, für den sie die iranische Regierung verantwortlich hielten, als einen bewaffneten Angriff i.S.d. Art. 51 UNCh. angesehen, der sie zu militärischen Gegenmaßnahmen, nämlich dem Versuch, die Geiseln durch eine militärische Aktion zu befreien, berechtigt habe.[607]

Diese Auffassung vermag jedoch nicht überzeugen. Zunächst muß ein bewaffneter Angriff grenzüberschreitend sein, um diesen von interner Gewalt abzugrenzen. Eine Botschaftsbesetzung findet jedoch nicht im Hoheitsgebiet des Entsendestaates statt, so daß es am grenzüberschreitenden Charakter fehlt. Ein anderes Ergebnis wäre nur zu erzielen, wenn von Exterritorialität ausländischer Missionen ausgegangen würde. Diese früher angenommenen rechtliche Konstruktion wird jedoch heute von der ganz herrschenden Meinung abgelehnt.[608]

Auch eine Gleichstellung mit den in der Agressionsdefinition genannten „Außenposten" ist nicht überzeugend, da – wie oben bereits dargestellt für Schiffe und Luftfahrzeuge – diese jedenfalls nicht den Schutz des Selbstverteidigungsrechts aus Art. 51 UNCh. genießen, solange sie sich in fremden Hoheitsgebiet befinden. Es gehört jedoch zur Natur diplomatischer Missionen, sich in fremden Hoheitsgebiet zu befinden.

Ein Angriff auf diplomatische Missionen rechtfertigt daher jedenfalls keine Selbstverteidigungsmaßnahmen i.S.d. Art. 51 UNCh.[609]

---

[607] Report by the United States to the Security Council on 25 April 1980, U.N. Doc. S/13908 (25. April 1980): „Pursuant to Art. 51 of the Charter of the United Nations"; in Case concerning United States Diplomatic and Consular Staff in Tehran, ICJ Reports 1980, S. 3 ff. ging der IGH davon aus, daß die Besetzung der US-amerikanischen Botschaft in Teheran als solche dem Iran nicht zugerechnet werden konnte. Der Iran habe jedoch nach ähnlichen früheren Vorfällen es schuldhaft unterlassen, die amerikanische Botschaft ausreichend zu schützen, ICJ Reports 1980, S. 31 § 63; die fortdauernde Gefangenschaft der Geiseln rechnete der IGH dem Iran demgegenüber unmittelbar zu, da die iranische Regierung das Vorgehen durch Billigung und Unterstützung zum eigenen Handeln gemacht habe, ebd. S. 35 § 74

[608] siehe nur Ipsen, Völkerrecht, S. 491 unter Bezug auf die Präambel des Wiener Übereinkommens über diplomatische Beziehungen v. 18. April 1961; Hakenberg, S. 226

[609] der IGH hat in der Entscheidung Case concerning United States Diplomatic and Consular Staff in Tehran, ICJ Reports 1980, S. 44 §§ 93 und 94, ausdrücklich die Frage der Rechtmäßigkeit des US-amerikanischen Befreiungsversuchs unbeantwortet gelassen, da diese nicht Gegenstand des Verfahrens war. Er hat jedoch seiner Verärgerung deutlich Ausdruck verliehen, daß die Vereinigten Staaten noch während des seitens der USA

gg. Angriffe auf Staatsangehörige in einem fremden Staat

Als einen weiteren Fall des Angriffs auf Außenpositionen wird teilweise die Gefährdung Staatsangehöriger eines anderen Staates gewertet. Die in der Staatenpraxis mehrfach vorgenommenen Rettungsaktionen zum Schutze eigener Staatsangehöriger im Ausland,[610] sollen nach dieser Auffassung ebenfalls durch Art. 51 UNCh. gerechtfertigt sein. So wird in der Literatur teilweise vertreten, die Gewaltanwendung eines Staates auf seinem Territorium gegenüber fremden Staatsangehörigen sei ein bewaffneter Angriff auf deren Heimatstaat i.S.d. Art. 51 UNCh.[611] Argumentiert wird dabei, daß diese aufgrund ihrer Staatsangehörigkeit Teil des Staatsvolkes und somit konstitutives Element des Heimatstaates seien, so daß ein Angriff auf Staatsangehörige im Ausland zugleich ein Angriff auf deren Heimatstaat sei.

Eine solche Argumentation vermag hingegen nicht zu überzeugen. Ein Staat ist durch einen solchen Angriff nicht in seiner Gesamtheit oder in seiner Eigenschaft als Staat betroffen. Regelmäßig halten sich die Staatsangehörigen freiwillig in dem fremden Staat auf, unterwerfen sich insofern freiwillig der Staatsgewalt des Gaststaates. Es ist auch wenig nachvollziehbar, inwiefern ein einzelner Staatsangehöriger konstitutives Element des Heimatstaates sein kann. Zu Recht wird daher diese Konstruktion von der überwiegenden Literatur abgelehnt.[612] Nicht zuletzt würde eine solche extensive Interpretation des „bewaffneten Angriffs“ zur Auflösung der Konturen des Selbstverteidigungsrechts führen.[613]

Auch in der Praxis der Vereinten Nationen wird ein Selbstverteidigungsrecht nach Art. 51 UNCh. nicht angenommen. Als der Irak während des Irak-Kuwait-

---

angestrengten Verfahrens vor dem IGH militärische Maßnahmen im Iran ergriff. Zeigte der IGH zwar Verständnis für die Motive der Vereinigten Staaten, ist jedoch wohl eher, wenn auch mit aller Vorsicht, davon auszugehen, daß auch der IGH die Befreiungsaktion als nicht vom Selbstverteidigungsrecht gerechtfertigt ansah.

610 Interventionen, bei denen zumindest auch als Rechtfertigung der Schutz eigener Staatsangehöriger genannt wurde, waren: die Intervention Großbritanniens im Rahmen der Suez-Krise 1956, der Vereinigten Staaten im Libanon 1958, Belgiens im Kongo 1960, der Vereinigten Staaten in der Dominikanischen Republik 1965, Israels in Uganda (Entebbe) 1976, Ägyptens auf Zypern 1978, der Vereinigten Staaten im Iran 1980, der Vereinigten Staaten auf Grenada 1983, der Vereinigten Staaten in Panama 1989, Belgiens in Ruanda 1990 sowie Deutschlands in Albanien 1997; vgl. Beyerlin, Humanitarian Intervention, S. 928, 932; Ronzitti, S. 28-41

611 Franzke, Angriffe auf Staatsangehörige im Ausland, S. 146; Strebel, Geiselbefreiung in Entebbe, S. 705; mit abweichender Begründung, daß dies jedenfalls von einem gewohnheitsrechtlichen Selbstverteidigungsrecht gedeckt sei: Bowett, Self-Defence, S. 91 ff.; Bowett, Interrelation, S. 44; D'Angelo, S. 501; Henkin, How Nations Behave, S. 145; Paasche, S. 390; Hailbronner, Grenzen des völkerrechtlichen Gewaltverbots, S. 106; Kunig, S. 350; Schweisfurth, S. 179-180; Umozurike, S. 391

612 Verdross/Simma, § 1338; Ronzitti, S. 11; Schindler, Grenzen des völkerrechtlichen Gewaltverbots, S. 21; Beyerlin, Israelische Befreiungsaktion, S. 220; Kewenig, S. 205; Hakenberg, S. 227; Westerdiek, S. 396

613 Simma/Randelzhofer, Charta Art. 51, Rn. 26

Konflikts ausländische Staatsangehörige zum Zwecke der „Verwendung als menschliche Schutzschilde“ gegen erwartete militärische Maßnahmen verschleppte, faßte der Sicherheitsrat zwar eine Resolution nach Kapitel VII der UNCh., in der er dieses Handeln des Irak als „völkerrechtswidrig“ qualifizierte. Eine Angriffshandlung nach Art. 39 UNCh. stellte er, im Gegensatz zu der Besetzung Kuwaits,[614] allerdings nicht fest.[615] Auch in den übrigen markanten Fällen gab es zwar keine ausdrücklichen Verurteilungen von Rettungsaktionen, allerdings stellte der Sicherheitsrat zu keinem Zeitpunkt Angriffshandlungen des fremde Staatsangehörige bedrohenden Staates fest und dementsprechend kein Selbstverteidigungsrecht nach Art. 51 UNCh. des eingreifenden Staates.[616] Der Versuch der USA, die amerikanischen Geiseln aus dem Iran zu befreien, stieß zwar teilweise auf Verständnis, von der überwiegenden Zahl der Staaten wurde aber ein Selbstverteidigungsrecht der USA i.S.d. Art. 51 UNCh. abgelehnt.[617]

Es bleibt festzuhalten, daß militärische Rettungsaktionen zugunsten eigener Staatsangehöriger im Ausland zumindest nicht durch das Selbstverteidigungsrecht nach Art. 51 UNCh. gerechtfertigt sind.

c. Angriffsintensität

Weitere Voraussetzung eines „bewaffneten Angriffs“ i.S.d. Art. 51 UNCh. ist das Vorliegen einer gewissen Angriffsintensität. Dies ist ganz herrschende Meinung.[618] So hat der IGH in seinem Nicaragua-Urteil ebenfalls als Voraussetzung für das Selbstverteidigungsrecht eine gewisse Angriffsintensität vorausgesetzt.[619] Dies ergibt sich auch aus dem System der VN-Charta, wonach sich alle Mitglieder in ihren internationalen Beziehungen der Drohung mit oder der Anwendung von Gewalt enthalten und sich statt dessen dem System kollektiver Sicherheit unterwerfen sollen.[620] Das Gewaltverbot des Art. 2 Ziff. 4 UNCh. soll zwischenstaatliche Gewalt so weit als möglich ausschließen. Der Begriff des „bewaffneten Angriffs“ i.S.d. Art. 51 UNCh. als Voraussetzung einer restriktiv zu interpretierenden Ausnahme dieses Grundsatzes muß daher viel enger gefaßt sein. Diese Restriktion kann nur über das Erfordernis der Angriffsintensität erfolgen.

---

[614] SR-Res. 660 v. 2.8.1990, U.N. Doc. S/RES/660 (1990); SR-Res. 661 v. 6.8.1990, U.N. Doc. S/RES/661 (1990)

[615] SR-Res. 664 v. 18.8.1990, U.N. Doc. S/RES/664 (1990)

[616] AdG 46 (1976), 20357, 20358 (Entebbe); UN Chronicle Bd. 13 (1976) No. 1, 15; SCOR, 15th Year, 873rd. Mtg., 40,41

[617] AdG 50, 23500

[618] Simma/Randelzhofer, Charta Art. 51, Rn. 19; Randelzhofer, Use of Force, S. 1253; Blumenwitz, Das universelle Gewaltanwendungsverbot, S. 739; Wengler, S. 14; Schulze, S. 755

[619] ICJ Reports 1986, 14 (103),

[620] Blumenwitz, Friedenssicherung, Rn. 1

Für militärische Gewalt unterhalb dieser Intensitätsschwelle wird zwar diskutiert, ob neben dem Selbstverteidigungsrecht des Art. 51 UNCh. weiterhin ein gewohnheitsrechtliches Selbstverteidigungsrecht besteht. Um sich aber auf Art. 51 UNCh. berufen zu können, muß sich der betroffene Staat einem Angriff von gewisser Intensität ausgesetzt sehen.

aa. Geringfügigkeitsklausel Art. 2 Aggressionsdefinition

Die Beispielsfälle der Aggressionsdefinition unterliegen der in Art. 2 der Resolution normierten „Geringfügigkeitsklausel", die im ersten Teil eine *prima-facie*-Beweisregel und im zweiten Teil eine Ermessensregel enthält. Hiernach wird dem Sicherheitsrat das Ermessen eingeräumt, Handlungen, die an sich unter einen der Tatbestände des Art. 3 fallen, nicht als Angriffshandlung zu qualifizieren „angesichts anderer bedeutsamer Umstände, einschließlich der Tatsache, daß die betreffenden Handlungen oder ihre Folgen nicht von ausreichender Schwere sind." Unterliegen die beispielhaft aufgezählten Angriffshandlungen der Resolution also einer Geringfügigkeitsprüfung, so kann erst recht nicht automatisch vom Vorliegen eines „bewaffneten Angriffs" i.S.d. Art. 51 UNCh. ausgegangen werden.

Es ist daher jeweils zu untersuchen, ab welcher Intensität die Angriffshandlungen der Resolution einen „bewaffneten Angriff" darstellen.

Eine in Art. 3 a) 1. Alternative genannte Invasion, also das gewaltsame Eindringen ohne oder gegen den Willen des Gebietsstaates unter Verletzung der territorialen Souveränität, stellt in groß angelegtem Umfang zweifelsohne einen „bewaffneten Angriff" i.S.d. Art 51 UNCh. dar. Bei der großangelegten Invasion und Besetzung Kuwaits durch irakische Truppen im August 1990 hat der Sicherheitsrat daher umgehend eine Angriffshandlung des Irak festgestellt und auf das Selbstverteidigungsrecht aus Art. 51 UNCh. Bezug genommen.[621] Hingegen können bloße Grenzzwischenfälle geringeren Umfangs nicht schon als Angriffshandlung und demnach erst recht nicht als „bewaffneter Angriff" angesehen werden, wie etwa der vorübergehende und kurzzeitige Übertritt einer bewaffneten Grenzpatrouille auf das Gebiet eines anderen Staates.[622]

Für die zweite Alternative des Art 3 a),„Angriff durch die Streitkräfte eines Staates", muß selbiges gelten. „Angriffe" erreichen nicht ausnahmslos eine Intensität, die einen „bewaffneten Angriff" darstellt.[623] Bloße kurzzeitige Grenzscharmützel rechtfertigen daher noch keine groß angelegte Selbstverteidigung nach Art. 51 UNCh.

Ähnliches gilt für Art. 3 Ziff. b: „Beschießung", „Bombardierung" und „Anwendung von Waffen" sind zwar essentielle Voraussetzungen eines Angriffs, erreichen aber nicht ausnahmslos die Intensität eines „bewaffneten

---

[621] SR-Res. 660 v. 2.8.1990, U.N. Doc. S/RES/660 (1990)

[622] Simma/Randelzhofer, Charta Art. 51, Rn. 19

[623] Simma/Randelzhofer, Charta Art. 51, Rn. 20

Angriffs" i.S.d. Art. 51 UNCh.[624] Ein bloßer Grenzzwischenfall[625] oder gar eine versehentliche Bombardierung etwa durch Irrläufer kann das Selbstverteidigungsrecht nach Art. 51 UNCh. noch nicht auslösen.

Bei Angriffen auf die Land-, See- oder Luftstreitkräfte eines Staates, wie sie Art. 3 d) 1. Alternative der Definition nennt, bestehen in der Literatur unterschiedliche Auffassungen, wann hierdurch die Intensität eines „bewaffneten Angriffs" erreicht wird. Einigkeit besteht nur, daß Angriffe auf die Streitkräfte in ihrer Gesamtheit ohne weiteres die Intensität eines „bewaffneten Angriffs" erreichen.[626]
Unbestritten ist zwar auch, daß ein einzelnes Kriegsschiff auf hoher See bzw. ein einzelnes Kampfflugzeug im hoheitsfreien Luftraum im Falle eines Angriffs durch fremde Streitkräfte sich unter Einsatz von Gewalt verteidigen dürfen. Inwiefern dies das Selbstverteidigungsrecht eines Staates nach Art. 51 UNCh. auslöst, ist jedoch umstritten. Ein Teil der Literatur[627] sieht hierin keine Selbstverteidigung nach Art. 51 UNCh. und somit keinen vorausgegangenen „bewaffneten Angriff" im Sinne dieser Vorschrift, während ein anderer Teil der Literatur ohne weiteres einen „bewaffneten Angriff" und somit Selbstverteidigung nach Art. 51 UNCh. annimmt.[628]
Der letzteren Auffassung ist zuzustimmen. Grundsätzlich muß es einem Staat unbenommen bleiben, auch einem einzelnen Kampfschiff oder Kampfflugzeug mit seinen Mitteln zu Hilfe zu kommen. Um die Gefahr einer Eskalation allerdings zu verhindern, sind im Falle des Angriffs auf einzelne Teile der Luft- und Seestreitkräfte die Grenzen der Selbstverteidigung über das Prinzip der Unmittelbarkeit und Verhältnismäßigkeit eng zu ziehen. Nur solange der Angriff auf das einzelne Kampfflugzeug oder Kampfschiff andauert, darf der Staat Selbstverteidigung üben. Die Selbstverteidigung muß sich auf die Verteidigung des Angriffsobjekts beschränken und darf nicht zu einer gewaltsamen Repressalie werden.[629]
Selbiges muß auch für den Fall der 2. Alternative des Art. 3 d) Agressionsdefinition gelten. Schon der Wortlaut stellt die Streitkräfte und die See- und Luftflotte eines Staates gleich. Die für Art. 51 UNCh. notwendige Angriffsintensität ist jedenfalls gegeben bei einem Angriff auf die zivile Luft- oder Seeflotte in ihrer Gesamtheit, durch die die staatliche Existenz bedroht wird. Denkbar ist dies etwa im Falle eines Angriffs auf die gesamte

[624] Simma/Randelzhofer, Charta Art. 51, Rn. 21; a.A. Kersting, S. 137, der allerdings zu der Frage der Angriffsintensität keine Stellung bezieht.
[625] so auch der IGH im Nicaragua-Urteil, ICJ Reports 1986, S. 103 § 195
[626] Simma/Randelzhofer, Charta Art. 51, Rn. 23; Kersting, S. 137 f.; Lagoni, S. 1841
[627] Dahm, JIR, S. 57 unter Verweis auf die Korfu-Kanal-Entscheidung des IGH 1949, S. 30f.; Skubiszewski, Use of Force, S. 773
[628] Lagoni, S. 1841 mit der Begründung, daß Kriegsschiffe wie Organe eines Staates anzusehen seien; Frowein, Jochen, Diskussionsbeitrag, in: Die Grenzen des völkerrechtlichen Gewaltverbots, DGVR 26 (1986), S. 146, 147
[629] siehe dazu unten

Fischereiflotte eines Staates, dessen wirtschaftliche Existenz vom Fischfang abhängt, z.B. Island.[630]
Aber auch bei einem Angriff auf ein einzelnes ziviles Schiff oder Luftfahrzeug muß gelten, daß es dem betroffenen Staat nicht verwehrt sein kann, dem Angriffsobjekt zu Hilfe zu eilen. Im Rahmen des ersten Golfkriegs zwischen Iran und Irak schützten vor allem die USA, Großbritannien und Frankreich ihre zivilen Handelsschiffe, später auch die von Drittstaaten, gegen bewaffnete Übergriffe beider Kriegführenden im Persischen Golf. Dies geschah zunächst durch militärischen Geleitschutz, später kam es auch zu kleineren Gefechten amerikanischer Marineeinheiten mit iranischen Streitkräften.[631]
Wie bei Angriffen auf Streitkräfte sind auch hier zur Vermeidung der Eskalation enge Grenzen hinsichtlich der Unmittelbarkeit und der Verhältnismäßigkeit für die Selbstverteidigungsmaßnahmen zu ziehen.
Hinsichtlich der Verletzung von Stationierungsabkommen, Art. 3 e) Aggressionsdefinition, muß neben der tatbestandlichen Verwirklichung die Angriffsintensität in einer der Invasion gleichkommenden Art vorliegen, um das Selbstverteidigungsrecht des Art. 51 UNCh. auszulösen.

bb. Summierung leichterer Angriffe

Im Rahmen der notwendigen Angriffsintensität stellt die Aufeinanderfolge einzelner leichterer Angriffe, die jeweils unterhalb der Schwelle des „bewaffneten Angriffs“ i.S.d. Art. 51 UNCh. verbleiben, in ihrer Gesamtheit allerdings eine solche Intensität erreichen können, eine besondere Problematik dar. Diese Angriffstaktik, in der völkerrechtlichen Literatur unter dem Begriff der „accumulation of events“[632] diskutiert, wird zumeist von irregulären Truppen oder Aufständischen benutzt, seltener hingegen von staatlichen Verbänden. So sah sich Israel im Nahost-Konflikt einer solchen Angriffstaktik der palästinensichen Guerillas ausgesetzt,[633] Frankreich im Algerienkrieg 1958 vom Staatsgebiet Tunesiens aus,[634] Großbritannien 1964 durch Freischärlern aus dem Jemen[635] sowie die Vereinigten Staaten bei Angriffen auf amerikanische Schiffe im Golf von Tonkin 1964.[636] Im Rahmen der Angriffsintensität kann zunächst dahingestellt bleiben, von welchen Akteuren diese Angriffsform ausgeht, dies ist vielmehr eine Frage der Zurechnung.[637]

---

630 Simma/Randelzhofer, Charta Art. 51, Fn. 90
631 Oeter, Neutralität und Waffenhandel, S. 112
632 Blumenwitz, Gewaltanwendungsverbot und Bekämpfung des grenzüberschreitenden Terrorismus, S. 739
633 Stone, Between Cease-Fire S. 344; Whiteman, S. 161; Moore, Legal Dimensions S. 74; Bowett, S. 5
634 Higgins, S. 200; Falk, S. 51, 77 f., 118; Poulantzas, The Right of Hot Pursuit, S. 20ff
635 Whiteman, S. 173; Bowett, Reprisals S. 8
636 Whiteman, S. 156; Bowett, Reprisals S. 8
637 siehe dazu unten c.

Die Zulässigkeit von Gewaltmaßnahmen gegen solche summierten Angriffe ist daher schwierig zu beurteilen, da hierbei regelmäßig die Grenzen zwischen antizipatorischer Selbstverteidigung, Selbstverteidigungsmaßnahmen zur Abwehr eines gegenwärtigen bewaffneten Angriffs und nachträglichen gewaltsamen Repressalien fließend sind. Während Ersteres wenn, dann nur in sehr engen Grenzen zulässig ist,[638] ist Letzteres nach der Satzung der Vereinten Nationen, Art. 2 Ziff. 4 nicht zulässig.[639]

Das Problem der fließenden Grenzen stellt sich aber erst bei der Ausführung der militärischen Gegenmaßnahmen, nämlich in der Frage, wann und wie umfangreich Gegenwehr (noch) zulässig ist. Grundsätzlich muß Selbstverteidigung nach Art. 51 UNCh. auch gegen „Nadelstichtaktiken" zulässig sein. Das Tatbestandsmerkmal der Angriffsintensität des Art. 51 UNCh. dient nach seinem Sinn und Zweck der Verhinderung von militärischen Maßnahmen gegen nur geringfügige Gewalttätigkeiten und damit der Eskalationsverhinderung. Es soll aber nicht dazu dienen, daß der Angreifer gefahrlos weitere kleinere Angriffe durchführen kann, solange er darauf achtet, jeweils unterhalb der Schwelle des „bewaffneten Angriffs" zu bleiben.[640] Das Kriterium der Angriffsintensität darf daher nicht zeitlich isoliert und auf einen bestimmten Akt beschränkt verstanden werden.[641] Beruhen die einzelnen Schläge auf einem Gesamtplan und erfolgen sie in einem engen zeitlichen Zusammenhang, wobei Angreifer und Angegriffene identisch sind, so muß dies das Selbstverteidigungsrecht des Art. 51 UNCh. zugunsten des Angegriffenen auslösen können.[642] Die engen Grenzen, in denen die Selbstverteidigung ausgeübt werden darf, sollen später näher aufgezeigt werden.[643]

---

638 siehe dazu unten

639 Seidl-Hohenveldern, Rn. 1778; Simma/Randelzhofer, Charta Art. 51, Rn. 14; Barsotti, S. 79 Anm. 1; Partsch, Self-Preservation, S. 218; Derpa, S. 23 Anm. 58

640 Blumenwitz, Das universelle Gewaltanwendungsverbot, S. 739

641 Simma/Randelzhofer, Charta Art. 51, Fn. 118

642 dies ist h.L.; Blumenwitz, Das universelle Gewaltanwendungsverbot, S. 739; Simma/Randelzhofer, Charta Art. 51, Fn. 118; Feder, S. 430; Feinstein, The Legality of the Use of Armed Force S. 385; Blum, S. 233; Dinstein, S. 224; O'Brien, S. 469, 476; Bowett, Reprisals, S. 9; Paasche, S. 392 Fn. 77; Baker, S. 39; Schachter, Right of States, S. 1638; Schachter, Use of force by a State against Terrorists S. 216, 220; Green, Armed Conflict, S. 435; Higgins, S. 201; zumindest indirekt Ago, YBILC 1980 II 1, S. 69f. (para 121); a.A. hingegen Panzera, S. 101 unter Verweis auf die SR-Praxis im Nahost-Konflikt; ebenso Intoccia, S. 206; Taulbee/Anderson, S. 332 unter Verweis auf die Staatenpraxis im Konflikt um portugiesische Kolonien, Süd-Rhodesien und Südafrika; Cocuzza, S. 208 aufgrund der Nichterwähnung der Doktrin in Art. 3 der Aggressionsresolution

643 siehe dazu unten

cc. Nichtmilitärische Aktionen, die von ihrer Intensität einem Angriff gleichkommen

Im Rahmen des Art. 2 Ziff. 4 UNCh. haben die Entwicklungsländer und die Ostblockstaaten immer wieder die Auffassung vertreten, politischer und wirtschaftlicher Zwang als andere Formen der Gewalt unterfielen auch dem Gewaltverbot. Ist dieser Ansatz in seiner Allgemeinheit kaum mit dem Wortlaut des Art. 2 Ziff. 4 UNCh. und der nachfolgenden Praxis der Generalversammlung zu vereinbaren,[644] werden aber vereinzelt in der völkerrechtlichen Literatur unter dem Stichwort „physische nichtmilitärische Gewalt" konkrete Fälle diskutiert, in denen ein Staat ähnlich einschneidend betroffen wird wie durch militärische Gewaltanwendung.[645]

Im Ergebnis in dieselbe Richtung gingen Ansätze aus der anglo-amerikanischen Literatur, welche einen Anspruch auf „self-help", „self-protection" oder „self-preservation" zu entwickeln versuchten. Hiernach sollte die Anwendung begrenzter Gewalt zum Schutze wesentlicher staatlicher Interessen unabhängig vom Bestehen einer Verteidigungssituation mit Art. 2 Ziff. 4 UNCh. vereinbar sein.[646]

Die bisherige Staatenpraxis spricht allerdings gegen einen solchen Anspruch. Der Ölboykott der arabischen Staaten 1973, der die Industrienationen in ihren wesentlichen Interessen beeinträchtigt hat, ist von den westlichen Staaten zu keinem Zeitpunkt als „Angriff" bezeichnet worden. Auch wenn entsprechende Überlegungen vereinzelt bestanden haben sollten - offiziell wurde nie ein militärischer Gegenschlag angedroht. Die Sowjetunion als Befürworterin der Ausdehnung des Gewaltverbots auf wirtschaftliche Maßnahmen wollte allerdings nicht die Reichweite des Selbstverteidigungsrechts erweitert sehen.[647] Auch die westlichen Staaten zeigten sich einer solchen Erweiterung gegenüber abgeneigt, setzten sie doch in der Aggressionsdefinition durch, daß sich diese nur auf bewaffnete Gewalt im engeren Sinne beschränkt, Art. 1 der Definition.[648]

Entgegen dieser eindeutigen Staatenpraxis gibt es in der Literatur vereinzelt die Überlegung, in Extremfällen der wirtschaftlichen Maßnahmen, etwa der Totalblockade, wie sie Berlin 1948 erleben mußte, eine bewaffnete Gegenreaktion zu rechtfertigen.[649]

---

[644] siehe hierzu nur Simma/Randelzhofer, Charta Art. 2 Ziff. 4, Rn. 16-18

[645] Ipsen, Völkerrecht, S. 449; Brownlie, International Law S. 362-363, 376-377; Wehberg, S. 69; Klein, S: 187; Kelsen/Tucker, S. 86; Derpa, S. 25 m.w.N.; genannt werden beispielsweise die grenzüberschreitende Vertreibung von Personen, die Abgrabung eines Flusses durch den Oberliegerstaat, das Ablassen großer Wassermassen in ein Tal und die Verbreitung von Feuer über die Grenzen.

[646] Bowett, Self-Defense, S. 184ff.; McDougal/Feliciano, S. 121ff., 207ff.; Reisman, Coercion and Self-Determination, S. 642ff.; Stone, Conflict, S. 54

[647] Bruha, S. 166f.; Higgins, S. 204

[648] Bruha, S. 166f.; Hailbronner, Grenzen des völkerrechtlichen Gewaltverbots, S. 76

[649] Hailbronner, Grenzen des völkerrechtlichen Gewaltverbots, S. 76; Simma/Randelzhofer, Charta Art. 2 Ziff. 4, Rn. 20

Eine Rechtfertigung bewaffneter Gewalt auf nichtbewaffnete wirtschaftliche Maßnahmen ist aber zumindest nicht durch Art. 51 UNCh. möglich. Der eindeutige Wortlaut, der einen bewaffneten Angriff voraussetzt, spricht bereits dagegen. Zudem ist aus Sinn und Zweck des Art. 51 UNCh. im System der Charta eine solche Rechtfertigung abzulehnen. Einzelstaatliche Gewaltanwendung soll soweit wie möglich ausgeschlossen werden. Daher gilt das Selbstverteidigungsrecht nicht bereits gegen völkerrechtswidriges Verhalten, sondern nur gegen einen bewaffneten Angriff. Nur in diesem Fall steht zu befürchten, daß das System kollektiver Sicherheit nicht rechtzeitig eingreifen kann. Rein wirtschaftliche Maßnahmen wirken zeitlich nicht unmittelbar auf den Adressatenstaat ein. In diesen Fällen ist der Opferstaat auf das System kollektiver Sicherheit zu verweisen.
Wenn jedoch Handlungen vorgenommen werden, die zwar nicht zu den traditionellen militärischen Mitteln gehören, jedoch wie Waffen wirken, etwa Ausbreiten von Feuer oder Überschwemmung in ein Tal hinein, sind diese als Waffen des Angreiferstaates zu qualifizieren. Dann liegt auch ein „bewaffneter Angriff" i.S.d. Art. 51 UNCh. vor, gegen den Selbstverteidigung zuzulassen ist.[650]

d. Zurechnung fremder bzw. nichtstaatlicher Angriffe

Das Selbstverteidigungsrecht des Art. 51 UNCh. richtet sich nicht nur gegen Angriffshandlungen eines Staat, wenn dieser durch seine staatlichen Organe handelt, sondern kann ebenfalls ausgelöst werden, wenn sich ein Staat einem Angriff durch fremde Truppen bzw. irreguläre Truppen oder Privatpersonen ausgesetzt sieht, sog. indirekte Gewalt.[651] Inwiefern sich die Selbstverteidigung dann nur gegen die Handelnden richten darf oder auch gegen einen Staat, der in die Angriffshandlungen verwickelt ist, ist eine Frage der völkerrechtlichen Zurechnung des Handelns zulasten des darin verwickelten Staates.
Für den Fall eines Angriffs durch staatliche Truppen eines Drittstaates ist die grundsätzliche Selbstverteidigung nach Art. 51 UNCh. unproblematisch. Schwieriger ist der Fall eines Angriffs durch nichtstaatliche Truppen zu beurteilen. Denn grundsätzlich ist Selbstverteidigung nur gegen staatliche bewaffnete Angriffe nach der Charta möglich. Art. 51 ist im Zusammenhang mit dem Gewaltverbot nach Art. 2 Ziff. 4 UNCh. zu lesen. So ist Selbstverteidigung nur gegen die nach Art. 2 Ziff. 4 UNCh. verbotene Gewaltanwendung zulässig.[652] Das Gewaltverbot des Art. 2 Ziff. 4 UNCh. richtet sich wiederum gegen Staaten, nicht gegen Einzelpersonen bzw. private Banden.[653] Andererseits ist weitestgehend anerkannt, daß bestimmte Formen indirekter Gewaltanwendung unter den Begriff des „bewaffneten Angriffs"

---

[650] Derpa, S. 25 m.w.N.
[651] Simma/Randelzhofer, Charta Art. 51, Rn. 28, 29
[652] Simma/Randelzhofer, Charta Art. 51, Rn. 4
[653] Simma/Randelzhofer, Charta Art. 2 Ziff. 4, Rn. 28

i.S.d. Art. 51 UNCh. fallen, soweit ein Staat in diese Gewaltanwendung verwickelt ist.[654]
Die Agressionsdefinition hat in den Tatbeständen des Art. 3 f) und g) zwei solcher Verwicklungskonstellationen aufgeführt, zum einen die Duldung eines Angriffs fremder Truppen von seinem Territorium aus, zum zweiten das Entsenden irregulärer Truppen durch oder für einen Staat. Streng genommen handelt es sich hierbei nicht um Angriffstatbestände, sondern vielmehr um Zurechnungstatbestände. Das ergibt sich bereits aus dem Wortlaut dieser beiden Tatbestände, welcher jeweils zunächst eine Angriffshandlung der fremden oder irregulären Truppen voraussetzt.
Über diese Tatbestände hinaus kann eine Zurechnung über die Grundsätze der völkerrechtlichen Staatenverantwortlichkeit erfolgen. Nach Völkergewohnheitsrecht ist ein Staat für eine ihm zurechenbare Völkerrechtsverletzung verantwortlich. Die Verantwortlichkeit folgt aus jedem völkerrechtswidrigen Verhalten, gleichgültig, ob dies in einem Tun oder einem Unterlassen besteht.[655]
Die International Law Commission (ILC) hat diese völkergewohnheitsrechtlichen Regeln positiv in einem Kodifikationsentwurf zusammengefaßt und teilweise weiterentwickelt.[656] Dieser Entwurf wurde durch eine Resolution der Generalversammlung bestätigt.[657] Aber selbst in Form eines Entwurfes hat die ILC-Kodifikation sehr große Auswirkungen auf die Völkerrechtsentwicklung in Hinblick auf Art. 38 Abs. 1 d) des Statuts des IGH.[658] Der IGH hat in seiner Entscheidung zur Teheraner Geiselnahme[659] und in seinem Nicaragua-Urteil[660] daher den ILC-Entwurf zur Entscheidungsfindung herangezogen.
Allerdings sind völker- und völkergewohnheitsrechtliche Regeln vorrangig heranzuziehen, wie sich bereits aus der Eigenschaft des Art. 38 Abs. 1 d) als Hilfsmittel zur Ermittlung des Völkerrechts der Varianten des Art. 38 Abs. 1 a) bis c) ergibt.
Die Resolution der Generalversammlung zur Definition der Aggression ist demnach vorrangig vor dem Entwurf der ILC. Die Definition ist zwar nicht allein durch Resolution zu Völkerrecht erwachsen. Insbesondere bindet sie nicht den Sicherheitsrat, der nach Art. 39 UNCh. allein zuständig für die Feststellung einer Angriffshandlung ist.[661] Der Internationale Gerichtshof hat allerdings in seinem Nicaragua-Urteil unter ausdrücklicher Bezugnahme auf

---

[654] Schindler, Grenzen des völkerrechtlichen Gewaltverbots, S. 34, 35; Dahm, Völkerrecht Bd. II, 414; Brownlie, International Law, S. 373; Zanardi, S. 114, 115; Frowein, Vietnam-Konflikt, S. 12; Meier, Begriff des bewaffneten Angriffs, S. 383; Kersting, S. 139f.; Higgins, S. 201; a.A. wohl Cot/Pellet/Cassese, S. 778-782
[655] Geiger, S. 417
[656] Der vollständige Entwurfstext in: YILC 1980 II Volume 2; S. 26 ff.
[657] GA-Res. 56/83 vom 12.12.2001
[658] Kreß, Gewaltverbot, S. 237
[659] ICJ-Reports 1980, S. 3 ff., insbesondere S. 29, par. 58
[660] ICJ-Reports 1986, S. 92 ff.
[661] Simma/Frowein, Charta Art. 39, Rn. 14

den Zurechnungstatbestand der Definition Art. 3 g) festgestellt, daß die Definition Völkergewohnheitsrecht widerspiegelt.[662]
Es sollen daher zunächst die Zurechnungstatbestände der Aggressionsdefinition und im Anschluß daran die Zurechnungsregeln des ILC-Entwurfs auf ihren rechtlichen Gehalt und ihre Auswirkungen auf das Selbstverteidigungsrecht des Art. 51 UNCh. untersucht werden.

aa. Duldung eines Angriffs durch Truppen eines anderen Staates

Art. 3 f der Aggressionsdefinition definiert: „The action of a State in allowing its territory, which it has placed at the disposal of another State, to be used by that other State for perpetrating an act of aggression against a third State"[663] als Angriffshandlung. Vom Wortlaut her betrifft dieser Fall nur die freiwillige Überlassung von Staatsgebiet, schließlich muß der duldende Staat sein Territorium zur Verfügung stellen, was eine entsprechende willentliche Handlung voraussetzt. Es handelt sich insofern um einen Zurechnungstatbestand, der nicht schon die bloße Nichtverhinderung von Angriffshandlungen eines anderen Staates dem Staat als eigener Angriff zurechnet, von dessen Staatsgebiet aus der Angreifer agiert. Vielmehr wird dem das Territorium zur Verfügung stellenden Staat neben dem angreifenden Staat erst dann ein eigener Angriff zugerechnet, soweit dieser freiwillig geduldet wird.[664]
Im Einzelfall kann die Abgrenzung zwischen Duldung, also freiwilliger Überlassung des Territoriums, und bloßem Nichtverhindernkönnen Schwierigkeiten aufwerfen. Eine solche Abgrenzung hat aber hinsichtlich der Konfliktbegrenzung relativ große Bedeutung, schließlich entscheidet sich an der Zurechnung auch die Frage der Neutralität des passiven Staates, also die Frage, ob er als Partei in den zwischenstaatlichen Konflikt eintritt.
Staaten handeln grundsätzlich durch ihre Organe. Es muß also anhand des Verhaltens der staatlichen Organe festgestellt werden, ob eine freiwillige Überlassung des Staatsgebiets vorliegt. Sind die staatlichen Organe nicht in der

---

662 ICJ-Reports 1986, S. 104 par. 195: „This description...may be taken to reflect customary international law. The Court sees no reason to deny that, in customary law, the prohibition of armed attacks may apply to the sending by a State of armed bands to the territory of another State, if such an operation, because of ist scale and effects, would have been classified as an armed attack rather than as a mere frontier incident had it been carried out by regular armed forces."

663 „die Handlung eines Staates, die in seiner Duldung besteht, daß sein Hoheitsgebiet, das er einem anderen Staat zur Verfügung gestellt hat, von diesem anderen Staat dazu benutzt wird, eine Angriffshandlung gegen einen dritten Staat zu begehen" Englische Fassung: „The action of a State in allowing its territory, which it has placed at the disposal of another State, to be used by that other State for perpetrating an act of aggression against a third State"

664 Simma/Randelzhofer, Charta Art. 51, Rn. 28; Schindler, Grenzen des völkerrechtlichen Gewaltverbots, S. 39; Bruha, S. 263; wie hier, wenn auch nicht ganz eindeutig Kersting, S. 139

Lage, die unberechtigte Nutzung des Territoriums durch einen Drittstaat zu verhindern, so kann aus dieser Unfähigkeit heraus der Angriff nicht dem Staat zugerechnet werden. Diese Unfähigkeit kann aber nur dann relevant sein, wenn sie aus faktischen Gründen geboren ist. Allein die rechtliche Unmöglichkeit, einen Angriff vom eigenen Territorium zu verhindern, etwa weil ein entsprechender Bündnisvertrag den duldenden Staat dazu verpflichtet, kann nicht ausreichen. Einen solchen Vertrag ist der duldende Staat schließlich auch freiwillig eingegangen, auch wenn der Vertragsschluß weit vor der Angriffshandlung zurückliegt.

Den Extremfall der Unfähigkeit stellt die gewaltsame Okkupation des Operationsgebiets auf fremden Territorium durch den handelnden Staat dar. Kann sich der Staat, dessen Territorium zu Angriffszwecken mißbraucht wird, aus militärischen Gründen nicht gegen diesen Mißbrauch wehren, so ist der Angriff des handelnden Staates gegen einen Drittstaat nicht dem Ersteren als Angriff zurechenbar.

Ein weiterer Fall der Unfähigkeit ist in Bürgerkriegssituationen denkbar. Verliert ein Staat über einen Teil seines Territoriums die faktische Hoheitsgewalt an Aufständische, und erlauben diese dann einem anderen Staat die Nutzung für einen Angriff auf einen Drittstaat, so kann dieser nicht als Angriff dem seiner Hoheitsgewalt verlustig gegangenen Staat als eigener zugerechnet werden. In einem solchen Fall treten die Aufständischen vielmehr als duldende Instanz auf, was Auswirkungen auf eine eventuelle Anerkennung dieser als Staatsträger oder zumindest als de-facto-Regime haben kann. Denn dann muß der geduldete Angriff den Aufständischen als ihr eigener zugerechnet werden. Die Aufständischen sind dann nicht nur Parteien eines innerstaatlichen, sondern vielmehr auch eines zwischenstaatlichen Konflikts.

Eine dritter Fall der Unfähigkeit ist die zwangsweise Einschränkung militärischer Handlungsmöglichkeiten durch einen anderen als den Territorialstaat.[665] Ist der so eingeschränkte Staat nicht in der Lage, sein Territorium gegen den Mißbrauch zu verteidigen, so kann der erfolgte Angriff ihm nicht als eigener zugerechnet werden. Insofern ist dieser Fall ähnlich dem erstgenannten Fall des gewaltsam sich Zutritt verschaffenden Staates. Schwierig zu bewerten ist allerdings die Stellung des viertbeteiligten Staates, wenn durch die Einschränkung der militärischen Handlungsmöglichkeiten erst ein Angriff von dem Territorium des passiven und beschränkten Staates ermöglicht wird. Dies soll später untersucht werden.[666]

In diesen Fällen ist mangels Entscheidungsfreiheit des Staates eine Zurechnung des Angriffs ausgeschlossen. Hingegen ist in allen anderen Fällen, in denen mit Wissen und Wollen eines Staates dessen Territorium durch einen anderen Staat

---

[665] als die USA und Großbritannien über dem Nord- und Süd-Irak Flugverbotszonen einrichteten und somit die Herrschaftsgewalt des Irak über diese Gebiete einschränkten, verfolgte die Türkei kurdische Unabhängigkeitskämpfer in das Gebiet des Nord-Irak mit der Begründung, daß diese von irakischem Territorium Angriffe auf die Türkei begingen

[666] vgl. unten dd.

für einen Angriff i.S.d. Art. 3 a) bis d) genannten Tatbestände der Aggressionsdefinition genutzt wird, dieser Angriff auch dem duldenden Staat nach Art. 3 f) der Definition zuzurechnen. Konsequenz ist dann, daß neben dem handelnden Staat auch der duldende Staat Aggressor ist, so daß zwei Selbstverteidigungsgegner im Rahmen des Konflikts auftreten.

bb. Unterstützung eines Angriffs irregulärer Truppen

Art. 3 g) der Definition nennt als weiteren Zurechnungstatbestand „The sending by or on behalf of a State of armed bands, groups, irregulars or mercenaries, which carry out acts of armed force against another State of such gravity as to amount to the acts listed above, or its substantial involvement therein."[667] Hiermit wurde eine Form der sogenannten indirekten Gewalt in die Aggressionsdefinition aufgenommen. Vor allem die westlichen Staaten, die in erster Linie durch diese Form der Gewaltanwendung betroffen wurden, haben auf völkerrechtlicher Ebene darauf gedrungen, der Anwendung indirekter Gewalt sowohl durch eine extensive Auslegung des Art. 2 Ziff. 4 UNCh. als auch durch Einbeziehung in den Aggressionstatbestand entgegenzuwirken.[668] Diese Bestrebungen haben mittlerweilen dazu geführt, daß heute in der völkerrechtlichen Lehre[669] und in der Praxis der Vereinten Nationen allgemein anerkannt ist, daß diese Spielart der indirekten Gewalt vom Gewaltverbot erfaßt wird. Allerdings ist im einzelnen weithin ungeklärt, unter welchen Voraussetzungen die Unterstützung „privater" Gewaltanwendung gegen Art. 2 Ziff. 4 UNCh. verstößt. Entsprechend ist die Frage zu beurteilen, ob und in welchem Umfang indirekte Gewaltanwendung als „bewaffneter Angriff" i.S.d. Art. 51 UNCH. einem Staat zugerechnet werden kann.

Vor Verabschiedung der Aggressionsdefinition gab es in der völkerrechtlichen Literatur vereinzelte Stimmen, wonach der Begriff des bewaffneten Angriffs i.S.d. Art. 51 UNCh. nur den Einsatz regulärer Streitkräfte umfasse.[670] Im wesentlichen wird dabei argumentiert, bei der Fassung des Art. 51 UNCh. habe man lediglich den bewaffneten Angriff „klassischen Typs" gemeint, um den Bereich zulässiger Gewaltanwendung in Form der Selbstverteidigung nach der Charta möglichst weitgehend zu begrenzen.[671]

Angesichts der Vielgestaltigkeit der Formen der indirekten Gewalt hat sich die internationale Staatengemeinschaft in den sechziger Jahren dieses Problems

---

[667] „das Entsenden bewaffneter Banden, Gruppen, Freischärler oder Söldner durch einen Staat oder für ihn, wenn sie mit Waffengewalt Handlungen gegen einen anderen Staat von so schwerer Art ausführen, daß sie den (vorher) angeführten Handlungen gleichkommen, oder die wesentliche Beteiligung an einer solchen Entsendung."

[668] Simma/Randelzhofer, Charta Art. 2 Ziff. 4, Rn. 23; Neuhold, S. 76-79; Bruha, S. 169-172

[669] Cot/Pellet/Virally, S. 121; Randelzhofer, Use of Foce, S. 1252; Verdross/Simma, § 481; Graf zu Dohna, S. 60; Derpa, S. 20 m.w.N.; Schachter, Right of States, S. 1625; Schindler, Grenzen des völkerrechtlichen Gewaltverbots, S. 33; Zanardi, S. 111

[670] Wright, United States Intervention in the Lebanon, S. 116f.; Dupuy, S. 460 ff.

[671] Zorgbibe, S. 124

angenommen. Eine erste Kodifizierung wurde in der „Friendly-Relations-Declaration“[672] von 1970 versucht. Im 8. und 9. Absatz des dem Gewaltverbot gewidmeten Abschnitts heißt es:
„Jeder Staat hat die Pflicht, die Gründung oder die Unterstützung der Gründung irregulärer Streitkräfte oder bewaffneter Banden einschließlich Söldnerbanden zu unterlassen, deren Ziel es ist, in das Hoheitsgebiet eines anderen Staates einzufallen.
Jeder Staat hat die Pflicht, die Organisierung, Anstiftung oder Unterstützung von Bürgerkriegs- oder Terrorakten in einem anderen Staat oder die Teilnahme daran oder die Duldung organisierter Aktivitäten, die auf die Begehung solcher Akte gerichtet sind, in seinem Hoheitsgebiet zu unterlassen, wenn die in diesem Absatz erwähnten Akte die Androhung oder Anwendung von Gewalt einschließen.“
Sowohl der Tatbestand der Aufstellung irregulärer Truppen oder bewaffneter Banden als auch das Verbot der Beteiligung an Bürgerkriegs- oder terroristischen Handlungen sind allerdings durch einen denkbar weitgefaßten Wortlaut gekennzeichnet. Letztlich läßt sich jede Unterstützungshandlung hierunter subsumieren. Ein derartig weiter Begriff birgt die Gefahr in sich, die Konturen des Begriffs der bewaffneten Gewalt zu verwischen.[673]
Demgegenüber ist der Tatbestand der indirekten Gewalt in Art. 3 g) der Aggressionsdefinition weitaus enger gefaßt. Das läßt sich darauf zurückführen, daß auch jene Staaten, die wie die Sowjetunion[674] und die „blockfreien“ Länder[675] zunächst ein Recht auf Selbstverteidigung gegen indirekte Aggression verneint hatten, die Aufnahme dieses Beispiels in die Reihe der „Angriffshandlungen“ unterstützten, sich allerdings darum bemühten, den Anwendungsbereich des Art. 3 g) möglichst eng zu halten.[676]
Auch der Internationale Gerichtshof hat in seinem Nicaragua-Urteil vom 27.06.1986 festgestellt, daß nicht jede Unterstützungshandlung als Gewaltanwendung eines Staates zu qualifizieren ist. Hierbei bezog er sich auf die finanzielle Unterstützung der Contras gegen Nicaragua.[677] Andererseits stellte er an anderer Stelle des Urteils fest:
„In particular, it may be considered to be agreed that an armed attack must be understood as including not merely action by regular armed forces across an international border, but also ‚the sending by or on behalf of a State of armed bands, groups, irregulars or mercenaries, which carry out acts of armed force against another State of such gravity as to amount to (inter alia) an actual armed attack conducted by regular forces, or its substantial involvement therein‘. This

---

[672] GA-Res. 2625 (XXV) v. 24. Oktober 1970
[673] Simma/Randelzhofer, Charta Art. 2 Ziff. 4, Rn. 26
[674] UN Doc. A/AC. 134/SR. 84, S. 35
[675] so in Ziff. 7 des von den blockfreien Ländern vorgelegten Entwurfs einer Aggressionsdefinition, A/AC. 134/L.16 und Add. 1 und 2
[676] Bruha, S. 169-172
[677] ICJ Reports 1986, 14 (119), § 228

description, contained in Article 3, paragraph (g), of the Definition of Aggression annexed to General Assembly resolution 3314 (XXIX), may be taken to reflect customary international law."[678] Damit stellte der IGH in dem Nicaragua-Urteil fest, daß zumindest die in Art. 3 g) der Definition genannte indirekte Gewalt einen bewaffneten Angriff durch einen Staat darstellt.

In der Folge dieser Völkerrechtspraxis geht nun auch die Völkerrechtslehre ganz überwiegend davon aus, daß eine gewisse staatliche Beteiligung an bewaffneter Gewalt irregulärer Truppen einen bewaffneten Angriff i.S.d. Art. 51 UNCh. darstellt.[679]

Umstritten ist allerdings, wann ein „Entsenden" bzw. eine „wesentliche Beteiligung" i.S.d. Art. 3 g) der Aggressionsdefinition vorliegt, wann also ein Staat das Handeln irregulärer Truppen zuzurechnen ist. Auch das Nicaragua-Urteil des IGH hat in dieser Frage keine Klärung gebracht. Der IGH hat dort für seine Auslegung des Begriffs „bewaffneter Angriff" ohne nähere Erläuterung Bezug auf Art. 3 g) der Aggressionsdefinition genommen.

Es ist daher anhand der einzelnen Alternativen des Art. 3 g) zu untersuchen, in welchen Fällen ein bewaffneter Angriff von irregulären Truppen i.S.d. Art. 51 UNCH. einem Staat zugerechnet werden kann.

Das „Entsenden" („sending") bewaffneter Gruppen durch einen Staat ist als „bewaffneter Angriff" zu betrachten, wenn diese Gruppen mit Waffengewalt Handlungen gegen einen anderen Staat von solcher Schwere vornehmen, die auch im Falle regulärer Truppen als „bewaffneter Angriff" zu werten wären. Im Fall des „Entsendens" ist die Verbindung zwischen dem Staat und den privaten Gruppen so eng, daß letztere in ihrer Stellung de-facto-Staatsorganen gleichkommen.[680] Teilweise wird davon ausgegangen, daß die Entsendung für sich genommen bereits die Zurechnung der anschließenden Gewaltmaßnahmen zu Lasten des entsendenden Staates begründe.[681] Eine andere Ansicht fordert demgegenüber die Kontrolle des Entsendestaates über die irregulären Truppen auch noch bei der Ausübung der Gewalt. Hiernach müsse der Entsendestaat die Gewaltmaßnahmen jederzeit beeinflussen können, damit diese ihm zugerechnet werden könnten.[682]

Der zweiten Meinung ist im Rahmen des Art. 51 UNCh der Vorzug zu geben. Das Selbstverteidigungsrecht als eng begrenzte Ausnahme der erlaubten Gewalt soll den angegriffenen Staat die Möglichkeit geben, die Gewalt zu beenden. Das

---

[678] ICJ Reports 1986, 14 (103), § 195

[679] Brownlie, Activities of Armed Bands, S. 731; Brownlie, Use of Force, S. 373 (mit Einschränkung bezgl. der Begrenzung); Frowein, Vietnam-Konflikt, S. 11; Meier, S. 78 f.; Wengler, Gewaltverbot, S. 13; Wildhaber, S. 156 (mit Begrenzung); Blumenwitz, Das allgemeine Gewaltverbot, S. 739; Genoni, S. 141; Schindler, Grenzen des völkerrechtlichen Gewaltverbots, S. 35; Regourd, S. 89; Zanardi, S. 111, 112; Cocuzza, S. 202; Macdonald, S. 149, 154; Erickson, S. 135; Dinstein, S. 199; Ipsen, Völkerrecht, S. 946; Schulze, S. 757; Simma/Randelzhofer, Charta Art. 51, Rn. 31

[680] Simma/Randelzhofer, Charta Art. 51, Rn. 31; Zanardi, S. 113

[681] Zanardi, S. 112; Ipsen, Völkerrecht, S. 879 Rn. 20, S. 888 Rn. 32 i.V.m. S. 896 Rn. 49 a.E.

[682] Falk, S. 1124; Meier, S. 79; Brownlie, Use of Force, S. 373

heißt, daß die Verteidigungsmaßnahmen mit dem Ziel vorzunehmen sind, den Gewaltausübenden an weiteren Handlungen zu hindern. Das bloße Entsenden stellt unzweifelhaft einen Völkerrechtsverstoß dar. Hat aber der entsendende Staat keine Kontrolle mehr über die Gewaltausübung, so wird mit militärischen Aktionen gegen diesen die Gewaltausübung nicht beendet. Gewalt gegen den Entsendestaat wären dann lediglich gewaltsame Repressalien, die aber nicht durch das Selbstverteidigungsrecht gedeckt sind. Nur wenn der Entsendestaat noch die Gewaltmaßnahmen der irregulären Truppen beenden kann, ist er als Selbstverteidigungsgegner ein probates Ziel zur Selbstverteidigung.

Inwieweit eine „wesentliche Beteiligung" („substantial involvement") an der Entsendung von bewaffneten Gruppen, die zweite Alternative des Art. 3 g) der Definition, bereits einen dem sich beteiligenden Staat zuzurechnenden „bewaffneten Angriff" darstellt, ist nicht eindeutig. Es kann hier dahinstehen, wann ein solches Verhalten eine Aggression darstellt. Im Rahmen des Selbstverteidigungsrechts des Art. 51 UNCh. ist die „wesentliche Beteiligung" jedenfalls restriktiv zu interpretieren, damit der Begriff des „bewaffneten Angriffs" nicht völlig konturlos wird und dadurch keine rechtlichen Unsicherheiten entstehen.[683] Diese Linie verfolgte auch der IGH in der Nicaragua-Entscheidung, als er die Unterstützung der Rebellen durch Waffenlieferungen oder logistische Hilfe seitens der USA noch nicht als „bewaffneten Angriff" den Vereinigten Staaten zurechnete.[684] Nicht ausreichend ist jedenfalls ein bloßes Dulden. Zwar konnten bei der Kodifizierung der Aggressionsdefinition die Weststaaten ihre klarstellende Einschränkung der Beteiligungsform „open and active participation" nicht durchsetzen und stimmten letztlich der Formulierung „substantial involvement" zu.[685] Hieraus kann aber nicht der Schluß gezogen werden, auch das Unterlassen könne als Aggression gelten.[686] Eine wesentliche Beteiligung kann bereits vom Wortlaut her nur ein aktives Handeln darstellen. Dies wird insbesondere in der französischen Fassung des Art. 3 g) deutlich, in der von „s'engager" gesprochen wird,[687] also ohne Zweifel von einem aktiven Tun.[688]

Ähnlich wie bei der ersten Alternative des „Entsendens" muß der beteiligte Staat so wesentlich beteiligt sein, daß Selbstverteidigungsmaßnahmen gegen diesen die gewalttätigen Handlungen der irregulären Truppen verhindern oder beenden. So muß etwa bei einer massiven logistischen Unterstützung irregulärer Truppen seitens des beteiligten Staates Selbstverteidigung möglich sein, um durch Abschneiden der Nachschubwege die Kampfhandlungen zu ersticken.

683 Simma/Randelzhofer, Charta Art. 51, Rn. 31

684 ICJ Reports 1986, 14 (103), § 195

685 Bruha, S. 237

686 so aber Bruha, S. 237

687 der französische Text lautet: „L'envoi par un Etat ou en son nom de bandes ou de groupes armés, de forces irrégulières ou de mercenaires qui se livrent à des actes de force armée contre un autre Etat d'une gravité telle qu'ils équivalent aux actes énumérés cidessus, ou le fait de s'engager d'une manière substantielle dans une telle action"

688 Zanardi, S. 115

Bloße Propagandaaktionen hingegen können kein Selbstverteidigungsrecht auslösen, da das Beenden der Propaganda an sich nicht zum Ende der gewalttätigen Handlungen führen wird.
Eine Besonderheit stellt in diesem Zusammenhang die Schwereklausel des Art. 3 g) dar. Diese Klausel wurde neben der des Art. 2 der Aggressionsdefinition nur im Hinblick auf die „Ausstrahlungswirkung“ der Aggressionsdefinition auf das Selbstverteidigungsrecht zu dessen mittelbarer Beschränkung eingefügt[689]. Insofern ist im Rahmen des Art. 51 UNCh. aus dem Wortlaut des Art. 3 g) bezüglich der Schwere der Handlungen irregulärer Truppen eine zweistufige Wertung vorzunehmen: Zunächst muß der Angriff von so schwerer Art sein, daß er den in Art. 3 a) bis f) genannten Beispielen gleichkommt. Die Handlungen müssen also nicht unbedingt diesen Beispielen entsprechen.[690] Denkbar ist zum Beispiel das Handeln von Bürgerkriegstruppen mit Waffengewalt, die sich bereits auf dem Gebiet des angegriffenen Staates ohne dessen Zustimmung aufhalten, ohne daß diese eine Invasion oder Besetzung des fremden Staatsgebiets vornehmen. Erst wenn dies in der Intensität den anderen Beispielen des Art. 3 entspricht, kann es nach Art. 3 g) dem Staat zugerechnet werden, der dieses Handeln unterstützt.
Darüber hinaus unterliegen die Handlungen noch der Prüfung nach der Geringfügigkeitsklausel des Art. 2 der Definition, wonach eine Angriffshandlung nicht vorliegt angesichts anderer bedeutsamer Umstände, einschließlich der Tatsache, daß die betreffenden Handlungen oder ihre Folgen nicht von ausreichender Schwere sind.[691]

cc. Duldung von Angriffshandlungen irregulärer Truppen

Wie oben bereits gezeigt, ist das bloße Dulden von Angriffshandlungen nicht von Art. 3 g) der Aggressionsdefinition umfaßt. Die Weststaaten konnten sich mit ihren Vorschlägen zur Einbeziehung dieser Variante nicht durchsetzen. So forderten etwa die Vereinigten Staaten die Aufnahme der Formulierung „...knowing acquiescence in organized activities within its (the state's) territory...“ in Art. 3 g).[692] Der Vertreter Großbritanniens verdeutlichte die Forderung der Weststaatengruppe wie folgt: „His delegation, however, had no wish to make a State responsible for aggression when it could do nothing to stop misuse of its territory by others. On the other hand, it could not agree that a State should escape responsibility if it were itself at fault...No State was entitled to stand back and allow its territory to be used for acts of aggression if it was in a position to prevent such acts.“[693]

---

[689] Bruha, S. 171; Simma/Randelzhofer, Charta Art. 51, Fn. 118
[690] diese Auslegung steht im Einklang mit Art. 4 der Aggressionsdefinition, wonach die Aufzählung in Art. 3 keinesfalls abschließend ist
[691] Simma/Randelzhofer, Charta Art. 51, Fn. 118
[692] GAOR, XXVIII, Suppl. No. 19, S. 23
[693] A/AC. 134/SR.108, S. 41

Hieraus wird deutlich, daß das Dulden zumindest erfordert, daß der duldende Staat zwar in der Lage ist, Völkerrechtsverletzungen von seinem eigenen Gebiet aus zu unterbinden, dieses allerdings bewußt nicht tut. Nichts anderes verlangt die „bewußte Einwilligung" (knowing acquiescence), die erfordert, daß das geduldetet Handeln bekannt ist und daß aufgrund der dem Staat gegebenen Handlungsalternative das tatsächliche Verhalten als Einwilligung zu bewerten ist.
Wie entscheidend die Frage der völkerrechtlichen Zurechnung ist, zeigen die Bemühungen der International Law Commission (ILC) über mehrere Jahrzehnte, Zurechnungsregeln positiv zu formulieren. Sie ist deshalb so bedeutend, weil Staaten als juristische Personen nicht selbst handeln, sondern nur durch tatsächliches Wollen, Handeln und Unterlassen von natürlichen Personen einen völkerrechtlichen Erfolg herbeiführen können.[694] Grundsätzlich wird dem Staat das Handeln einer natürlichen Person als eigenes zugerechnet, wenn das Individuum als Organ des Staates tätig wurde. In der Literatur gab es darüber hinausgehend Versuche, auch das Handeln von Privatpersonen, welche nicht als Organe des Staates auftraten, diesem als *eigenes* Handeln zuzurechnen.
Drei Theorieansätze werden in der Literatur dazu vertreten: Der erste geht von einem zwischen Staat und Privatem automatisch bestehendem, der strafrechtlichen Mittäterschaft ähnlichem Verhältnis einer Komplizenschaft aus, d.h. daß beide aufeinander bezogen nach einem einheitlichen Plan vorgehen. Ein zweiter Ansatz weist dem Staat eine Garantenstellung zu. Schließlich geht der dritte Ansatz von einer Zurechnung durch nachträgliche Genehmigung seitens staatlicher Organe aus, wodurch dem Privatakt eine staatliche Sanktion gegeben wird.
Der Ansatz einer „complicity" zwischen jeder einzelnen Privatperson und dem Staat als Ganzem geht von einer umfassende Solidarität aller Mitglieder des Staates aus, so daß jedes Mitglied des Staatsvolkes als Bestandteil eines Staatselementes mit Wirkung für diesen handeln kann und die Gesamtheit für ihn einstehen muß.[695] Eine solche Konstruktion ist jedoch abzulehnen. Sie bedeutete nicht nur eine Mißachtung der eigenen Rechtspersönlichkeit der Staaten, sondern auch einen Rückfall in Zeiten der Sippenhaft.
Eine Garantenstellung der Staaten wird aus deren Gebietshoheit herzuleiten versucht. Jeder Staat habe demnach eine umfassende Garantiepflicht, daß von seinem Staatsgebiet keine völkerrechtswidrigen Erfolge verursacht werden. Ein Staat habe daher grundsätzlich für alle Vorgänge auf seinem Staatsgebiet als seine eigenen Handlungen einzustehen.[696] Dieser Ansatz fand für die besonderen Situationen des Volksaufstands, Bürgerkriegs oder ausländerfeindlicher

---

[694] grundlegend Strupp, Das völkerrechtliche Delikt, S. 35 ff.
[695] "Theory of State Complicity" Pau, S. 284 f.; Arangio-Ruiz, S. 154, Fn. 9; Hyde, Concerning damages, S. 140
[696] Soldati, S. 83-84

Aktionen,[697] insbesondere aber auch für Handlungen gegen Personen, die unter einem besonderen staatlichen Schutz stehen, teilweise Unterstützung.[698]
Eine solche Garantiehaftung wurde einzig im Weltraumrecht positivvölkerrechtlich formuliert.[699] Dies läßt sich aus der Eigenart der Weltraumerforschung erklären, in dem zum Zeitpunkt der Vertragsschließung ausschließlich Staaten als Akteure aufgetreten sind. Im allgemeinen Völkerrecht läßt sich eine Garantiehaftung allerdings nicht nachweisen. Weder besteht eine entsprechende Staatenpraxis noch eine entsprechende opinio iuris.[700]
Im Korfu-Fall hat der IGH eine so weitgehende Garantenpflicht zwar nicht angenommen, jedoch gewisse Sorgfaltspflichten aus der Gebietshoheit hergeleitet.[701] Hiernach kann nicht jeder Staat für von seinem Territorium begangene Rechtsverletzungen - unabhängig von seiner Kenntnis - haftbar gemacht werden. Albanien konnte sich in dem dort zu entscheidenden Fall erfolgreich darauf berufen, von der Legung von Wasserminen keine Kenntnis gehabt zu haben. Der IGH führt jedoch aus, daß Albanien bei Kenntnis andere Staaten hätte warnen müssen.[702]
Die dritte Theorie rechnet im Falle der Teilnahme des Staates an der Handlung des Privaten, sei es aufgrund vorheriger Absprache oder sei es wegen nachträglicher Genehmigung, dem Staat diese Handlung als eigene zu.[703] Dieser Ansatz fand lange Zeit Anerkennung, sowohl in der Schiedsspruchpraxis,[704] als auch in der Literatur.[705]
Zu Unrecht werden jedoch Grotius' Ausführungen zur Staatenverantwortlichkeit zur Begründung diese Ansatzes herangezogen. In seinem Werk „de jure belli ac pacis" führt er zwar aus, daß sich ein Staat durch Dulden der Völkerrechtsverletzung (patentia) selber zum Rechtsbrecher mache bzw. durch die Aufnahme eines Völkerrechtsbrechers (receptus), ohne diesen zu bestrafen oder auszuliefern, sich gar zum Komplizen mache.[706] An anderer Stelle führt er

---

697 Garner, S. 62

698 Cavaré, S. 496 f.; Greig, International Law, S. 444; Garcia-Mora, S. 28-29, 35 (bezogen auf Handlungen, die den internationalen Frieden und Sicherheit gefährden)

699 Art. VII Weltraumvertrag v. 27.1.1967, BGBl. 1969 II, S. 1969; anders aber wieder in Art. II Übereinkommen v. 29.3.1972, in dem die Haftung offensichtlich aus dem staatlichen Eigentum folgt, BGBl. 1975 II, S. 1210

700 Mössner, S. 68

701 Corfu Channel Case, ICJ-Reports 1949, S. 1 ff., 18, 22; Großbritannien machte u.a. Schadensersatz gegen Albanien geltend, weil zwei britische Zerstörer auf der Fahrt durch den Korfu-Kanal zwischen dem albanischen Festland und der Insel Korfu durch Seeminen schwer beschädigt wurden, die nach britischer Auffassung von Albanien gelegt worden seien

702 ICJ-Reports 1949, S. 18, 36

703 dieser Ansatz geht zurück auf Vattel, Buch II, Kap. VI, §§ 72, 74, 77

704 z.B. Britisch-Columbianische Gemischte Kommission, Schiedsspruch Cotesworth und Powell, in: Moore, International Arbitrations, Bd. II, S. 2082: „...and the injured party may consider the nation itself the real author of the injury."

705 Borchard, S. 217; Brierly, S. 42

706 Grotius, de jure belli ac pacis libri tres, lib. II, cap. XXI, § 4, Nr. 5

allerdings aus, daß es für die Verantwortlichkeit des Staates nicht auf das Handeln der Privatperson ankomme, sondern vielmehr auf das des Staates selber.[707] Die Verantwortlichkeit erfolge nämlich nicht aufgrund einer automatischen Zurechnung des Verhaltens der Privatperson, sondern vielmehr aufgrund des Unterlassens einer Handlung des Staates, wo Handeln rechtlich geboten war.[708] Erst das hinzutretende, eigene Handlungselement des Staates mache den Erfolg zurechenbar, nicht jedoch die Handlung selber.[709]

Eine weitere Ansicht sieht die staatliche Verantwortlichkeit nicht auf der Zurechnungsebene hergestellt, sondern vielmehr auf der Haftungsebene. So wurde von Oppenheim/Lauterpacht der Haftungstatbestand einer mittelbaren Haftung („vicarious responsibility") vorgebracht.[710] Als Grundlage wird auch hier eine Verantwortlichkeit des Staates angenommen, auf seinem Staatsgebiet völkerrechtswidrige Akte gegen andere Staaten und deren Angehörige zu verhindern. Für schädigende Privatakte, die sich trotz Aufwendung aller Sorgfalt ereignen oder die auch gar nicht verhindert werden könnten, trage ein Staat mittelbare Verantwortlichkeit, bei der er den privaten Schädiger zu Schadensersatzzahlungen zu zwingen und zu bestrafen habe. Lehne er es ab, diesen Pflichten mit der notwendigen Sorgfalt nachzukommen, so begingen sie dadurch ein internationales Delikt und die mittelbare Haftung wandle sich ipso facto in unmittelbare Haftung.[711]

Dieser Ansatz ist ebenfalls wenig überzeugend: Mittelbare Haftung eines Staates setzt voraus, daß bereits das Handeln des Privaten alle Tatbestandsmerkmale eines völkerrechtswidrigen Akts erfüllt. Das bedeutete aber, daß der Handelnde selber völkerrechtlich handlungsfähig ist. Eine mittelbare Haftung ist daher nur zwischen Völkerrechtssubjekten denkbar, nicht aber im Verhältnis zwischen Staat und einer Privatperson.[712] Zudem baut dieser Ansatz ebenfalls auf einer Verantwortlichkeit eines Staates für alle in seinem Herrschaftsbereich begangenen Handlungen. Eine derart weite Einstehenspflicht hat der IGH - wie bereits erwähnt - im Korfu-Kanal-Fall gerade nicht angenommen.[713] Eine entsprechende opinio juris ist nicht zuletzt deshalb nicht gegeben.[714]

Bei genauerer Betrachtung stellt der Ansatz einer „vicarious responsibility" zudem keine Haftung für fremdes Handeln dar: Der Staat hat nicht für die Folgen fremden Handelns einzustehen, sondern ihm werden gewisse Maßnahmen gegen den Schädiger auferlegt (Erzwingung von Schadensersatzzahlungen durch den Privaten, Bestrafung). Es werden somit kein Haftungstatbestand, sondern eigenständige Verhaltenspflichten normiert, deren

---

[707] „...non tam ex alieno, quam ex suo delicto puniuntur", Grotius, lib. II, cap. XXI, § 1

[708] „Communitas ut alia, ita et civilis non tenetur ex facto singulorum sid facto suo aut omissione", Grotius, lib. II, cap. XXI, § 21

[709] Mössner, S. 69

[710] Oppenheim/Lauterpacht, S. 336 ff. (337), 364 ff. (365)

[711] Oppenheim/Lauterpacht, S. 365f.

[712] so bereits Anzilotti, Bd. 1, S. 417; Ago, YILC 1972 II, S. 100; Mössner, S. 70f.

[713] ICJ-Reports 1949, 18, 22

[714] Mössner, S. 71

Verletzung erst eine Haftung nach sich zieht. Diese Haftung ist dann aber eine unmittelbare.

Die ganz überwiegende Mehrheit der völkerrechtlichen Lehre und Praxis vertritt demgegenüber die Auffassung, daß ein Staat nur für sein eigenes Verhalten, d.h. das seiner Organe, verantwortlich gemacht werden könne. Bei Kenntnis einer Gefahrensituation ist der Staat verpflichtet, die Gefahr abzustellen oder zumindest die Auswirkungen der Gefahr zu verhindern, etwa durch Warnung anderer Staaten.[715]

Auf der Grundlage dieser überwiegenden Ansicht kann das Dulden allein in der Nichtverhinderung der Inanspruchnahme des eigenen Staatsgebiets durch irreguläre Truppen für Angriffshandlungen bestehen. Darüber hinausgehende Handlungen der staatlichen Organe würden bereits in den Tatbestand der Unterstützung in Form der Beteiligung hineinreichen, für die wiederum eine gewisse Unterstützungsintensität gefordert werden muß.[716] Hat ein Staat die Möglichkeit, die Angriffshandlungen vom eigenen Staatsgebiet auf einen anderen Staat zu verhindern, unterläßt er dies jedoch, so handelt er zweifelsohne völkerrechtswidrig. Für den Umweltbereich ist längst anerkannt, daß physische Beeinträchtigung eines anderen Staatsgebiets gegen das völkerrechtliche Nachbarrecht verstößt. Jedenfalls ist als allgemeine Regel das Verbot jeder willkürlichen oder schikanösen Beeinträchtigung fremder Gebietshoheit anzuerkennen.[717] Das muß sowohl für Tun als auch Unterlassen gelten. So hat die ILC in ihrem Entwurf der Staatenverantwortlichkeit in Art. 2 ausdrücklich festgestellt, daß sowohl ein aktives Tun als auch ein Unterlassen einem Staat als Unrechtsakt zurechenbar ist.[718]

Schwieriger ist die Frage zu beurteilen, ob ein Staat durch die Gewährung von Rückzugsgebieten für irreguläre Truppen sich zum Selbstverteidigungsgegner wandelt. Hierbei ist zu differenzieren, ob von diesen Rückzugsbasen weitere Angriffe ausgehen oder sich die irregulären Truppen unter Beendigung ihrer Kampfhandlungen auf „sicheres" Territorium zurückziehen. Nur im ersten Fall kann noch ein Selbstverteidigungsrecht geltend gemacht werden, sobald die Angriffe wieder erfolgen.

---

[715] so auch die International Law Comission bei der Erarbeitung des Entwurfs zur Staatenverantwortlichkeit, Crawford, S. 92; sowie der IGH in Corfu-Channel-Case, ICJ-Reports 1949, S. 18, 36, sowie in United States Diplomatic and Consular Staff in Tehran, ICJ-Reports 1980, S. 3

[716] die International Law Commission hat in ihrem Entwurf zur Staatenverantwortlichkeit die Unterstützung durch einen Staat einerseits in Art. 8 als dem Staat zurechenbar normiert, das Dulden von Handlungen Privater durch einen Staat in Art. 11 ebenfalls als zurechenbare Handlung angenommen, Crawford, S. 110 sowie S. 121; zur Abgrenzung Crawford, S. 123

[717] Seidl-Hohenveldern, Rn. 1526

[718] Art. 2 lautet: "There is an internationally wrongful act of a State when conduct consisting of an action or omission: (a) is attributable to the State under international law; and (b) constitutes a breach of an international obligation of the State.", vgl. Crawford, S. 61

Im zweiten Fall, wenn also keine Angriffe zu erwarten sind, sind Gewaltmaßnahmen völkerrechtswidrig, da sie gewaltsame Repressalien darstellen, welche durch Art. 2 Ziff. 4 UNCh. verboten sind.

dd. Nichtverhindernkönnen

Wenn ein Staat zwar von einer gewissen Gefahrenlage Kenntnis hat, diese jedoch nicht verhindern kann, ist eine Zurechnung fraglich. Für einen bewaffneten Angriff von eigenem Staatgebiet aus sind Fälle denkbar, in denen der Staat keine Herrschaftsgewalt über ein Teilgebiet ausüben kann, etwa weil sich durch Bürgerkrieg eine regionale Herrschaft etabliert hat oder auf einem Teil des Staatsgebietes schlicht keinerlei Staatgewalt mehr existiert.
Bei der Etablierung einer neuen Staatsgewalt auf dem ganzen oder einem Teil des Staatsterritoriums, dem sog. stabilisierten de-facto-Regime, geht die herrschende Meinung davon aus, daß dieses unabhängig von der Anerkennung als Neustaat oder der Anerkennung de iure als Regierung eines bestehenden Staates gemäß dem Effektivitätsgrundsatz Völkerrechtssubjektivität gewinnt.[719]
Entsprechend geht die International Law Commission in dem Entwurf zur Staatenverantwortlichkeit, Art. 10, davon aus, daß in einem solchen Fall die Handlungen dieses Regimes dem übernommenen oder neuwerdenden Staat zuzurechnen sind.[720]
Schwieriger gestaltet sich die Konstellation, in der ein bewaffneter Angriff von einem Staatsgebiet ausgeht, über das keine Staatgewalt mehr besteht bzw. diese zusammengebrochen ist. In einem solchen „failed state“[721] ist die Zurechnungsfrage unklar, da es streng genommen keine Staatsgewalt mehr gibt, die für die Zurechnung jedoch Voraussetzung ist. Die International Law Commission geht in Art. 9 des Entwurfes zur Staatenverantwortlichkeit dennoch davon aus, daß unter drei Voraussetzungen auch bei Wegfall der Staatsgewalt das Handeln einer Person oder Personengruppe dem Staat zuzurechnen ist: das Handeln muß in einem gewissen Zusammenhang zur Ausübung von Staatgewalt stehen, es muß in Abwesenheit offizieller Staatgewalt erfolgen und die konkreten Umstände müssen nach einer solchen „Ersatzvornahme“ verlangen.[722] Eine solche „Zurechnung“ ist jedoch zweifelhaft, ist doch eine Zurechnung schon kaum möglich, wenn derjenige, dem ein Verhalten anderer zugerechnet werden soll, keinerlei Möglichkeit hat, diese Zurechnung zu verhindern. Letztendlich liefe dies auf eine Gefährdungshaftung

---

[719] Ipsen, Völkerrecht, S. 89 Rn. 13

[720] Crawford, S. 116 ff.

[721] die „failed-state“-Theorie hilft im Rahmen der Zurechnung nicht weiter, da es keine Zurechnungstheorie ist, sondern vielmehr die Frage untersucht, ob ein solcher „failed state“ den völkerrechtlichen Rechten und Pflichten noch unterliegen kann, siehe dazu unten II.1.c.aa.

[722] Crawford, S. 114

hinaus, die im Völkerrecht jedoch nur selten angenommen wird.[723] Wenn aber in einem Staatsgebiet eine Staatsgewalt schon gar nicht mehr existent ist, können zu Lasten dieser auch keine Handlungen anderer zugerechnet werden. Andererseits ist der International Law Commission insofern zu folgen, als daß Handlungen aus einem Staatsterritorium heraus zunächst in der Verantwortung der Staatsgewalt liegen, diese also etwa bewaffnete Angriffe von ihrem Territorium aus zu verhindern hat. Jedoch ist zweifelhaft, ob sich die Selbstverteidigung effektiv gegen die Staatsgewalt richten kann, wenn diese keinerlei Einfluß auf die Privatpersonen hat, von denen die Angriffe ausgehen.
In diesem Zusammenhang stellt sich also die Frage, gegen wen sich die Selbstverteidigung bei Vorliegen sämtlicher Voraussetzungen gegen einen bewaffneten Angriff richten muß. Es ist daher ein Problem der Grenzen der Selbstverteidigung, nämlich die Bestimmung des Selbstverteidigungsgegners.[724]

2. Kollektive Selbstverteidigung

Art. 51 UNCh. gewährt neben dem individuellen auch das kollektive Selbstverteidigungsrecht. Es umfaßt nicht nur die koordinierte Ausübung des individuellen Selbstverteidigungsrechts, sondern enthält nach ganz herrschender Meinung die Befugnis jedes nichtangegriffenen Staates, einem angegriffenen Staat zu Hilfe zu kommen.[725] Auch der Internationale Gerichtshof hat ein solches kollektives Selbstverteidigungsrecht im Sinne der Nothilfe anerkannt.[726] Voraussetzung ist, daß der Staat, dem andere zu Hilfe kommen, selbst ein Recht zur Selbstverteidigung nach Art. 51 UNCh. hat, gegen ihn also ein bewaffneter Angriff i.S.d. Art. 51 UNCh. erfolgt. Die Hilfeleistung muß sodann im zumindest vermuteten Einverständnis des angegriffenen Staates erfolgen. Es muß also kein ausdrückliches Hilfeersuchen an Drittstaaten ergehen.[727] Ein Widerspruch des Begünstigten Staates gegen die Nothilfe setzt allerdings das Recht der kollektiven Selbstverteidigung außer Kraft.
Aus dem Gedanken der Nothilfe heraus ergibt sich, daß die kollektive Selbstverteidigung denselben Schranken unterliegt wie das individuelle Selbstverteidigungsrecht.

---

[723] siehe hierzu bereits oben
[724] siehe dazu unten
[725] siehe nur Simma/Randelzhofer, Charta, Art. 51 Rn. 32; Cot/Pellet, Art. 51, S. 784
[726] Military and Paramilitary Activities in and against Nicaragua, ICJ-Reports 1986, S. 14, 103 f.
[727] Simma/Randelzhofer, Charta, Art. 51 Rn. 33; a.A. insofern IGH, ICJ-Reports 1986, S. 105, der für das völkergewohnheitsrechtliche Selbstverteidigungsrecht jedenfalls ein ausdrückliches Hilfeersuchen fordert.

3. Naturgegebenes Selbstverteidigungsrecht neben Art. 51 UNCh.

Aufgrund des Wortlautes des Art. 51 UNCh. wonach die Charta „keineswegs das naturgegebene Recht (inherent right, droit naturel) zur individuellen oder kollektiven Selbstverteidigung“ beeinträchtigt, geht ein Teil der völkerrechtlichen Literatur davon aus, daß im Zeitpunkt des Inkrafttretens der Charta ein völkergewohnheitsrechtliches Selbstverteidigungsrecht bestand, welches über das Selbstverteidigungsrecht der Charta hinaus bis zur Selbsthilfe reicht.[728]

Der Internationale Gerichtshof hat in seinem Nicaragua-Urteil vom 27. Juni 1986 ein solches völkergewohnheitsrechtliches Selbstverteidigungsrecht unter Verweis auf den Wortlaut bestätigt.[729] Der IGH führt jedoch aus, daß dieses von Inhalt und Umfang, mit Ausnahme der Meldepflicht nach Art. 51 S. 2 UNCh.,[730] dem Selbstverteidigungsrecht nach Art. 51 UNCh. entspricht. Insbesondere ist auch das völkergewohnheitsrechtliche Selbstverteidigungsrecht nach Ansicht des IGH nur gegen einen „bewaffneten Angriff“ anwendbar.[731]

Demgegenüber wird vertreten, daß das weitergehende völkergewohnheitsrechtliche Selbstverteidigungsrecht auch noch neben Art. 51 UNCh. fortbestehe und auch zum gewaltsamen Schutz des Lebens und Eigentums eigener Staatsbürger im Ausland und sogar bestimmter wirtschaftlicher Rechte im Ausland rechtfertige.[732]

Bereits dem Wortlaut nach ist der Auffassung des IGH zu folgen. Denn Art. 51 UNCh. erkennt das „naturgegebene Selbstverteidigungsrecht“ nur im Falle eines bewaffneten Angriffs (armed attack, aggression armée) an. Insofern sind die Voraussetzungen eines völkergewohnheitsrechtlichen Selbstverteidigungsrechts die gleichen wie jenes des Art. 51 UNCh.. Jedenfalls die Mitgliedsstaaten haben mit Beitritt zu den Vereinten Nationen auf ein weitergehendes Selbstverteidigungsrecht verzichtet.[733] Von der überwältigenden Anzahl der Mitglieder der Vereinten Nationen ist daher auch auf die Änderung entsprechenden Völkergewohnheitsrecht zu schließen, wonach aufgrund opinio iuris das völkergewohnheitsrechtliche Selbstverteidigungsrecht nur noch aufgrund der Voraussetzungen und in den Schranken des Art. 51 UNCh. ausgeübt werden darf.[734]

---

[728] Simma/Randelzhofer, Charta, Art. 51 Rn. 39; Verdross/Simma, § 470; Schindler, Grenzen des völkerrechtlichen Gewaltverbots, S. 17; Schachter, Right of States, S. 1634 f.

[729] Military and Paramilitary Activities in and against Nicaragua, ICJ-Reports 1986, S. 14, 102

[730] ICJ-Reports 1986, S. 121

[731] ICJ-Reports 1986, S. 102 f.

[732] Bowett, Self-Defence in International Law, S. 87 ff., 106 ff., 182 ff.; Waldock, S. 496 f.; McDougal, S. 600; Schwebel, S. 479 ff.; Schachter, Right of States, S. 1634

[733] Simma/Randelzhofer, Charta, Art. 51 Rn. 40

[734] a.A. insoweit Simma/Randelzhofer, Charta, Art. 51 Rn. 40, der allerdings auch darauf hinweist, daß ein völkergewohnheitsrechtliches Selbstverteidigungsrecht nur noch für die wenigen Nichtmitglieder der Vereinten Nationen gelten könne.

4. Präventive Selbstverteidigung

Nicht erst im Zusammenhang mit der US-amerikanischen Sicherheitsstrategie von 2002 und dem Irak-Krieg 2003 ist die Befugnis zur präventiven Selbstverteidigung, also zur vorbeugenden Gewaltanwendung, Gegenstand völkerrechtlicher Diskussionen geworden. Im klassischen Völkerrecht war die Frage der Zulässigkeit vorbeugender Gewaltanwendung eine politische und moralische Kategorie, nicht jedoch eine rechtliche. Seit der Einführung des zwischenstaatlichen Gewaltverbotes durch Art. 2 Ziff. 4 UNCh. erlangte die Frage rechtliche Bedeutung und wird im Rahmen des Selbstverteidigungsrechts diskutiert, liegt in ihr doch die Abgrenzung zwischen dem verbotenen Angriffskrieg und der (schon) zulässigen Selbstverteidigung.

In der neueren Diskussion werden für die präventive Gewaltanwendung unterschiedliche Begriffe benutzt: Neben präventiver Selbstverteidigung (preventive self-defense) wird sie auch antizipierte Selbstverteidigung (anticipatory self-defense)[735] oder preemptive self-defense[736] genannt. Die US-Regierung geht in ihrer Nationalen Sicherheitsstrategie von 2002 offenbar von einem Unterschied zwischen den Begriffen „anticipatory" und „preemptive" aus.[737] Unabhängig von der Begrifflichkeit ist jeweils der gleiche Sachverhalt gemeint: Gewaltanwendung, ohne daß bzw. bevor ein Angriff gegeben ist.

a. Präventive Gewaltanwendung im klassischen Völkerrecht

Die klassische Völkerrechtspraxis ging vom uneingeschränkten Recht zur Kriegsführung als wesentlichem Bestandteil der staatlichen Souveränität aus.[738] In der Völkerrechtstheorie wurden mit der Lehre vom „gerechten Krieg" zwar keine rechtlichen, aber zumindest moralische Voraussetzungen für ein Recht zur Kriegsführung aufgestellt.[739] Nach Grotius waren diese Gründe die Verteidigung gegen eine Rechtsverletzung, die Wiederherstellung des rechts-

---

[735] siehe etwa Yoo, S. 572; Sapiro, S. 600

[736] siehe etwa Wedgwood, The Fall of Saddam Hussein, S, 582; nach Blumenwitz, Der Präventivkrieg und das Völkerrecht, S. 29 Fn. 5 entstammt der Begriff „preemptive" aus der frühen amerikanischen Rechtsgeschichte. Nach den „pre-emption laws" wurde Siedlern das Eigentum an dem von ihnen urbar gemachten Grund und Boden eingeräumt. „To preempt" wurde insofern als „to secure as firstcomer" verstanden.

[737] White House, The National Security Strategie of America, http://www.whitehouse.gov/nsc/nss.pdf, S. 15: "The greater the threat, the greater is the risk of inaction—and the more compelling the case for taking *anticipatory* action to defend ourselves, even if uncertainty remains as to the time and place of the enemy's attack. To forestall or prevent such hostile acts by our adversaries, the United States will, if necessary, act *preemptively*."; Sapiro,S. 600 Fn. 9, stellt "preemptive self-defense" mit "anticipatory self-defense" gleich und grenzt diese von der Doktrin der US-Regierung in der National Security Strategie ab, die weitergehend sei

[738] Siehe dazu Teil 1 I.1.b.

[739] Siehe dazu Teil 1 I.1.a.

konformen Zustandes und die Bestrafung des rechtsverletzenden Staates,[740] also allein Gründe für reaktive Gewaltanwendung. Gewaltanwendung in Vorbeugung gegen eine mögliche Gefahr bezeichnet Grotius ausdrücklich als nicht ausreichend für einen gerechten Kriegsgrund.[741] Die Gefahr, daß ein Angriffskrieg durch den Begriff der präventiven Selbstverteidigung in einen Verteidigungskrieg umgedeutet und dadurch gerechtfertigt werden soll, hat schon Grotius erkannt.[742]

Doch sind die Grenzen zwischen präventiver Gewaltanwendung und der einem Angriff zuvorkommenden Selbstverteidigung fließend. Grotius führt aus, daß es kein gerechter Kriegsgrund sei, wenn der Nachbar auf seinem Gebiet eine Festung oder ein Verteidigungswerk anlegt, die schädlich werden können. Gegen solche Gefahren seien Gegenbefestigung und ähnliche Mittel anzuwenden, nicht jedoch die Entfesselung eines Krieges. Die bloße Furcht vor der Macht des Nachbarn sei nicht ausreichend für eine gerechte Verteidigung. Sie müsse vielmehr auch notwendig sein, als daß bei dem Gegenüber nicht nur die Macht, sondern auch die Absicht zum Angriff gegeben ist. Diese Absicht müsse mit solcher Gewißheit feststellbar sein, wie das in menschlichen Dingen überhaupt möglich ist.[743]

Der ebenfalls der Lehre des Gerechten Krieges verbundene Vattel[744] stellt fest, daß eine Nation berechtigt sei, sich gegen ein Übel, das man ihr antun will, auch mit Gewalt zur Wehr zu setzen. Sie dürfe aber nicht auf einen vagen und unbestimmten Verdacht hin angreifen, um sich nicht dem Vorwurf eines ungerechten Angriffs auszusetzen.[745]

In der klassischen Völkerrechtspraxis wurde der Präventivkrieg freilich weniger restriktiv eingesetzt. Insbesondere im Zusammenhang mit der in Europa lange verfolgten Idee des kontinentalen Gleichgewichts diente der Präventivkrieg zur Verhinderung der Verschiebung des Mächtegleichgewichts.[746]

b. Der Caroline-Fall

Der wohl berühmteste Fall präventiver Gewaltanwendung war der Caroline-Fall aus dem Jahre 1837. In jenem Jahr wurde der Aufstand kanadischer Bürger gegen die britische Regierung durch amerikanische Freiwillige unterstützt, indem diese von amerikanischem Territorium aus die kanadischen Rebellen mit Nachschub versorgten. Weder die amerikanische Bundesregierung, die sich auf

---

[740] Grotius, De jure belli ac pacis libri tres, Lib. II, Cap. 1 § 2.2.

[741] Grotius, De jure belli ac pacis libri tres, Lib. II, Cap. 1 § 27: "Sed ut vim pati posse ad vim inferendam ius tribuat, ab omni aequitatis ratione abhorret." (Aber daß die Möglichkeit, Gewalt zu erleiden, schon das Recht zur Gewaltanwendung geben solle, hat keinen rechtlichen Grund.)

[742] Blumenwitz, Die völkerrechtlichen Aspekte des Irak-Konflikts, S. 315

[743] Grotius, De jure belli ac pacis libri tres, Lib. II, Cap. 22 § 5

[744] siehe zu Vattel bereits Teil I. 1.a.cc.

[745] Vattel, Le Droit des Gens, Buch II ; Kap. 4 § 50

[746] Berber, Völkerrecht Bd. III, S. 163 f.

das Fehlen entsprechender Kompetenzen berief,[747] noch die Regierungen der betroffenen US-Bundesstaaten verhinderten diese Unterstützungsaktionen. Am 13. Dezember 1837 besetzte eine Gruppe Aufständischer unter Führung eines US-Amerikaners die Insel Navy Island, welche sich im Niagara-Fluß innerhalb kanadischen Territoriums befand, um diese als Basis für Angriffe auf kanadische Schiffe und Einrichtungen zu nutzen. Das Schiff The Caroline diente als Fähre zwischen dem amerikanischen Ufer und dieser Basis und versorgte die dortigen Aufständischen mit Nachschub.

In der Nacht des 29. Dezember 1837 überquerte eine britische Einheit den Niagara-Fluß mit dem Ziel, das Schiff The Caroline zu zerstören. Das Schiff wurde im Hafen von Fort Schloßberg im amerikanischen Territorium ausgemacht, wo es seitens der britischen Kräfte angegriffen wurde. Mindestens ein Amerikaner wurde getötet, das Schiff wurde in die Flußmitte gezogen und in Brand gesetzt. Die Überreste trieben schließlich über die Niagara-Fälle.[748] Die US-Regierung protestierte gegen diese Aktion, Großbritannien berief sich im Gegenzug jedoch auf Selbstverteidigung. The Caroline sei zwar ein Privatschiff, die Vereinigten Staaten hätten es jedoch unterlassen, die amerikanischen Gesetze durchzusetzen.[749]

Im Jahre 1841 erlangte der Vorfall wieder diplomatische Bedeutung: In New York wurde ein stellvertretender kanadischer Sheriff namens Alexander McLeod festgenommen, der an dem britischen Vorgehen beteiligt gewesen sein sollte, und wurde deshalb wegen Brandstiftung und Mordes vor einem amerikanischen Gericht angeklagt. Die britische Regierung protestierte gegen das Verfahren und bestand darauf, daß McLeod unschuldig sei, er jedenfalls nicht als Einzelperson strafrechtlich verfolgt werden könne, da er im offiziellen britischen Auftrag gehandelt habe. Der zwischenzeitlich zum amerikanischen Außenminister berufene Daniel Webster bot der britischen Seite darauf hin an, die volle Verantwortung für den Vorfall zu übernehmen und auf dieser Basis die Freilassung McLeods zu erreichen. Nachdem die britische Regierung diesem Vorschlag zustimmte, wurde McLeod mit Zustimmung des amerikanischen Präsidenten Tyler freigelassen.

In seiner entsprechenden Note vom 24. April 1841 formulierte Webster, daß nicht nur dem Individuum, sondern auch Staaten ein Selbsterhaltungsrecht zustehe, welches aber nur durch klare und absolute Notwendigkeit Gewalt-

---

[747] erst am 10. März 1838 gestattete der US-Kongreß dem Präsidenten die angeforderte Befugnis, jegliche amerikanische Schiffe einzuziehen, die gegen die Neutralitätspflichten verstoßen, Sofaer, S. 217

[748] Sofaer, S. 215

[749] Blumenwitz, Die völkerrechtlichen Aspekte des Irak-Konflikts, S. 316; mit Note vom 5. Januar 1838 forderte der amerikanische Außenminister von der britischen Regierung eine umfassende Erklärung für die „außerordentliche Gewalttat" und die Bestrafung der hierfür Verantwortlichen, mit Note vom 19. Januar 1838 wurde zudem Wiedergutmachung gefordert. In einer ersten Antwort berief sich die britische Seite auf eine „Notwendigkeit der Selbstverteidigung und Selbsterhaltung" („necessity of self defence and self preservation"), vgl. K.R. Stevens, Border Diplomacy (1989), S. 24 f.

anwendung zu Friedenszeiten rechtfertigen könne.[750] Im Jahre 1842 wurde die Angelegenheit durch einen Notenwechsel zwischen Webster auf amerikanischer und Lord Ashburton auf britischer Seite beigelegt. Webster führte aus, daß die Achtung der Unverletzlichkeit des Territoriums unabhängiger Staaten die unerläßliche Grundlage für die Zivilisation sei, daß es hiervon jedoch Ausnahmen auf der Grundlage des Selbstverteidigungsrechts gebe, die aber auf die Fälle beschränkt seien, in denen die Notwendigkeit zur Selbstverteidigung sofortig und überwältigend sei und keine Wahl der Mittel und keinen Augenblick der Überlegung lasse (necessity of that self-defense is instant, overwhelming, and leaving no choice of means, and no moment for deliberation).[751] Lord Ashburton zweifelte diese Rechtsauffassung nicht an, betonte allerdings, daß die britische Militäraktion nach diesen Anforderungen gerechtfertigt gewesen sei.[752]

Obwohl sich zu diesem Zeitpunkt zwei Großmächte über die rechtliche Bewertung der präventiven Gewaltanwendung als absolute Ausnahme und ausschließliche Notstandsmaßnahme einig waren, wurde in der Folge, wie schon in der Vergangenheit auch durch die Vereinigten Staaten,[753] weit über diese Grenzen hinaus zwischenstaatliche Gewalt präventiv angewandt, um unter Berufung auf angebliche Notstandssituationen Gebiets- und Neutralitätsrechte zu mißachten.[754]

Insbesondere der Zweite Weltkrieg war durch Präventivschläge geprägt. Die militärischen Maßnahmen sowohl der Alliierten als auch Deutschlands in Skandinavien im Jahre 1940 wurden mit Verweis auf Notstand zu rechtfertigen versucht.[755] Als Reaktion auf eine durch Großbritannien und Frankreich

---

[750] Sofaer, S. 217 f.; Webster schrieb: „The extent of this right (self-preservation) is a question to be judged of by the circumstances of each particula case; and when its alleged exercise has led to the commission of hostile acts, within the territory of a Power at peace, nothing less than a clear and absolute necessity can afford ground for justfications."

[751] Note vom 6. August 1842: „Respect for the inviolable character of the territory of independent states is the most essential foundation of civilization ... Undoubtedly it is just, that, while it is admitted that exceptions growing out of the great law of self-defense do exist, those exceptions should be confined to cases in which the *necessity of that self-defense is instant, overwhelming, and leaving no choice of means, and no moment for deliberation*", Blumenwitz, Die völkerrechtlichen Aspekte des Irak-Konflikts, S. 316 f

[752] Sofaer, S. 219

[753] Sofaer, S. 220, Fn. 33, verweist auf die amerikanischen Präventivschläge 1818 und 1819 auf dem Territorium spanischer Kolonien, um Angriffen auf amerikanische Schiffe zuvorzukommen. Blumenwitz, Die völkerrechtlichen Aspekte des Irak-Konflikts, S. 317, Fn. 62, verweist auf die sogenannte „Kanonenbootpolitik" („gunboat diplomacy") der Vereinigten Staaten bei der Ausbreitung ihrer Einflußsphäre auf dem amerikanischen Kontinent

[754] im Ersten Weltkrieg z.B. der Angriff deutscher Truppen gegen das neutrale Belgien am 4. August 1914 sowie die Landung alliierter Truppen 1915/16 in Saloniki und auf Kreta trotz der Neutralität Griechenlands, Blumenwitz, Der Präventivkrieg und das Völkerrecht, S. 24 f.

[755] Blumenwitz, Der Präventivkrieg und das Völkerrecht, S. 25

errichtete Minensperre in den neutralen Küstengewässern Norwegens marschierten deutsche Truppen am 8. April 1940 durch ein kombiniertes See-. Land- und Luftunternehmen in das neutrale Dänemark und Norwegen ein. Noch im Mai 1939 wurde zwischen Dänemark und Deutschland ein Nichtangriffspakt geschlossen und im September 1939 versicherte die deutsche Regierung gegenüber Norwegen, die Unverletzlichkeit des neutralen norwegischen Territoriums zu achten.[756]

Das Nürnberger Kriegsverbrechertribunal, welches unter anderem über den Vorwurf der Begehung eines Angriffskrieges gegen führende deutsche Militärs zu richten hatte, prüfte das deutsche Vorgehen gegen Dänemark und Norwegen ausdrücklich anhand der Kriterien des Caroline-Falls.[757] Die Angeklagten beriefen sich zu ihrer Verteidigung auf das Recht zur Selbstverteidigung, da die Alliierten eine Besetzung Dänemarks und Norwegens bereits geplant hätten. Das Tribunal stellte jedoch fest, daß bereits im Jahre 1939 Pläne der deutschen Führung für eine Besetzung Norwegens existierten, welche letztlich im Rahmen der „Weser-Übung“ im April 1940 umgesetzt wurden. Einer unmittelbar bevorstehenden Besetzung durch die Alliierten zuvorzukommen, könne daher nicht das Ziel gewesen sein.[758] Das Tribunal widersprach der Auffassung der Angeklagten, daß allein Deutschland als handelnder Staat zu entscheiden hätte, ob präventive Selbstverteidigung aufgrund Notstandes zulässig gewesen sei. Vielmehr müsse die Frage, ob eine Maßnahme unter Berufung auf das Selbstverteidigungsrecht tatsächlich defensiv oder doch aggressiv war, letzten Endes Gegenstand der Untersuchung und Beurteilung durch das Gericht sein, wenn das internationale Recht durchgesetzt werden soll.[759]

Das Tribunal stellte daher fest, daß die Besetzung Dänemarks und Norwegens durch deutsche Truppen den Tatbestand des Angriffskrieges verwirklichte.[760] Einer Beurteilung der britischen und französischen Küstensperre, die ebenfalls gegen die Neutralitätsrechte Norwegens verstieß, enthielt sich das Tribunal jedoch.

Festzuhalten bleibt, daß die Grundsätze des Caroline-Falls über die Zulässigkeit präventiver Selbstverteidigung mehr als ein Jahrhundert zumindest die Völkerrechtslehre prägte. Das Nürnberger Tribunal hat diese zur Rechtsregel erhoben

---

[756] vgl. Internationaler Militärgerichtshof (Nürnberg), Judgment, in: American Journal of International Law 41 (1947), S. 172, 203

[757] Internationaler Militärgerichtshof (Nürnberg), Judgment, in: American Journal of International Law 41 (1947), S. 172, 205

[758] Internationaler Militärgerichtshof (Nürnberg), Judgment, in: American Journal of International Law 41 (1947), S. 172, 206

[759] Internationaler Militärgerichtshof (Nürnberg), Judgment, in: American Journal of International Law 41 (1947), S. 172, 207: „But whether action taken under the claim of self-defense was in fact aggressive or defensive must ultimately be subject to investigation and adjudication if international law is ever to be enforced."

[760] Internationaler Militärgerichtshof (Nürnberg), Judgment, in: American Journal of International Law 41 (1947), S. 172, 207

und als Maßstab einer nachträglichen Beurteilung der Völkerrechtsmäßigkeit bestätigt.

c. Präventive Gewaltanwendung unter der Charta der Vereinten Nationen

Mit der Charta der Vereinten Nationen sollte mit dem Gewaltverbot des Art. 2 Ziff. 4 UNCh. zwischenstaatliche Gewaltanwendung weitestgehend vermieden werden.[761] Dem Sicherheitsrat wurde gemäß Art. 24 Abs. 1 UNCh. die Hauptverantwortung für die Wahrung des Weltfriedens und der internationalen Sicherheit übertragen, der gemäß Art. 39 i.V.m. Art. 42 UNCh. auch militärische Maßnahmen durchführen kann, wenn er eine Bedrohung oder ein Bruch des Friedens oder eine Angriffshandlung feststellt. Der Begriff der Friedensbedrohung[762] hat insofern zentrale Bedeutung für das kollektive Sicherheitssystem der Vereinten Nationen, in dessen Rahmen der Sicherheitsrat vor allem auch präventiv tätig werden soll und kann.[763]
Ist also nach der Charta dem Sicherheitsrat die präventive Gewaltanwendung gestattet, stellt sich die Frage, inwiefern noch den einzelnen Staaten eine entsprechende Befugnis zusteht. Hierbei rückt zunächst das Selbstverteidigungsrecht des Art. 51 UNCh. in den Vordergrund.

aa. Präventive Selbstverteidigung nach Art. 51 UNCh.

Im Falle eines bewaffneten Angriffs gewährt Art. 51 UNCh. den Staaten ein Recht zur individuellen oder kollektiven Selbstverteidigung unter Einsatz gewaltsamer Maßnahmen.[764] Rein vom Wortlaut muß insofern bereits ein bewaffneter Angriff erfolgt sein, bevor der angegriffene Staat Gegenmaßnahmen ergreifen darf.[765] Es entspricht auch Sinn und Zweck der Vorschrift, einseitige Gewaltanwendung auf ein Mindestmaß zu beschränken.[766] Andererseits stellte es aber eine zu enge Auslegung des Art. 51 UNCh. dar, wenn ein einem Angriff unmittelbar entgegenblickender Staat noch auf die erste Feindseligkeit warten müßte, bevor er geeignete Gegenmaßnahmen einleiten darf. Angesichts der Drohung mit Nuklear- oder anderen Massenvernichtungs-

---

[761] siehe hierzu oben Teil 1 I.2.

[762] der Begriff der Friedensbedrohung in Art. 39 UNCh. darf nicht verwechselt werden mit dem der Friedensgefährdung in Art. 34 und 37 UNCh., welche nur zu nicht-militärischen Maßnahmen ermächtigt; dies wird in der Praxis aber häufig unscharf unterschieden, vgl. Simma/Frowein, Charta Art. 39 Rn. 17 ff.

[763] Simma/Frowein, Charta Art. 39 Rn. 23

[764] siehe dazu oben Teil 2 I.1.

[765] Schulz, Rn. 22; nicht nur der deutsche Wortlaut spricht dafür, sondern auch z.B. der englische Wortlaut („if an armed attack occurs...“), nicht ganz eindeutig der französische Wortlaut („dans un cas où un Membre des Nations Unies est l'objet d'une *aggression armée*...“), wobei „aggression armée“ wohl gleichbedeutend mit „armed attack“ ist, Partsch, Self-Defence, S. 213

[766] Simma/Randelzhofer, Charta Art. 51 Rn. 34

waffen ist möglicherweise nur eine zuvorkommende Selbstverteidigung effektiv, jedenfalls dann, wenn dem Angegriffenen die sogenannte Zweitschlagskapazität fehlt.[767] Die Aggressionsdefinition[768] stellt in Art. 2 zwar eine Anscheinsbeweisregel auf, wonach der Staat, der als erster Waffengewalt anwendet, eine Angriffshandlung begeht. Dem Sicherheitsrat wird jedoch die Möglichkeit eingeräumt, zu dem Schluß zu gelangen, daß angesichts anderer bedeutender Umstände die Feststellung einer Angriffshandlung nicht gerechtfertigt wäre. Nicht jede erste Gewaltanwendung muß daher zwangsläufig ein Verstoß gegen die UN-Charta sein.

Art. 51 UNCh. ist dennoch restriktiv auszulegen, um dem Sinn und Zweck des kollektiven Sicherheitssystems der Charta gerecht zu werden. Es muß ein bewaffneter Angriff entweder bereits erfolgt sein oder zumindest bereits eingeleitet sein,[769] damit die Gegenmaßnahmen als Selbstverteidigung gelten können.[770] Eine bloße, gar abstrakte Bedrohungslage kann nicht als Rechtfertigung ausreichen. Das Selbstverteidigungsrecht ist eine eng begrenzte Ausnahme zum kollektiven Sicherheitssystem der Charta, in dem der Sicherheitsrat die Hauptverantwortung für den Weltfrieden trägt, Art. 24 UNCh. Einzelstaatliche Gewalt darf nur soweit und solange angewendet werden, wie der Sicherheitsrat nicht die zur Wahrung des Weltfriedens und der internationalen Sicherheit erforderlichen Maßnahmen getroffen hat, Art. 51 S. 1 2. Halbsatz UNCh.[771] Nach Art. 39 UNCh. stellt der Sicherheitsrat, und nur der Sicherheitsrat, fest, ob eine Bedrohung des Friedens vorliegt. Eine weite Auslegung des Selbstverteidigungsrechts würde die Mechanismen des kollektiven Sicherheitssystems aushöhlen.[772]

Auch der IGH geht in seinem Nicaragua-Urteil davon aus, daß das Vorliegen eines bewaffneten Angriffs Voraussetzung für die individuelle und kollektive Selbstverteidigung nach Art. 51 UNCh. ist.[773]

Entgegen dieser herrschenden Auffassung in Literatur und Rechtsprechung sehen die Befürworter eines neben Art. 51 UNCh. fortbestehenden völkergewohnheitsrechtlichen Selbstverteidigungsrechts präventive Gewaltanwendung durch dieses als gerechtfertigt an, da bereits vor Inkrafttreten der Charta der Vereinten Nationen die präventive Selbstverteidigung zulässig gewesen

---

[767] hierauf verweist Simma/Randelzhofer, Charta Art. 51 Rn. 35

[768] GA-Res. 3314 (XXIX) v. 14. Dezember 1974

[769] Simma/Randelzhofer, Charta Art. 51 Rn. 34, nimmt auch den – seltenen – Fall der Ankündigung eines Angriffs als ausreichend an

[770] Blumenwitz, Der Präventivkrieg und das Völkerrecht, S. 27

[771] vgl. zur Subsidiarität des Selbstverteidigungsrechts unten I.5.d.

[772] Simma/Randelzhofer, Charta Art. 51 Rn. 34; Partsch, Self-Defence, S. 213

[773] Military and Paramilitary Activities in and against Nicaragua (Nicaragua v. United States of America), ICJ Reports 1986, 103 sowie 122; dieser Auffassung hat sich die herrschende Meinung in der Literatur angeschlossen, Jennings/Watts, S. 422; Brownlie, International Law and the Use of Force, S. 275 ff.; Partsch, Self-Defence, S. 213; Blumenwitz, Der Präventivkrieg und das Völkerrecht, S. 27; Schindler, Grenzen des völkerrechtlichen Gewaltverbots, S. 17; Simma/Randelzhofer, Charta Art. 51 Rn. 34 m.w.N. in Fn. 138

sei.[774] Da jedoch, wie gerade aufgezeigt,[775] das völkergewohnheitsrechtliche Selbstverteidigungsrecht nur unter den selben Voraussetzungen zulässig ist wie das des Art. 51 UNCh., kann diese Auffassung nicht überzeugen. Zudem ist von einem völkergewohnheitsrechtlichen Selbstverteidigungsrecht vor Inkrafttreten der UN-Charta nur in den Grenzen der Grundsätze des Caroline-Falls auszugehen. Die damit formulierten Voraussetzungen der „necessity of self-defence, instant, overwhelming, leaving no choice of means, and no moment for deliberation" sind im Lichte des kollektiven Sicherheitssystems dahingehend auszulegen, daß zumindest bei der Wahl der anderen Mittel als der Selbstverteidigung („leaving no choice of means") jedenfalls bei einer bloßen Bedrohungslage der Sicherheitsrat mit der Angelegenheit zu befassen ist, der dann die notwendigen Maßnahmen nach Art. 39 ff. UNCh. ergreifen kann.
Festzuhalten bleibt, daß solange ein bewaffneter Angriff nicht gegeben ist, individuelle oder kollektive Selbstverteidigung weder nach Art. 51 UNCh. noch nach einem völkergewohnheitsrechtlichen Selbstverteidigungsrecht zulässig ist.[776]

In der Staatenpraxis wurde unter der Geltung der Charta dennoch ein Recht zur präventiven Gewaltanwendung ohne vorherigen bewaffneten Angriff geltend gemacht. Die Vereinigten Staaten sahen während der Kuba-Krise eine unmittelbare Bedrohung ihrer Sicherheit durch die Stationierung sowjetischer Trägerraketen auf Kuba und verhängten im Oktober 1962 eine Seeblockade um die Insel.[777]

Israel griff im Juni 1967 die jenseits der Grenze zu Ägypten aufmarschierten ägyptischen Truppen an. Obwohl noch kein Angriff seitens der ägyptischen Truppen erfolgt ist, begründete Israel seine Maßnahme unter Verweis auf das Selbstverteidigungsrecht, da bereits die Kriegsvorbereitungen seitens der arabischen Staaten ein „bewaffneter Angriff" gewesen seien.[778]

Im Juni 1981 zerstörten israelische Kampfflugzeuge einen im Bau befindlichen irakischen Nuklearreaktor in Osiraq nähe Bagdad. Israel berief sich auf die Gefahr, daß der Irak nach Fertigstellung in der Lage gewesen wäre, Nuklearwaffen zu entwickeln, und diese gegen Israel einsetzen werde. Die israelische Regierung stellte sehr detailliert dem Sicherheitsrat die feindseilige Haltung des Irak gegenüber Israel dar und seine fortlaufenden Bemühungen zur Erlangung von Nuklearwaffen. Israel habe daher sein ihm gegebenes gewohnheitsrechtliches Selbstverteidigungsrecht ausgeübt, wie es im internationalen Recht angenommen werde und durch Art. 51 UNCh. aufrechterhalten worden sei.[779] In

---

[774] Bowett, Self-Defence in International Law, S. 188 f.; Waldock, S. 497 f.; Schwebel, S. 479 ff.; Schachter, Right of States, S. 1634 f.

[775] siehe oben I.3.

[776] Simma/Randelzhofer, Charta, Art. 51 Rn. 34

[777] Jennings/Watts, S. 424; Yoo, S. 573

[778] Sapiro, S. 601

[779] vgl. die Ausführungen des israelischen UN-Botschafters Blum vor dem Sicherheitsrat, U.N.-Doc. S/PV. 2280, June 12, 1981, S. 37 ff.

der nachfolgenden Diskussion im Sicherheitsrat lehnten die übrigen Sicherheitsratsmitglieder eine Rechtfertigung des israelischen Militärschlags ab.[780] Der US-Vertreter Kirkpatrick begründete seine Ablehnung mit der fehlenden Ausschöpfung anderer als militärischer Mittel durch Israel zur Abwendung der Bedrohung.[781] Der Sicherheitsrat verurteilte schließlich den militärischen Angriff durch Israel als klaren Verstoß gegen die UN-Charta.[782]
Ähnlich wie der israelische Vertreter im UN-Sicherheitsrat stellte im Vorfeld des Angriffs auf den Irak im Frühjahr 2003 der amerikanische Außenminister Powell eine Gefährdungslage seitens des Irak durch angebliche Massenvernichtungswaffen im Sicherheitsrat dar.[783] Die USA suchten hierdurch die Unterstützung durch den Sicherheitsrat für einen Präventivschlag gegen den Irak. Der Sicherheitsrat ließ sich jedoch nicht von einer Bedrohung durch den Irak überzeugen. Da auch durch die USA nur eine abstrakte zukünftige Bedrohung behauptet werden konnte, war ein Angriff auf den Irak nicht durch das Selbstverteidigungsrecht gerechtfertigt und stellte insofern einen Verstoß gegen das Gewaltverbot dar.[784]

bb. Notstand

Als weitere Begründung für die Zulässigkeit präventiver Gewaltanwendung kommt der völkerrechtliche Notstand in Betracht. Notstand kann als diejenige Situation definiert werden, in der eine Person aufgrund höchster Notwendigkeit handelt, um ihr eigenes oder das Leben ihr anvertrauter Menschen zu retten.[785]
Der IGH hat in seinem Gutachten über die Rechtmäßigkeit der Drohung mit oder des Einsatzes von Nuklearwaffen[786] 1996 festgestellt, daß jedenfalls der Einsatz von Nuklearwaffen gegen die Regeln des Humanitären Völkerrechts verstoße. Ohne zwar den Begriff des Notstands zu erwähnen, führt der IGH jedoch aus, daß er nicht mit letzter Gewißheit feststellen kann, ob der Einsatz von Nuklearwaffen in einer Extremsituation der Selbstverteidigung, in der das Überleben eines Staates auf dem Spiel stehe, rechtswidrig oder rechtmäßig

---

[780] U.N.-Doc. S/PV. 2282, June 15, 1981, S. 13 ff.; U.N.-Doc. S/PV. 2285, June 16, 1981, S. 61 f.; U.N.-Doc. S/PV. 2288, June 19, 1981, S. 3 ff.

[781] U.N.-Doc. S/PV. 2288, June 19, 1981, S. 58

[782] SR-Res. v.19.6.1981, U.N. Doc. S/RES/487 (1981), lit. 1.: "Strongly condemns the military attack by Israel in clear violation of the Charter of the United Nations and the norms of international conduct"

[783] siehe dazu oben Teil 1 I.3.b.jj.

[784] so die weit überwiegende Ansicht in der Literatur, Blumenwitz, Die völkerrechtlichen Aspekte des Irak-Konflikts, S. 333; Schaller, S. 663; Kurth, S. 198; Murswiek, S. 1018

[785] so die International Law Commission in Art. 24 des Entwurfs zur Staatenverantwortlichkeit, die diese Situation jedoch als „Notlage" in Abgrenzung zum Staatsnotstand bezeichnet

[786] Advisory Opinion on the Legality of the Threat or Use of Nuclear Weapons v. 8. Juli 1996, in: International Legal Materials 35 (1996), S. 809 ff.

ist.[787] Aus den Ausführungen kann insofern entnommen werden, daß Notstand ein grundsätzlich völkerrechtswidriges Verhalten rechtfertigen oder entschuldigen kann.
Auch die International Law Commission hat den Begriff „necessity" in ihren Entwurf zur Staatenverantwortlichkeit, Art. 25, aufgenommen. Hiernach soll ein Verstoß gegen das Völkerrecht ausgeschlossen sein, wenn die Handlung die einzige Möglichkeit des Staates ist, ein wesentliches Interesse gegen eine schwere und unmittelbar bevorstehende Gefahr zu bewahren, und sie nicht wesentliche Interessen eines Staates oder der Staatengemeinschaft beeinträchtigt, es sei denn, die verletzte Norm schließt ihrerseits die Berufung auf Notstand aus oder der verletzende Staat hat zu der Notstandssituation selber beigetragen.[788] Die International Law Commission nimmt ausdrücklich Bezug auf die Formel des „Caroline"-Fall: „a necessity of self-defence, instant, overwhelming, leaving no choice of means, and no moment for deliberation."[789]
Soweit die International Law Commission das Rechtsinstitut des völkerrechtlichen Notstandes bestätigt, so schränkt sie es in Art. 26 des Entwurfs wiederum ein, wonach ein Verstoß gegen eine zwingende Norm des allgemeinen Völkerrechts auch im Falle des Notstands nicht zulässig ist.[790] Als eine zwingende Norm stellt die International Law Commission unter anderem das Aggressionsverbot fest.[791] In Art. 27 stellt sie sodann klar, daß ein Völkerrechtsverstoß aufgrund Notstands den handelnden Staat nicht davon entbindet, seinen völkerrechtlichen Pflichten wieder nachzukommen, sobald und soweit der Notstand wieder behoben ist, und den durch den völkerrechtswidrigen Akt

---

[787] IGH aaO., S. 36: "It follows from the above-mentioned requirements that the threat or use of nuclear weapons would generally be contrary to the rules of international law applicable in armed conflicts, and in particular the principles and rules of humanitarian law; However, in view of the current state of internatinal law, and of the elements of fact at its disposal, the Court cannot conclude definitively whether the threat or use of nuclear weapons would be lawful or unlawful in an extreme circumstance of self-defence, in which the very survival of a State would be at stake"; die Entscheidung ist denkbar knapp bei Stimmengleicheit mit der ausschlaggebenden Stimme des Präsidenten gefallen.

[788] Art. 25 lautet:

1. Necessity may not be invoked by a State as a ground for precluding the wrongfulness of an act not in conformity with an international obligation of that state unless the act:
   (a) is the only means for the State to safeguard an essential interest against a grave and imminent peril; and
   (b) does not seriously impair an essential interest of the State or States toward which the obligation exists, or of the international community as a whole.
2. In any case, necessity may not be invoked by a State as a ground for precluding wrongfulness if:
   (a) the international obligation in question excludes the possibility of invoking necessity; or
   (b) the State has contributed to the situation of necessity.

[789] Crawford, S. 179

[790] Crawford, S. 187

[791] Crawford, S. 188

entstandenen Schaden wieder auszugleichen. Die International Law Commission geht insofern nicht von einem Rechtfertigungsgrund aus, sondern sieht allenfalls eine Entschuldigung des völkerrechtswidrig handelnden Staates,[792] solange dieser nicht gegen zwingende Normen des Völkerrechts wie insbesondere das Gewaltverbot versößt.

d. Zusammenfassung

Festzuhalten bleibt, daß präventive Gewaltanwendung nicht durch Art. 51 UNCh. gerechtfertigt und daher völkerrechtswidrig ist. Allenfalls eine Selbstverteidigung, die einem bereits unmittelbar bevorstehenden Angriff zuvorkommt, kann nach Art. 51 UNCh. gerechtfertigt sein, wenn sie die Grundsätze „a necessity of self-defence, instant, overwhelming, leaving no choice of means, and no moment for deliberation" erfüllt.
Eine Entschuldigung wegen Notstands wird für Gewaltmaßnahmen auch in der Staatenpraxis nicht angenommen.[793]

5. Grenzen der Selbstverteidigung

Sind die Voraussetzungen der – individuellen oder kollektiven – Selbstverteidigung nach Art. 51 UNCh. gegeben, so besteht jedoch kein unbegrenztes Recht zur Gewaltanwendung als Reaktion auf den Angriff. Zunächst ergeben sich Grenzen aus dem humanitären Völkerrecht, soweit es auf die Führung eines bewaffneten Konfliktes anwendbar ist,[794] die dem Opferschutz dienen.
Darüber hinaus ergeben sich Grenzen aus der Rechtsgrundlage der Selbstverteidigung selbst. Ziel der Selbstverteidigung, so ergibt sich immanent aus der Rechtsgrundlage, darf grundsätzlich nur die Abwehr des bewaffneten Angriffs sein.[795] Hieraus entwickeln sich zeitliche Grenzen im Hinblick auf Beginn und Ende der Selbstverteidigungsmaßnahmen. Des weiteren bestehen Grenzen hinsichtlich der Verteidigungsrichtung, also personelle Grenzen. Die Selbstverteidigung muß zudem verhältnismäßig sein.
Art. 51 S. 1 Hs. 2 UNCh. gibt zudem dem Sicherheitsrat der Vereinten Nationen die Möglichkeit, die zwischenstaatliche Selbstverteidigung durch die Ergreifung geeigneter Maßnahmen zu beenden.

---

[792] Crawford, S. 189

[793] Simma/Randelzhofer, Charta Art. 51, S. 633 Rn. 34; Schulze, S. 758; aufgrund des Irak-Krieges im Jahre 2003 kann auch keine Änderung dieser Staatenpraxis angenommen werden, da die neue außenpolitische Strategie der USA im Hinblick auf präventive Selbstverteidigung von einer Vielzahl von Staaten abgelehnt wird

[794] das sind vor allem die vier Genfer Konventionen von 1949 sowie deren Zusatzprotokolle von 1977, siehe dazu oben Teil 1, II.2.b. und c.

[795] Simma/Randelzhofer, Charta § 51, Rn. 37

a. Grenzen in zeitlicher Hinsicht

Die zeitlichen Grenzen der Selbstverteidigung ergeben sich im Hinblick sowohl auf Beginn als auch auf Ende der Selbstverteidigung.

Hinsichtlich des Beginns besteht das Erfordernis der Unmittelbarkeit der Selbstverteidigung zu dem bewaffneten Angriff, gegen den sie gerichtet ist.[796] Wie bereits dargestellt, muß bei Beginn der Selbstverteidigung bereits ein bewaffneter Angriff erfolgt sein, da ansonsten eine durch Art. 51 UNCh. nicht gerechtfertigte präventive Selbstverteidigung vorläge. Die Grenzen sind jedoch fließend, so daß es auf den Einzelfall ankommt. Wenn ein bewaffneter Angriff unmißverständlich angekündigt wird und unmittelbar bevorsteht, wird Selbstverteidigung gegen diesen angekündigten, aber noch nicht erfolgten Angriff durch Art. 51 UNCh. gerechtfertigt sein.[797] Insbesondere bei der Gefahr eines Nuklearschlags mit der Folge, daß eine Selbstverteidigung hiergegen nicht mehr möglich sein wird, ist die Verpflichtung, einen bewaffneten Angriff vor Ergreifung von Selbstverteidigungsmaßnahmen abzuwarten, wohl kaum mehr zumutbar.[798]

Bei der Summierung kleiner Angriffe, die zwar nicht einzeln, aber zusammen die Intensität eines bewaffneten Angriffs darstellen,[799] ist die Grenze zur präventiven Selbstverteidigung ebenfalls fließend. Die zeitliche Grenze darf aber nicht formalistisch angesetzt werden. Drohen nach ersten kleineren Angriffen weitere Angriffe vom selben Angreifer gegen denselben Angegriffenen, die zudem mit einer gewissen Regelmäßigkeit stattfinden, sind Selbstverteidigungsmaßnahmen durch Art. 51 UNCh. gerechtfertigt.[800]

Aus dem Ziel der Selbstverteidigung, bewaffnete Angriffe abzuwehren, ergibt sich ebenfalls das zeitliche Ende des Selbstverteidigungsrechts. Art. 51 UNCh. rechtfertigt jedenfalls nicht gewaltsame Repressalien oder Vergeltungsschläge.[801] Je weiter der bewaffnete Angriff zurückliegt, je geringer die Gefahr weiterer Angriffe wird, desto stärker überwiegt der Vergeltungscharakter von Gegenmaßnahmen. Drohen weitere Angriffe, ist Selbstverteidigung unproblematisch gegeben. Ist jedoch der bewaffnete Angriff beendet, der vorherige status quo wiederhergestellt, scheidet ein Selbstverteidigungsrecht aus. Im Falle eines Waffenstillstandes ist Selbstverteidigung erst recht nicht mehr zulässig.[802]

Aus selbiger Überlegung heraus sind Selbstverteidigungsmaßnahmen zu beenden, wenn sichergestellt ist, daß weitere Angriffe endgültig nicht mehr

---

[796] Schulze, S. 757

[797] Simma/Randelzhofer, Charta Art. 51, S. 633 Rn. 34

[798] Simma/Randelzhofer, Charta Art. 51, S. 633 Rn. 35, der darauf hinweist, daß eine fehlende Zweitschlagskapazität zwar nicht das Verbot der präventiven Selbstverteidigung beseitigen könne, wohl aber in der Praxis die Bereitschaft zur Befolgung dieses Verbots

[799] siehe dazu oben Teil 2, 1.c.bb.

[800] Blumenwitz, Gewaltanwendungsverbot und Bekämpfung des grenzüberschreitenden Terrorismus, S. 739 f.

[801] Simma/Randelzhofer, Charta Art. 51, S. 634 Rn. 37; Schulze, S. 758

[802] Greenwood, Self-Defence, S. 275; Schulze, S. 758

drohen, insbesondere also bei Abschluß eines Waffenstillstandes. Ist der bewaffnete Angriff zurückgeschlagen, besteht kein Recht mehr auf Selbstverteidigung nach Art. 51 UNCh.

b. Grenzen in personeller Hinsicht

aa. Maßnahmen gegen Staaten

Die Selbstverteidigung muß sich gegen den Angreifer richten, um den Angriff abzuwehren. Im Falle eines Angriffs durch staatliche Truppen auf einen anderen Staat ist dies unproblematisch. Da insofern der Angriff seitens eines Staates erfolgt, sind die Selbstverteidigungsmaßnahmen gegen den angreifenden Staat an sich zu richten.

Entsprechend ist der Fall zu beurteilen, in dem ein Staat Angriffe eines anderen Staates von seinem Hoheitsgebiet gegen einen Drittstaat duldet.[803] In diesem Fall ist die Selbstverteidigung sowohl gegen den handelnden als auch gegen den duldenden Staat zulässig. Schließlich wirken beide Staaten kollusiv gegen den angegriffenen Staat. Inwiefern die Duldung ursächlich für den bewaffneten Angriff sein muß, ist eine Frage der Verhältnismäßigkeit der Gegenmaßnahmen.[804]

Schwieriger sind Fälle zu beurteilen, in denen eine gewaltsame Maßnahme durch irreguläre Truppen oder einzelne Personen, die die Schwelle eines bewaffneten Angriffs erreichen, durch einen Staat geduldet oder gar unterstützt werden. Wie bereits oben[805] dargestellt, muß entscheidendes Kriterium für die Zurechenbarkeit und ebenso für die Richtung der Gegenmaßnahmen sein, ob der duldende oder unterstützende Staat Kontrolle über die Handlungen der irregulären Truppen hat. Im Falle der Duldung eines Angriffs vom eigenen Staatsterritorium aus ergibt sich die Kontrollmöglichkeit bereits aus der Gebietshoheit des duldenden Staates. In diesem Fall hat der duldende Staat die Pflicht, Angriffe von seinem Territorium gegen andere Staaten zu unterbinden. Kommt er dieser Pflicht schuldhaft nicht nach, im Fall der Duldung regelmäßig der Fall, dürfen sich die Selbstverteidigungsmaßnahmen gegen den duldenden Staat an sich richten, um diesen zur Unterbindung der Angriffe zu zwingen.[806] Dieses Ergebnis ist Ausfluß der Achtung der Gebietshoheit, wie es im völkerrechtlichen Interventionsverbot vorausgesetzt wird: Dem Recht auf Achtung der Gebietshoheit steht die Pflicht gegenüber, vom eigenen Staatsgebiet aus keine Angriffe gegen andere Staaten zu dulden. Verletzt ein Staat diese Pflicht, indem er trotz Kontrolle über die Handlungen irregulärer

---

803 siehe oben Teil 2, I.1.d.aa.

804 siehe dazu unten c.

805 Teil 2, I.d.cc.

806 ähnlich Simma/Randelzhofer, Charta § 51, Rn. 31, der allerdings als Voraussetzung annimmt, daß die Verbindung zwischen dem Staat und den irregulären Truppen so eng sein muß, daß die letzteren „de-fachto-Staatsorganen" gleichkommen

Truppen diese nicht unterbindet, ist dem Angriffsopfer die Möglichkeit einzuräumen, den duldenden Staat an sich zur Erfüllung seiner völkerrechtlichen Verpflichtung zu zwingen.
Differenzierter ist der Fall der Unterstützung irregulärer Truppen durch einen Drittstaat zu betrachten: Der IGH hat in dem Nicaragua-Urteil festgestellt, daß nicht jede Unterstützungshandlung ausreichen kann, um einen bewaffneten Angriff seitens des unterstützenden Staates anzunehmen und den Unterstützer damit ebenfalls zum Selbstverteidigungsgegner werden zu lassen. Bloße Waffenlieferungen oder logistische Hilfe durch einen Drittstaat berechtigen den angegriffenen Staat daher nicht, militärisch gegen den Drittstaat vorzugehen.[807] Auch hier ist entscheidend, inwieweit der Drittstaat durch die Unterstützung auch die Kontrolle über die Handlungen der irregulären Truppen innehat. Sind die Unterstützungshandlungen unbedingte Voraussetzung, conditio sine qua non, für den bewaffneten Angriff, würde also dieser zwangsläufig beendet sein, wenn die Unterstützung ausbliebe, so wird der Unterstützer ebenfalls zum Selbstverteidigungsgegner, wenn ein militärisches Vorgehen gegen diesen verhältnismäßig zur Beendigung des bewaffneten Angriffs ist.[808]
Schwierig ist die Definition des Selbstverteidigungsgegners bei Angriffen irregulärer Truppen, die durch den Gebietsstaat nicht verhindert werden können. Das völkerrechtliche Selbstverteidigungsrecht richtet sich grundsätzlich nur gegen Völkerrechtssubjekte, primär also gegen Staaten. Wenn jedoch der Staat, von dessen Gebiet die Angriffe ausgehen, diese nicht verhindern kann, sind Selbstverteidigungsmaßnahmen gegen diesen sinnlos und daher auch nicht verhältnismäßig, da nicht geeignet.
Gehen die Angriffe von Truppen eines stabilisierten de-facto-Regimes aus, müssen sich die Selbstverteidigungsmaßnahmen gegen das de-facto-Regime richten, da diesem insofern partielle Völkerrechtssubjektivität zuwächst.[809] Das de-facto-Regime trifft insofern auch die gleichen Sorgfaltspflichten für das von ihm kontrollierte Territorium wie einen regulären Staat, das heißt auch die Pflicht, Angriffe von seinem Territorium gegen andere Staaten zu unterbinden.
Gehen jedoch die Angriffe von einem Territorium aus, über das weder der Gebietsstaat noch ein de-facto-Regime Kontrolle hat,[810] ist fraglich, wer

---

[807] Military and Paramilitary Activities in and against Nicaragua, ICJ-Report 1986, S. 14, 104; Waffenlieferungen oder logistische Hilfe durch Drittstaaten können allerdings unterbunden werden, indem durch Kriegserklärung das Neutralitätsrecht in Kraft gesetzt wird, da dann der Angegriffene auch gegenüber Drittstaaten die Neutralitätspflichten, u.a. die aktive Unterstützung einer Kriegspartei zu unterlassen, notfalls gewaltsam durchsetzen darf

[808] zur Verhältnismäßigkeit siehe unten c.

[809] vgl. zur partiellen Völkerrechtssubjektivität oben Teil 2, I.1.d.dd.

[810] das Problem wird unter dem Begriff des „failed state" in der Literatur diskutiert, vgl. Herdegen, Wegfall effektiver Staatsgewalt. Hierbei wird vertreten, daß ein solcher *failed state* nicht mehr Begünstigter des völkerrechtlichen Gewaltverbots sein kann, so daß Humanitäre Interventionen in failed states zulässig sein sollen, siehe dazu unten II.1.c.aa.. Für den Bereich der Selbstverteidigung bringt dieser Ansatz jedoch keine Klärung, da er

Selbstverteidigungsgegner ist, da Maßnahmen gegen einen Staat, der den Angriff nicht abstellen kann, sinnlos sind. Dennoch ist hier zunächst von der völkerrechtlichen Pflicht des Territorialstaates, Angriffe von seinem Territorium aus zu unterbinden, auszugehen. Der angegriffene Staat kann vom Territorialstaat die Unterbindung der Angriffe verlangen. Kann dieser diesem Verlangen nicht nachkommen, ist er zumindest verpflichtet, dem Angegriffenen die Möglichkeit einzuräumen, von sich aus auf fremden Territorium die Angriffe zu bekämpfen. Der Angegriffene kann dann mit Zustimmung des Territorialstaats auf dessen Territorium die notwendigen militärischen Maßnahmen gegen die irregulären Gruppen direkt vornehmen. Verweigert der Territorialstaat diese Zustimmung oder geht er gegen die militärischen Maßnahmen des Angegriffenen von sich aus militärisch vor, wird er selbst zum Selbstverteidigungsgegner.

Die Vereinigten Staaten beschritten diesen Weg in Afghanistan 2001. Die afghanische Regierung wurde zunächst ultimativ aufgefordert, die mutmaßlichen Terroristenlager zu schließen und Anführer der Al-Quaida auszuliefern.[811] Nach fruchtlosem Ablauf des Ultimatums gingen die US-Streitkräfte in Selbstverteidigung sowohl gegen die afghanische Regierung als auch direkt gegen die in Afghanistan vermuteten Terroristen vor.

bb. Maßnahmen gegen Individuen

Die Frage, gegen welche Individuen sich die Selbstverteidigung richten darf, ist nach dem humanitären Völkerrecht zu beurteilen. Nach der grundsätzlichen Trennung zwischen Kombattanten und Nichtkombattanten sind Kampfhandlungen ausschließlich gegen Kombattanten zulässig.[812] Die Zivilbevölkerung untersteht dem völkerrechtlichen Schutz namentlich des IV. Genfer Abkommens von 1949,[813] die Kombattanten dem Schutz insbesondere der ersten drei Genfer Abkommen von 1949[814] sowie – im Kriegsfalle – der Haager Landkriegsordnung von 1907.[815]

---

davon ausgeht, daß ein *failed state* rechtlich zumindest teilweise nicht mehr existent sei. Für das Selbstverteidigungsrecht nach Art. 51 UNCh. ist aber gerade Voraussetzung, daß ein bewaffneter Angriff von einem Staat ausgeht bzw. diesem zugerechnet werden kann.

811 inwiefern die Auslieferung mutmaßlicher Terroristen zur Pflicht des Territorialstaates, Angriffe von seinem Territorium zu unterbinden, gehört, erscheint zwar sehr zweifelhaft. Es dürfte ausreichen, wenn der Territorialstaat entsprechende Verfahren gegen mutmaßliche Terroristen vor nationalen Gerichten einleitet. Im Fall Afghanistan kann das jedoch dahinstehen, da jedenfalls die afghanische Regierung sich weigerte, überhaupt gegen die mutmaßlichen Al-Quaida-Anführer vorzugehen.

812 diesen zuvor bereits völkergewohnheitsrechtlich anerkannten Grundsatz bestätigen Art. 48 des I. Zusatzprotokolls zu den vier Genfer Abkommen von 1977, vgl. zu den daraus entstehenden konkreten Pflichten oben Teil 1, II.2.c.

813 vgl. oben Teil 1, II.2.b.

814 vgl. oben Teil 1, II.2.b.

815 vgl. oben Teil 1, II.1.c.

Problematisch erscheint eine solche Unterscheidung im Falle der Bekämpfung von Terroristen auf fremden Staatsgebiet. Dieses Problem trat im Rahmen der amerikanischen Maßnahmen gegen die Mitglieder der Taliban und der Al-Quaida in Afghanistan 2002 auf. Seitens der amerikanischen Truppen festgenommene Taliban- und Al-Quaida-Anhänger wurden teilweise außer Landes geschafft und auf dem amerikanischen Stützpunkt Guantanamo Bay interniert, da die Internierten dort nicht dem Schutz der US-amerikanischen Verfassung unterstanden. Mit dieser Problematik wurde die Inter-American Commission on Human Rights befaßt.[816]
Zunächst ist bereits fraglich, ob die Bevölkerung den Schutz der völkerrechtlichen Regelungen für besetzte Gebiete genießen, wenn nur vereinzelte Maßnahmen in Selbstverteidigung vorgenommen werden. Überdies sind Maßnahmen im Einverständnis des Territorialstaates zumindest keine feindliche Besetzung. Aus der ratio legis heraus ist im Interesse des Schutzes der Zivilbevölkerung jedoch anzunehmen, daß die Grundsätze des IV. Genfer Abkommens von 1949 auch für diese Fälle anzuwenden sind. Nach Art. 49 IV. Genfer Abkommen sind Einzel- oder Massenzwangsverschickungen sowie Verschleppungen von geschützten (also Zivil-) Personen aus besetztem Gebiet in das Gebiet der Besatzungsmacht oder das irgendeines anderen Staates ohne Rücksicht auf den Beweggrund untersagt. Zwar darf eine Räumung aus Sicherheitsgründen oder aus zwingenden militärischen Gründen erfolgen, jedoch nicht ohne materielle Gründe in Gebiete außerhalb des besetzten Gebietes.[817]
Fraglich ist hierbei jedoch, ob Terroristen als der Zivilbevölkerung zugehörig oder als Kombattanten anzusehen sind. Kombattanten sind sie dann, wenn sie zumindest in bewaffneten Gruppen mit einer Führungsstruktur organisiert sind. In Afghanistan war das 2001 jedenfalls für die Taliban-Anhänger anzunehmen.
Wenn jedoch die Selbstverteidigungsmaßnahmen ausgeübt werden, um Angriffe von Terroristen auf fremden Territorium zu unterbinden, müssen diese ebenfalls als Kombattanten angesehen werden. Ansonsten dürften gegen diese keine militärischen Maßnahmen vorgenommen werden, Art. 51 Abs. 2 I. Zusatzprotokoll, wonach Angriffe gegen einzelne Zivilpersonen, also Nichtkombattanten, verboten sind. Kombattanten unterliegen jedoch der Pflicht, sich von der Zivilbevölkerung zu unterscheiden. Nach Art. 44 Abs. 3 I. Zusatzprotokoll ist hierfür Mindestvoraussetzung, die Waffen offen und sichtbar zu tragen.[818] Bei Terroristen ist dies jedoch per definitionem nicht der

816 vgl. die Entscheidung Detainees at Guantanamo Bay, Cuba, in: International Legal Materials 41 (2002), S. 532

817 gemäß Art. 5 IV. Genfer Abkommen dürfen zu Lasten der Personen, die in einem besetzten Gebiet unter dem begründeten Verdacht festgenommen werden, eine der Sicherheit der Besatzungsmacht abträgliche Tätigkeit zu betreiben, lediglich die Rechte auf Benutzung der im Abkommen vorgesehenen Mitteilungswege vorübergehend aberkannt werden.

818 aus der Pflicht, die Waffen offen zu tragen, folgt jedoch immanent als erste Voraussetzung für die Einordnung als Kombattant, daß dieser tatsächlich Waffen in feindlicher Absicht tragen muß. Unbewaffnete können daher nicht Kombattanten sein und unterfallen dem

Fall. Nach Art. 44 Abs. 4 I. Zusatzprotokoll verwirkt bei Verletzung dieser Pflicht der Festgenommene sein Recht, als Kriegsgefangener zu gelten, genießt dennoch den Schutz des III. Genfer Abkommens über die Behandlung von Kriegsgefangenen von 1949.[819]
Nachdem die amerikanische Regierung den Kriegsgefangenenstatus der nach Guantanamo Bay verbrachten Personen bestritt, forderte die Inter-American Commission on Human Rights die Vereinigten Staaten auf, den rechtlichen Status dieser Personen durch ein zuständiges Gericht klären zu lassen, ohne jedoch selbst eine Entscheidung über diesen Status zu treffen.[820]
Nach der hier vertretenen Auffassung sind die nach Guantanamo Bay verbrachten Personen jedoch grundsätzlich als Kriegsgefangene anzusehen, wenn auch mit der Einschränkung des Art. 44 Abs. 1 I. Zusatzprotokoll, da sie sich nicht von der Zivilbevölkerung unterscheiden.[821]

Festzuhalten bleibt, daß sich Selbstverteidigungsmaßnahmen grundsätzlich gegen den Staat, der einen bewaffneten Angriff begeht oder dem ein solcher zuzurechnen ist, zu richten sind. Nur in dem Fall, in dem ein Staat die Angriffe von seinem Territorium nicht verhindern kann, darf der Angegriffene auf fremden Territorium gegen die eigentliche Angriffsquelle militärische Maßnahmen ergreifen. Der Territorialstaat ist verpflichtet, diese Maßnahmen auf seinem Gebiet zu dulden.

c. Verhältnismäßigkeit

Die Ausübung des Selbstverteidigungsrechts unterliegt zudem dem allgemein anerkannten völkerrechtlichen Prinzip der Verhältnismäßigkeit, auch Proportionalität genannt. Art. 51 UNCh. nennt diese Grenze zwar nicht aus-

---

Schutz der Zivilbevölkerung. Der Angriff auf Unbewaffnete auch im Rahmen der Selbstverteidigung ist daher keinesfalls zulässig.

[819] über die Probleme, die sich aus der Regelung des Art. 44 Abs. 3 I. Zusatzprotokolls ergeben können, bereits Blumenwitz, Gewaltanwendungsverbot und Bekämpfung des grenzüberschreitenden Terrorismus, S. 742

[820] Detainees at Guantanamo Bay, Cuba, in: International Legal Materials 41 (2002), S. 532, 533; siehe zu den Gerichtsverfahren Cerna, S. 393 ff. sowie die United States Court of Appeals: Lawyers and Professors v. Bush, ILM 42 (2003), S. 396 ff.; United States Court of Appeals for the District of Columbia Circuit: Al Odah v. United States of America, ILM 42 (2003), S. 408; United States Court of Appeals: Hamdi v. Rumsfeld, ILM 42 (2003), S. 197 sowie United Kingdom Supreme Court of Judicature – Court of Appeal: Abbasi v. Secretary of State for Foreign and Commonwealth Affairs, ILM 42 (2003), S. 358 ff.

[821] die Verpflichtung, sich durch offenes Waffentragen von der Zivilbevölkerung zu unterscheiden, darf nicht unterschätzt werden; sie dient gerade dem Schutz der Zivilbevölkerung, indem die Gewaltanwendung auf einen bestimmten verantwortlich handelnden Personenkreis beschränkt werden soll und damit der chaotische Volkskrieg vermieden wird, so schon Blumenwitz, Gewaltanwendungsverbot und Bekämpfung des grenzüberschreitenden Terrorismus, S. 742

drücklich. Die ganz herrschende Meinung sieht jedoch als weitere Bedingung an, daß die Selbstverteidigung verhältnismäßig sein muß, also überhaupt geeignet, zudem notwendig zur Abwehr des bewaffneten Angriffs und im übrigen verhältnismäßig zu der Schwere des bewaffneten Angriffs sein muß.[822] Auch der Internationale Gerichtshof hat die Geltung des Verhältnismäßigkeitsprinzips für das Selbstverteidigungsrecht angenommen.[823] Aus der Proportionalität folgt, daß der Verteidiger nur soweit Selbstverteidigung üben darf, wie dies unbedingt notwendig ist. Unter mehreren gleich geeigneten Mitteln hat er dasjenige zu wählen, welches das wenigst Einschneidende ist. Im Vergleich zur Schwere des Angriffs, der Verhältnismäßigkeit im engeren Sinne, darf die Selbstverteidigung von Art und Umfang her nicht unangemessen sein, das heißt, ein kleinerer bewaffneter Angriff darf nicht mit einer großangelegten Gegenoffensive beantwortet werden. Ein solcher Notwehrexzeß ist insofern nicht vom Selbstverteidigungsrecht gedeckt. Andererseits muß aber die Selbstverteidigung nicht auf waffentechnisch gleicher Ebene erfolgen.[824]

Umstritten ist jedoch, inwieweit das Verhältnismäßigkeitsprinzip während der militärischen Maßnahmen zu beachten ist. Teilweise wird die Anwendbarkeit im Verlauf der militärischen Auseinandersetzung gänzlich abgelehnt.[825] Teilweise wird angenommen, daß das Verhältnismäßigkeitsprinzip zwar für den Gesamtkonflikt anwendbar sei, einzelne militärische Maßnahmen sollen jedoch in einem längeren Konflikt nicht mehr dem Prinzip unterliegen.[826] Schließlich wird vertreten, daß jede militärische Maßnahme während des Konfliktes den Anforderungen der Verhältnismäßigkeit genügen müsse.[827]

Die Klärung dieser Frage ist im Verhältnis von Friedens- zu Kriegsvölkerrecht zu suchen. Das Verhältnismäßigkeitsprinzip im generellen Sinne ist Bestandteil des Friedensvölkerrechts. Im Kriegsvölkerrecht hingegen sind die Grundsätze der Verhältnismäßigkeit konkret ausformuliert. So unterliegen einzelne kriegsrechtliche Verbote der „militärischen Notwendigkeit", das heißt, daß diese Verbote nur im Fall militärischer Notwendigkeit umgangen werden dürfen.[828] Das Kriegsführungsrecht, aber auch das humanitäre Völkerrecht, stellen

---

822 Schulze, S. 759; Simma/Randelzhofer, Charta Art. 51, S. 634 Rn. 37; Schindler, Grenzen des völkerrechtlichen Gewaltverbots, S. 17; Schachter, Right of States, S. 1637; Bothe, Gewaltverbot, S. 20; Brownlie, International Law and the Use of Force by States, S. 261 ff.

823 Military and Paramilitary Activities in and against Nicaragua, ICJ-Reports 1986, S. 14, 94

824 Schulze, S. 759; Simma/Randelzhofer, Charta Art. 51, S. 634 Rn. 37, der darauf verweist, daß ein generelles Verbot des Ersteinsatzes von Nuklearwaffen aus dem Proportionalitätsgrundsatz nicht herzuleiten ist

825 Dinstein, S. 217

826 Schindler, Abgrenzungsfragen, S. 255

827 Greenwood, Relationship, S. 223; Donner, S. 205

828 z.B. Art. 54 HLKO: „... nur im Falle unbedingter Notwendigkeit ..."; auch das humanitäre Völkerrecht steht teilweise unter dem Vorbehalt militärischer Notwendigkeit, z.B. Art. 27 IV. Genfer Abkommen: „...Kontroll- und Sicherhietsmaßnahmen ergreifen, die sich infolge des Krieges als notwendig erweisen."

insofern mit ihren konkreten Regeln eine lex specialis, eine spezielle Ausformung der Verhältnismäßigkeit dar. Im Kriegszustand verdrängen somit die kriegsrechtlichen Regeln das friedensrechtliche Verhältnismäßigkeitsprinzip. Deshalb ist der letzteren Auffassung zumindest dahingehend Recht zu geben, als daß bei militärischen Auseinandersetzungen unter Geltung des Friedensvölkerrechts jede Maßnahme auch den Schranken des Verhältnismäßigkeitsprinzips unterliegt.

Das Verhalten der britischen Regierung im Falkland-Konflikt war insofern nur konsequent, als sie die Versenkung des argentinischen Kreuzers Belgrano als angemessene Ausübung des Selbstverteidigungsrechts verteidigte, bestritt sie doch während des Konflikts das Vorliegen eines Kriegszustandes.[829] Unter Geltung des Friedensvölkerrechts ist allerdings jede Schadensverursachung grundsätzlich verboten, es sei denn, sie ist ausnahmsweise gerechtfertigt. Das Verhältnismäßigkeitsprinzip allein kann eine solche Rechtfertigung nicht geben.

In einem längeren Konflikt ist jedoch zu befürchten, daß aufgrund der immer heftiger werdenden militärischen Auseinandersetzungen das generelle Verhältnismäßigkeitsprinzip nicht mehr praktikabel ist. Das generelle Verhältnismäßigkeitsprinzip kann dann geradezu zum Mißbrauch führen.

Sieht sich ein Staat einem großangelegtem bewaffneten Angriff ausgesetzt, ist er berechtigt, dem Angreifer den Krieg zu erklären, wenn die Kriegserklärung verhältnismäßig ist. Während das humanitäre Völkerrecht sowohl im Konflikt unterhalb des Kriegszustandes als auch im Kriegszustand zu beachten ist, darf das kriegsrechtliche Instrumentarium nur unter Geltung des Kriegszustandes angewendet werden. Ist das kriegsrechtliche Instrumentarium, insbesondere auch die durch den Kriegszustand in Kraft gesetzten Regelungen des Neutralitätsrechts, notwendig zur Zurückschlagung des bewaffneten Angriffs, ist die Verhältnismäßigkeit der Kriegserklärung gegeben. Ab diesem Zeitpunkt wird die friedensrechtliche Verhältnismäßigkeit vom ius in bello verdrängt.[830] Im eigenen Interesse ist also der Angegriffene gut beraten, den Krieg zu erklären, um sich bei einem großangelegten Angriff gegen diesen adäquat verteidigen zu können. Kriegsziel ist dann die Selbstverteidigung, der Krieg muß beendet werden, wenn dieses erlaubte Kriegsziel erreicht ist.

---

[829] Greenwood, Relationship, S. 224, weist darauf hin, daß die britische Argumentation inhaltlich jedoch wenig überzeugend ist, da es für eine angemessene Selbstverteidigungsmaßnahme an der konkreten Bedrohung britischer Kriegsschiffe durch den argentinischen Kreuzer gefehlt hat

[830] im Falkland-Konflikt hätte Großbritannien den Krieg erklären können, nachdem Argentinien britisches Territorium besetzt hatte. Die eingerichtete Ausschlußzone hätte von den Briten unter Verweis auf das Kriegsrecht verteidigt werden dürfen.

d. Subsidiarität nach Art. 51 Satz 1 Halbsatz 2 UNCh.

Eine weitere Grenze des Selbstverteidigungsrechts folgt aus dessen Subsidiarität. Nach Art. 51 S. 1 2. Halbsatz UNCh. ist der Angegriffene zur Verteidigung berechtigt, bis der Sicherheitsrat die zur Wahrung des Weltfriedens und der internationalen Sicherheit erforderlichen Maßnahmen getroffen hat. Mit dieser Regelung wird die Hauptverantwortung des Sicherheitsrates für die internationale Sicherheit betont.[831] Damit der Sicherheitsrat frühestmöglich eingreifen kann., sieht Art. 51 S. 2 UNCh. eine Meldepflicht des Verteidigers über die ergriffenen Maßnahmen vor. Ein Verstoß gegen die Meldepflicht läßt allerdings das Selbstverteidigungsrecht an sich unberührt, da es nur eine formelle Ordnungsvorschrift ist.[832]

Die Begrenzung des Art. 51 S. 1 2. Halbsatz UNCh. hatte bislang lediglich theoretische Bedeutung, da der Sicherheitsrat von seiner Befugnis kaum Gebrauch gemacht hat.[833] Nach dem Wortlaut endet das Selbstverteidigungsrecht, wenn der Sicherheitsrat die „erforderlichen" Maßnahmen getroffen hat. Da der Sicherheitsrat nach Art. 41 und 42 UNCh. immer die „erforderlichen" Zwangsmaßnahmen beschließt, ist davon auszugehen, daß bei Tätigwerden des Sicherheitsrates mit Zwangsmaßnahmen nach Kap. VII UNCh. das Selbstverteidigungsrecht endet. Fraglich ist nur, ob das Selbstverteidigungsrecht wieder auflebt, wenn sich die beschlossenen Maßnahmen im Nachhinein als unzureichend erweisen.[834] Aufgrund der Mißbrauchsgefahr, die in der unilateralen Auslegung von Resolutionen des Sicherheitsrates liegt,[835] ist wohl davon auszugehen, daß nur der Sicherheitsrat befugt ist, das Scheitern bereits beschlossener Maßnahmen rechtsverbindlich festzustellen. Würde diese Entscheidung dem angegriffenen Staat überlassen, liefe die Subsidiaritätsklausel faktisch ins Leere. Das Selbstverteidigungsrecht kann insofern nur dann wieder aufleben, wenn ein erneuter bewaffneter Angriff gegeben ist.

---

[831] Simma/Randelzhofer, Charta Art. 51, S. 634 Rn. 36

[832] Schulze, S. 761; Greig, Self-Defence and the Security Council, S. 401, verweist auf die Staatenpraxis, wonach der Meldepflicht nur selten nachgekommen wurde

[833] Simma/Randelzhofer, Charta Art. 51, Rn. 36; Schulze, S. 759

[834] Greig, Self-Defence and the Security Council, S. 398, der allerdings darauf verweist, daß im Rahmen des Irak-Kuwait-Konflikts 1991 der Sicherheitsrat selber nach bereits beschlossenen Wirtschaftssanktionen mit S/Res. 678 (1991) die Mitgliedsstaaten zur kollektiven Selbstverteidigung aufforderte

[835] siehe hierzu bereits oben Teil 1, I.2.b.cc.

II. Humanitäre Intervention

Als eine weitere Ausnahme des Gewaltverbotes nach Art. 2 Ziff. 4 UNCh. wird die sog. Humanitäre Intervention diskutiert. Hierbei wird der Begriff „Humanitäre Intervention" in vielfältiger Weise gebraucht, eine klare rechtliche Abgrenzung ist mit dem Begriff nicht gegeben.[836] Militärische Zwangsmaßnahmen unter dem Mandat der Vereinten Nationen, die zumindest aus Anlaß massiver Menschenrechtsverletzungen vorgenommen werden,[837] finden ebenso die Bezeichnung „Humanitäre Intervention" wie einzelstaatliche nichtmilitärische Maßnahmen[838] und einzelstaatliche militärische Maßnahmen zur Durchsetzung fundamentaler Menschenrechtsstandards in einem anderen Staat.

In rechtlicher Hinsicht sind diese Fallgruppen jedoch streng auseinanderzuhalten. Interventionen mit Zwangsmaßnahmen der Vereinten Nationen bzw. aufgrund eines Mandates der Vereinten Nationen beruhen auf Kap. VII UNCh. als Rechtsgrundlage. Einzelstaatliche nichtmilitärische Interventionen sind nur im Lichte des Interventionsverbotes des Art 2 Ziff. 7 bzw. Art. 2 Ziff. 1 UNCh. zu beurteilen, welches auch für zwischenstaatliche Beziehungen ein Verbot der Einmischung in die inneren Angelegenheiten eines anderen Staates beinhaltet. Solange neben friedlichen Mitteln etwa der politischen oder wirtschaftlichen Druckausübung keine Gewaltmaßnahmen angewendet werden, verstößt eine solche Intervention jedenfalls nicht gegen das Gewaltverbot des Art. 2 Ziff. 4 UNCh. [839] Einzelstaatliche militärische Maßnahmen sind hingegen sowohl an Art. 2 Ziff. 7 bzw. 1 und an Art. 2 Ziff. 4 UNCh. zu messen.

Die militärische Intervention zur Rettung eigener Staatsangehöriger in einem fremden Staat wird ebenfalls als Humanitäre Intervention bezeichnet, so daß darüber hinaus von einer Humanitären Intervention im „engeren" oder „eigentlichen" Sinne gesprochen wird, wenn ein Staat in einem anderen Staat zugunsten der dortigen Bevölkerung militärisch eingreift.[840]

Ein Teil der Völkerrechtsliteratur[841] behandelt die Intervention zum Schutz der eigenen Staatsangehörigen als eigenständiges Institut. Dies folgt offenbar daher, daß Staaten ausdrücklich die Rettung eigener Staatsangehöriger als Interventionsgrund hervorheben. Eine solche Begründung ist vorrangig mit innenpolitischen Gründen zu erklären, ist doch der Bevölkerung eine im

---

[836] Wodarz, S. 64, geht mit Schöbener, Schutz der Menschenrechte, S. 295, daher zu Recht von einem politischen Begriff aus.

[837] z.B. die Operation „Restore Hope" der Vereinigten Staaten und 23 weiterer Staaten in Somalia 1992/93 auf der Grundlage der SR-Resolution 794 vom 3. Dezember 1992, S/RES/794 (1992), vgl. Pape, S. 190

[838] z.B. Beyerlin, Humanitarian Intervention, S. 929, der diese Form als „rather atypical variant of humanitarian intervention" bezeichnet

[839] Beyerlin, Humanitarian Intervention, S. 929

[840] Wodarz, S. 67

[841] Ipsen, Völkerrecht, S. 942 Rn. 26; Beyerlin, Interventionsverbot, S. 381 Rn. 10; Hailbronner, Grenzen des völkerrechtlichen Gewaltverbots, S. 100; Simma/Randelzhofer, Charta Art. 2 Ziff. 4, Rn. 49, 52, Kimminich, Mythos der humanitären Intervention, S. 431

unmittelbaren staatlichen Eigeninteresse erfolgende Militäroperation im Ausland leichter zu vermitteln als eine Operation zur Durchsetzung des humanitären Mindeststandards im Ausland.

In völkerrechtlicher Sicht beruht die Intervention zur Rettung eigener Staatsangehöriger im Ausland jedoch – wie zu zeigen sein wird – auf derselben Rechtsgrundlage wie die Intervention in einem anderen Staat zugunsten der dortigen Bevölkerung. Grundsätzlich ist jeder Staat verpflichtet, den seiner Gebietshoheit unterstehenden Personen, unabhängig von deren Staatsangehörigkeit, den im humanitären Mindeststandard zusammengefaßten Kernbereich der Menschenrechte zu garantieren. Eine Anknüpfung an die Staatsangehörigkeit des einzelnen ist grundsätzlich mit der Natur der Menschenrechte unvereinbar.[842]

Die Bezeichnung Rettung eigener Staatsangehöriger ist insofern auch mißverständlich, als daß die Rettungsaktionen nicht auf Angehörige des intervenierenden Staates beschränkt sein müssen. Als die deutsche Bundeswehr am 14. März 1997 mit fünf Hubschraubern 120 Personen aus Tirana, Albanien, ausflog, befanden sich unter diesen lediglich 20 Deutsche. Die weiteren Personen stammten aus insgesamt 21 Nationen. Der österreichische Bundeskanzler sprach hernach der Bundesrepublik seinen ausdrücklichen Dank für die Evakuierung auch österreichischer Bürger aus.[843]

In tatsächlicher Hinsicht ist zwar die Intervention zur Rettung eigener Staatsangehöriger von vornherein begrenzt, da die regelmäßig überschaubare Zahl von bedrohten Personen durch eine zeitlich und örtlich eng eingegrenzte Evakuierungsaktion bei nur minimaler Beeinträchtigung des fremden Staates erfolgen kann.[844] Dies ist jedoch eine Frage der Grenzen einer Humanitären Intervention zugunsten eigener Staatsangehöriger. Die Rechtsgrundlage ist unabhängig von der Staatsangehörigkeit der begünstigten Personen dieselbe.

Vorliegend wird daher die Humanitäre Intervention im Sinne des einzelstaatlichen gewaltsamen Eingreifens in einem fremden Staat zugunsten der dortigen Personen unabhängig von deren Staatsangehörigkeit untersucht werden. Hierbei ist zunächst die Eingriffsgrundlage zu untersuchen, aus der sodann die immanenten Grenzen einer Humanitären Intervention entwickelt werden sollen.

---

[842] Pauer, S. 20

[843] Kreß, Rettungsoperation der Bundeswehr, S. 331

[844] bei der Rettungsoperation der deutschen Bundeswehr am 14. März 1997 in Albanien landeten lediglich fünf Hubschrauber der Heeresflieger in Tirana, um 120 Personen aus 22 Nationen auszufliegen. Lediglich der Angriff mutmaßlicher Privatpersonen wurde durch die beteiligten Soldaten mit 250 Schuß beantwortet, vgl. Kreß, Rettungsoperation, S. 331

1. Begriff und Rechtsgrundlage der Humanitären Intervention

a. Begriff

Der Begriff Humanitäre Intervention ist vor allem im 19. Jahrhundert anläßlich verschiedener Eingriffe der europäischen Hegemonialmächte zum Schutz im Osmanischen Reich bedrohter Minderheiten entwickelt worden.[845] Auch die Intervention der Vereinigten Staaten auf Kuba 1898 ist als Humanitäre Intervention gerechtfertigt worden.[846] Es spricht jedoch viel dafür, daß keine dieser Interventionen ausschließlich von uneigennützigen Absichten getragen war.[847] Daß schließlich Hitler die Einverleibung Böhmens und Mährens 1939 durch das nationalsozialistische Deutsche Reich mit dem Verweis auf die Gefährdung der dort lebenden deutschen Minderheit zu legitimieren versuchte,[848] belegt das hohe Mißbrauchspotential der Humanitären Intervention schon vor Inkrafttreten der Charta der Vereinten Nationen. Sie konnte daher bei Gründung der Vereinten Nationen keineswegs als gesicherter Bestandteil des damaligen Völkergewohnheitsrechts angesehen werden.[849]
Gewaltsame Interventionen zur Rettung eigener Staatsbürger in einem ausländischen Staat blicken auf eine ähnlich lange Tradition zurück wie die Humanitäre Intervention im engeren Sinne, also die Rettung fremder Staatsangehöriger in deren Heimatstaat. Vor Gründung der Vereinten Nationen wurden nahezu einhellig Interventionen zur Rettung eigener Staatsangehöriger im Ausland als mit dem Völkerrecht vereinbar betrachtet. Waren solche Maßnahmen nicht schon als gewaltsame Repressalien im damals gültigen Völkerrecht zulässig, wurde zumindest von einer damals gewohnheitsrechtlich zulässigen Form der Selbsthilfe ausgegangen.[850] Die Staatenpraxis vor 1945 weist eine Vielzahl von Maßnahmen auf, die teilweise über die eigentliche Rettung eigener Staatsangehöriger hinausgingen.[851]
Die „Humanitäre Intervention" ist bereits begrifflich ein Spezialfall der völkerrechtlichen Intervention, die sich durch die humanitären Beweggründe von anderen abgrenzt. Nach allgemeinen Sprachgebrauch bedeutet „humanitär" die Förderung des Wohls der Mitmenschen. Im rechtlichen Bereich bedeutet dies insbesondere, daß dem Individuum gewisse unveräußerliche Rechte, die

---

[845] Pauer, S. 45

[846] Pauer, S. 66

[847] nach Brownlie, International Law and the Use of Force, S. 251, war von den zahlreichen Interventionen im 19. Jahrhundert lediglich das Eingreifen europäischer Staaten 1860/61 zum Schutz der im Libanon und Damaskus lebenden Christen eine „echte" Humanitäre Intervention ohne weitere machtpolitischen Absichten

[848] siehe die Nachweise bei Brownlie, Humanitarian Intervention, S. 221, Fn. 37

[849] Pauer, S. 74; Hilpold, S. 572 f.

[850] Ronzitti, Rescuing Nationals Abroad, S. 21

[851] vgl. die Aufzählung bei Ronzitti, Rescuing Nationals Abroad, S. 21 ff. sowie Brownlie, International Law, S. 290 ff.; beide Autoren gehen davon aus, daß allein die Vereinigten Staaten zwischen 1813 und 1927 in mindestens sechzig Fällen zur Rettung eigener Staatsangehöriger im Ausland interveniert sind.

Menschenrechte, zuerkannt werden. „Humanitär“ im völkerrechtlichen Sinne bedeutet daher die Ausrichtung staatlichen Verhaltens auf die Gewährleistung der Menschenrechte.[852]

Intervention im völkerrechtlichen Sinne wird zumeist beschrieben als Einmischung eines Staates in die Angelegenheiten eines anderen Staates unter Anwendung von Zwang und unter Verletzung der staatlichen Souveränität, um ein bestimmtes Verhalten zu erzwingen.[853] Eine Verletzung der staatlichen Souveränität liegt dann vor, wenn in den nicht der völkerrechtlichen Regelung unterliegenden, sondern der alleinigen Zuständigkeit der Staaten vorbehaltenen Bereich eingegriffen wird, der „domaine réservée“.[854] Dieser Bereich ist durch Art. 2 Ziff. 7 UNCh. geschützt, wonach aus der Charta weder eine Befugnis der Vereinten Nationen zum Eingreifen in Angelegenheiten, die ihrem Wesen nach zur inneren Zuständigkeit eines Staates gehören, noch eine Verpflichtung der Mitglieder, solche Angelegenheiten einer Regelung aufgrund der Charta zu unterwerfen, abgeleitet werden kann (Interventionsverbot). Aus dem in Art. 2 Ziff. 1 UNCh. bestätigten Grundsatz der souveränen Gleichheit der Mitglieder der Vereinten Nationen folgt das zwischenstaatliche Interventionsverbot, so daß auch die Staaten untereinander sich jeglicher Einmischung zu enthalten haben. Das Interventionsverbot ist völkergewohnheitsrechtlich anerkannt.[855]

Die Anwendung von Zwang bedeutete nach dem „klassischen“ Interventionsbegriff stets die Androhung oder Anwendung von Gewalt. Nur eine solche gewaltsame Intervention war nach Auffassung der Praxis und Lehre bis zum Ende des Zweiten Weltkrieges völkerrechtswidrig.[856]

Mit Aufnahme des Interventionsverbotes neben dem Gewaltverbot in die Charta der Vereinten Nationen entwickelte sich jedoch in der modernen Völkerrechtslehre überwiegend ein erweiterter Interventionsbegriff, der über die Androhung und Anwendung von Gewalt hinaus auch nichtmilitärische, namentlich rechtliche, wirtschaftliche, politische und subversive Eingriffe erfaßt, mit denen ein Staat einen anderen zu einem bestimmten Verhalten zu zwingen versucht.[857]

Ein dritter in der Literatur diskutierter Begriff geht schon dann von einer Intervention aus, wenn eine tatsächliche oder versuchte Beeinflussung der Dispositionsfreiheit eines Staates durch einen anderen Staat vorliegt, selbst wenn diese ohne Anwendung von Zwangsmitteln vorgenommen wird.[858]

---

[852] Pauer, S. 14

[853] vgl. nur Oppermann, S. 1436

[854] Beyerlin, Interventionsverbot, S. 380 Rn. 7

[855] Ipsen, Völkerrecht, S. 956

[856] Beyerlin, Interventionsverbot, S. 378 Rn. 3

[857] Pauer, S. 7; Beyerlin, Interventionsverbot, S. 379 Rn. 4; Wodarz, S. 208, nennt als ein solches friedliches Interventionsmittel die vorzeitige Anerkennung der Republiken Kroatiens am 15. Januar 1992 und Bosnien-Herzegowinas am 7. April 1992 durch die EG-Mitgliedstaaten im Zuge des Auseinanderbrechens der jugoslawischen Föderation. Diese stellten grundsätzlich ein Verstoß gegen das Interventionsverbot dar, für den es einer Rechtfertigung bedürfe.

[858] Friedman, Intervention, S. 42

Der zuletzt genannte Interventionsbegriff mag für sozialwissenschaftliche Untersuchungen angebracht sein, in denen Wirkungszusammenhänge, Reaktionsmuster und Gesetzmäßigkeiten geprüft werden. Für eine völkerrechtliche Untersuchung fehlt es jedoch an der begrifflichen Schärfe, da von diesem Begriff auch Handlungsformen umfaßt werden, denen gegenüber das Völkerrecht neutral ist.[859]

Für eine rein interventionstheoretische Betrachtung erscheint der erweiterte Interventionsbegriff der geeignete Ansatzpunkt zu sein, da er neben der Gewaltanwendung auch andere Formen des Zwanges berücksichtigt, welche in der modernen internationalen Politik aufgrund der umfassenden zwischenstaatlichen Dependenzen an Bedeutung zugenommen haben. Intervention ist hierbei zunächst deskriptiv zu sehen. Ein normativer Ansatz, der nur die rechtlich nicht zulässige Einmischung umfassen würde, beschränkte zu sehr die anzunehmenden Interventionsformen.[860]

Im Rahmen der vorliegenden Untersuchung sind allerdings nur die mit Anwendung oder Androhung von Gewalt verbundenen zwischenstaatlichen Interventionen von Bedeutung, die nicht nur gegen das völkerrechtliche Interventionsverbot, sondern insbesondere gegen das Gewaltverbot aus Art. 2 Ziff. 4 UNCh. verstoßen.

Wenn also vorliegend von Humanitärer Intervention gesprochen wird, so bedeutet dies die zwischenstaatliche Intervention unter Androhung oder Anwendung von Gewalt zur Gewährleistung von Menschenrechten in einem anderen Staat zugunsten der dortigen Personen.[861]

b. Rechtsgrundlage

Auch nach Inkrafttreten der Charta der Vereinten Nationen gab es mehrere gewaltsame zwischenstaatliche Maßnahmen, die als Humanitäre Intervention zugunsten fremder bzw. eigener Staatsangehöriger im Ausland[862] begründet wurden. Hierbei sind vor allem zu nennen die Intervention der USA im Libanon 1956,[863] Belgiens im Kongo 1960,[864] die belgisch-amerikanische Rettungs-

---

859 Hilpold, S. 567

860 Hilpold, S. 567

861 in der völkerrechtlichen Literatur wird die Humanitäre Intervention überwiegend ebenfalls als gewaltsame Maßnahme aufgefaßt, z.B. Ipsen, Völkerrecht, S. 942 Rn. 26; Beyerlin, Interventionsverbot, S. 381 Rn. 10; Hailbronner, Grenzen des völkerrechtlichen Gewaltverbots, S. 97; Simma/Randelzhofer, Charta Art. 2 Ziff. 4, Rn. 49; Kimminich, Mythos der humanitären Intervention, S. 433, der zu Recht auf eine begriffliche Unterscheidung zu gewaltlosen humanitären Aktionen drängt

862 vgl. die Aufzählung von Rettungsaktionen zugunsten eigener Staatsangehöriger bei Blumenwitz, Humanitäre Intervention, ApuZ 1994, S. 5; in der Praxis ist die Grenzziehung ohnehin kaum möglich, da sich der Begünstigtenkreis nie ausschließlich aus Staatsangehörigen des intervenierenden Staates zuammensetzte

863 Archiv der Gegenwart 1958, S. 7063, 7182 ff.

864 Archiv der Gegenwart 1960, S. 8514 ff.

aktion von Stanleyville im Rahmen der Kongo-Krise 1964,[865] die Intervention der USA in der Dominikanischen Republik 1965,[866] die Geiselbefreiung durch Israel in Entebbe in Uganda 1976,[867] die versuchte Befreiung ihres Botschaftspersonals in Teheran durch die USA 1980,[868] die Intervention der USA auf Grenada 1983,[869] sowie in Panama 1989,[870] die französisch-belgische Evakuierungsmaßnahme in Zaire 1993,[871] das französische Eingreifen in Ruanda 1994,[872] die deutsche Rettungsaktion in Albanien 1997[873] sowie die britische Präsenz in Sierra Leone im Mai 2000.[874]

Jeder Einsatz und jede Androhung von Gewalt in den zwischenstaatlichen Beziehungen stellt grundsätzlich einen Verstoß gegen das Gewaltverbot des Art. 2 Ziff. 4 UNCH. dar und ist daher grundsätzlich völkerrechtswidrig, es sei denn, sie ist ausnahmsweise gerechtfertigt.

Eine ausdrückliche Rechtfertigung der Humanitären Intervention ist in der Charta der Vereinten Nationen nicht gegeben. Selbst wenn die Humanitäre Intervention vor Inkrafttreten der Charta der Vereinten Nationen in der Völkerrechtsgeschichte eine lange Tradition hatte,[875] kann daraus kein völkergewohnheitsrechtliches Institut mit einer besonderen völkerrechtlichen Legalität hergeleitet werden.[876] Jedenfalls wäre entsprechendes Völkergewohnheitsrecht durch das Inkrafttreten der Charta mit Art. 2 Ziff. 4 aufgehoben worden.[877]

Es fragt sich allerdings, ob sich aus der Zielrichtung einer Humanitären Intervention, nämlich der Durchsetzung der Menschenrechte, eine Rechtfertigung für zwischenstaatliche Gewaltanwendung ergibt. Schließlich wurden die Menschenrechte in der Präambel der Charta der Vereinten Nationen, Abs. 2, deutlich herausgestellt, und die Förderung und Festigung der Achtung vor den Menschenrechten und Grundfreiheiten für alle ohne Unterschied der Rasse, des Geschlechts, der Sprache oder der Religion als Ziel der internationalen Zusammenarbeit in Art. 1 Ziff. 3 UNCh. festgeschrieben.

Die Gewaltanwendung zur Gewährleistung von Rechten setzt in jeder Rechtsordnung jedoch zunächst den Bestand des Rechtes voraus, sodann muß

[865] Archiv der Gegenwart 1964, S. 11552 ff.; Pape, S. 95

[866] Archiv der Gegenwart 1965, S. 11875 ff.; Pape, S. 95

[867] Ader, S. 164

[868] Hakenberg, S. 11

[869] Pape, S. 99

[870] Pape, S. 101

[871] Archiv der Gegenwart 1993, S. 37546

[872] Archiv der Gegenwart 1994, S. 39051, 39239

[873] hierzu eingehend Kreß, Rettungsoperation der Bundeswehr, S. 330 f.

[874] Archiv der Gegenwart 70 (2000), S. 44218

[875] Blumenwitz, Die humanitäre Intervention, S. 3 f. zeigt die Ursprünge bei Grotius auf, der seinerseits das aus dem Altertum überlieferte Fallmaterial untersuchte und daraufhin zur Zulässigkeit des Krieges aus humanitären Gründen gelangte.

[876] siehe dazu bereits oben a.

[877] Blumenwitz, Die humanitäre Intervention, S. 4

den Adressaten der Gewaltmaßnahme eine Verpflichtung zur Beachtung des durchzusetzenden Rechtes treffen. Darüber hinaus muß derjenige, der zur Durchsetzung des Rechtes Gewalt anwendet, hierzu legitimiert sein.[878]
Für die bestehende Völkerrechtsordnung setzt dies im Hinblick auf die Durchsetzung der Menschenrechte voraus, daß die Menschenrechte (1.) durch die Völkerrechtsordnung anerkannt sind, (2.) jeder Staat zur Einhaltung zumindest eines Mindeststandards verpflichtet ist (ius cogens) und (3.) es einen Anspruch der anderen Staaten auf Beachtung der Menschenrechte gegen jeden Staat gibt, der letztlich auch zwischenstaatlich durchgesetzt werden darf (erga-omnes-Wirkung).

aa. Die Menschenrechte in der Völkerrechtsordnung

Neben der bereits genannten Festschreibung der Verwirklichung der Menschenrechte als vorrangiges Ziel der Vereinten Nationen in Präambel und Art. 1 Ziff. 3 UNCh[879] verpflichten sich die Mitgliedstaaten gemäß Art. 55 lit. c) i.V.m. Art. 56 UNCh., gemeinsam und jeder für sich mit der Organisation zusammenzuarbeiten, um die allgemeine Achtung und Verwirklichung der Menschenrechte ohne Unterschied der Rasse, des Geschlechts, der Sprache oder der Religion zu erreichen. Massive Menschenrechtsverletzungen durch ein Mitgliedstaat stellen insofern eine Verletzung der Verpflichtungen aus der Charta dar.[880] Die Allgemeine Erklärung der Menschenrechte vom 10. Dezember 1948, welche von der Generalversammlung in Form der Resolution bei keiner Gegenstimme, allerdings einigen Enthaltungen, verabschiedet wurde,[881] konkretisierte die in der Charta genannten Menschenrechte. Obwohl die Generalversammlung keine rechtlich verbindliche Resolution verabschieden kann, wird davon ausgegangen, daß eine grobe und systematische Verletzung der in der Deklaration niedergelegten Menschenrechte ein Verstoß gegen die Charta der Vereinten Nationen und gegen Völkergewohnheitsrecht darstellt.[882]
In der Folge wurde eine umfangreiche Zahl von internationalen und regionalen Menschenrechtsabkommen geschlossen, mit denen die Menschenrechte bestätigt und weiterentwickelt wurden. Hier sind allgemein insbesondere der Internationale Pakt über bürgerliche und politische Rechte[883] sowie der Internationale Pakt über wirtschaftliche, soziale und kulturelle Rechte[884] von 1966 zu nennen. Regionale Menschenrechtsabkommen sind insbesondere die Europäische Menschenrechtskonvention[885] von 1950, die Amerikanische

---

878 Pauer, S. 14
879 vgl. auch die Erwähnung der Menschenrechte in Art. 13 Abs. 1 lit. b), Art. 62 UNCh
880 Henkin, Human Rights, S. 887
881 GA-Res. 217 (III) v. 12.10.1948
882 Henkin, Human Rights, S. 888; Partsch, Menschenrechte, S. 550
883 BGBl. 1976 II, S. 1068
884 BGBl. 1976 II, S. 428
885 Konvention zum Schutze der Menschenrechte und Grundfreiheiten v. 4. November 1950, BGBl. 1954 S. 14

Menschenrechtskonvention[886] von 1969 sowie die Afrikanische Menschenrechtscharta[887] von 1981.
Daneben bestehen zahlreiche Abkommen hinsichtlich einzelner Teilaspekte des Menschenrechtsschutzes, wie etwa die Völkermordkonvention[888] von 1948, das Übereinkommen zur Beseitigung jeder Form von Rassendiskriminierung[889] von 1965, das Übereinkommen zur Beseitigung jeder Form von Diskriminierung der Frauen[890] von 1979, das Übereinkommen gegen Folter und andere grausame, unmenschliche oder erniedrigende Behandlung oder Strafe[891] von 1984 und das Übereinkommen über die Rechte des Kindes[892] von 1989.
Der Vielzahl der Menschenrechtsübereinkommen korrespondiert eine nahezu unüberschaubare Zahl von Rechten, die unter den Begriff Menschenrechte subsumiert werden. Seit einiger Zeit drängen vor allem Staaten der Dritten Welt auf die Anerkennung von Rechten der Völker, die auch „Menschenrechte der dritten Generation" genannt werden.[893]
Angesichts dieser Vielzahl und Verschiedenartigkeit kann nicht jedem Staat die Einhaltung aller dieser Rechte obliegen.[894] Es stellt sich daher die Frage, welcher Kernbereich der Menschenrechte jedenfalls von allen Staaten zwingend einzuhalten sind.

bb. Kernbereich der Menschenrechte als ius cogens

Die Vorstellung eines zwingenden Völkerrechts (ius cogens), welches nicht nur für alle Staaten verbindlich ist, sondern darüber hinaus auch nicht einzelstaatlich aufgehoben werden kann, geht auf Theorien des Naturrechts zurück. Nach dem Zweiten Weltkrieg fand diese Vorstellung immer mehr Anhänger, nachdem Verdross bereits vor Ausbruch des Krieges die Notwendigkeit zwingenden

[886] American Convention on Human Rights v. 22. November 1969, in: International Legal Materials 9 (1970), S. 99
[887] African Charter on Human and Peoples' Rights (Banjul Charter) v. 19. Januar 1981, in: International Legal Materials 21 (1981), S. 59
[888] Konvention über die Verhütung und Bestrafung des Völkermordes v. 9. Dezember 1948, in: BGBl. 1954 II, S. 730
[889] Internationales Übereinkommen zur Beseitigung jeder Form der Rassendiskriminierung v. 21. Dezember 1965, in: BGBl. 1969 II, S. 962
[890] Übereinkommen zur Beseitigung jeder Form von Diskriminierung der Frauen v. 18. Dezember 1979, BGBl. 1985 II, S. 648
[891] Übereinkommen gegen Folter und andere grausame, unmenschliche oder erniedrigende Behandlung oder Strafe v. 10. Dezember 1984, BGBl. 1990 II, S. 247
[892] Übereinkommen über die Rechte des Kindes v. 20. November 1989, BGBl. 1992 II, S. 122
[893] Beyerlin, Menschenrechtsschutz, S. 276; so enthält die Afrikanische Menschenrechtscharta neben Individualrechten auch Rechte der Völker auf wirtschaftliche, soziale und kulturelle Entwicklung sowie auf Frieden und Sicherheit
[894] Wodarz, S. 73, zu den Grenzen eines internationalen Konsenses über den Inhalt der Menschenrechte vgl. Paulus, S. 254 ff., insb. S. 262, exemplarisch anhand der Frauenrechte dargestellt

Völkerrechts darstellte.[895] Hierbei ist zu unterscheiden zwischen notwendig zwingenden Normen, die die Verbindlichkeit anderer Normen erst ermöglichen (z.B. pacta sunt servanda), die auch „Rechtsanwendungsnormen" genannt werden.[896] Daneben gibt es eine Gruppe von Normen zum Schutz gemeinsamer Werte, die den Staaten verbietet, diesen Werten entgegengesetzte Verträge zu schließen.[897]

Das Wiener Vertragsrechtsübereinkommen[898] beinhaltet in Art. 53 S. 2 erstmals eine positive Definition des ius cogens, auf welche sich nach längeren Verhandlungen die Staaten einigen konnten:[899] Eine zwingende Norm des allgemeinen Völkerrechts ist hiernach eine Norm, die von der internationalen Staatengemeinschaft in ihrer Gesamtheit angenommen und anerkannt wird als eine Norm, von der nicht abgewichen werden darf und die nur durch eine spätere Norm des allgemeinen Völkerrechts derselben Rechtsnatur geändert werden kann.

Voraussetzung ist daher zunächst die Annahme als verbindliche Norm durch die internationale Staatengemeinschaft über das Völkervertragsrecht hinaus. Wie bereits dargestellt, kann dies nicht für jede als Menschenrecht bezeichnete Norm gelten. In der Literatur wird jedoch der Kernbereich der Menschenrechte, auch „humanitärer Mindeststandard" genannt, den allgemeinen Rechtsgrundsätzen i.S.d. Art. 38 Abs. 1 lit. c IGH-Statut, welche von allen Völkern anerkannt sind, zugeordnet.[900] Der IGH geht in seiner Rechtsprechung ebenfalls von einem humanitären Mindeststandard als Bestandteil der allgemeinen Rechtsgrundsätze aus.[901]

Nach allgemeiner Auffassung sind Inhalt dieses humanitären Mindeststandards das Recht auf Leben und körperliche Unversehrtheit sowie das Verbot der Folter oder anderer unmenschlicher oder entwürdigender Behandlung, das Verbot der Sklaverei und der Diskriminierung oder Verfolgung aus rassistischen, weltanschaulichen oder ähnlichen Gründen.[902]

Der Umfang dieses humanitären Mindeststandards läßt sich zumindest mittelbar aus dem gemeinsamen Art. 3 Ziff. 1 der vier Genfer Abkommen von 1949[903] entnehmen. Hiernach sind alle Personen unter allen Umständen mit Menschlichkeit zu behandeln, ohne jede auf Rasse, Farbe, Religion oder Glauben,

---

[895] Verdross, Forbidden Treaties, S. 572
[896] Verdross/Simma, S. 59; siehe zu dieser Unterscheidung auch Paulus, S. 332
[897] Verdoss, Forbidden Treaties, S. 572, spricht von „treaties contra bonos mores"
[898] Wiener Übereinkommen über das Recht der Verträge v. 23. Mai 1969, BGBl. 1985 II, S. 926
[899] zur Entstehung des Art. 53 WVRK Paulus, S. 337
[900] Pauer, S. 16 f.; Pape, S. 65; Beyerlin, Humanitäre Aktion, S. 24; Wodarz, S. 75
[901] Corfu Channel Case, ICJ-Reports 1949, S. 4, 22: „elementary considerations of humanity"; Case concerning The Barcelona Traction, ICJ-Reports 1970, S. 4, 32: "basic rights of the human person"
[902] Pape, S. 63; Pauer, S. 18; Wodarz, S. 74; Corfu Channel Case, ICJ-Reports 1949, S. 4, 22; Case concerning The Barcelona Traction, ICJ-Reports 1970, S. 4, 32
[903] siehe dazu schon oben Teil 1 II.2.b.

Geschlecht, Geburt oder Vermögen oder auf irgendeinem anderen ähnlichen Unterscheidungsmerkmal beruhende Benachteiligung. Namentlich sind unter allen Umständen verboten Angriffe auf das Leben und die Person, insbesondere Tötung, Verstümmelung, grausame Behandlung und Folterung, Geiselnahme, erniedrigende und entwürdigende Behandlung.[904] Zudem werden Art. 1 und 2 der Völkermordkonvention[905] dem humanitären Mindeststandard zugerechnet, wonach die Vertragsparteien bestätigen, daß Völkermord, ob im Frieden oder im Krieg begangen, ein Verbrechen gemäß internationalem Recht ist, zu dessen Verhütung und Bestrafung sie sich verpflichten.[906]
Die Europäische Menschenrechtskonvention erklärt in Art. 15 Abs. 2 das Verbot der absichtlichen Tötung mit Ausnahme rechtmäßiger Kriegshandlungen (Art. 2), das Folterverbot (Art. 3), das Verbot der Sklaverei und Zwangsarbeit (Art. 4) und den Grundsatz nulla poena sine lege (Art. 7) für dahingehend notstandsfest, als daß selbst im Falle des Krieges oder eines anderen öffentlichen Notstands in keinem Fall davon abgewichen werden darf.[907] Das Römische Statut des Internationalen Strafgerichtshofs[908] vom 17. Juli 1998 erklärt die Zuständigkeit des Internationalen Strafgerichtshofs für Verletzungen dieses Mindeststandards in Art. 7 und 8 und bestätigt damit den Umfang des humanitären Mindeststandards.
Festzuhalten ist, daß der humanitäre Mindeststandard übereinstimmend in Literatur und Praxis dem ius cogens zugeordnet wird. Es stellt sich jedoch die Frage, ob auch die zwischenstaatliche Durchsetzung dieses humanitären Mindeststandards völkerrechtlich zulässig ist.

cc. Die erga-omnes-Wirkung von Menschenrechten

Während durch die Rechtsfigur des ius cogens geklärt wird, welche Normen über das Vertragsrecht hinaus zwingend die Staaten verpflichten, betrifft die Rechtsfigur der Verpflichtungen erga omnes die Frage, wer Verletzungen bestimmter Normen geltend machen kann. Verpflichtungen erga omnes sind zunächst in der Rechtsprechung des Internationalen Gerichtshofes entwickelt worden, der mehrmals mit der Frage der Aktivlegitimation befaßt war, also der Zuständigkeit klagender Staaten für die Geltendmachung von Rechten, die Gemeinschaftsinteressen und nicht Einzelinteressen dienen. Im Rahmen der Staatenverantwortlichkeit ist insofern auch die Frage betroffen, wer bei Verletzung völkerrechtlicher Normen zur Ergreifung von Repressalien und anderen Gegenmaßnahmen berechtigt ist.[909]

---

[904] hieraus entwickelt Beyerlin, Humanitäre Aktion, S. 20, den humanitären Mindeststandard
[905] BGBl. 1955 II, S. 210
[906] Pauer, S. 17
[907] eine entsprechende Klausel enthält die Amerikanische Menschenrechtskonvention in Art. 27 Abs. 2, die noch darüber hinausgehende Mindestrechte als notstandsfest erklärt
[908] BGBl. 2000 II, S. 1394
[909] Paulus, S. 363 f.

In einem obiter dictum in einem Fall, in dem es an sich um klassische Fragen des diplomatischen Schutzes ging, führt der Internationale Gerichtshof aus:

„33. ... In particular, an essential distinction should be drawn between the obligations of a State towards the international community as a whole, and those arising vis-à-vis another State in the field of diplomatic protection. By their very nature the former are the concern of all States. In view of the importance of the rights involved, all States can be held to have a legal interest in their protection; they are obligations *erga omnes*."[910]

Die Rechtsfigur der Verpflichtungen erga omnes findet ihre Bestätigung in Art. 60 Abs. 2 c) Wiener Vertragsrechtskonvention,[911] wonach die Verletzung eines mehrseitigen Vertrages durch eine Partei jede andere Vertragspartei zur Suspendierung des Vertrages berechtigt, wenn der Vertrag so beschaffen ist, daß eine erhebliche Verletzung seiner Bestimmungen durch eine Vertragspartei die Lage jeder Vertragspartei hinsichtlich der weiteren Erfüllung grundlegend ändert.[912] Zudem hat die International Law Commission in dem Entwurf zur Kodifikation der Staatenverantwortlichkeit neben der Geltendmachung einer Völkerrechtsverletzung durch den verletzten Staat (Art. 42) in Art 48 Abs. 1 (b) auch die Möglichkeit der Geltendmachung durch andere als den verletzten Staat (Invocation of responsibility by a State other than injured State) angenommen und somit grundsätzlich das Vorliegen von Verpflichtungen erga omnes bestätigt.[913]
Der IGH zählt in der bereits genannten Entscheidung sodann die nach seiner Auffassung zu den Verpflichtungen erga omnes gehörigen Normen wie folgt auf:

„34. Such obligations derive, for example, in contemporary international law, from the outlawing of acts of aggression, and of genocide, as also from the principles and rules concerning the basic rights of the human person, including protection of slavery and racial discrimination. ..."[914]

---

[910] Case concerning The Barcelona Traction, Light and Power Company, Limited, ICJ-Reports 1970, S. 4, 32 lit. 33

[911] Wiener Übereinkommen über das Recht der Verträge v. 23. Mai 1969, BGBl. 1985 II, S. 926

[912] hierauf beruft sich auch die International Law Commission hinsichtlich des Entwurfs der Kodifikation der Staatenverantwortlichkeit, Crawford, S. 41

[913] Crawford, S. 276; Art. 48 Abs. 1 (b) lautet: "Any State other than injured State is entitled to invoke the responsibility of another State in accordance with paragraph 2 if: ... (b) the obligation breached is owed to the international community as a whole."

[914] Case concerning The Barcelona Traction, Light and Power Company, Limited, ICJ-Reports 1970, S. 4, 32, lit. 34

Als Gegenstand der erga-omnes-Verpflichtungen, für die es vormals weder einen Vertrag noch eine entsprechende Staatenpraxis gab,[915] zählt der IGH demnach auch die grundlegenden Menschenrechte, also den oben umrissenen Bereich des humanitären Mindeststandards. Die Einordnung des humanitären Mindeststandards als Verpflichtungen erga omnes wird mittlerweilen einhellig angenommen.[916]
Aus dieser Zuordnung des humanitären Mindeststandards zum ius cogens und den Verpflichtungen erga omnes folgt zunächst, daß die Einhaltung fundamentaler Menschenrechte nicht eine ausschließlich innerstaatliche Angelegenheit ist, sie vielmehr der „domaine reservée" entzogen ist. Vom Einmischungsverbot des Art. 2 Ziff. 7 UNCh., welches i.V.m. Art. 2 Ziff. 1 UNCh. auch im Verhältnis der Mitgliedsstaaten zueinander gilt, ist dieser Bereich nicht geschützt.[917] Ein diesen Mindeststandard verletzender Staat kann insofern von jedem anderen Staat auch auf zwischenstaatlicher Ebene jedenfalls mit gewaltlosen Maßnahmen zu dessen Einhaltung gezwungen werden, etwa durch Sanktionen.[918]

c. Humanitäre Intervention und Gewaltverbot Art. 2 Ziff. 4 UNCh.

Die Zulässigkeit des einzelstaatlichen Gewalteinsatzes zum Zwecke der Durchsetzung zumindest des humanitären Mindeststandards ist eine seit langem diskutierte Frage. Der Kosovo-Konflikt 1999, in dem die NATO-Staaten militärische Gewalt gegen die Bundesrepublik Jugoslawien unter ausdrücklicher Berufung auf die Menschenrechtsverletzungen im Kosovo einsetzten, belebten die Diskussion erneut und bereicherten diese um einige zusätzliche Begründungsansätze.[919]
Die vertretenen Ansätze sollen im folgenden dargestellt werden, um in einem zweiten Schritt die Grenzen einer Humanitären Intervention zu entwickeln.

aa. Einschränkende Auslegungen des Gewaltverbotes

In der Diskussion um die Zulässigkeit der Humanitären Intervention wird in der Literatur teilweise angenommen, daß der Gewalteinsatz zur Durchsetzung fundamentaler Menschenrechte schon deshalb nicht völkerrechtswidrig sei, da diese Gewalt sich nicht „gegen die territoriale Unversehrtheit oder die politische

[915] Paulus, S. 370
[916] vgl. nur Pape, S. 66; Wodarz, S. 75 m.w.N.
[917] so schon Ermacora, Human Rights, S. 442 f.; Simma/Randelzhofer, Charta, vor Art. 2, S. 37 Rn. 26; Ipsen, Völkerrecht, S. 957
[918] Wodarz, S. 77 f. nennt als weitere Maßnahmen die zunehmende Bereitschaft einzelner Staaten, im Ausland begangene Menschenrechtsverletzungen vor den nationalen Gerichten zu verfolgen, siehe die Beispiele ebd., S. 78 Fn. 300
[919] Simma, NATO, the UN and the Use of Force, etwa betonte, daß die Humanitäre Intervention der NATO-Staaten zwar keine Rechtfertigungsgrundlage hatte, jedoch eine gewisse moralische Entschuldigung gegeben sei

Unabhängigkeit eines Staates" i.S.d. Art. 2 Ziff. 4 UNCh. richte. Das Gewaltverbot des Art. 2 Ziff. 4 UNCh. verbiete nicht jede Gewaltanwendung, vielmehr sei nach dem Wortlaut zumindest diejenige Gewalt zulässig, die sich nicht gegen die territoriale Unversehrtheit oder die politische Unabhängigkeit eines Staates richte und mit den Zielen der Vereinten Nationen vereinbar sei.[920] Da die fundamentalen Menschenrechte nicht mehr der „domaine reservée" vorbehalten sind und deren Einhaltung nach Art. 1 Ziff. 3 UNCh. eines der Ziele der Vereinten Nationen ist, wäre eine Anwendung von zwischenstaatlicher Gewalt allein zur Durchsetzung fundamentaler Menschenrechte mit Art. 2 Ziff. 4 UNCh. vereinbar.[921]

Eine solche allein am Wortlaut ausgerichtete Auslegung kann jedoch nicht überzeugen. Die Entstehungsgeschichte zeigt, daß der genannte Zusatz nicht der Einschränkung, sondern vielmehr der umfassenden Bedeutung des Gewaltverbotes dienen sollte. Auf der Gründungskonferenz der Vereinten Nationen in San Francisco drangen insbesondere kleine Staaten auf eine entsprechende Ergänzung des Art. 2 Ziff. 4 UNCh., da sie gerade eine einschränkende Auslegung des Gewaltverbots fürchteten und deshalb den Schutz der territorialen Unversehrtheit und der politischen Unabhängigkeit klarstellend hervorheben wollten.[922] Die Anwendung bewaffneter Gewalt gegen fremdes Staatsgebiet stellt auch dann einen Verstoß gegen Art. 2 Ziff. 4 UNCh. dar, selbst wenn das fremde Territorium nicht eingenommen werden soll oder das Ziel begrenzt ist, insbesondere in zeitlicher Hinsicht durch umgehenden Truppenrückzug.[923]

Zudem stellt das Gewaltverbot über seine Verankerung in Art. 2 Ziff. 4 UNCh. hinaus zumindest für die Anwendung militärischer Gewalt als Kern des Gewaltverbots Völkergewohnheitsrecht[924] dar und ist insofern ius cogens.[925] Gewaltanwendung selbst zur Durchsetzung der fundamentalen Menschenrechte verstößt daher gegen das völkerrechtliche Gewaltverbot.

Ein der einschränkenden Auslegung ähnlicher Ansatz der Verwirkung von Souveränitätsrechten kann daher ebenfalls nicht überzeugen. Hiernach könne

---

920 Stone, Aggression and World Order, S. 95

921 so stellt es auch Doehring, Humanitäre Intervention, S. 551, dar, geht aber von der Notwendigkeit einer weiteren Rechtfertigung aus

922 Cot/Pellet, S. 123; Simma/Randelzhofer, Charta, Art. 2 Ziff. 4, Rn. 35; Tomuschat, Gewalt und Gewaltverbot, S. 329; Kewenig, S. 182 ff.

923 das ist h.M.; siehe nur Berber, Völkerrecht Bd. II, S. 43; Randelzhofer, Use of Force, S. 1251; Verdross/Simma, S. 287 § 469; Ipsen, Völkerrecht, S. 937, § 59 Rn. 15; Greig, International Law, S. 871; Schindler, Grenzen des völkerrechtlichen Gewaltverbots, S. 14; insofern stellt Wodarz, S. 99, 100, zu Recht fest, daß die militärische Gewaltanwendung der NATO-Staaten gegen die BR Jugoslawien 1999 einen Verstoß gegen das Gewaltverbot darstellte, auch wenn die NATO betonte, daß eine Besetzung jugoslawischen Territoriums nicht beabsichtigt gewesen sei.

924 Simma/Randelzhofer, Charta Art. 2 Ziff. 4, Rn. 60

925 dies ist überwigende Auffassung in Schrifttum und Praxis, vgl. Ipsen, Völkerrecht, S. 943, § 59 Rn. 27 unter Bezug auf IGH, Case concerning military and paramilitary activities in Nicaragua, ICJ-Reports 1986, S. 14, 100

sich ein Staat gegen den Vorwurf gravierender Menschenrechtsverletzungen auf seinem Territorium nicht auf seine Souveränität und Immunität berufen, da er sich grundsätzlich und formal rechtswidrig verhalte.[926] Ein Staat, der durch Nichtausübung seiner Hoheitsgewalt massive Menschenrechtsverletzungen ermögliche, verhalte sich nicht mehr wie ein Staat und könne sich daher nicht auf den Schutz des völkerrechtlichen Gewaltverbotes berufen, da dieses in besonders gelagerten Ausnahmefällen verwirkt sei.[927]

Dem widerspricht jedoch der Charakter des Gewaltverbotes als ius cogens. Als solches ist es der staatlichen Disposition entzogen und nicht verwirkbar.[928] Es ist gerade Sinn des ius cogens, auch in besonderen Ausnahmesituationen Geltung zu behalten. Im übrigen besteht gerade im Bereich der zwischenstaatlichen Gewaltanwendung die Gefahr, durch die Zulassung militärischer Gewaltanwendung in „besonderen Ausnahmefällen" das Gewaltverbot aufzuweichen, da jedem Staat die Möglichkeit eingeräumt würde, sich aus eigener Beurteilung auf einen Ausnahmefall zu berufen.

Ein in der neueren völkerrechtlichen Literatur aufkommender Ansatz sieht bei Wegfall der Staatlichkeit (sog. „Failed State") das Gewaltverbot im Sinn einer teleologischen Reduktion als nicht mehr anwendbar an. Das völkerrechtliche Gewaltverbot als Regelung der zwischenstaatlichen Beziehungen setze die fortdauernde Existenz des Staates als Rechtssubjekt voraus. Mit dem Untergang des Staates als Rechtssubjekt aufgrund des endgültigen Schwundes der Staatsgewalt verliere auch das Gewaltverbot in vollem Umfang seine Geltung. Der Untergang eines Staates aufgrund anarchischer Herrschaftsverhältnisse sei ein prozeßhafter Vorgang, der sich einer scharfen Fixierung entziehe und anderen Staaten einen gewissen Einschätzungsspielraum biete. Gerade dieser Spielraum spreche für eine Reduktion des Gewaltverbotes bei agonisierenden Staaten im Vorfeld des endgültigen Untergangs.[929] Als Regelungsprinzip für die Beziehungen zwischen Staaten verlange das Gewaltverbot unter den Bedingungen verfallender Staatlichkeit beim Schwund effektiver Regierungsgewalt nach einer inhaltlichen Neubestimmung unter „Durchgriff" auf das Staatsvolk und dessen völkerrechtlich geschützter Belange.[930] In einem solchen Fall stünde das Gewaltverbot einer Humanitären Intervention im „Failed State" nicht mehr entgegen.[931] Als Beispiele für einen „Failed State" wird etwa die Situation in Somalia Anfang der neunziger Jahre genannt.[932]

Dieser Ansatz wird nur von wenigen Literaturstimmen vertreten, die herrschende Meinung geht auch in einem solchen Fall von der grundsätzlichen

---

926 Kokott, S. 140

927 Kokott, S. 150, Tomuschat, Gewalt und Gewaltverbot, S. 332

928 siehe allein den Wortlaut des Art. 53 WVRK: „... anerkannt wird als eine Norm, von der nicht abgewichen werden darf und nur durch eine spätere Norm des allgemeinen Völkerrechts derselben Rechtsnatur geändert werden kann."; Frowein, Jus Cogens, S. 67

929 Herdegen, Wegfall effektiver Staatsgewalt, S. 61

930 Herdegen, Wegfall effektiver Staatsgewalt, S. 58

931 Herdegen, Wegfall effektiver Staatsgewalt, S. 61

932 Herdegen, Völkerrecht, S. 84, § 8 Rn. 35

Anwendbarkeit des Gewaltverbots aus.[933] Zudem liegen in einem solchen Ansatz erhebliche Mißbrauchspotentiale. Sobald Staaten ein Einschätzungsspielraum hinsichtlich der Anwendbarkeit des Gewaltverbotes gewährt wird, kommt es mit Sicherheit zu einer Aufweichung des Gewaltverbotes. Der zwischenstaatlichen Gewaltanwendung könnte somit Tür und Tor geöffnet werden. Diese Gefahr wird von den Vertretern der These vom „Failed State" selbst gesehen. Als Voraussetzung für ein zwischenstaatliches Eingreifen wird daher die objektive Feststellung des Wegfalls der effektiven Staatsgewalt etwa durch ein Organ der Vereinten Nationen genannt.[934] Die Organe der Vereinten Nationen haben allerdings de lege lata nicht die Befugnis zur entsprechenden Feststellung,[935] so daß dieser Ansatz allenfalls als Entwicklungsperspektive des Völkerrechts de lege ferenda angesehen werden kann.

bb. Kollektives Sicherheitssystem als Geltungsvoraussetzung

Wie im Rahmen der Voraussetzungen des Selbstverteidigungsrechts[936] wird auch für die Zulässigkeit der unilateralen Humanitären Intervention teilweise vorgebracht, daß das Gewaltverbot des Art. 2 Ziff. 4 UNCh. nur im Zusammenhang mit dem kollektiven Sicherheitssystem der Charta gesehen werden könne. Nur wenn dieses System funktioniere, könne den einzelnen Staaten zugemutet werden, auf zwischenstaatliche Gewaltanwendung zur Selbsthilfe und zur Humanitären Intervention zu verzichten.[937]

Abgesehen davon, daß eine solche Interpretation des Gewaltverbotes in Kombination mit dem kollektiven Sicherheitssystem keine Grundlage in dem Text der Charta findet, wäre zudem erforderlich, daß das kollektive Sicherheitssystem zumindest auch für die notfalls militärische Durchsetzung fundamentaler Menschenrechte geschaffen worden wäre.

Als eines der Ziele der Vereinten Nationen wurde in Art. 1 Ziff. 3 UNCh. die Herbeiführung internationaler Zusammenarbeit zur Förderung der Achtung vor den Menschenrechten und Grundfreiheiten festgelegt. Dieses Ziel wird nochmals in Art. 55 UNCh. bekräftigt. Zu diesem Zwecke wurde der Generalversammlung die Befugnis übertragen, Untersuchungen zu veranlassen und Empfehlungen abzugeben, Art. 13 Abs. 1 lit. b) UNCh.. Daneben kann der Wirtschafts- und Sozialrat der Vereinten Nationen Empfehlungen abgeben, um

---

[933] hierauf weist Herdegen, Wegfall effektiver Staatsgewalt, S. 58 mit Nachweisen in Fn. 24, selber hin

[934] Herdegen, Wegfall effektiver Staatsgewalt, S. 62

[935] der Sicherheitsrat kann nur eine Bedrohung oder einen Bruch des internationalen Friedens oder eine (internationale) Angriffshandlung feststellen, vgl. Art. 39 UNCh.

[936] siehe oben Teil 2, I.1.a.

[937] Reisman, Coercion, S. 642; Lillich, Humanitarian Intervention, S. 230: „Surely the abject inability of the United Nations to take effective action to terminate the genocidal conduct and alleviate the mass suffering in Bangladesh necessitates a fundamental reassessment ... of the role of self-help, and especially of humanitarian intervention, in international affairs today."

die Achtung und Verwirklichung der Menschenrechte und Grundfreiheiten für alle zu fördern, Art. 62 Abs. 2 UNCh..

Der Sicherheitsrat hingegen, um ein schnelles und wirksames Handeln der Vereinten Nationen zu gewährleisten, trägt die Hauptverantwortung für die Wahrung des Weltfriedens und der internationalen Sicherheit, Art. 24 Abs. 1 UNCh.. Bei der Erfüllung dieser Pflichten soll der Sicherheitsrat zwar im Einklang mit den Zielen und Grundsätzen der Vereinten Nationen handeln, also auch im Einklang mit der Förderung der Menschenrechte. Die Durchsetzung der Menschenrechte ist jedoch keine originäre Aufgabe des Sicherheitsrates.

Im Rahmen des kollektiven Sicherheitssystems, Kap. VI und VII UNCh., hat der Sicherheitsrat die Aufgabe, Streitigkeiten, deren Fortdauer geeignet ist, die Wahrung des Weltfriedens und der internationalen Sicherheit zu gefährden, beizulegen und die Parteien hierzu aufzufordern, Art. 33 Abs. 2 UNCh.

Zwangsmaßnahmen auch militärischer Art kann der Sicherheitsrat nach Art. 41 und 42 UNCh. beschließen, sobald er nach Art. 39 UNCh. eine Bedrohung oder einen Bruch des Friedens oder eine Angriffshandlung festgestellt hat. Massive Menschenrechtsverletzungen sind insofern nicht erwähnt, Schlüsselbegriff ist vielmehr der internationale Frieden.

Nach der ursprünglichen Konzeption der Charta bedeutet Frieden die Abwesenheit von militärischer Gewalt, sog. negativer Friedensbegriff. Zwar wird zunehmend unter Frieden auch mehr soziale Gerechtigkeit und Respektierung der Menschenrechte verstanden, sog. positiver Friedensbegriff. Problematisch wäre es jedoch, den Vereinten Nationen zur Durchsetzung einer „gerechteren Friedensordnung" die Gewaltanwendung zu gestatten. Hierdurch würde Gewalt wieder Einzug halten für eine gerechtere Ordnung, über die die Organe der Vereinten Nationen ohnehin nicht autoritativ entscheiden können.[938] Das vorrangige Ziel, nämlich die „Geißel des Krieges"[939] aus den internationalen Beziehungen zu verbannen, würde stark geschwächt.

De lege lata ist somit festzuhalten, daß der Sicherheitsrat keine originäre Befugnis hat, aufgrund massiver Menschenrechtsverletzungen allein militärische Zwangsmaßnahmen aufgrund Kap. VII zu beschließen.[940] Der Sicherheitsrat hat sich zwar zunehmend der Menschenrechtssituation innerhalb der Mitgliedsstaaten angenommen, jedoch jeweils darauf hingewiesen, daß die innerhalb eines Staates begangenen Menschenrechtsverletzungen jedenfalls zu grenzüberschreitenden Flüchtlingsströmen[941] führen können und deshalb eine Friedensbedrohung vorliege.[942]

---

[938] Blumenwitz, Friedenssicherung, S. 176 Rn. 2 ff.

[939] vgl. Präambel der Charta, Abs. 1

[940] ebenso Tomuschat, Gewalt und Gewaltverbot, S. 332, der dieses Ergebnis selbst als unbefriedigend bezeichnet

[941] für diesen Fall hat der Sicherheitsrat zweifelsohne die Befugnisse nach Kap. VII UNCh., Blumenwitz, Humanitäre Intervention, Aus Politik und Zeitgeschichte 1994, S. 8

[942] vgl. Wodarz, S. 80, unter Verweis auf die Resolutionen des Sicherheitsrates hinsichtlich der Situation im Irak 1991, in Somalia 1992 und im Kosovo 1998. Wodarz, S. 81, kommt hierbei zu dem Ergebnis, daß die Bestimmungen der UN-Charta zumindest keine

So begrüßenswert die zunehmende Aufmerksamkeit des Sicherheitsrates für die innerstaatliche Menschenrechtssituation ist, kann hieraus jedoch nicht die Folgerung gezogen werden, das kollektive Sicherheitssystem habe gerade auch die Aufgabe zur Durchsetzung der Menschenrechte notfalls mit Gewalt, und im Falle des diesbezüglichen Scheiterns sei es den einzelnen Staaten zu erlauben, unilateral die Durchsetzung der Menschenrechte mit Gewalt zu erreichen.
Die einzelstaatliche Gewaltanwendung zur Durchsetzung fundamentaler Menschenrechte stellt daher grundsätzlich einen Verstoß gegen das Gewaltverbot dar.

d. Rechtfertigungsgründe für eine Humanitäre Intervention

Ein Verstoß gegen das Gewaltverbot des Art. 2 Ziff. 4 UNCh. ist jedoch dann nicht völkerrechtswidrig, wenn er völkerrechtlich gerechtfertigt ist. Im Rahmen der Diskussion um die Humanitäre Intervention werden hierbei das Selbstverteidigungsrecht, das daraus resultierende Nothilferecht sowie eine völkergewohnheitsrechtliche Rechtfertigung diskutiert.

aa. Selbstverteidigungsrecht Art. 51 UNCh.

Innerstaatliche massive Menschenrechtsverletzungen können nicht das Selbstverteidigungsrecht des Art. 51 UNCh. zugunsten anderer Staaten auslösen, da es bereits an einem grenzüberschreitenden Angriff fehlt.[943]
Selbst wenn die innerstaatlichen Menschenrechtsverletzungen grenzüberschreitende Auswirkungen haben, etwa daraus resultierende Flüchtlingsströme über internationale Grenzen hinweg, kann der davon betroffene Staat ebenfalls nicht Selbstverteidigung nach Art. 51 UNCh. üben, da die Flüchtlingsströme jedenfalls keinen „bewaffneten Angriff" i.S.d. Art. 51 UNCh. zu Lasten des Zielstaates darstellen.[944]

bb. Naturgegebenes Selbstverteidigungsrecht neben Art. 51 UNCh.

Ein von Teilen der Literatur aufgrund des Wortlautes des Art. 51 UNCh. angenommenes naturgegebenes Selbstverteidigungsrecht kann die Gewaltanwendung im Rahmen der Humanitären Intervention ebenfalls nicht recht-

---

rechtliche Lücke bei der Durchsetzung fundamentaler Menschenrechte beinhalteten. Nach Auffassung des Verf. hingegen ist diese Lücke für die Anwendung von Zwangsmaßnahmen nach Kap. VII UNCh. de jure gegeben und wohl nur de lege ferenda zu schließen.

[943] zur Notwendigkeit eines grenzüberschreitenden Angriffs siehe hierzu bereits oben Teil II, I.1.a.

[944] zum Begriff des „bewaffneten Angriffs" siehe ebenfalls oben Teil II, I.1.a.; der UN-Sicherheitsrat hat jedoch mehrfach die Friedensbedrohung durch grenzüberschreitende Flüchtlingsströme als Voraussetzung für eigene Maßnahmen nach Kap. VII UNCh. festgestellt, siehe Teil II, II.1.c.bb.

fertigen, da ein neben dem Art. 51 UNCh. bestehendes naturgegebenes Selbstverteidigungsrecht jedenfalls die selben Tatbestandsvoraussetzungen erfordert wie das Selbstverteidigungsrecht des Art. 51 UNCh selbst.[945] Wenn also die Humanitäre Intervention nicht durch Art. 51 UNCh. gerechtfertigt sein kann, da es insoweit an einem grenzüberschreitenden bewaffneten Angriff fehlt, kann sie auch nicht durch ein neben Art. 51 UNCh. fortbestehendes gewohnheitsrechtliches Selbstverteidigungsrecht gerechtfertigt werden.

cc. Nothilfe analog Art. 51 UNCh.

Bei massiven Menschenrechtsverletzungen kommt ebenfalls eine Rechtfertigung für eine Gewaltanwendung im Rahmen kollektiver Sicherheit zumindest analog Art. 51 UNCh. in Betracht.[946] Voraussetzung hierfür ist jedoch, daß der Gewalteinsatz zugunsten und im Einverständnis eines Trägers des Notwehrrechts aus Art. 51 UNCh. erfolgt.

Träger völkerrechtlicher Rechte und Pflichten sind zunächst die Staaten als Völkerrechtssubjekte.[947] Gerade im Bereich der Menschenrechte rückt das Individuum jedoch immer mehr in den Focus des Völkerrechts. Die Frage der Völkerrechtssubjektivität des Individuums ist dennoch nach wie vor ein umstrittener Bereich der Völkerrechtswissenschaft und -praxis.

Nach traditioneller Völkerrechtsauffassung kann das Individuum nur in seiner Eigenschaft als Angehöriger eines Staates Bedeutung erlangen. Die zwischenstaatlichen Beziehungen regelt das Völkerrecht, die Beziehung zwischen Staat und seinen Angehörigen wird aber ausschließlich durch das innerstaatliche Recht geregelt. Dem Individuum werden also nur über das Medium Staat völkerrechtliche Rechte und Pflichten im Wege der Transformation eingeräumt.[948]

In völkerrechtlichen Verträgen werden dem Individuum jedoch zunehmend Individualrechte zugestanden. Diese Begünstigung kann sich jedoch erst zu einer echten Rechtsposition entwickeln, wenn ein völkerrechtliches Verfahren zur Rechtsdurchsetzung vorgesehen ist.[949]

So garantiert die Europäische Menschenrechtskonvention[950] nicht nur eine Vielzahl von Menschenrechten und individuellen Grundfreiheiten, sie räumt dem Individuum durch Art. 34 EMRK auch die Möglichkeit ein, den Europäischen Gerichtshof für Menschenrechte anzurufen und damit die individuellen Rechte in einem internationalen Gerichtsverfahren durchzusetzen.

---

945 vgl. hierzu bereits oben Teil 2, I.2.

946 da Art. 51 UNCh. einen grenzüberschreitenden Angriff gegen einen Staat voraussetzt, wäre bei einem innerstaatlichen Angriff lediglich eine analoge Anwendung möglich

947 Ipsen, Völkerrecht, S. 54, § 5 Rn. 1

948 Ipsen, Völkerrecht, S. 80, § 7 Rn. 1

949 Ipsen, Völkerrecht, S. 81, § 7 Rn. 5

950 Konvention zum Schutze der Menschenrechte und Grundfreiheiten v. 4. November 1950, BGBl. 1954 S. 14

Die Amerikanische Menschenrechtskonvention[951] gewährt dem Individuum immerhin die Möglichkeit der Individualbeschwerde zur Amerikanischen Menschenrechtskommission, Art. 44.
Entgegen früherer Auffassung wird dem Individuum heutzutage nach überwiegender Auffassung zumindest hinsichtlich der zum ius cogens zählenden fundamentalen Menschenrechte partielle Völkerrechtssubjektivität zuerkannt, so daß es insoweit Rechtsinhaber ist.[952] Mit der Übertragung einer partiellen Rechtsposition ist dem Individuum auch ein Selbstverteidigungsrecht zu gewähren, damit er sich selbst schützen kann im Falle der Verletzung der ihm übertragenen Rechte. Das ist ein allen Rechtsordnungen gemeinsamer Grundsatz und daher gemäß Art. 38 Abs. 1 lit. c Statut des IGH zu den Quellen des Völkerrechts zu zählen.[953]
Ist insofern das Individuum zur Notwehr gegen Angriffe auf sein Leben und körperliche Unversehrtheit und anderer fundamentaler Menschenrechte berechtigt, muß den übrigen Völkerrechtssubjekten, also den Staaten, die Möglichkeit der Nothilfe zugunsten des bedrohten Individuums eingeräumt werden. Art. 51 UNCh. bestätigt das völkerrechtliche Nothilferecht. Das Nothilferecht ist zudem allen Rechtsordnungen gemeinsam und daher den Quellen des Völkerrecht nach Art. 38 Abs. 1 lit. c) IGH-Statut zuzuordnen.[954]
Bei der Rechtfertigung einer Humanitären Intervention analog Art. 51 UNCh. aus dem Gedanken der Nothilfe heraus ist jedoch zu beachten, daß ein Konflikt von drei dem ius cogens zuzuordnenden völkerrechtlichen Prinzipien hervortritt: das Interventionsverbot, der Schutz fundamentaler Menschenrechte sowie das Gewaltverbot. Dieser Konflikt ist im Sinne einer praktischen Konkordanz[955] zu lösen. Umso strengere Anforderungen sind an die Voraussetzungen einer Humanitären Intervention zu stellen.

e. Voraussetzungen

Nicht jede Verletzung von Menschenrechten kann für eine Humanitäre Intervention ausreichen. Vielmehr muß ein groß und systematisch angelegter Angriff auf die fundamentalen Menschenrechte vorliegen, wie etwa Völkermord oder ethnisch motivierte Angriffe auf Leib und Leben.[956]
Desweiteren müssen vor Anwendung militärischer Maßnahmen alle friedlichen Mittel zur Beendigung der Menschenrechtsverletzungen ausgeschöpft sein.[957]

---

[951] American Convention on Human Rights v. 22. November 1969, in: International Legal Materials 9 (1970), S. 99
[952] Doehring, Völkerrecht, S. 435, Rn. 1015 m.w.N.
[953] Bryde, Self-Defence, S. 22
[954] Doehring, Völkerrecht, S. 435 Rn. 1015
[955] Blumenwitz, Gewaltverbot, S. 30; Klein/Schmahl, S. 203
[956] Uerpmann, S. 10
[957] Uerpmann, S. 10

Letztere Voraussetzung folgt bereits aus dem völkerrechtlichen Verhältnismäßigkeitsprinzip, wonach unter gleich geeigneten und erforderlichen Mitteln zunächst das wenigst Einschneidende zu wählen ist. Im Hinblick auf das konkurrierende Gewaltverbot sind daher friedliche Mittel vorzuziehen. Zu diesen sind auch die Streitschlichtungsmaßnahmen der Vereinten Nationen zu zählen, sowie die Befassung des Sicherheitsrates.[958]

Die erste Voraussetzung folgt direkt aus der Konkurrenz fundamentalen Menschenrechtsschutzes mit dem Interventionsverbot und dem Gewaltverbot: Aus dem Interventionsverbot folgt die grundsätzliche Entscheidungsprärogative des Heimatstaates darüber, wie in einer konkreten Gefährdungssituation das Leben der bedrohten Personen am sachgerechtesten zu schützen ist. Die fundamentalen Menschenrechtsstandards sind als Ziele formuliert, den konkreten Weg zur Erreichung dieser Ziele enthalten sie jedoch nicht. Es lassen sich weder aus allgemeinen völkerrechtlichen Prinzipien noch aus vertraglichen Verpflichtungen eine Pflicht zu einer bestimmten staatlichen Reaktion entwickeln, wenn dem Heimatstaat grundsätzlich mehrere Möglichkeiten zur Verfügung stehen.

Im Hinblick auf das ebenfalls dem ius cogens zuzuordnende Gewaltverbot kann nicht jede Verletzung fundamentaler Menschenrechte zur Anwendung militärischer Gewalt durch Drittstaaten berechtigen. Anderenfalls würde das Gewaltverbot seine strikte Wirkung verlieren. Nur wenn massive Übergriffe vorliegen, die die Staatsgewalt des Heimatstaates nicht verhindert oder nicht verhindern will, ist die Nothilfe gerechtfertigt.

Dies ist – im Gegensatz zur Selbstverteidigung nach Art. 51 UNCh. – zwar keine Frage der Zurechnung der Menschenrechtsverletzungen. Doch spricht erst die Unfähigkeit oder Unwilligkeit des Heimatstaates, die Angriffe in einer Vielzahl zu unterbinden, dafür, daß den bedrohten Individuen im Wege der Nothilfe Schutz gewährt werden muß. Begeht der Heimatstaat selbst die massiven Menschenrechtsverletzungen oder macht er sich solche Handlungen Dritter zu eigen, ist diese Voraussetzung jedoch unproblematisch gegeben.[959]

2. Grenzen der Humanitären Intervention

Aus dem Gedanken der Nothilfe zugunsten von Individuen, die an Leib und Leben gefährdet sind, ergeben sich immanent die Grenzen der Humanitären Intervention. Zudem ergeben sich Grenzen aus dem Verhältnismäßigkeitsprinzip.

---

[958] im Kosovo-Konflikt 1999 ist dies nicht geschehen: Zwar haben die NATO-Staaten parallel zu den Bemühungen von UN und OSZE militärische Vorbereitungen getroffen, die Befassung des Sicherheitsrates zur Ergreifung von Zwangsmaßnahmen jedoch aus politischen Gründen bewußt unterlassen

[959] im Rahmen der Kosovo-Krise ist davon auszugehen, daß sich die BR Jugoslawien die ethnischen Vertreibungen im Kosovo zu eigen gemacht hat, siehe dazu oben Teil 1, I.3.b.hh.

Als Nothilfemaßnahme darf die Humanitäre Intervention ausschließlich dem Zweck dienen, bedrohte Individuen gegen Angriffe zu schützen. Es ist insofern eine rein defensive Maßnahme. Die Nothilfe berechtigt nicht, durch umfangreiche Gewaltmaßnahmen gegen den Aufenthaltsstaat diesen zur Einhaltung des humanitären Mindeststandards zu zwingen. Kriegführung im politischen Sinne, also zur Durchsetzung eines politischen Willens gegenüber dem Aufenthaltsstaat, kann daher nicht gerechtfertigt sein.[960] Allenfalls die Vereinten Nationen sind befugt, durch Maßnahmen gegen den Aufenthaltsstaat diesen zur Einhaltung des humanitären Mindeststandards zu zwingen.

Aus dem Verhältnismäßigkeitsgrundsatz folgt zudem, daß die Maßnahmen nicht über das zur Erreichung des humanitären Ziels erforderliche Maß hinausgehen dürfen. Teilweise wird hierfür sogar eine „Desinteressiertheit" des intervenierenden Staates gefordert, um sicherzustellen, daß keine über das humanitäre Ziel hinausgehende Interessen verfolgt werden.[961] Ein solches Kriterium ist jedoch kaum verifizierbar und im Hinblick auf die Staatenpraxis wohl eher illusionär.

Die Intervention darf zudem nur so gering wie möglich in die Hoheitsrechte des Aufenthaltsstaates eingreifen.[962] Die Art und Weise des Schutzes ist abhängig von den begünstigten Personen. Erfolgt eine Humanitäre Intervention zugunsten von Staatsangehörigen anderer Staaten als des Aufenthaltsstaates, ist regelmäßig nur die Evakuierung der bedrohten Personen gerechtfertigt.[963]

Gilt die Intervention Angehörigen des Aufenthaltsstaates, so wäre eine Evakuierung zwar auch das wenigst einschneidende Mittel, ist aber in faktischer Hinsicht zumeist nicht durchführbar. Zudem bekäme eine Evakuierung in den Fällen, wo die Menschenrechte mit dem Ziel verletzt werden, ethnische Vertreibungen vorzunehmen, eine kontraproduktive Wirkung, würde doch das Ziel der Menschenrechtsverletzungen durch den intervenierenden Staat gefördert. Insofern kann nur die Stationierung von Schutztruppen zugunsten der bedrohten Personen in deren Umfeld einen effektiven Schutz gewährleisten. Eine solche Verletzung der Hoheitsrechte des Aufenthaltsstaates ist durch Nothilfe gerechtfertigt. Keinesfalls darf der intervenierende Staat die Hoheitsrechte des Aufenthaltsstaates ausüben. Die Nothilfe berechtigt nur zu solchen Maßnahmen, die für den Schutz der bedrohten Personen notwendig sind. Der

---

[960] insofern begegnen die Maßnahmen der NATO gegen die BR Jugoslawien aus Anlaß des Kosovo-Konflikts erheblichen Bedenken. Anstatt die bedrohten Individuen im Kosovo unmittelbar zu schützen, sollte die Regierung Jugoslawiens durch massive Luftschläge gegen Ziele außerhalb des Kosovo zur Beendigung der Menschenrechtsverletzungen gezwungen werden.

[961] Pauer, S. 204 mit weiteren Nachweisen

[962] Pauer, S. 205

[963] solche Evakuierungsaktionen sind in der Staatenpraxis häufig zumindest auf schweigendes Einverständnis gestoßen, vgl. zur Rettungsaktion der Bundeswehr in Albanien 1997: Kreß, Rettungsoperation der Bundeswehr, S. 331

intervenierende Staat ist insofern kein Besatzer, es darf keine völkerrechtliche Okkupation des Territoriums des Aufenthaltsstaates erfolgen.[964]
Der intervenierende Staat darf sich den glaubhaften Versicherungen des Aufenthaltsstaates, den humanitären Mindeststandard in Zukunft auch zugunsten der bedrohten Personen einzuhalten, nicht verschließen. Ist die Bedrohungslage beendet, ist auch die Intervention zu beenden.[965]

III. Zusammenfassung

Die einzig praktisch relevanten Ausnahmen zum Gewaltverbot des Art. 2 Ziff. 4 UNCh. sind nur unter engen Voraussetzungen und Grenzen gegeben.
Das Selbstverteidigungsrecht nach Art. 51 UNCh. ist nur im Falle eines bewaffneten Angriffs gegeben. Es rechtfertigt jedenfalls nicht eine präventive Gewaltanwendung. Allenfalls eine zuvorkommende Selbstverteidigung gegen einen Angriff, der bereits eingeleitet ist, kann einen militärischen Erstschlag nach Art. 51 UNCh. rechtfertigen. Die Selbstverteidigungsmaßnahmen müssen zudem verhältnismäßig sein. Die Ausrufung des Kriegszustands durch Kriegserklärung ist als Selbstverteidigungsmaßnahme dann zulässig, wenn sie im Hinblick auf den Umfang des Angriffs geeignet und erforderlich ist. Aufgrund der Subsidiarität endet das Selbstverteidigungsrecht, sobald der Sicherheitsrat die zur Wahrung des Weltfriedens und der internationalen Sicherheit erforderlichen Maßnahmen getroffen hat, Art. 51 S. 1 2. Halbsatz UNCh.
Die Humanitäre Intervention ist allein aus einem Nothilferecht zugunsten der bedrohten Individuen zu rechtfertigen. Sie darf sich daher nur auf den Schutz oder die Rettung der betroffenen Personen beschränken. Aus dem Verhältnismäßigkeitsgrundsatz folgt, daß die staatliche Souveränität nur soweit als notwendig beeinträchtigt werden darf. Eine Kriegseröffnung im Rahmen einer Humanitären Intervention ist daher nicht zulässig. Die Humanitäre Intervention ist zu beenden, wenn die Bedrohungslage weggefallen ist.

---

[964] a.A. insoweit offenbar Pauer, S. 205
[965] Pauer, S. 207

Zusammenfassung und Ausblick

Die Untersuchung hat gezeigt, daß auch unter der Geltung der Charta der Vereinten Nationen zwischenstaatliche Gewaltanwendung weiterhin eine unvermeidliche Tatsache der internationalen Politik ist. Im Angesicht der Bedrohung durch den internationalen Terrorismus nehmen einzelne Staaten für sich das Recht in Anspruch, auf terroristische Anschläge einzelstaatlich sowohl zu reagieren als auch solchen im Wege präventiver Gewaltanwendung zuvorzukommen. Es droht eine Abkehr vom System kollektiver Sicherheit der Charta.

Mit der Charta der Vereinten Nationen übertragen die Mitgliedsstaaten dem UN-Sicherheitsrat die Hauptverantwortung für den Weltfrieden und die internationale Sicherheit, Art. 24. Der Sicherheitsrat kann militärische Maßnahmen ergreifen, wenn er eine Bedrohung oder einen Bruch des Weltfriedens feststellt. Dies umfaßt insbesondere die Möglichkeit zu präventivem Handeln.

Einzelstaatliche Kriegsführung ist nur noch im Falle der Selbstverteidigung nach Art. 51 UNCh. zulässig. Der Angriff auf das vom Taliban-Regime beherrschte Afghanistan als Reaktion der USA auf die Anschläge vom 11. September 2001 erfolgte als Selbstverteidigung im Rahmen des Völkerrechts und wurde als notwendige Maßnahme durch die Staatengemeinschaft zumindest geduldet.

Der Angriff gegen den Irak im Jahre 2003 hat jedoch gezeigt, daß Kriege weiterhin offen erklärt und geführt werden. Das traditionelle Kriegsvölkerrecht, welches durch das Gewaltverbot des Art. 2 Ziff. 4 UNCh. nicht obsolet geworden ist, begrenzt diese militärischen Auseinandersetzungen. Es beinhaltet umfassende und teils sehr spezielle Regelungen über die Grenzen der Kriegsführung. So setzt es dem Krieg zeitliche Schranken (finis belli pax est), räumliche Schranken (Kriegsgebiet vs. Neutralem Gebiet), personelle Schranken (Kombattanten vs. Nichtkombattanten) und hält Regelungen für einzelne Kriegsarten (Land-, Luft- und Seekrieg) bereit. Es umfaßt Bestimmungen über die Behandlung von Kriegsgefangenen, Schadensersatzregelungen sowie Regelungen über die individuelle Verantwortlichkeit.

Die Kriegserklärung ist als rechtsgestaltende Willenserklärung nicht durch desuetudo erloschen. Selbst wenn in den vergangenen Jahrzehnten eine Kriegserklärung vor Eröffnung der Kriegshandlungen selten erfolgt ist, ist hieraus lediglich der Schluß zu ziehen, daß die Kriegsparteien die für sie negativen Folgen der Kriegserklärung verhindern wollten. Hierdurch wurde das Institut der Kriegserklärung zumindest implizit bestätigt. Zu Beginn des Irak-Krieges haben die Vereinigten Staaten sogar eine klassische Kriegserklärung in Form des Ultimatums vorgenommen.

Mit dem Gewaltverbot des Art. 2 Ziff. 4 UNCh. ist die Kriegserklärung und der Kriegszustand im traditionellen Sinne aber nur vereinbar, wenn diese durch das Selbstverteidigungsrecht als Ausnahme zu Art. 2 Ziff. 4 UNCh. gerechtfertigt sind, also erforderlich und verhältnismäßig für die Abwehr eines bewaffneten Angriffs ist. Der Kriegszustand suspendiert das Friedensvölkerrecht.

Der Kriegszustand ist Voraussetzung für die Anwendbarkeit des Neutralitätsrechts, welches unerläßlich für die Begrenzung des Krieges ist. Nur soweit das Neutralitätsrecht aufgrund des Kriegszustandes erga omnes anwendbar ist, kann eine kriegsführende Partei die Neutralitätspflichten gegenüber unbeteiligten Dritten einfordern und durchsetzen. Zum Schutze der unbeteiligten Staaten ist insofern eine ausdrückliche Kriegserklärung notwendig.
Kriegserklärung und Kriegszustand haben nicht automatisch die Suspendierung völkerrechtlicher Verträge zur Folge. Ohne Kriegszustand ist aber die einseitige Suspendierung oder Kündigung völkerrechtlicher Verträge ohne einen weiteren Grund nach dem Grundsatz pacta sunt servanda völkerrechtswidrig. Staaten müssen sich ohne Erklärung des Kriegszustandes daher grundsätzlich an uni- und multilaterale Verträge halten.
Friedensvölkerrecht einerseits und Kriegsvölkerrecht andererseits sind strikt zu unterscheiden (sog. Dichotomie des Völkerrechts). Unabhängig von der Rechtswidrigkeit der Kriegseröffnung nach dem Friedensvölkerrecht (ius ad bellum) ist das Kriegsvölkerrecht (ius in bello) zum Schutze aller Beteiligten diskriminierungslos anzuwenden.
Militärische Maßnahmen ohne Kriegszustand unterliegen den Schranken des Friedensvölkerrechts. Nach Friedensvölkerrecht sind Staaten, die durch militärische Gewaltanwendung Schäden verursachen, den Geschädigten gegenüber schadensersatzpflichtig. Der Schadensersatzpflicht kann sich der Schädiger nur ausnahmsweise entziehen, wenn er eine Rechtfertigung für die Schädigung geltend machen kann. Solange ein Staat bei militärischer Gewaltanwendung nicht den Krieg erklärt oder den Kriegszustand leugnet, muß er sich an den Grundsätzen des Friedensvölkerrechts festhalten lassen.
Die Schranken des Humanitären Völkerrechts, welches sich aus dem Kriegsvölkerrecht entwickelt hat und hauptsächlich in den Genfer Konventionen und Zusatzprotokollen niedergelegt ist, finden auf den „bewaffneten Konflikt“, also auf alle Formen der gewaltsamen Auseinandersetzung Anwendung. Das Humanitäre Völkerrecht dient dem Schutz der an dem bewaffneten Konflikt beteiligten bzw. der durch diesen betroffenen Individuen.
Über diese Grenzziehung hinaus legt das Kriegsvölkerrecht konkret fest, welche militärischen Maßnahmen verboten sind. Für die eigentliche Kriegsführung sind die Grenzen aus dem Kriegsvölkerrecht daher eindeutiger als die des Humanitären Völkerrechts im Rahmen des bewaffneten Konflikts, welche sich allenfalls aus dem sehr unkonkreten Grundsatz der Verhältnismäßigkeit ergeben.

Zwischenstaatliche Gewaltanwendung darf nach der Charta der Vereinten Nationen aber nur die absolute Ausnahme sein. Die Charta weist einzig dem Sicherheitsrat die Verantwortung für die Bewahrung des Weltfriedens und der internationalen Sicherheit zu.
Nur im Falle eines bewaffneten Angriffs darf ein Staat das Selbstverteidigungsrecht aus Art. 51 UNCh. in Anspruch nehmen, bis der Sicherheitsrat die zur

Wahrung des Weltfriedens und der internationalen Sicherheit erforderlichen Maßnahmen getroffen hat. Dieses Selbstverteidigungsrecht besteht auch bei grenzüberschreitenden Angriffen nicht staatlicher Akteure und Terroristen, wenn diese in ihrer Intensität einem staatlichen bewaffneten Angriff gleichkommen. Sind die nichtstaatlichen Angriffe einem Staat zurechenbar, etwa weil er die nichtstaatlichen Akteure unterstützt oder zumindest beherbergt, wird dieser Staat zum Selbstverteidigungsgegner.
Ein Recht auf präventive Gewaltanwendung ist nach der Charta jedoch nicht gegeben. Allenfalls eine zuvorkommende Selbstverteidigung gegen einen bereits unmittelbar bevorstehenden Angriff kann sich aus den Grundsätzen des „Caroline-Falls" ergeben, wonach eine „necessity of self-defence, instant, overwhelming, no leaving of choice of means and no moment for deliberation" bestehen muß. Die damit formulierten Voraussetzungen sind im Lichte des kollektiven Sicherheitssystems dahingehend auszulegen, daß zumindest bei der Wahl der anderen Mittel als der Selbstverteidigung („leaving no choice of means") jedenfalls bei einer bloßen Bedrohungslage der Sicherheitsrat mit der Angelegenheit zu befassen ist, der dann die notwendigen Maßnahmen nach Art. 39 ff. UNCh. ergreifen kann.
Eine weitere, wenn auch ungeschriebene, Ausnahme vom Gewaltverbot stellt die Humanitäre Intervention dar. Sie wird als Rechtfertigung für zwischenstaatliche Gewaltanwendung zwar in der völkerrechtlichen Literatur mehrheitlich abgelehnt, in der Staatenpraxis wird sie aber zumindest toleriert.
Die Rechtfertigung der Humanitären Intervention ist allein aus dem Gedanken der Nothilfe denkbar. Hieraus folgt, daß die im Rahmen der Humanitären Intervention angewendete militärische Gewalt ausschließlich als Nothilfe zugunsten der bedrohten Menschen zulässig ist. Es muß sich also um unmittelbare Hilfsaktionen handeln. Die Eröffnung eines Krieges mit der Rechtfertigung Humanitäre Intervention ist demnach nicht zulässig. Die Humanitäre Intervention muß zudem verhältnismäßig sein, das heißt notwendig und erforderlich. Hieraus folgt, daß vor der einzelstaatlichen Intervention zunächst dem UN-Sicherheitsrat die Gelegenheit gegeben werden muß, die zur Einhaltung der Menschenrechte erforderlichen Maßnahmen zu treffen.

Die Anschläge vom 11. September 2001 sowie der Irak-Krieg im Jahre 2003 bedeuteten sicherlich eine Zäsur in der internationalen Sicherheitslage. Geradezu ohnmächtig mußte die Staatengemeinschaft beobachten, daß die Gefährdung durch den internationalen Terrorismus ein Ausmaß annahm, wie sie bislang nur durch zwischenstaatliche Konflikte und Kriege vorstellbar war. Die Vereinigten Staaten und ihre Verbündeten nahmen angesichts der Anschläge ein Recht auf präventive Gewaltanwendung in Anspruch und führten ohne Ermächtigung durch die Vereinten Nationen und ohne Rechtfertigung durch das Selbstverteidigungsrecht nach Art. 51 UNCh. Krieg gegen den Irak.
Das Völkerrecht ist daher alles andere als tot, es liegt auch nicht in Trümmern. Der Verstoß gegen das Gewaltverbot kann ebenso wenig das Völkerrecht an

sich in Frage stellen, wie ein Diebstahl das gesamte Strafrecht. Doch für die Zukunft besteht durchaus die Gefahr, daß die friedenssichernde Wirkung des Völkerrechts, maßgeblich durch die Charta der Vereinten Nationen, ausgehebelt wird.

Nach der Charta der Vereinten Nationen, Art. 2 Ziff. 4, verpflichten sich die immerhin 190 Mitgliedsstaaten, die Androhung oder Anwendung von Gewalt in ihren internationalen Beziehungen zu unterlassen. Eine Aufweichung des Gewaltverbotes dahingehend, daß in einer bloßen Bedrohungslage ein Staat bereits zu den Waffen greifen dürfe, würde tatsächlich den „Grundstein des Friedens in der Charta" zerstören. Im Rahmen des kollektiven Sicherheitssystems der Vereinten Nationen haben die Mitgliedsstaaten allein dem Sicherheitsrat die Hauptverantwortung für die Wahrung des Weltfriedens und die internationale Sicherheit übertragen, Art. 24 Abs. 1 UNCh. Dieser kann nach Kap. VII der Charta militärische Maßnahmen, auch präventiver Art, anordnen, wenn er eine Bedrohung oder einen Bruch des Friedens oder einen Angriffskrieg feststellt. Solange die Charta in diesem Punkt nicht geändert wird, wofür die Ratifizierung der Änderungen durch zwei Drittel der Mitgliedsstaaten sowie durch alle ständigen Sicherheitsratsmitglieder erforderlich ist, Art. 108 Abs. 1 UNCh., besteht für einzelstaatliche präventive Gewaltanwendung kein Raum und stellt weiterhin einen Verstoß gegen das Gewaltverbot des Art. 2 Ziff. 4 UNCh. dar.

Diese völkerrechtliche Lage hat entscheidende Auswirkung auf die innerstaatliche Politik in Deutschland. Nach Art. 25 GG sind die allgemeinen Regeln des Völkerrechts Bestandteil des Bundesrechts, gehen den Gesetzen vor und erzeugen Rechte und Pflichten unmittelbar für die Bewohner des Bundesgebietes. Das Bundesverfassungsgericht geht davon aus, daß die allgemeinen Regeln des Völkerrechts kraft Art. 25 S. 1 GG als solche mit ihrer jeweiligen völkerrechtlichen Tragweite Bestandteil des objektiven, im Hoheitsbereich der Bundesrepublik Deutschland geltenden Rechts ist.[966]

Es besteht auch allgemein Einigkeit darüber, daß Art. 25 GG als allgemeine Völkerrechtsregeln jedenfalls das Völkergewohnheitsrecht meint.[967] Das völkerrechtliche Gewaltverbot ist Bestandteil des Völkergewohnheitsrechts[968] und damit auch Bestandteil der deutschen Rechtsordnung.[969] Ausdrücklich stellt das Grundgesetz klar, daß die Vorbereitung eines Angriffskriegs verfassungswidrig ist und unter Strafe zu stellen ist, Art. 26 Abs. 1 GG.

Jede Beteiligung der Bundesrepublik Deutschland an internationalen militärischen Maßnahmen muß daher im Einklang mit den allgemeinen völkerrechtlichen Regeln, insbesondere dem Gewaltverbot, stehen. Das Bundesverfassungsgericht hat mit seiner Streitkräfteentscheidung vom 12. Juli 1994

---

[966] BverfGE 46, 342, 403 f.

[967] Geiger, § 31 II.1.

[968] siehe dazu oben Teil 1, I.2.a.

[969] in der deutschen Rechtsordnung haben die allgemeinen Regeln des Völkerrechts einen Rang zwischen den formellen Gesetzen und dem Grundgesetz, vgl. Geiger, § 31 IV.

den Auslandseinsatz bewaffneter Streitkräfte der Bundeswehr im Rahmen des Art. 24 Abs. 2 GG unter dem Vorbehalt der parlamentarischen Zustimmung für zulässig erklärt.[970] Nach Art. 24 GG sind dies Einsätze im Rahmen eines Systems der kollektiven Sicherheit, zu denen das Gericht sowohl die Vereinten Nationen als auch die NATO zählt.[971] Dem Gesetzgeber hat das Gericht aufgegeben, die Form und das Ausmaß der notwendigen parlamentarischen Mitwirkung näher auszugestalten.[972]
In der Folge wurde der Inhalt eines entsprechenden „Entsendegesetzes" oder „Parlamentsbeteiligungsgesetzes" zwischen den politischen Parteien diskutiert. Die Vorschläge gingen bald über reine Verfahrensfragen hinaus. Wolfgang Schäuble und der ehemalige Bundesverteidigungsminister Rupert Scholz von der CDU schlugen in Anlehnung an das US-amerikanische Verfahren vor, daß zunächst die Bundesregierung alleine über den Einsatz von Truppen entscheiden solle und der Bundestag lediglich ein Rückholrecht innerhalb bestimmter Mindestfristen ausüben könne. Es wurde insofern eine hierfür notwendige Verfassungsänderung gefordert.[973] Bundeskanzler Schröder forderte im April 2002 ein Entsendegesetz, das die Kompetenzen der Regierung einerseits und des Parlaments andererseits regeln und den Parlamentsvorbehalt, den das Bundesverfassungsgericht in seiner Entscheidung aufgestellt hat,[974] abschwächen soll.[975] Die CSU fordert zumindest eine Flexibilisierung des Parlamentsvorbehalts, durch die der Bundesregierung in Vorbereitung der abschließenden Entscheidung erlaubt werden solle, zumindest ein Vor- und Erkundungskommando der Bundeswehr ins Einsatzland zu schicken.[976] Lediglich die Fraktionen der FDP[977] und Bündnis 90/Die Grünen wollen an dem Parlamentsvorbehalt der aktuellen Rechtslage festhalten.[978]

---

970 BVerfGE 90, 286 ff.

971 diese Einschränkung führte bei der Entscheidung über die Beteiligung der Bundeswehr an der Operation „Enduring Freedom" im November 2001 zu völker- und verfassungsrechtlichen Problemen, denn ein ausdrückliches Mandat lag jedenfalls seitens der Vereinten Nationen nicht vor, vgl. Blumenwitz, Die völkerrechtlichen Aspekte des Irak-Konflikts, S. 326

972 BVerfGE 90, 286, 389

973 Dreist, S. 134

974 die Bundesverfassungsgerichtsentscheidung bindet über § 31 Abs. 1 BVerfGG die Verfassungsorgane. Der Verfassungsgesetzgeber kann aber eine andere Regelung in den Grenzen des Art. 79 Abs. 3 GG treffen.

975 Dreist, S. 135

976 Dreist, S. 135; die Bundesregierung entsandte 1999 Vorauspersonal im Rahmen der humanitären Hilfe in Albanien und Mazedonien sowie im Rahmen des Ost-Timor-Einsatzes ohne vorherige parlamentarische Zustimmung mit der Begründung, daß diese Kräfte nicht bewaffnet gewesen seien und in einem Bereich eingesetzt würden, in dem es voraussichtlich nicht zu Kampfhandlungen kommen werde, vgl. Dreist, S. 145

977 vgl. den Gesetzentwurf der FDP-Bundestagsfraktion zur Mitwirkung des Deutschen Bundestages bei Auslandseinsätzen der Bundeswehr v. 12.11.2003

978 Dreist, S. 136

Gehen die Vorschläge also deutlich über die bloße Thematik der Parlamentsbeteiligung hinaus, ist der Schritt zu einer Definition der zulässigen Bundeswehreinsätze im Ausland über die im Rahmen kollektiver Sicherheitssysteme hinaus nicht weit. Auch nach der Entscheidung des Bundesverfassungsgericht ist nämlich weiterhin strittig, ob nach dem Grundgesetz ein Einsatz der Bundeswehr im Ausland auch ohne ein Mandat der Vereinten Nationen oder der NATO zulässig ist, solange er nicht völkerrechtswidrig ist.[979]
Im Lichte dieser Diskussion erhalten die Vorschläge der CDU zu einer „behutsamen" Weiterentwicklung des Völkerrechts im Hinblick auf die Prinzipien der staatlichen Souveränität, territorialen Integrität und des Interventionsverbots konkrete Bedeutung.[980] Der bayerische Ministerpräsident Stoiber (CSU) forderte im Juli 2003 sogar noch weitergehend: „Bei terroristischen Bedrohungen – vor allem in Verbindung mit Massenvernichtungswaffen – muß verantwortliche Politik zu einem präventiven Handeln bereit sein – auch militärisch. ... Wir müssen darüber nachdenken, die in Artikel 51 UN-Charta geregelten Tatbestände zur Ausübung des Verteidigungsrechts neu zu regeln. ..."[981]
Ein Beschluß des Deutschen Bundestages oder *de lege ferenda* ein deutsches Streitkräfteentsendungsgesetz kann präventive Auslandseinsätze ohne ein Mandat der Vereinten Nationen jedenfalls solange nicht zulassen, wie diese nach geltendem Völkerrecht rechtswidrig sind. Eine entsprechende Änderung des Völkerrechts ist wenig wahrscheinlich aufgrund der Tatsache, daß im Rahmen der Änderung der UN-Charta die Zustimmung von zwei Dritteln der Mitgliedsstaaten kaum zu erreichen sein wird. Ebenso unwahrscheinlich ist eine Änderung durch Völkergewohnheitsrecht, da hierfür eine allgemeine, als Recht anerkannte Übung in der Staatengemeinschaft im Hinblick auf die Zulässigkeit präventiver Gewaltanwendung bestehen müßte.[982] Dies folgt bereits aus der breiten Ablehnung präventiver Gewaltanwendung in der Staatengemeinschaft.[983] Im übrigen wollen auch die Befürworter präventiver Gewaltmaßnahmen in den internationalen Beziehungen, also hauptsächlich die Vereinigten Staaten, offenbar nicht jedem Staat diese Befugnis einräumen. Die Nationale Sicherheitsstrategie der USA nimmt das Recht auf präventive Gewaltanwendung nur für die Vereinigten Staaten an, für die so bezeichneten

---

979 Blumenwitz, Die völkerrechtlichen Aspekte des Irak-Konflikts, S. 325 Fn. 103

980 Beschluß des Bundesvorstandes der CDU v. 28.04.2003, Ziff. 7, unter www.cdu.de/politik-a-z/parteitag/beschluss_240403.pdf

981 Rede des Bayerischen Ministerpräsidenten Dr. Edmund Stoiber bei der Tagung des Politischen Clubs der Evangelischen Akademie Tutzing „Europa und die Konzepte für eine neue Weltordnung" am 5. Juli 2003 in Tutzing

982 vgl. Art. 38 Abs. 1 lit. b) Statut des Internationalen Gerichtshofs, wonach der IGH das internationale Gewohnheitsrecht als Ausdruck einer allgemeinen, als Recht anerkannten Übung anzuwenden hat

983 vgl. hierzu oben Teil 2, I.4.c.aa.

„Schurkenstaaten“ wird dieses Recht ausdrücklich ausgeschlossen.[984] Diese Haltung widerspricht dem obersten Grundsatz der souveränen Gleichheit der Staaten in der Völkerrechtsordnung, wie er in Art. 2 Ziff. 1 UNCh. niedergelegt ist. Die Nationale Sicherheitsstrategie ist insofern nicht auf eine Fortentwicklung der Völkerrechtsordnung angelegt.[985]
Eine solche Fortentwicklung ist auch im Angesicht neuer Bedrohungslagen nicht notwendig, vielmehr würde es die internationale Friedenssicherung nachhaltig untergraben. Die Aufweichung des völkerrechtlichen Gewaltverbots hätte zur Folge, daß jeder sich in einer Spannungslage bedroht fühlende Staat zu Gewaltmaßnahmen greifen würde, allein schon aus der Angst heraus, sein Gegenüber könne ebenfalls präventiv vorgehen.[986] Die Rückkehr der Gewalt in die zwischenstaatlichen Beziehungen wäre die Folge, die doch durch die Charta der Vereinten Nationen verhindert werden sollte.
Die bestehende Völkerrechtsordnung bietet ausreichend Möglichkeiten, den Gefahren des internationalen Terrorismus zu begegnen. Die Hauptverantwortung liegt allein beim Sicherheitsrat der Vereinten Nationen. Dieser ist nach den Anschlägen vom 11. September 2001 seiner Verantwortung nachgekommen, etwa durch die Einrichtung des Counter-Terrorism Committee mit Resolution 1373.[987] Die Staaten wurden zudem verpflichtet, unter anderen die Finanzierung von terroristischen Akten zu unterbinden, die Unterstützung von Terroristen zu unterlassen und diejenigen rechtlich zu verfolgen, die terroristische Akte begehen.[988]

Richtig ist sicherlich, daß gerade dem internationalen Terrorismus präventiv begegnet werden muß. Doch ist dies gerade Aufgabe der Vereinten Nationen, insbesondere des Sicherheitsrates, der mit den ihm zur Verfügung stehenden auch militärischen Präventivmaßnahmen tätig werden kann, wenn er von einer Bedrohung des Weltfriedens und der internationalen Sicherheit überzeugt ist. Sollte sich der Sicherheitsrat aber nicht zu Maßnahmen entschließen können, etwa weil ein ständiges Mitglied sein Veto-Recht ausübt, kann kein Staat, sei er auch noch so mächtig, für sich das Recht in Anspruch nehmen, nunmehr allein die seiner Auffassung nach notwendigen, aber völkerrechtswidrigen Maßnahmen vorzunehmen. Es ist gerade Wille der Gründungsstaaten, durch das Veto-Recht im Sicherheitsrat ein einzelstaatliches Vorgehen zu verhindern.

---

[984] White House, The National Security Strategie of America, http://www.whitehouse.gov/nsc/nss.pdf, S. 15: "We cannot let our enemies strike first."

[985] Blumenwitz, Die völkerrechtlichen Aspekte des Irak-Konflikts, S. 332 f.; a.A. insofern Murswiek, S. 1018, der zwar annimmt, daß die Nationale Sicherheitsstrategie auf die Schaffung neuen Völkerrechts angelegt sei, dies jedoch gegen den Widerspruch anderer Staaten nicht gelingen werde.

[986] Blumenwitz, Die völkerrechtlichen Aspekte des Irak-Konflikts, S. 332, nennt als aktuelle Beispiele die Situation zwischen Nord- und Südkorea, zwischen China und Taiwan sowie zwischen Indien und Pakistan

[987] SR-Res. 1373 v. 28.09.2001, U.N. Doc. S/RES/1373 (2001)

[988] Stromseth, S. 639

Vielmehr soll hierdurch sichergestellt werden, daß Zwangsmaßnahmen gegen einzelne Staaten auf eine breite Grundlage der ständigen Sicherheitsratsmitglieder gestellt wird.
Die Entwicklungen innerhalb des Irak nach dem Sturz des Regimes von Saddam Hussein zeigen, daß eine solche breite Grundlage hilfreich ist. Die USA und Großbritannien sind allein offenbar nicht in der Lage, eine stabile Nachkriegsordnung zu errichten. Es besteht insofern berechtigte Hoffnung, daß die Erfahrungen aus dem Irak-Krieg zukünftig jedem Staat bewußt machen, daß ein alleiniges militärisches Vorgehen ein kaum zu kalkulierendes Risiko darstellt und allein der Weg über die Vereinten Nationen als der einzig legitimierten Institution zu gehen ist.
Hieraus folgt allerdings auch, daß die Mitglieder des Sicherheitsrates, insbesondere die ständigen, ihrer weltweiten Verantwortung gerecht werden müssen. Der Sicherheitsrat muß berechtigten Sicherheitsinteressen der Mitgliedsstaaten entgegenkommen und muß jeden Eindruck vermeiden, daß einzelne Staaten diese Interessen nur durch Umgehung der Vereinten Nationen bewahren und durchsetzen können.
Der bestehenden Völkerrechtsordnung ist insofern zur Durchsetzung zu verhelfen. Eine Revision ist in dem Sinne notwendig, daß die hierzu berufenen Institutionen, und das ist vor allem der Sicherheitsrat, sich den neuen Herausforderungen stellt und hierbei die uneingeschränkte Unterstützung der gesamten Staatengemeinschaft erfährt.

Literaturverzeichnis

Ader, Werner, Gewaltsame Rettungsaktionen zum Schutz eigener Staatsangehöriger im Ausland, 1988 München

Anzilotti, Dionisio, Lehrbuch des Völkerrechts, Berlin 1929

Bailey, Sydney D./ Daws, Sam, The Procedure of the UN Security Council, 3. Aufl., 1998 Oxford

Baker, Mark, Terrorism and the Inherent Right of Self-Defense, Houston Journal of International Law 10 (1987), S. 25

Baxter, Richard R., The Definition of War, in: Revue Egyptienne de Droit International 16 (1960), S. 1

Baxter, Richard R., The Legal Consequences of the Unlawful Use of Force under the Charter, in: Proceedings of the American Society of International Law 62 (1968), S. 68

Berber, Friedrich, Lehrbuch des Völkerrechts, 2. Aufl., 1969 München

Berber, Friedrich, Völkerrecht, Dokumentensammlung, 1967 München

Bernhardt, Rudolf, Corfu Channel Case, in: Bernhardt, Rudolf (Hrsg.), Encyclopedia of Public International Law, Volume 2, 1982 Amsterdam, S. 61

Beyerlin, Ulrich, Die humanitäre Aktion zur Gewährleistung des Mindeststandards in nicht-internationalen Konflikten, 1975 Berlin

Beyerlin, Ulrich, Die israelische Befreiungsaktion von Entebbe in völkerrechtlicher Sicht, in: Zeitschrift für ausländisches öffentliches Recht und Völkerrecht 37 (1977), S. 213

Beyerlin, Ulrich, Humanitarian Intervention, in: Bernhardt, Rudolf (Hrsg.), Encyclopedia of Public International Law, Volume II, 1995 Amsterdam, S. 926

Beyerlin, Ulrich, Interventionsverbot, in: Wolfrum, Rüdiger (Hrsg.), Handbuch der Vereinten Nationen, 1991 München, S. 378

Beyerlin, Ulrich, Menschenrechtsschutz durch UNO und OSZE, in: Seidl-Hohenveldern, Ignaz (Hrsg.), Lexikon des Rechts – Völkerrecht, 3. Aufl., 2001 Neuwied, S. 275

Bindschedler, Rudolf L., Frieden, Krieg und Neutralität im Völkerrecht der Gegenwart, in: Tittel, Josef u.a. (Hrsg.), Festschrift Wilhelm Wengler, 1973 Berlin, S. 27

Bindschedler, Rudolf L., Neutrality, in: Bernhardt, Rudolf (Hrsg.), Encyclopedia of Public International Law, Volume III, 1997 Amsterdam, S. 549

Blumenwitz, Dieter, Einsatzmöglichkeiten der Bundeswehr im Kampf gegen den Terrorismus, in: Zeitschrift für Rechtspolitik 2002, S. 102

Blumenwitz, Dieter, Falkland oder Malvinas? Der britisch-argentinische Streit um die Inselgruppe im Südatlantik aus der Sicht des Völkerrechts, in: Zeitschrift für Politik 29 (1982), S. 318

Blumenwitz, Dieter, Feindstaatenklauseln – Die Friedensordnung der Sieger, 1972 München

Blumenwitz, Dieter, Friedenssicherung, in: Wolfrum, Rüdiger (Hrsg.), Handbuch der Vereinten Nationen, 1991 München, S. 175

Blumenwitz, Dieter, Gewaltverbot, Souveränität und Menschenrechte, in: Die Kosovo-Krise – eine vorläufige Bilanz, Politische Studien Sonderheft 4/1999, S. 23

Blumenwitz, Dieter, Humanitäre Intervention bei schweren Verletzungen von Volksgruppenrechten, in: Blumenwitz, Dieter/Gornig, Gilbert (Hrsg.), Minderheiten- und Volksgruppenrechte in Theorie und Praxis, 1993 Köln, S. 61

Blumenwitz, Dieter, Die humanitäre Intervention - Wandel und Neubewertung eines Instituts des klassischen Völkerrechts, in: Brieskorn, Norbert/Mikat, Paul/Müller, Daniela/Willoweit, Dietmar (Hrsg.), Vom mittelalterlichen Recht zur neuzeitlichen Rechtswissenschaft - Festschrift Trusen, 1994 Paderborn, S. 453

Blumenwitz, Dieter, Die humanitäre Intervention, in: Aus Politik und Zeitgeschichte 1994, B 47, S. 3

Blumenwitz, Dieter, Internationale Schutzmechanismen zur Durchsetzung von Minderheiten- und Volksgruppenrechten, 1997 Köln

Blumenwitz, Dieter, Der Präventivkrieg und das Völkerrecht, in: Politische Studien 2003, S. 21

Blumenwitz, Dieter, Das universelle Gewaltanwendungsverbot und die Bekämpfung des grenzüberschreitenden Terrorismus, in: Bayerische Verwaltungsblätter 1986, S. 737

Blumenwitz, Dieter, Die völkerrechtlichen Aspekte des Irak-Konflikts, in: Zeitschrift für Politik 50 (2003), S. 301

Bluntschli, J. C., Das moderne Völkerrecht der civilisierten Staaten, 1868 Nördlingen

Borchard, Edwin M., The diplomatic protection of citizens abroad, 1915 New York

Borchard, Edwin M., "War" and "Peace", in: American Journal of International Law 27 (1933), S. 114

Bothe, Michael, Die Erklärung der Vereinten Nationen über die Definition der Aggression, in: Jahrbuch Internationales Recht 18 (1976), S. 127

Bothe, Michael, Das Gewaltverbot im allgemeinen, in: Schaumann, Wilfried (Hrsg.), Völkerrechtliches Gewaltverbot und Friedenssicherung, 1971 Baden-Baden, S. 11

Bothe, Michael, Kosovo – Anlässe zum völkerrechtlichen Nachdenken, in: Ipsen, Knut/Raap, Christian/Stein, Torsten/Steinkamm, Armin A. (Hrsg.), Wehrrecht und Friedenssicherung, Festschrift für Klaus Dau, 1999 Neuwied, S. 13

Bothe, Michael/Martenczuk, Bernd, Die NATO und die Vereinten Nationen nach dem Kosovo-Konflikt, in: Vereinte Nationen 47 (1999), S. 125

Bowett, Derek W., Self-Defence in International Law, 1958 Manchester

Bowett, Derek W., Collective Self-Defence under the Charter of the United Nations, in: British Yearbook of International Law 32 (1955/56), S. 130

Bowett, Derek W., The Interrelation of Theories of Intervention and Self-Defense, in: Moore, John Norton (Hrsg.), Law and Civil War in the Modern World, 1974 Baltimore, S. 38

Brammer, Silke, Konflikte, Korea, in: Wolfrum, Rüdiger (Hrsg.), Handbuch Vereinte Nationen, 2. Aufl., 1991 München, S. 462

Braun, Gerald, Internationale Interessen und regionale Konflikte im südlichen Afrika: Die Dekolonisation Zimbabwes, in: Verfassung und Recht in Übersee 16 (1983), S. 365

Brierly, James L., The theory of implied state complicity in international claims, in: British Yearbook of International Law IX (1928), S. 42

Brownlie, Ian, Humanitarian Intervention, in: Moore, John Norton (Hrsg.), Law and Civil War in Modern World, 1974 Baltimore, S. 217

Brownlie, Ian, International Law and the Activities of Armed Bands, in: International and Comparative Law Quarterly 7 (1958), S. 712

Brownlie, Ian, International Law and the Use of Force By States, 1963 Oxford

Brownlie, Ian, Kosovo Crisis Inquiry: Memorandum on the International Law Aspects, in: International and Comparative Law Quarterly 49 (2000), S. 878

Bruha, Thomas, Die Definition der Aggression, 1980 Berlin

Bruha, Thomas, Gewaltverbot und humanitäres Völkerrecht nach dem 11. September 2001, in: Archiv des Völkerrechts 40 (2002), S. 383

Bruha, Thomas/Bortfeld, Matthias, Terrorismus und Selbstverteidigung – Voraussetzungen und Umfang erlaubter Selbstverteidigungsmaßnahmen nach den Anschlägen vom 11. September 2001, in: Vereinte Nationen 2001, S. 161

Bryde, Brun-Otto, Self-Defence, in: Bernhardt, Rudolf (Hrsg.), Encyclopedia of Public International Law, Volume IV, 2000 Amsterdam, S. 361

Byers, Michael, The Shifting Foundations of International Law: A Decade of Forceful Measures against Iraque, in: European Journal of International Law 13 (2002), S. 21

Byers, Michael, Terrorism, the Use of Force and International Law after 11 September, in: International and Comparative Law Quarterly 51 (2002), S. 401

Cassese, Antonio (Hrsg.), The Currrent Legal Regulation of the Use of Force, 1986 Dordrecht

Cassese, Antonio, Ex iniuria ius oritur: Are We Moving towards International Legitimation of Forcible Humanitarian Countermeasures in the World Community?, in: European Journal of International Law 1999, S. 23

Cassese, Antonio, Terrorism is Also Disrupting Some Crucial Legal Categories of International Law, in: European Journal of International Law 2001, S. 993

Cassin, Vernon/Debevoise, Whitney/Kailes, Howard/Thompson, Terry, The Definition of Aggression, in: Harvard international Law Journal 16 (1975), S. 589

Castren, Erik, The Present Law of War And Neutrality, 1954 Helsinki

Cavaré, L., Le droit international public positif, 2. Aufl., 1962 Paris

Cerna, Christina, Introductory Note to the United States (U.S.) Court of Appeals Decisions in the Guantanamo Detainees Cases, in: International Legal Materials 42 (2003), S. 393

Charney, Jonathan I., The Use of Force Against Terrorism and International Law, in: American Journal of International Law 97 (2003), S. 835

Chaumont, Charles, La définition de l'agression en 1970-1971, in: Centre interuniversitaire de Droit public et de l'Université Libre de Bruxelles (Hrsg.), Festschrift Ganshof van der Meersch, Bd. 1, 1972 Brüssel, S. 115

Clausewitz, Carl von, Vom Kriege, hrsgg. von Adolf Walter Bode, 1935 Leipzig

Combacau, Jean, The Exception of Self-Defence in U.N. Practice, in: Cassese, Antonio (Hrsg.), The Current Regulation of the Use of Force, 1986 Dordrecht, S. 9

Cot, Jean-Pierre/Pellet, Alain, La Charte des Nations Unies, 1985 Paris

Coursier, Henri, Etudes sur la formation du droit humanitaire, in : Revue Internationale de la Croix-Rouge 1951, Teil I S. 370, Teil II S. 558, Teil III S. 937

Crawford, James, The International Law Commission's Articles On State Responsibility. Introduction, Text and Commentaries, 2002 Cambridge

Dahm, Georg, Das Verbot der Gewaltanwendung nach Art. 2 (4) der UNO-Charta und die Selbsthilfe gegenüber Völkerrechtsverletzungen, die keinen bewaffneten Angriff enthalten, in: Jahrbuch des internationalen Rechts 11 (1962), S. 48

Dahm, Georg, Völkerrecht, 3 Bde., 1961 Stuttgart

Damrosch, Lori Fisler/Oxman, Bernard H., Future Implications of the Iraq Conflict, in: American Journal of International Law 97 (2003), S. 553

D'Angelo, John R., Resort to Force by States to Protect Nationals: The U.S. Rescue Mission to Iran and its Legality under International Law, in: Virginia Journal of International Law 21 (1981), S. 485

David, Eric, La guerre du Golfe et le droit international, in : Revue belge de droit international 20 (1987), S. 153

Davis, George, Memorandum showing the Relation between General Orders No. 100 and the Hague Convention with Respect to the Laws and Customs of War on Land, in: American Journal of International Law VII (1913), S. 466

Dehn, C. G., The Effect of the United Nations Charter on the Development of International Law with Special Reference to the Status of Neutrality and the Hague and Geneva Conventions, in: International Law Association, Report of the Forty-First Conference held in Cambridge, 1948 London, S. 39

Deiseroth, Dieter, "Humanitäre Intervention" und Völkerrecht, in: Neue Juristische Wochenschrift 1999, S. 3084

Delbrück, Jost, Effektivität des UN-Gewaltverbots – Bedarf es einer Modifikation der Reichweite des Art. 2 (4) UN-Charta?, in: Die Friedenswarte 74 (1999), S. 139

Delbrück, Jost, War, Effect on Treaties, in: Bernhardt, Rudolf (Hrsg.), Encyclopedia of Public International Law, Volume IV, 2000 Amsterdam, S. 1367

Desch, Thomas, Kriegsvölkerrecht, in: Seidl-Hohenveldern, Ignaz (Hrsg.), Lexikon des Rechts – Völkerrecht, 3. Aufl., 2001 Neuwied, S. 250

Dicke, Klaus, Interventionen zur Durchsetzung internationalen Ordnungsrechts: Konstitutives Element der neuen Weltordnung ?, in: Jahrbuch für Politik 3, 1993 Baden-Baden, S. 259

Dinh, Nguyen Quoc/Dallier, Patrick/Pellet, Alain, Droit international public, 4. Aufl., 1992 Paris

Dinstein, Yoram, War, Aggression and Self-Defence, 2. Aufl. 1994 Cambridge

Doehring, Karl, Die Humanitäre Intervention – Überlegungen zu ihrer Rechtfertigung, in: Cancado Trindade, Antonio Augusto, The Modern World of Human Rights - El mundo moderno de los derechos humanos: Essays in Honour of Thomas Buergenthal/Ensayos en Honor de Thomas Buergenthal, 1996 San José, S. 549

Doehring, Karl, Völkerrecht, 1999 Heidelberg

Donner, Michael, Die Begrenzung bewaffneter Konflikte durch das moderne jus ad bellum, in: Archiv für Völkerrecht 1995, S. 168

Donner, Michael, Die neutrale Handelsschiffahrt im begrenzten militärischen Konflikt, 1993 Kehl a. Rh.

Dreist, Peter, Offene Rechtsfragen des Einsatzes bewaffneter deutscher Streitkräfte, in: Neue Zeitschrift für Wehrrecht 2002, S. 133

Dülffer, Jost, Regeln gegen den Krieg; Die Haager Friedenskonferenzen von 1899 und 1907 in der internationalen Politik, 1978, Frankfurt a.M.

Dunant, Henri, Un souvernir der Solferino, hrsgg. vom Internationalen Komitee des Roten Kreuzes, 1928 Genf

Eagleton, Clyde, The Form and Function of the Declaration of War, in: American Journal of International Law 32 (1938), S. 19

Eibach, Gerhard, Konflikte, Iran/Irak, in: Wolfrum, Rüdiger (Hrsg.), Handbuch Vereinte Nationen, 2. Aufl., 1991 München, S. 444

Ermacora, Felix, Human Rights and Domestic Jurisdiction (Art. 2, § 7, of the Charter), in: Recueil des Cours 1968 II, S. 375

Falk, Richard A., What Future for the UN Charter System of War Prevention?, in: American Journal of International Law 97 (2003), S. 590

Farer, Tom J., The Prospect for International Law and Order in the Wake of Iraq, in: American Journal of International Law 97 (2003), S. 621

Feder, Norbert Menachem, Reading the U.N. Charter Connotatively: Toward a New Definition of Armed Attack, in: New York University Journal of International Law 1987, S. 395

Feinberg, Nathan, The Legality of a "State of War" after the Cessation of Hostilities, 1961 Jerusalem

Fink, Udo, Der Konflikt zwischen dem Irak und Kuwait und die internationale Friedensordnung, in: Archiv des Völkerrechts 29 (1991), S. 452

Fischer, Horst, Der Einsatz von Nuklearwaffen nach Art. 51 des I. Zusatz protokolls zu den Genfer Konventionen von 1949: Völkerrecht zwischen humanitärem Anspruch und militärpolitischer Notwendigkeit, 1985 Berlin

Fischer, Horst, Zwischen autorisierter Gewaltanwendung und Präventivkrieg: Der völkerrechtliche Kern der Debatte um ein militärisches Eingreifen gegen den Irak, in: Humanitäres Völkerrecht 2003, S. 4

Franck, Thomas, Terrorism and the Right of Self-Defense, in: American Journal of International Law 97 (2003), S. 839

Franck, Thomas, What Happens Now? The United Nations After Iraq, in: American Journal of International Law 97 (2003), S. 607

Franck, Thomas/Patel, Faiza, UN Police Action in Lieu of War: "The Old Order Changeth", in: American Journal of International Law 85 (1991), S. 63

Franzke, Hans-Georg, Schutz von deutschen Staatsbürgern im Ausland durch die Bundeswehr?, in: Neue Zeitschrift für Wehrrecht 1996, S. 189

Franzke, Hans-Georg, Die militärische Abwehr von Angriffen auf Staats angehörige im Ausland, in: Österreichische Zeitschrift für öffentliches Recht 16 (1966), S. 128

Friedman, Leon (Hrsg.), The Law of War – A Documentary History, 2 Bde, 1972 New York

Friedman, Wolfgang, Intervention and International Law, in: Jaquet, Louis (Hrsg.), Intervention in International Politics, 1971 Den Haag, S. 40

Frowein, Jochen, Art. 39 UNCh., in: Simma, Bruno (Hrsg.), Charta der Vereinten Nationen, 1991 München, S. 559

Frowein, Jochen, Jus Cogens, in: Bernhardt, Rudolf (Hrsg.), Encyclopedia of Public International Law, Volume III, 1997 Amsterdam, S. 65

Frowein, Jochen, Der Terrorismus als Herausforderung für das Völkerrecht, in: Zeitschrift für ausländisches öffentliches Recht und Völkerrecht 62 (2002), S. 879

Frowein, Jochen, Unilateral Interpretation of Security Council Resolutions – a Threat to Collective Security?, in: Götz, Volkmar/Selmer, Peter/ Wolfrum, Rüdiger (Hrsg.), Liber amicorum Günther Jaenicke – Zum 85. Geburtstag, 1998 Berlin, S. 97

Frowein, Jochen, Völkerrechtliche Aspekte des Vietnam-Konfliktes, in: Zeitschrift für ausländisches öffentliches Recht und Völkerrecht 27 (1967), S. 1

Frowein, Jochen/Peukert, Wolfgang, Europäische Menschenrechtskonvention. EMRK-Kommentar, 2. Aufl., 1996 Kehl am Rhein

Gantzel, Klaus-Jürgen, Krieg, in: Nohlen, Dieter (Hrsg.), Wörterbuch Staat und Politik, 1993 Bonn

Garcia-Mora, M.R., International Responsibility for Hostile Acts of Private Persons against Foreign States, 1962 Den Haag

Gardam, Judith Gail, Proportionality and Force in International Law, in: American Journal of International Law 87 (1993), S. 391

Gardner, Richard N., Neither Bush nor the "Jurisprudes", in: American Journal of International Law 97 (2003), S. 585

Garner, J.W., Responsibility of States for injuries suffered by foreigners within their territories on account of mob violence, riots and insurrection, in: Proceedings of the American Society of International Law, 21 (1927), S. 57

Gasser, Hans-Peter, Einführung in das humanitäre Völkerrecht, 1991 Bern

Geiger, Rudolf, Grundgesetz und Völkerrecht, 2. Aufl., 1994 München

Glahn, Gerhard von, Law Among Nations – An Introduction to Public International Law, 5. Aufl., 1965 London

Glennon, Michael, The Constitution and Chapter VII of the United Nations Charter, in: American Journal of International Law 85 (1991), S. 74

Graf von Einsiedel, Sebastian/Chesterman, Simon, Doppelte Eindämmung im Sicherheitsrat - Die USA und Irak im diplomatischen Vorfeld des Krieges, in: Vereinte Nationen 2003, S. 41

Gray, Christine, After the Ceasefire: Iraq, the Security Council and the Use of Force, in: British Yearbook of International Law 65 (1994), S. 135

Gray, Christine, From Unity to Polarization: International Law and the Use of Force against Iraq, in: European Journal of International Law 13 (2002), S. 5

Green, Leslie C., Armed Conflict, War, and Self-Defence, in: Archiv des Völkerrechts 6 (1956-57), S. 387

Green, Leslie C., The Gulf "War", the UN and the Law of Armed Conflict, in: Archiv des Völkerrechts 28 (1990), S. 369

Green, Leslie C., The Nature of the "War" in Korea, in: International Law Quarterly 4 (1951), S. 462

Greenwood, Christopher, The Concept of War in modern International Law, in: International and Comparative Law Quarterly 36 (1987), S. 283

Greenwood, Christopher, International Law and the NATO Intervention in Kosovo, in: International and Comparative Law Quarterly 49 (2000), S. 926

Greenwood, Christopher, Legal Limitations of the Prohibition of the Use of Force, in: Souchon, Lennart (Hrsg.), Völkerrecht und Sicherheit, 1994 Berlin, S. 41

Greenwood, Christoph, New World Order or Old? The Invasion of Kuwait and the Rule of Law, The Modern Law Review 55 (1992), S. 153

Greenwood, Christopher, The relationship between ius ad bellum and ius in bello, in: Review of International Studies 1983, S. 221

Greenwood, Christopher, Self-Defence and the Conduct of International Armed Conflict, in: Dinstein, Yoram(Hrsg.), International Law at a Time of Perplexity (Essays in Honour of Shabtai Rosenne), 1989 Dordrecht, S. 273

Greig, Derek W., International Law, 2. Aufl., 1976 London

Greig, Derek W., Self-Defence and the Security Council: What does Article 51 require ?, in: International and Comparative Law Quarterly 1991, S. 366

Grewe, Wilhelm, Epochen der Völkerrechtsgeschichte, 1984 Baden-Baden

Grob, Fritz, The Relativity of War and Peace, 1949 New Haven

Grotius, Hugo, De Jure Belli ac Pacis Libri Tres, 1625, deutsche Übersetzung und herausgegeben von Walter Schätzel, 1950 Tübingen

Hailbronner, Kay, Die Grenzen des völkerrechtlichen Gewaltverbots, in: Berichte der Deutschen Gesellschaft für Völkerrecht, Bd. 26, 1986 Heidelberg, S. 49

Hakenberg, Michael, Die Iran-Sanktionen der USA während der Teheraner Geiselaffäre aus völkerrechtlicher Sicht, 1988 Frankfurt a.M.

Harndt, Raimund, Die militärische Nutzung des Weltraums und ihre völkerrechtlichen Grenzen, Revue de Droit Pénal Militaire et de Droit de la Guerre 24 (1985), S. 69

Haug, Hans, Menschlichkeit für alle; die Weltbewegung des Roten Kreuzes und des Roten Halbmondes, 1991 Stuttgart

Heintschel von Heinegg, Wolff, Entschädigung für Verletzungen des humanitären Völkerrechts, in: Berichte der Deutschen Gesellschaft für Völkerrecht, Bd. 40, 2003 Heidelberg, S. 1

Heintschel von Heinegg, Wolff, Seekriegsrecht und Neutralität im Seekrieg, 1995 Berlin

Heintschel von Heinegg, Wolff/Gries, Tobias, Der Einsatz der Deutschen Marine im Rahmen der Operation „Enduring Freedom", Archiv des Völkerrechts 40 (2002), S. 145

Heinz, Ursula/Philipp, Christiane/Wolfrum, Rüdiger, Zweiter Golfkrieg: Anwendungsfall von Kapitel VII der UN-Charta, in: Vereinte Nationen 39 (1991), S. 121

Henkin, Louis, How Nations Behave, 2. Aufl., 1979 New York

Henkin, Louis, Human Rights, in: Bernhardt, Rudolf (Hrsg.), Encyclopedia of Public International Law, Volume II, 1995 Amsterdam, S. 886

Henkin, Louis, The Reports of the Death of Article 2 (4) are greatly Exaggerated, in: American Journal of International Law 65 (1971), S. 544

Herdegen, Matthias, Völkerrecht, 2000 München

Herdegen, Matthias, Der Wegfall effektiver Staatsgewalt im Völkerrecht: „The Failed State", in: Berichte der Deutschen Gesellschaft für Völkerrecht, Bd. 34, 1996 Heidelberg, S. 49

Heydte, Friedrich August Freiherr von der, Die Auswirkungen der Resolutionen des Institut de Droit International im Bereich des Kriegsrechts auf die Fortentwicklung des Kriegsvölkerrechts, in: Wengler, Wilhelm (Hrsg.), Justitia et Pace, Festschrift zum 100jährigen Bestehen des Institut de Droit International, 1974 Berlin, S. 31

Heydte, Friedrich August Freiherr von der, Glossen über Wesen und Funktion des Kriegs im Völkerrecht, in: Göttinger Arbeitskreis (Hrsg.), Mensch und Staat in Recht und Geschichte – Festschrift für Herbert Kraus, 1954 Berlin, S. 73

Heydte, Friedrich August Freiherr von der, Völkerrecht – Ein Lehrbuch, 2. Bde, 1960 Köln

Heselhaus, Sebastian, Die Entscheidungen des IGH über den Erlaß vorsorg licher Maßnahmen in den Fällen Legality of Use of Force vom 2. Juni 1999, in: Archiv des Völkerrechts 38 (2000), S. 328

Higgins, Rosalyn, The Development of International Law through the Political Organs of the United Nations, 1963 London

Hilpold, Peter, Sezession und humanitäre Intervention – völkerrechtliche Instrumente zur Bewältigung innerstaatlicher Konflikte?, in: Zeitschrift für öffentliches Recht 54 (1999), S. 529

Hobbes, Thomas, Leviathan, Nachdruck der Ausgabe von 1651, 1965 London

Höhn, Christiane, Zur Rechtmäßigkeit der NATO-Luftangriffe im Kosovo-Konflikt, in: Zeitschrift für ausländisches öffentliches Recht und Völkerrecht 59 (1999), S. 863

Hyde, Charles Cheney, Concerning damages arising from neglect to prosecute, in: American Journal of International Law 22 (1928), S. 140

Hyde, Charles Cheney, International Law, 3. Aufl., 1947 Boston

Ipsen, Knut, International law preventing conflicts and international law of armed conflict – a combined functional approach, in: Swinarski, Christophe, Etudes et essais sur le droit international humanitaire et sur les principes de la Croix-Rouge, Festschrift für Jean Pictet, 1984 Dordrecht, S. 349

Ipsen, Knut, Der Kosovo-Einsatz – Illegal? Gerechtfertigt? Entschuldbar?, in: Die Friedenswarte 74 (1999), S. 19

Ipsen, Knut, Relativierung des „absoluten“ Gewaltverbots?, in: Ipsen, Knut/Raap, Christian/Stein, Torsten/Steinkamm, Armin A. (Hrsg.), Wehrrecht und Friedenssicherung, Festschrift für Klaus Dau, 1999 Neuwied, S. 103

Ipsen, Knut, Völkerrecht, 4. neub. Aufl., 1999 München

Jennings, Robert/Watts, Arthur (Hrsg.), Oppenheim's International Law, 9. Aufl., 1992 London

Jessup, Philip, Should International Law Recognize an Intermediate Status Between Peace and War?, in: American Journal of International Law 48 (1954), S. 98

Kadelbach, Stefan, Staatenverantwortlichkeit für Angriffskriege und Ver brechen gegen die Menschlichkeit, in: Berichte der Deutschen Gesellschaft für Völkerrecht, Bd. 40, 2003 Heidelberg, S. 66

Karlshoven, Frits, War, Laws of, in: Bernhardt, Rudolf (Hrsg.), Encyclopedia of Public International Law, Vol. IV, 2000 Amsterdam

Kelsen, Hans, Principles of International Law, 1952 New York

Kelsen, Hans/Tucker, Robert, Principles of International Law, 2. Aufl., 1967 New York

Kersting, Klaus, „act of aggression" und „armed attack" - Anmerkungen zur Aggressionsdefinition der UN, in: Neue Zeitschrift für Wehrrecht 1981, S. 130

Kewenig, Wilhelm, Gewaltverbot und noch zulässige Machteinwirkung und Interventionsmittel, in: Schaumann, Wilfried (Hrsg.), Völkerrechtliches Gewaltverbot und Friedenssicherung, 1971 Baden-Baden, S. 175

Kimminich, Otto, Humanitäres Völkerrecht – humanitäre Aktion, 1972 München

Kimminich, Otto, Der Mythos der humanitären Intervention, in: Archiv des Völkerrechts 33 (1995), S. 430

Klein, Eckart, Völkerrechtliche Aspekte des Golfkonflikts 1990/91, in: Archiv des Völkerrechts 29 (1991), S. 421

Klein, Eckart/Schmahl, Stefanie, Die neue NATO-Strategie und ihre völkerrechtlichen und verfassungsrechtlichen Implikationen, in: Recht und Politik 35 (1999), S. 198

Klein, Friedrich, Der Begriff des „Angriffs" in der UN-Satzung, in: Carstens, Karl/Peters, Hans (Hrsg.), Festschrift für Hermann Jahrreiß, 1964 Berlin, S. 163

Kokott, Juliane, Mißbrauch und Verwirkung von Souveränitätsrechten bei gravierenden Völkerrechtsverstößen, in: Beyerlin, Ulrich/Bothe, Michael/ Hofmann, Rainer/Petersmann, Ernst-Ulrich (Hrsg.), Recht zwischen Umbruch und Bewahrung - Festschrift für Rudolf Bernhardt, 1995 Berlin, S.135

Kolb, Robert, Sur l'origine du couple terminologique ius ad bellum/ius in bello, in: Revue internationale de la Croix-Rouge 1997, S. 593

Köpfer, Josef, Die Neutralität im Wandel der Erscheinungsformen militärischer Auseinandersetzungen, 1975 München

Koskenniemi, Matti, Faith, Identity, and the Killing of the Innocent: International Lawyers and Nuclear Weapon, in: Leiden Journal of International Law 10 (1997), S. 137

Kotzsch, Lothar, The Concept of War in Contemporary History and International Law, 1956 Genf

Kotzur, Markus, "Krieg gegen den Terrorismus" – politische Rhetorik oder neue Konturen des „Kriegsbegriffs" im Völkerrecht, in: Archiv des Völkerrechts 40 (2002), S, 454

Krajewski, Markus, Selbstverteidigung gegen bewaffnete Angriffe nichtstaatlicher Organisationen – Der 11. September 2001 und seine Folgen, Archiv des Völkerrechts 40 (2002), S. 183

Kreß, Claus, Gewaltverbot und Selbstverteidigung nach der Satzung der Vereinten Nationen bei staatlicher Verwicklung in Gewaltakte Privater, 1995 Berlin

Kreß, Claus, Die Rettungsoperation der Bundeswehr in Albanien am 14. März 1997 aus völker- und verfassungsrechtlicher Sicht, in: Zeitschrift für ausländisches öffentliches Recht und Völkerrecht 57 (1997), S. 329

Kühne, Winrich, Völkerrecht und Friedenssicherung in einer turbulenten Welt: Eine analytische Zusammenfassung der Grundprobleme und Entwicklungsperspektiven, in: Kühne, Winrich (Hrsg.), Blauhelme in einer turbulenten Welt, 1993 Baden-Baden, S. 44

Kurth, Michael E., Der dritte Golfkrieg aus völkerrechtlicher Sicht, in: Zeitschrift für Rechtspolitik 2003. S. 195

Kunig, Philip, Das völkerrechtliche Nichteinmischungsprinzip, 1981 Baden-Baden

Kunz, Josef L., Kriegsbegriff, in: Schlochauer, Hans-Jürgen (Hrsg.), Wörterbuch des Völkerrechts, 1961 Berlin, S. 329

Lagoni, Rainer, Gewaltverbot, Seekriegsrecht und Schiffahrtsfreiheit im Golfkrieg, in: Fürst, Walther/Herzog, Roman/Umbach, Dieter C. (Hrsg.), Festschrift für Wolfgang Zeidler, Bd. 2 1987 Berlin, S. 1833

Langer, Robert, Seizure of Territory – The Stimson Doctrine and Related Principles in Legal Theory and Diplomatic Practice, 1947 Princeton

Lauterpacht, Elihu, The legal Irrelevance of the „State of War“, in: Proceedings of the American Society of International Law 62 (1968), S. 58

Lauterpacht, Hersch, “Resort to War“ and the Interpretation of the Covenant during the Manchurian Dispute, in: American Journal of International Law 28 (1934), S. 43

Lillich, Richard B., Humanitarian Intervention: A Reply to Ian Brownlie and a Plea for Constructive Alternatives, in: Moore, John Norton (Hrsg.), Law and Civil War in the Modern World, 1974 Baltimore, S. 229

Liszt, Franz von, Das Völkerrecht - Eine systematische Darstellung, 3. Aufl., 1904 Berlin

Liszt, Franz von/Fleischmann, Max, Das Völkerrecht, 12. Aufl., 1925 Berlin

Maurice, Sir John Frederick (Hrsg.), Hostilities without Declaration of War: A historical abstract of the cases in which hostilities have occurred between civilized powers prior to declaration or warning. From 1700 to 1870, 1883 London

McCormack, Timothy, Self-Defense in International Law – The Israeli Raid on the Iraqi Nuclear Reactor, 1996 Jerusalem

McDougal, Myres S., The Soviet-Cuban Quarantine and Self-Defense, in: American Journal of International Law 57 (1963), S. 597

McDougal, Myres S./Feliciano, Florentino P., Law and Minimum World Public Order – The Legal Regulation of International Coercion, 1961 New Haven

McNair, Arnold D., Les Effets de la Guerre sur les Traités, Recueil des Cours 59 (1937), S. 527

McNair, Arnold D., The Legal Meaning of War, and the Relation of War to Reprisals, in: Transactions of The Grotius Society 11 (1925), S. 29

Meier, Gert, Der bewaffnete Angriff. Begriff und rechtliche Bedeutung in der Satzung der Vereinten Nationen, im Brüsseler Vertrag und im NATO-Vertrag, 1963 Göttingen

Meier, Gert, Der Begriff des bewaffneten Angriffs, in: Archiv des Völkerrechts 16 (1974), S. 375

Meng, Werner, The Caroline, in: Bernhardt, Rudolf (Hrsg.), Encyclopedia of Public International Law, Volume 3, 1982 Amsterdam, S. 81

Meng, Werner, War, in: Bernhardt, Rudolf (Hrsg.), Encyclopedia of Public International Law, Volume 4, 1982 Amsterdam, S. 282

Meyer-Lindenberg, Hermann, Saavedra Lamas Treaty (1933), in: Encyclopedia of Public International Law, Volume 1, 1981 Amsterdam, S. 189

Moore, John B., History and Digest of the International Arbitrations to which the United States has been a Party, 1898 Washington

Moore, John Norton, International Law and the Continuing Middle East Crisis, in: Moore, John Norton (Hrsg.), The Arab-Israeli Conflict, Vol. I: Readings, 1974 New Jersey, S. 3

Mosler, Hermann, Kriegsbeginn, in: Strupp, Karl/Schlochauer, Hans-Jürgen, Wörterbuch des Völkerrechts, 3. Aufl., 1961 Berlin, S. 326

Mössner, Jörg Manfred, Hague Peace Conferences of 1899 and 1907, in: Bernhardt, Rudolf (Hrsg.), Encyclopedia of Public International Law, Volume II, 1995 Amsterdam, S. 671

Mössner, Jörg Manfred, Privatpersonen als Verursacher völkerrechtlicher Delikte – Bemerkungen zu Art. 11 des Entwurfs der ILC zur Staaten verantwortlichkeit, in: German Yearbook of International Law 24 (1981), S. 63

Murswiek, Dietrich, Die amerikanische Präventivkriegsstrategie und das Völkerrecht, in: Neue Juristische Wochenschrift 2003, S. 1014

Nolte, Barbara, Uniting for Peace, in: Wolfrum, Rüdiger, Handbuch Vereinte Nationen, 2. Aufl., 1991 München, S. 950

Norton, Patrick, Between the Ideology and the Reality: The Shadow of the Law of Neutrality, in: Harvard International Law Journal 17 (1976), S. 249

O'Brien, William, Reprisals, Deterrence and Self-Defense in Counterterror Operations, in: Virginia Journal of International Law 30 (1990), S. 421

Oeter, Stefan, Neutralität und Waffenhandel, 1992 Berlin

Oeter, Stefan, Ursprünge der Neutralität – Die Herausbildung des Instituts der Neutralität im Völkerrecht der frühen Neuzeit, in: Zeitschrift für ausländisches öffentliches Recht und Völkerrecht 48 (1988), S. 447

Opet, Otto, Weltkrieg und Völkerrecht: Kriegserklärung und Ausbruch der Feindseligkeiten, in: Strupp, Karl, Wörterbuch des Völkerrechts und der Diplomatie, Bd. III, 1929 Berlin, S. 443

Oppenheim, Lassa/Lauterpacht, Hersch, International Law, 7. Aufl., 1952 London

Oppermann, Thomas, Intervention, in: Bernhardt, Rudolf (Hrsg.), Encyclopedia of Public International Law, Volume II, 1995 Amsterdam, S. 1436

Ottmüller, Rolf, Die Anwendung von Seekriegsrecht in militärischen Konflikten seit 1945, 1978 Hamburg

Pellet, Alain, Brief Remarks on the Unilateral Use of Force, in: European Journal of International Law 11 (2000), S. 385

Pieper, Ulrike, Neutralität von Staaten, 1997 Frankfurt a.M.

Paasche, Franz W., The Use of Force in Combatting Terrorism, in: Columbia Journal of Transnational Law 25 (1987), S. 377

Pape, Matthias, Humanitäre Intervention, 1997 Baden-Baden

Partsch, Karl-Josef, Armed Conflict, in: Bernhardt, Rudolf (Hrsg.), Encyclopedia of Public International Law, Volume I, 1992 Amsterdam, S. 249

Partsch, Karl-Josef, Menschenrechte, allgemein, in: Wolfrum, Rüdiger (Hrsg.), Handbuch der Vereinten Nationen, 1991 München, S. 544

Partsch, Karl-Josef, Self-Defence, in: Bernhardt, Rudolf (Hrsg.), Encyclopedia of Public International Law, Volume 4, 1982 Amsterdam, S. 212

Pauer, Alexander, Die humanitäre Intervention, 1985 Basel

Paulus, Andreas, Die internationale Gemeinschaft im Völkerrecht, 2001 München

Pellet, Alain, Brief Remarks on the Unilateral Use of Force, in: European Journal of International Law 2000, S. 385

Pictet, Jean S. (Hrsg.), Les Conventions de Genève du 12 Aout 1949 – Commentaire, 1952 Genf

Pieper, Ulrike, Neutralität von Staaten, 1997 Frankfurt a.M.

Rambaud, Patrick, La définition de l'agression par l'Organisation des Nations Unies, in: Revue Générale de Droit International Public 80 (1976), S. 835

Randelzhofer, Albrecht, Die Aggressionsdefinition der Vereinten Nationen, in: Europa-Archiv 30 (1975), S. 621

Randelzhofer, Albrecht, Art. 2 Ziff. 4 UNCh., in: Simma, Bruno (Hrsg.), Charta der Vereinten Nationen, 1991 München, S. 67

Randelzhofer, Albrecht, Article 2 (4) UNCh., in: Simma, Bruno (Hrsg.), The Charter of the United Nations, 1995 Oxford, S. 106

Randelzhofer, Albrecht, Art. 51 UNCh., in: Simma, Bruno (Hrsg.), Charta der Vereinten Nationen, 1991 München, S. 617

Randelzhofer, Albrecht, Article 51 UNCh., in: Simma, Bruno (Hrsg.), The Charter of the United Nations, 1995 Oxford, S. 661

Randelzhofer, Albrecht, Use of Force, in: Bernhardt, Rudolf (Hrsg.), Encyclopedia of Public International Law, Volume IV, 2000 Amsterdam, S 1246

Rees, David, Korea: The Limited War, 1964 London

Reisman, W. Michael, Assessing Claims to Revise the Laws of War, in: The American Journal of International Law 97 (2003), S. 83

Reisman, W. Michael, Coercion and Self-Determination: Construing Charter Article 2(4), in: American Journal of International Law 78 (1984), S. 642

Reisman, W. Michael, Article 2(4): The Use of Force in Contemporary International Law, in: Proceedings of the American Society of International Law 78 (1984), S. 74

Reisman, W. Michael, In Defense of World Public Order, in: American Journal of International Law 97 (2003), S. 833

Rifaat, Ahmed, International Agression – A Study of the Legal Concept: Its Development and Definition in International Law, 1979 Stockholm

Rittberger, Volker, Die NATO in den Fallstricken des Kosovo-Konflikts, in: Die Friedenswarte 74 (1999), S. 24

Ronzitti, Natalino, Rescuing Nationals Abroad through Military Coercion and Intervention on Grounds of Humanity, 1985 Dordrecht

Root, Elihu, Francis Lieber, in: American Journal of International VII (1913), S. 453

Rostow, Eugene V., Disputes Involving the Inherent Right of Self-Defense, in: Damrosch, Lori Fisler (Hrsg.), The International Court of Justice at a Crossroad, 1987 New York, S. 264

Rousseau, Jean-Jacques, Du Contrat Social ou principes de droit politique, 1762 Paris

Rowson, S. W. D., Prize Law during the Second World War, in: British Yearbook of International Law XXIV (1947), S. 160

Ruffert, Matthias, Terrorismusbekämpfung zwischen Selbstverteidigungsrecht und kollektiver Sicherheit – Die Anschläge vom 11.9.2001 und die Intervention in Afghanistan, in: Zeitschrift für Rechtspolitik 2002, S. 247

Rumpf, H., Zur Frage der Relativität des Kriegsbegriffs, in: Archiv für Völkerrecht 1956/57, S. 51

Russo, Francis, Targeting Theory in the Law of Armed Conflict at Sea: The Merchant Vessel as Military Objective in the Tanker War, in: Dekker, Ige/Post, Harry (Hrsg.), The Gulf War of 1980-1988; The Iran-Iraq War in International Legal Perspective, 1992 Dordrecht, S. 153 ff.

Sallet, Richard, On Francis Lieber and his Contribution to the Law of Nations of Today, in: Göttinger Arbeitskreis (Hrsg.), Recht im Dienste der Menschenwürde, Festschrift für Herbert Kraus, Würzburg 1964, S. 279

Sapiro, Miriam, Iraq: The Shifting Sands of Preemptive Self-Defense, in: American Journal of International Law 97 (2003), S. 599

Saaroshi, D., The United Nations and the Development of Collective Security, New York 1999

Schachter, Oscar, Disputes Involving the Use of Force, in: Damrosch, Lori Fisler (Hrsg.), The International Court of Justice at a Crossroad, 1987 New York, S. 223

Schachter, Oscar, International Law in Theory and Practice, 1991 Dordrecht

Schachter, Oscar, The Right of States to Use Armed Force, Michigan Law Review 82 (1983/84), S. 1620

Schachter, Oscar, Self-Defense and the Rule of Law, in: American Journal of International Law 83 (1989), S. 259

Schachter, Oscar, United Nations Law in the Gulf Conflict, in: American Journal of International Law 85 (1991), S. 452

Schaller, Christian, Massenvernichtungswaffen und Präventivkrieg – Möglich keiten der Rechtfertigung einer militärischen Intervention im Irak aus völkerrechtlicher Sicht, in: Zeitschrift für ausländisches öffentliches Recht und Völkerrecht 62 (2002), S. 641

Schaumann, Wilfried (Hrsg.), Völkerrechtliches Gewaltverbot und Friedens sicherung, 1971 Baden-Baden

Scheuner, Ulrich, Die Neutralität im heutigen Völkerrecht, 1969 Köln

Schindler, Dietrich, Abgrenzungsfragen zwischen ius ad bellum und ius in bello, in: Hangartner, Yvo/Trechsel, Stefan (Hrsg.), Völkerrecht im Dienste des Menschen, FS Haug, 1986 Bern, S. 251

Schindler, Dietrich, Aspects contemporains de la neutralité, in : Recueil des Cours 121 (1967), S. 221

Schindler, Dietrich, Die Grenzen des völkerrechtlichen Gewaltverbots, in: Berichte der Deutschen Gesellschaft für Völkerrecht, Bd. 26, 1986 Heidelberg, S. 11

Schindler, Dietrich, Der „Kriegszustand" im Völkerrecht der Gegenwart, in: Kipp, Heinrich / Mayer, Franz / Steinkamm, Armin (Hrsg.): Um Recht und Freiheit, Festschrift für Friedrich August Freiherr von der Heydte, 1977 Berlin, S. 255

Schindler, Dietrich, State of War, Belligerency, Armed Conflict, in: Cassese, Antonio (Hrsg.): The New Humanitarian Law of Armed Conflict, 1979 Neapel, S. 3

Schindler, Dietrich/Toman, Jirí, Droit des Conflits Armés, Recueil des Conventions, Résolutions et autres Documents, 1996 Genf

Schlögel, Anton, Geneva Red Cross Conventions and Protocols, in: Bernhardt, Rudolf (Hrsg.), Encyclopedia of Public International Law, Volume II, 1995 Amsterdam, S. 531

Schöbener, Burkhard, Die humanitäre Intervention im Konstitutionalisie rungsprozeß der Völkerrechtsordnung, in: Kritische Justiz 33 (2000), S. 557

Schöbener, Burkhard, Schutz der Menschenrechte mit militärischer Gewalt: die humanitäre Intervention zwischen Völkerrecht und internationaler Politik, in: Zeitschrift für Politik 2000, S. 293

Schramm, Erhard, Völkerrechtliche Aspekte des Rhodesien-Konfliktes, 1970 München

Schröder, Meinhard, Der Kampf um die Falkland-Inseln – Völkerrechtliche und europarechtliche Aspekte, in: German Yearbook of International Law 27 (1984), S. 332

Schulze, Eva-Maria, Selbstverteidigung, in: Wolfrum, Rüdiger (Hrsg.), Handbuch der Vereinten Nationen, 1991 München, S. 753

Schwarzenberger, Georg, The Frontiers of International Law, 1962 London

Schwarzenberger, Georg, Jus pacis ac belli?, in: American Journal of International Law 37 (1943), S. 460

Schwebel, Stephen M., Aggression, Intervention and Self-Defence in Modern International Law, in: Recueil des Cours 1972, S. 411

Schweisfurth, Theodor, Operations to Rescue Nationals in Third States Involving the Use of Force in Relation to the Protection of Human Rights, in: German Yearbook of International Law 23 (1980), S. 159

Seidl-Hohenveldern, Ignaz (Hrsg.), Lexikon des Rechts – Völkerrecht, 3. Aufl., 2001 Neuwied

Simma, Bruno (Hrsg.), Charta der Vereinten Nationen, 1991 München

Simma, Bruno (Hrsg.), The Charter of the United Nations, 1995 Oxford

Simma, Bruno, Grundfragen der Staatenverantwortlichkeit in der Arbeit der International Law Commission, in: Archiv des Völkerrechts 24 (1986), S. 357

Simma, Bruno, NATO, the UN and the Use of Force: Legal Aspects, in: European Journal of International Law 1999, S. 1

Skubiszewski, Kryzstof, Peace and War, in: Bernhardt, Rudolf (Hrsg.), Encyclopedia of Public International Law, Volume III, 1997 Amsterdam, S. 909

Skubiszewski, Kryzstof, Use of Force by States. Collective Security. Law of War and Neutrality, in: Sörensen, Max (Hrsg.), Manual of Public International Law, 1968 London, S. 739

Sofaer, Abraham D., On the Necessity of Pre-emption, in: European Journal of International Law 14 (2003), S. 209

Sohn, Louis B., The International Court of Justice and the Scope of the Right of Self-Defence and the Duty of Non-Intervention, in: Dinstein, Yoram, International Law at a Time of Perplexity, 1989 Dordrecht, S. 869

Soldati, Agostino, La responsabilité des états dans le droit international, 1934 Paris

Steimel, Christof, War, Effect on Contracts, in: Bernhardt, Rudolf (Hrsg.), Encyclopedia of Public International Law, Volume IV, 2000 Amsterdam, S. 1360

Stoll, Tobias, Konflikte, Rhodesien/Südafrika, in: Wolfrum, Rüdiger (Hrsg.), Handbuch der Vereinten Nationen, 1991 München, S. 501

Stone, Julius, Aggression and World Order. A Critique of United Nations Theories of Aggression, 1958 Berkeley

Stone, Julius, Legal Controls of International Conflict. A Treatise on the Dynamics of Disputes- and War-Law, 1954 New York

Strebel, Helmut, Martens' Clause, in: Bernhardt, Rudolf (Hrsg.), Encyclopedia of Public International Law, Volume III, 1997 Amsterdam, S. 326

Strebel, Helmut, Nochmals zur Geiselbefreiung in Entebbe, in: Zeitschrift für ausländisches öffentliches Recht und Völkerrecht 37 (1977), S. 691

Stromseth, Jane, Law and Force After Iraq: A Transitional Moment, in: American Journal of International Law 97 (2003), S. 628

Strupp, Karl, Das völkerrechtliche Delikt, Handbuch des Völkerrechts, Bd. III, 1920 Berlin

Strupp, Karl, Documents pour servir à l'histoire du droit des gens, 2. Aufl., 1923 Berlin

Taft, William H. IV/Buchwald, Todd F., Preemption, Iraq, and International Law, in: American Journal of International Law 97 (2003), S. 557

Tesón, Fernando R., Humanitarian Intervention, 2. Aufl., 1997 New York

Thierry, Hubert/Combacau, Jean/Sur, Serge/Vallée, Charles, Droit International Public, 5. Aufl., 1986 Paris

Tomuschat, Christian, Gewalt und Gewaltverbot als Bestimmungsfaktoren der Weltordnung, in: Europa-Archiv 36 (1981), S. 325

Tomuschat, Christian, Völkerrecht ist kein Zweiklassenrecht – Der Irak-Krieg und seine Folgen, in: Vereinte Nationen 2003, S. 41

Tomuschat, Christian, Völkerrechtliche Aspekte des Kosovo-Konflikts, in: Die Friedenswarte 74 (1999), S. 33

Uerpmann, Robert, La primauté des droits de l'homme: licéité ou illicéité de l'intervention humanitaire, Manuskript eines im Oktober 2000 auf einer Sondertagung der Deutschen Gesellschaft für Völkerrecht gehaltenen Vortrags des Verfassers (zitiert nach den Seiten des Manuskripts)

Umozurike, U.O., The Israelis in Entebbe - Rescue or Aggression?, Verfassung und Recht in Übersee 12 (1979), S. 383

Vattel, Emer de, Le Droit des Gens ou Principes de la Loi Naturelle, 1758, deutsche Übersetzung von Wilhelm Euler, herausgegeben von Walter Schätzel, 1959 Tübingen

Verdross, Alfred, Forbidden Treaties in International Law, in: American Journal of International Law 31 (1937), S. 571

Verdross, Alfred, Völkerrecht, 1937 Berlin

Verdross, Alfred/Simma, Bruno, Universelles Völkerrecht, 3. neub. Aufl., 1984 Berlin

Verosta, Stephan/Hafner, Gerhard, Neutralität, in: Seidl-Hohenveldern, Ignaz (Hrsg.), Lexikon des Rechts – Völkerrecht, 3. Aufl., 2001 Neuwied, S. 293

Verplaetse, Julian G., The ius in bello and Military Operations in Korea 1950-1953, in: Zeitschrift für ausländisches öffentliches Recht und Völkerrecht 23 (1963), S. 679

Vitoria, Francisco de, Vorlesungen über die kürzlich entdeckten Inder und das Recht der Spanier zum Kriege gegen die Barbaren, 1539, Lateinischer Text nebst deutscher Übersetzung hrsgg. v. Walter Schätzel, 1952 Tübingen

Waldock, Claude Humphrey, The Regulation of the Use of Force by Individual States in International Law, in: Recueil des Cours 1952, S. 455

Wedgwood, Ruth, The Fall of Saddam Hussein: Security Council Mandates and Preemptive Self-Defense, in: American Journal of International Law 97 (2003), S. 576

Wedgwood, Ruth, NATO's Campaign in Yugoslavia, in: American Journal of International Law 93 (1999), S. 833

Wedgwood, Ruth, The Use of Armed Force in International Affairs: Self-Defense and the Panama Invasion, in: Columbia Journal of Transnational Law 29 (1991), S. 609

Wehberg, Hans, Krieg und Eroberung im Wandel des Völkerrechts, 1953 Frankfurt a.M.

Wengler, Wilhelm, Völkerrecht, 2 Bde, 1964 Berlin

Wengler, Wilhelm, Das völkerrechtliche Gewaltverbot. Probleme und Tendenzen, 1967 Berlin

Westerdiek, Claudia, Humanitäre Intervention und Maßnahmen zum Schutz eigener Staatsangehöriger im Ausland, Archiv des Völkerrecht 21 (1983), S. 383

Wildhaber, Luzius, Gewaltverbot und Selbstverteidigung, in: Schaumann, Wilfried (Hrsg.), Völkerrechtliches Gewaltverbot und Friedenssicherung, 1971 Baden-Baden, S. 147

Wilms, Heinrich, Der Kosovo-Einsatz und das Völkerrecht, in: Zeitschrift für Rechtspolitik 1999, S. 227

Wodarz, Katharina, Gewaltverbot, Menschenrechtsschutz und Selbstbestim mungsrecht im Kosovo-Konflikt, 2002 Frankfurt a.M.

Wolf, Dieter/Dauses, Manfred, Die Kriegsrechte in den Vereinigten Staaten, 1979 Berlin

Wolfrum, Rüdiger (Hrsg.), Handbuch der Vereinten Nationen, 1991 München

Wolff, Hans-Jürgen, Kriegserklärung und Kriegszustand nach klassischem Völkerrecht, 1990 Berlin

Wright, Quincy, Changes in the Conception of War, in: American Journal of International Law 18 (1924), S. 755

Wright, Quincy, Legal Aspects of the Middle East Situation, in: Law and Contemporary Problems 33 (1968), S. 5

Wright, Quincy, The new Law of War and Neutrality, in: Bos, M./Erades, L. (Hrsg.), Varia Juris Gentium, Festschrift für Jean Pierre Francois, 1959 Leiden, S. 412

Wright, Quincy, The Outlawry of War and the Law of War, in: American Journal of International Law 47 (1953), S. 365

Wright, Quincy, United States Intervention in the Lebanon, in: American Journal of International Law 53 (1959), S. 112

Wright, Quincy, When does War exist?, in: American Journal of International Law 26 (1932), S. 362

Yoo, John, International Law and the War in Iraq, in: American Journal of International Law 97 (2003), S. 563

Zanardi, Pierluigi Lamberti, Indirect Military Aggression, in: Cassese, Antonio (Hrsg.), The Currrent Legal Regulation of the Use of Force, 1986 Dordrecht, S. 111

Zanardi, Pierluigi Lamberti, La legittima difesa nel diritto internazionale, 1972 Mailand

Zayas, Alfred-Maurice de, London Naval Conference of 1908/1909, in: Bernhardt, Rudolf (Hrsg.), Encyclopedia of Public International Law, Volume III, 1997 Amsterdam, S. 259

Zemanek, Karl, Neutralität und Außenhandel, in: Kipp, Heinrich/Mayer, Franz/ Steinkamm, Armin (Hrsg.): Um Recht und Freiheit, Festschrift für Friedrich August Freiherr von der Heydte, 1977 Berlin, S. 759

Ziegler, Karl-Heinz, Völkerrechtsgeschichte, 1994 München

Zorgbibe, Charles, La guerre civile, 1975 Paris

Zourek, Jaroslav, L'Interdiction de l'Emploi de la Force en Droit International, 1974 Leiden

AUGSBURGER SCHRIFTEN ZUM STAATS- UND VÖLKERRECHT

Herausgegeben von Professor Dr. Dieter Blumenwitz

Band 1 Fritz-Harald Wenig: Rechtsprobleme des innerdeutschen Handels.

Band 2 Wilfried Niedermeier: Der Beitritt der Bundesrepublik Deutschland zum Statut des Internationalen Gerichtshofes unter besonderer Berücksichtigung der obligatorischen Gerichtsbarkeit.

Band 3 Johann G. Gleich: Die Anerkennung der DDR durch die Bundesrepublik.

Band 4 Matthias Weigand: Der Vertrag über die gegenseitigen Beziehungen zwischen der Bundesrepublik Deutschland und der Tschechoslowakischen Sozialistischen Republik vom 11. Dezember 1973 - Eine völkerrechtliche Analyse.

Band 5 Werner Trützschler von Falkenstein: Die sich ändernde Bedeutung der Feindstaatenartikel (Artikel 53 und 107 der Satzung der Vereinten Nationen) für Deutschland.

Band 6 Reiner Schenk: Die Viermächteverantwortung für Deutschland als Ganzes, insbesondere deren Entwicklung seit 1969.

Band 7 Wolfgang Wagner: Die Verwirklichung der Menschenrechte im Pakt der Vereinten Nationen über bürgerliche und politische Rechte vom 16. Dezember 1966, im Grundvertrag und den ihn begleitenden Nebeninstrumenten.

Band 8 Ulrich Wacker: Der Konflikt verschiedener Rechtssysteme vor, während und nach der Kolonialzeit in Kenia.

Band 9 Wolfgang Enders: Der mexikanische Bundesstaat. Die politische und sozioökonomische Problematik eines föderalen Verfassungssystems in einem Land der "Dritten Welt".

Band 10 Heiner Hasford: Die Jurisdiktion der Europäischen Gemeinschaften. Zur extraterritorialen Wirkung des Gemeinschaftsrechts.

SCHRIFTEN ZUM STAATS- UND VÖLKERRECHT

Band 11 Wolf Dieter Remmele: Die Selbstdarstellung der Bundesrepublik Deutschland im Ausland durch den Rundfunk als Problem des Staats- und Völkerrechts.

Band 12 Elisabeth Lichtenstern: Die Gesetzgebung im Spannungsverhältnis zwischen Bund und Ländern.

Band 13 Peter Gassner: Kollektivmacht und Individualschutz im amerikanischen Arbeitsrecht.

Band 14 Helga Walter: Das Selbstverständnis des modernen Algeriens. Die historisch-nationalen und islamischen Elemente.

Band 15 Dieter Schütz: Der internationale ordre public. Der Ausschluß völkerrechtswidrigen fremden Rechts im Internationalen Privatrecht der Bundesrepublik Deutschland.

Band 16 Klaus-Peter Kißler: Die Zulässigkeit von Wirtschaftssanktionen der Europäischen Gemeinschaft gegenüber Drittstaaten.

Band 17 Rainhardt Freiherr von Leoprechting: Die neue Rohrwaffen-Artillerie-Munition im Lichte des I. Genfer Zusatzprotokolles vom 12. Dezember 1977. Zur Frage der Völkerrechtskonformität der Verteidigung der Bundesrepublik Deutschland mit modernen konventionellen Artilleriesystemen.

Band 18 Roland Steinmeyer: Die Schiffsgläubigerrechte im südafrikanischen nationalen und internationalen Privatrecht. Eine rechtsvergleichende Darstellung unter Einbeziehung des englischen und deutschen internationalen Privatrechts und unter besonderer Berücksichtigung des ordre public.

Band 19 Martin C. Ney: Der Einsatz von Atomwaffen im Lichte des Völkerrechts. Summary: The Use of Nuclear Weapons and International Law.

Band 20 Teodoro Ribera Neumann: Das chilenische Verfassungsgericht und das deutsche Bundesverfassungsgericht - Ein Rechtsvergleich -. 1985.

Band 21 Theodora Antoniou: Europäische Integration und griechische Verfassung. 1985.

Band 22 Georg Teyssen: Deutschlandtheorien auf der Grundlage der Ostvertragspolitik. 1987.

Band 23 Karin Klüpfel: Selbstbestimmung durch Assoziation. Die Assoziation als Verwirklichung des Selbstbestimmungsrechts der Völker - dargestellt am Beispiel von Puerto Rico. 1987.

Band 24 Friedrich Dehner: Die Stellung Berlins im Bundesrat. 1987.

Band 25 Thilo Morhard: Die Rechtsnatur der Übereinkommen der Internationalen Arbeitsorganisation. Zugleich ein Beitrag zur Lehre vom "soft law". 1988.

Band 26 Ralf Jahn: Ansiedlung von Einzelhandelsgroßprojekten (§ 11 Abs. 3 BauNVO 1977). Zur Frage der Bestimmtheit grundrechtsbeschränkender Eingriffsnormen. 1988.

Band 27 Wolfgang Götzer: Der völkerrechtliche Status der Donau zwischen Regensburg und Kelheim. Eine völkerrechtliche Untersuchung des Donauabschnittes Regensburg - Kelheim unter Einbeziehung der gesamten deutschen Donau. 1988.

Band 28 Michael Hakenberg: Die Iran-Sanktionen der USA während der Teheraner Geiselaffäre aus völkerrechtlicher Sicht. 1988.

Band 29 Renate Oxenknecht: Der Schutz ethnischer, religiöser und sprachlicher Minderheiten in Art. 27 des Internationalen Paktes über bürgerliche und politische Rechte vom 16. Dezember 1966. 1988.

Band 30 Raphael Quarshie Avornyo: Deutschland und Togo. (1847-1987). 1988.

Band 31 Friedrich Frhr. Waitz von Eschen: Die völkerrechtliche Kompetenz der Vier Mächte zur Gestaltung der Rechtslage Deutschlands nach dem Abschluß der Ostvertragspolitik. 1988.

Band 32 Gisela Süß: Die Zulassung von Zahnärzten aus dem EG-Bereich zur deutschen Kassenarztpraxis. Ein Beitrag zu Standort und Bedeutung der Grundrechte im Europäischen Gemeinschaftsrecht. 1988.

Band 33 Meggy Steffens: Die deutsche Ostpolitik im Spiegel publizistischer Stellungnahmen in den USA 1969-1973. 1988.

Band 34 Norbert Karl Riedel: Der Einsatz deutscher Streitkräfte im Ausland - verfassungs- und völkerrechtliche Schranken -. 1989.

Band 35 Heidi Dünisch: Der Mundatwald - Zur Bereinigung letzter Kriegsfolgenprobleme zwischen Deutschland und Frankreich.1989.

Band 36 Sabine Niedermeyer-Krauß: Kommunalwahlrecht für Ausländer und Erleichterung der Einbürgerung. Integrationsmöglichkeiten für Ausländer aus verfassungs- und europarechtlicher Sicht. 1989.

Band 37 Dirk-Hermann Voß: Regionen und Regionalismus im Recht der Mitgliedstaaten der Europäischen Gemeinschaft: Strukturelemente einer Europäischen Verfassungsordnung. 1989.

Band 38 Tilo Klinner: Satellitenfernerkundung im Völkerrecht. Inwieweit existiert ein völkerrechtlicher Datenschutz? 1989.

Band 39 Barbara Schmidt: Die Erweiterung der seewärtigen Hoheitsrechte der Bundesrepublik Deutschland und der DDR unter besonderer Berücksichtigung deutschlandrechtlicher Probleme. 1989.

Band 40 Hans-Joachim Brauns: Wiedervereinigung und europäische Integration. 1990.

Band 41 Gilbert-Hanno Gornig: Der Hitler-Stalin-Pakt. Eine völkerrechtliche Studie. 1990.

Band 42 Gudrun Lehnberger: Kommunale Entwicklungshilfe. Eine Aufgabe der Gemeinden? - Bestandsaufnahme und rechtliche Würdigung unter besonderer Berücksichtigung der bayerischen Verwaltungspraxis. 1990.

Band 43 Heike Kaup: Der Schwangerschaftsabbruch aus verfassungsrechtlicher Sicht. Eine rechtsvergleichende Untersuchung anhand des deutschen und des amerikanischen Rechts. 1991.

Band 44 Bernadette Steinmeyer: Verfassungsrechtliche Ansätze zur Neuordnung der multirassischen Gesellschaft Südafrikas unter Berücksichtigung des Vorschlages des Verhandlungsforums der "KwaZulu/Natal Indaba". 1991.

Band 45 Burkhard Schöbener: Die amerikanische Besatzungspolitik und das Völkerrecht. 1991.

Band 46 Christian Raap: Die Souveränität der Bundesrepublik Deutschland unter besonderer Berücksichtigung des militärischen Bereichs und der deutschen Einheit. 1992.

Band 47 Andrea Wagner: Der argentinisch-chilenische Konflikt um den Beagle-Kanal. Ein Beitrag zu den Methoden friedlicher Streiterledigung. 1992.

Band 48 Ralf Wittkowski: Die Staatensukzession in völkerrechtliche Verträge unter besonderer Berücksichtigung der Herstellung der staatlichen Einheit Deutschlands. 1992.

Band 49 Michael Piazolo: Das Recht auf Abtreibung als Teilaspekt des Right of Privacy. 1992.

Band 50 Silke Wenk: Das konfiszierte deutsche Privatvermögen in Polen und der Tschechoslowakei. Die Rechtslage nach Abschluß des deutsch-polnischen und deutsch-tschechoslowakischen Nachbarschaftsvertrages. 1993.

Band 51 Antje Kießwetter: Die Verfassungsentwicklung in Namibia. 1993.

Band 52 Angelika Kleffner-Riedel: Regionalausschuß und Subsidiaritätsprinzip. Die Stellung der deutschen Bundesländer nach dem Vertrag über die Europäische Union. 1993.

Band 53 Jerzy Kranz: Entre l'influence et l'intervention. Certains aspects juridiques de l'assistance financière multilatérale. 1994.

Band 54 Knut Kettwig: Rechtsgrundlagen dezentraler grenzüberschreitender Zusammenarbeit im deutsch-polnischen und deutsch-tschechischen Grenzraum. 1994.

Band 55 Ulrich Seidenberger: Die diplomatischen und konsularischen Immunitäten und Privilegien. Ein Beitrag zur Diskussion über die Reformbedürftigkeit des Diplomaten- und Konsularrechts aus staats- und völkerrechtlicher Sicht. 1994.

Band 56 Christian Schede: Bundesrat und Europäische Union. Die Beteiligung des Bundesrates nach dem neuen Artikel 23 des Grundgesetzes. 1994.

Band 57 Florian Prugger: Die Nachfolge in das Vermögen der ehemaligen DDR. Ein Beitrag zu Art. 21 ff Einigungsvertrag unter besonderer Berücksichtigung der Firma F.C. Gerlach des Bereichs Kommerzielle Koordinierung. 1994.

Band 58 Mark Zimmer: Einsätze der Bundeswehr im Rahmen kollektiver Sicherheit. Staats- und völkerrechtliche Grundlagen unter Berücksichtigung des BVerfG-Urteils vom 12.07.1994. 1995.

Band 59 Gerd von Laffert: Die völkerrechtliche Lage des geteilten Zypern und Fragen seiner staatlichen Reorganisation. 1995.

Band 60 Wolfram Schneeweiß: Die rechtliche Stellung der Indianerstämme innerhalb der Vereinigten Staaten von Amerika. Ein Modell für den Schutz der *indigenous peoples*. 1995.

Band 61 Marianne Janik: Möglichkeiten und Grenzen einer gemeinsamen Exportkontrolle für sensitive Waren und Dienstleistungen im Lichte des europäischen Gemeinschaftsrechts. 1995.

Band 62 Michael Brems: Die politische Integration ethnischer Minderheiten aus staats- und völkerrechtlicher Sicht. 1995.

Band 63 Martin Vocke: Verfassungsinterpretation und Normbegründung - Grundlegung zu einer prozeduralen Theorie der Verfassungsgerichtsbarkeit. 1995.

Band 64 Stefan von der Beck: Die Konfiskationen in der Sowjetischen Besatzungszone von 1945 bis 1949. Ein Beitrag zu Geschichte und Rechtsproblemen der Enteignung auf besatzungsrechtlicher und besatzungshoheitlicher Grundlage. 1996.

Band 65 Stephanie Baer: Der Zerfall Jugoslawiens im Lichte des Völkerrechts. 1995.

Band 66 Christine Sauerwald: Die Unionsbürgerschaft und das Staatsangehörigkeitsrecht in den Mitgliedstaaten der Europäischen Union. 1996.

Band 67 Silke Buchner: Die Rechtswidrigkeit der Taten von "Mauerschützen" im Lichte von Art. 103 II GG unter besonderer Berücksichtigung des Völkerrechts. Ein Beitrag zum Problem der Verfolgung von staatlich legitimiertem Unrecht nach Beseitigung des Unrechtssystems. 1996.

Band 68 Bernd Weiß: Einführung und Umsetzung der Europäischen Charta der kommunalen Selbstverwaltung in Deutschland, insbesondere in Bayern und Nordrhein-Westfalen. 1996.

Band 69 Gesine Katharina Neumann: Boliviens Recht auf freien Zugang zum Pazifik. Zur völkerrechtlichen Problematik des Zugangs der Binnenstaaten zum Meer. 1997.

Band 70 Elvira Pfrang: Das Verhältnis zwischen Europäischem Gemeinschaftsrecht und deutschem Recht nach der Maastricht-Entscheidung des Bundesverfassungsgerichts. Eine Studie zu den Konflikten beider Rechtsordnungen auf dem Gebiet des Grundrechtsschutzes und der Kompetenzen. 1997.

Band 71 Dieter Blumenwitz / Burkhard Schöbener: Stabilitätspakt für Europa. Die Sicherstellung mitgliedstaatlicher Haushaltsdisziplin im Europa- und Völkerrecht. 1997.

Band 72 Matthias Weinberg: Schutz der deutschen Minderheit in Polen nach den Weltkriegen. Ein Vergleich unter Berücksichtigung der aktuellen Rechtslage. 1997.

Band 73 Reinhard Müller: Der "2+4-Vertrag und das Selbstbestimmungsrecht der Völker. 1997.

Band 74 Stefan Strobl: Das Nichtverbreitungsregime für Kernwaffen nach 1995 und der freie Zugang zu nuklearen Technologien und Materialien. 1997.

Band 75 Christine Weber: Das Gegenzeichnungsrecht unter besonderer Berücksichtigung der Verfassung des Fürstentums Liechtenstein. 1997.

Band 76 Stephan Semrau: Die Gemeinsame Außen- und Sicherheitspolitik der Europäischen Union. 1998.

Band 77 Marcus Schultz: Die Auslandsentsendung von Bundeswehr und Bundesgrenzschutz zum Zwecke der Friedenswahrung und Verteidigung. Völker- und verfassungsrechtliche Analyse unter besonderer Berücksichtigung der Entscheidung des Bundesverfassungsgerichtes zum Einsatz deutscher Streitkräfte vom 12. Juli 1994. 1998.

Band 78 Benedikt P. Kuttenkeuler: Die Verankerung des Subsidiaritätsprinzips im Grundgesetz. Ein Beitrag zur Bedeutung des Subsidiaritätsprinzips für die Kompetenzabgrenzung im Bundesstaat. 1998.

Band 79 Winfried Bausback: Verfassungsrechtliche Grenzen des Wahlrechts zum Deutschen Bundestag. 1998.

Band 80 Elvira Pfrang: Towards Liberalisation of the European Electricity Markets. The Directive concerning Common Rules for an Internal Market in Electricity in the Frame of the Competition and Internal Market Rules of the EC-Treaty. 1999.

Band 81 Alexander Wolf: Prozessuale Probleme des »Maastricht"-Urteils des Bundesverfassungsgerichts. 1999.

Band 82 Jürgen Bartl: Die humanitäre Intervention durch den Sicherheitsrat der Vereinten Nationen im "Failed State". Das Beispiel Somalia. 1999.

Band 83 Thomas Gnielinski: Die Reform des deutschen Staatsangehörigkeitsrechts. Eine Analyse und Bewertung der vorliegenden Gesetzesvorhaben. 1999.

Band 84 Margarita González: Der völkerrechtliche Status des Panamakanals nach Ablauf der Übergangszeit im Jahr 1999. 2000.

Band 85 Petra Johnen: Die Verfassungsentwicklung Südafrikas unter besonderer Berücksichtigung der verfassunggebenden Gewalt des Volkes. 2001.

Band 86 Markus Allstadt: Die offene Völkerrechtslage im deutsch-tschechischen Verhältnis und ihre Bedeutung für die Osterweiterung der Europäischen Union. Zugleich Überlegungen zu den Auswirkungen zwingenden Völkerrechts in der Vertriebenenfrage. 2000.

Band 87 Gerrit Aschmann: Europol aus Sicht der deutschen Länder. 2000.

Band 88 Mark Weber: Der Berlin-Status im intertemporalrechtlichen Konflikt. Dargestellt am Beispiel von Grundstücksenteignungen im Ostteil Groß-Berlins. 2001.

Band 89 Heidi Hellwig: Die Staatsangehörigkeit als Anknüpfung im deutschen IPR. Unter besonderer Berücksichtigung des Gesetzes zur Reform des Staatsangehörigkeitsrechts. 2001.

Band 90 Aline Bruer-Schäfer: Der Internationale Strafgerichtshof. Die Internationale Strafgerichtsbarkeit im Spannungsfeld von Recht und Politik. 2001.

Band 91 Andreas Rosenfeld: Die Verfassungsentwicklung von Mosambik. Ein Beitrag zur rechtsstaatlichen Transformation im südlichen Afrika. 2001.

Band 92 Markus Pallek: Der Minderheitenschutz im deutschen Verfassungsrecht. Eine analytische Untersuchung des Begriffs sowie der bundes- und landesverfassungsrechtlichen Stellung der ethnischen, nationalen, sprachlichen, kulturellen und religiösen Minderheiten in der Bundesrepublik Deutschland vor dem Hintergrund der völker- und europarechtlichen Rahmenbedingungen. 2001.

Band 93 Ansgar Firsching: Die Samen, ihre Rechtsstellung in Schweden und ihre Rechtsstellung im Lichte der Indigenous Peoples weltweit. 2002.

Band 94 Jörg Dunker: Regionale Integration im System des liberalisierten Welthandels. EG und NAFTA im Vergleich. 2002.

Band 95 Katharina Wodarz: Gewaltverbot, Menschenrechtsschutz und Selbstbestimmungsrecht im Kosovo-Konflikt. 2002.

Band 96 Grit Hokema: Immunität von Staatsoberhäuptern. 2002.

Band 97 Tido Oliver Hokema: Mehrfache Staatsangehörigkeit. Eine Betrachtung aus völkerrechtlicher und verfassungsrechtlicher Sicht. Unter Berücksichtigung des Staatsangehörigkeitsreformgesetzes vom 15. Juli 1999. 2002.

Band 98 Janet Kerstin Butler: Die Beteiligung von Privatpersonen am WTO-Streitbeilegungsverfahren. Bestandsaufnahme und Entwicklungsperspektiven. 2002

Band 99 Tobias H. Irmscher: Die Behandlung privater Beschwerden über systematische und grobe Menschenrechtsverletzungen in der UN-Menschenrechtskommission. Das 1503-Verfahren nach seiner Reform. 2002.

Band 100 Markus Voltz: Menschenrechte und ordre public im Internationalen Privatrecht. 2002.

Band 101 Sabine Schorer: Das Konsensprinzip in der internationalen Gerichtsbarkeit. 2003.

Band 102 Anja Weisgerber: Das Beweiserhebungsverfahren parlamentarischer Untersuchungsausschüsse des Deutschen Bundestages. 2003.

Band 103 Stephan Anstötz: Perspektiven zur staatlichen Neuordnung Zyperns. 2003.

Band 104 Eva Stumpf: Kulturgüterschutz im internationalen Recht unter besonderer Berücksichtigung der deutsch-russischen Beziehungen. 2003.

Band 105 Christian Malzahn: GATT-widrige *Treble Damages*-Klagen auf der Grundlage des US Antidumping Act 1916. Eine Untersuchung der Rechtsstellung beklagter deutscher Unternehmen im US-amerikanischen und deutschen Recht. 2003.

Band 106 Susanne Giannios: Ein Wasserregime im Nahen Osten. Rechtliche und politische Grundlagen und Perspektiven der internationalen Wasserverteilung im Jordanbecken. 2004.

Band 107 Jan Hübner: Das Verbrechen des Völkermordes im internationalen und nationalen Recht. 2004.

Band 108 Benjamin Krenberger: Deutschland im Spannungsfeld zwischen Europäischer Menschenrechtskonvention und nachzubefolgendem Besatzungsrecht. Reichweite der Verpflichtungen des souveränen Deutschlands nach der Liechtenstein-Entscheidung des Europäischen Gerichtshofes für Menschenrechte. 2004.

Band 109 Matthias Werner Schneider: Kommunaler Einfluß in Europa. Die Einflußnahme der Kommunen beim Europarat als Modell für die Europäische Union. KGRE, AdR und EKC als Säulen eines europäischen Kommunalschutzes. 2004.

Band 110 Bettina Gerber: Die Asylrechtsharmonisierung in der Europäischen Union. Unter besonderer Berücksichtigung der Richtlinie zur Festlegung von Mindestnormen für die Aufnahme von Asylbewerbern in den Mitgliedstaaten. 2004.

Band 111 Markus Lintner: Die verfassungsrechtlichen Grenzen des horizontalen Länderfinanzausgleichs nach Art. 107 Abs. 2 GG. 2004.

Band 112 Daniel Volk: Die Begrenzung kriegerischer Konflikte durch das moderne Völkerrecht. 2005.

Gunther Hauser

Sicherheitspolitik und Völkerrecht

Frankfurt am Main, Berlin, Bern, Bruxelles, New York, Oxford, Wien, 2004.
376 S.
ISBN 3-631-52480-3 · br. € 74.50*

Sicherheitspolitik und Völkerrecht sind – im Sinne des umfassenden sicherheitspolitischen Ansatzes – interdependent. Das Völkerrecht legt den rechtlichen Rahmen zur Vermeidung und Regelung von Konflikten fest. Umfassende Sicherheitspolitik zielt ebenso auf die Vermeidung struktureller Ursachen von Konflikten, so u.a. durch Gewaltvermeidung in der Einräumung von Menschen- und Minderheitenrechten, durch die Herstellung und Erhaltung stabiler wirtschaftlicher Verhältnisse und durch die Vermeidung ökologischer Katastrophen. Dennoch liegen Spannungen vor – verursacht durch Interessen staatlicher Akteure. Dieses Buch – es richtet sich an Studierende und Praktiker – erläutert und analysiert das Wesen und Wirken des Völkerrechts im Hinblick auf sicherheitspolitische Entscheidungsprozesse.

Aus dem Inhalt: Sicherheitspolitik · Völkerrecht – Einführung · Internationales Wirtschaftsrecht · Umweltrecht · Internationales Seerecht · Internationales Luftfahrtrecht · Internationale Rüstungskontrolle · Internationale Streitbeilegung · Humanitäres Völkerrecht/Kriegsvölkerrecht/ Internationales Strafrecht · Nationale Sicherheitsstrategie der USA · Europäische Sicherheitsstrategie · Wesen und Wirken internationaler Organisationen wie UNO, NATO, WEU, OSZE und EU

Frankfurt am Main · Berlin · Bern · Bruxelles · New York · Oxford · Wien
Auslieferung: Verlag Peter Lang AG
Moosstr. 1, CH-2542 Pieterlen
Telefax 00 41 (0) 32 / 376 17 27

*inklusive der in Deutschland gültigen Mehrwertsteuer
Preisänderungen vorbehalten

Homepage http://www.peterlang.de

FSC
www.fsc.org
MIX
Papier | Fördert
gute Waldnutzung
FSC® C083411

Kolibri 360 GmbH
Ferdinand-Jühlke-Straße 7
99095 Erfurt, Deutschland
produktsicherheit@kolibri360.de

Druck:
CPI Druckdienstleistungen GmbH
im Auftrag der
Kolibri 360 GmbH
Ferdinand-Jühlke-Str. 7
99095 Erfurt